D1727608

Matthias Brendel,
Frank Brendel, Christian Schertz, Henrik Schreiber

Richtig recherchieren

Matthias Brendel,
Frank Brendel, Christian Schertz, Henrik Schreiber

Richtig recherchieren

Wie Profis Informationen suchen und besorgen

Ein Handbuch für Journalisten und Öffentlichkeitsarbeiter

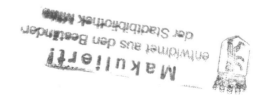

Frankfurter Allgemeine Buch

Bibliografische Information der Deutschen Nationalbibliothek
Die Deutsche Nationalbibliothek verzeichnet diese Publikation
in der Deutschen Nationalbibliografie; detaillierte bibliografische
Daten sind im Internet über http://dnb.d-nb.de abrufbar.

Matthias Brendel, Frank Brendel, Christian Schertz und
Henrik Schreiber
Richtig recherchieren
Wie Profis Informationen suchen und besorgen
Ein Handbuch für Journalisten und Öffentlichkeitsarbeiter

F.A.Z.-Institut für Management-,
Markt- und Medieninformationen GmbH
Frankfurt am Main 2010

ISBN 978-3-89981-236-7

7., komplett überarbeitete und aktualisierte Auflage

Frankfurter Allgemeine Buch

Copyright: F.A.Z.-Institut für Management-,
Markt- und Medieninformationen GmbH
Mainzer Landstraße 199
60326 Frankfurt am Main
Gestaltung/Satz
Umschlag: F.A.Z., Verlagsgrafik
Titelfoto: Getty Images; Steven Puetzer
Satz Innen: Ernst Bernsmann
Druck: Messedruck Leipzig GmbH, Leipzig

Printed in Germany

Inhalt

Vorwort

Das Wissen der Menschheit wächst mit exponentieller Geschwindigkeit. Informationen jeglicher Art stehen jederzeit global zur Verfügung. Leider erweist sich ein Teil dieses Wissens bei genauem Hinsehen als einseitig oder schöngefärbt, oft hat es einen manipulativen Hintergrund. Kein Wunder: Zahllose Informationen werden von Interessengruppen zur Verfügung gestellt, die mit dieser Verbreitung einen Zweck verfolgen. Andere Informationen werden von Datenhändlern für Geld verkauft, obwohl sie andernorts kostenlos zur Verfügung stehen.

Das wirklich interessante Wissen, das seinem Besitzer strategische oder geldwerte Vorteile verschafft, ist dagegen sehr teuer oder schwer zu beschaffen. Entscheidende Hinweise könnten wenige Informationsbesitzer geben, doch die haben daran oft kein Interesse: wozu Herrschaftswissen weitergeben und sich damit eventuell eigener Vorteile berauben? Für die sichere Verwahrung sensibler Daten gibt es neben den physischen auch elektronische Panzerschränke, die kaum zu knacken sind. Manchmal ist wichtiges Wissen auch in Form von Einzelinformationen so gut verstreut, dass es nur von Insidern überschau- und damit abrufbar ist. Gleichzeitig ist der Bedarf an exakten Recherchen und qualifizierten Rechercheuren enorm gestiegen. Recherchierten früher in erster Linie Journalisten, werden Recherchen heute sowohl im dienstleistenden Bereich (PR- und Werbeagenturen) als auch in Behörden, in der Politik, in der Industrie und in sogenannten Nicht-Regierungs-Organisationen geleistet. Solche Recherchen können sich in die Länge ziehen, teuer werden und mitunter scheitern. Das muss nicht sein. Nahezu alles Wissen lässt sich beschaffen. Man muss nur wissen, wie.

Im vorliegenden Buch sind die gängigen Techniken und Wege der Informationsbeschaffung beschrieben – von der Arbeit in Datenbanken über wissenschaftliche Recherchen, Befragungen und das logistische Puzzle-Spiel bis hin zu Methoden, die sich sowohl moralisch als auch rechtlich auf dünnem Eis bewegen. Pressesprecher und Informationsbesitzer müssen gerade letztere Arbeitsweisen kennen – und als solche identifizieren können –, wollen sie sich und ihren Arbeitgeber schützen. Journalisten und Rechercheure sollten sie kennen, denn in der täglichen Praxis sind die Grenzen zwischen erlaubtem, erforderlichem und unzulässigem Vorgehen bisweilen fließend. Schließlich können Recherchen in gefährlichem Umfeld Preise einbringen, aber auch direkt ins Gefängnis führen.

Um ein plastisches Bild zu vermitteln, ist die Vielfalt der jeweils anfallenden Probleme, Tücken, Tricks und Möglichkeiten anhand konkreter Beispiele dargestellt.

„Richtig recherchieren" soll Journalisten, professionellen und gelegentlichen Rechercheuren genauso unentbehrlich werden wie Pressesprechern, leitenden Angestellten und anderen, die damit ein besseres Verständnis der Arbeits- und Vorgehensweise ihrer Gegenüber erhalten.

Die Verfasser Matthias Brendel sowie Frank Brendel bedanken sich bei ihren Co-Autoren: Informationsvermittler Henrik Schreiber von rechercheundberatung.de hat das Kapitel „Recherchieren im Internet" beigetragen. Der Berliner Anwalt für Presserecht, Dr. Christian Schertz, hat sich in seinem Kapitel mit rechtlichen Aspekten der geschilderten Recherchemethoden befasst.

1   Recherche – Was ist das eigentlich?

„Recherche" … klingt für Außenstehende interessant und spannend. Mit dem Begriff verbinden sich scharfsinnige Spürarbeit und skandalträchtige Enthüllungsgeschichten, die nach getaner Arbeit in den Medien auftauchen. Weil die Art und Weise der Informationsbeschaffung im Dunklen bleibt, entstehen Mythen: Rechercheure, das sind jene kühlen, gewitzten und zu fast allem bereiten Menschen, die verborgenes und brisantes Wissen zutage fördern – nicht selten unter Inkaufnahme erheblicher Gefahren für sich und das Material.

Ganz so ist das aber nicht. Recherche ist in den meisten Fällen nichts anderes als das mühselige Beschaffen von Wissen. Die Quellen der Information sind manchmal leicht zu erschließen, die Gesprächspartner mitunter kooperativ. Nicht selten aber bewegt sich der Rechercheur in einem misstrauischen bis feindseligen, dazu vernebelten Umfeld. Außerdem herrscht gewöhnlich erheblicher Zeitdruck.

Dieser Zeitdruck ist nicht zu unterschätzen, besonders, da es selten eine genaue Recherche-Anleitung gibt, einen Stundenplan schon gar nicht. Die Beschaffung ein und derselben Information kann bestenfalls Minuten, schlimmstenfalls Wochen in Anspruch nehmen. Den Auftraggebern ist das aber egal, sie setzen andere Vorgaben: Im journalistischen Alltag ist das der Redaktionsschluss, aber auch bei nichtjournalistischen Recherchen gibt es „Deadlines", und diese sind genauso einzuhalten. Beispiel: „Am soundsovielten habe ich eine öffentliche Diskussion mit X zum Thema Z, bis dahin brauche ich erstklassige Antworten auf alle Argumente, mit denen ich möglicherweise konfrontiert werden könnte."

Ärgerlich, dass sich der Rechercheur zu Beginn seiner Arbeit oft auf unbekanntem Terrain bewegen muss. Dumm, dass die Sachverhalte viel komplizierter sind, als man anfangs gedacht hatte. Mühselig arbeitet sich der Rechercheur in solche unbekannten Gebiete ein, wird von Experten belächelt, von Interessenvertretern manipuliert und von denjenigen, die vielleicht wirklich Wissenswertes zu sagen hätten, schlichtweg geschnitten: „Wozu mit dem reden? Am Ende habe ich doch nichts davon", denken viele relevante Gesprächspartner, und mitunter liegen sie mit dieser Vermutung auch richtig. Folglich hat es keiner allzu eilig, die Wahrheit sofort ans Licht zu bringen.

Hinzu kommt das – vielleicht ja auch berechtigte – Misstrauen des Informationsbesitzers gegenüber dem Fragenden: Wozu will der das alles eigentlich wirklich wissen?

Rechercheure hinter das Licht zu führen ist damit nichts Ungewöhnliches. Dazu muss niemand lügen, das simple Vorenthalten entscheidender Informationen ist ein einfacher und nach Erfahrung der Autoren gern und häufig beschrittener Weg.

Es gibt viele Methoden, vermeintlich feindlich gesonnenen Rechercheuren das Leben schwerzumachen: Gesprächspartner sind plötzlich unerreichbar, versprochene Dokumente kommen niemals an, unvermutete, verwirrende Daten tauchen auf und wieder unter. Scheinbar nebensächliche Aspekte rücken plötzlich ins Zentrum der Diskussion, und schon findet sich der Rechercheur in einer Sackgasse wieder oder auf dem falschen Weg.

Hinzu kommen sowohl rechtliche als auch moralische Probleme: Recherchen unter falscher Identität sind unzulässig, werden aber von Strafverfolgungsbehörden oft toleriert und sogar in Anspruch genommen, wenn sie kriminelle Machenschaften aufdecken. Vieles, was der Pressekodex Journalisten nicht gestattet, zum Beispiel Vorgehen unter falschem Namen, muss der reine Rechercheur außerdem nicht berücksichtigen – aber sollte er nicht besser doch?

Druck spürt der Rechercheur ebenfalls von Seiten seiner Auftraggeber. Die wollen klare Antworten auf klare Fragen, darauf haben sie berechtigten Anspruch. Was aber, wenn sich herausstellt, dass die vermeintlich klare Frage die falsche Frage war, und die Sinn machende Frage ganz anders lautet? Dann stellen sich neue: Wie vermittle ich das meinem Auftraggeber, ohne ihn gleichzeitig vor den Kopf zu stoßen? Und werde ich eigentlich dafür bezahlt, meine eigene Arbeit in Frage zu stellen? Eine schwierige Situation.

Nicht leichter ist es mit jenen Auftraggebern, denen ein ganz bestimmtes Wunschergebnis vorschwebt, weil sie davon profitieren können. Das kann ganz harmlos beginnen, vielleicht mit dem anonymen Hinweis, dass ein bekannter Politiker in undurchsichtige Finanzgeschäfte verwickelt sei und sich bereichere. Eine tolle Story für jedes Medium.

Und darüber mutiert der Hinweis leicht zur Gewissheit. Was aber, wenn sich die Vorwürfe nach gründlicher Prüfung als haltlos erweisen? Der

Überbringer schlechter Nachrichten macht sich nicht beliebt, niemand gibt gern sensationelle Thesen auf. Journalisten können ein Lied davon singen.

Dies ungefähr ist das Spannungsfeld, in dem sich Rechercheure und recherchierende Journalisten bewegen. Dazu benötigen sie einen eisernen Willen, diplomatisches Geschick, großen Fleiß und ebensolche Disziplin.

Dennoch finden sich immer wieder engagierte Journalisten und andere, die bereit sind, sich auf die geschilderten Mühen einzulassen. Das mag auch aus eigennützigen Gründen geschehen – schließlich sind investigativ arbeitende Journalisten bei den meisten Medien sehr begehrt und gut bezahlt. Gleiches gilt für nichtpublizierende Rechercheure und deren Verhältnis zu ihren Kunden.

Im Vordergrund investigativen Vorgehens stehen jedoch oft andere Motive: die für manchen nie endende Suche nach neuen Erkenntnissen, der Wunsch, Licht in ein Dunkel zu bringen, und ein ausgeprägter Jagdinstinkt. Erfolgreiche Recherche ist letztlich immer das Ergebnis harter Arbeit, denn relevantes Wissen fällt niemandem in den Schoß. Geschieht dies aber doch, ist äußerstes Misstrauen angebracht.

2 Wege der Informationsbeschaffung

2.1 Grundsätzliches Vorgehen

Grundlage jeder erfolgreichen Recherche ist das qualifizierte Sammeln und Auswerten von Informationen. Das ist leichter gesagt als getan. Leider gilt: Niemand sagt die volle Wahrheit, wobei schon der Begriff „Wahrheit" ein zweifelhaftes Wort ist. Wann immer es auftaucht, ist doppeltes Misstrauen angebracht.

Der Rechercheur erhält praktisch niemals umfassende Informationen, sondern erfährt, was die andere Seite jeweils vermitteln will. Und das ist immer nur das, was den Interessen der anderen Seite dient. Einseitige Informationen sind also in erster Linie Standpunkte.

Solche Einseitigkeit gilt sogar für scheinbar klare Fakten wie Messergebnisse. Auch die können, je nachdem, wer warum was misst, durchaus unterschiedlich ausfallen. Und dass Statistiken bestens geeignet sind, Sachverhalte zu verschleiern oder schönzufärben, ist allgemein bekannt. Bevor es aber daran geht, Informationen aufgrund ihres Inhalts, ihrer Quelle und ihres Zustandekommens zu bewerten, gilt es, diese Informationen zu beschaffen.

Das beste Mittel zur ersten Informationsbeschaffung ist die – qualifizierte – Suche im Internet, eventuell das eigene Archiv oder, in gut ausgestatteten Redaktionen, der Anruf in der Dokumentation, die ein Dossier zusammenstellt. Wer heute noch die klassische Literaturrecherche wählt, das heißt den Blick in die Enzyklopädie oder gar den Gang zur nächsten Universitätsbibliothek, verschwendet Arbeitszeit.

Grundsätzlich gilt: Was sich in Datenbank oder Internet befindet, wurde vorher von jemand anderem eingegeben. Und dieser jene hat nicht einfach so aus Lust und Laune irgendwelche Geheimnisse in die Tastatur gehämmert, sondern sich höchstwahrscheinlich ziemlich gründliche Gedanken darüber gemacht, was er eingibt und was nicht. Die Erfahrung lehrt, dass wirklich interessantes Wissen entweder gut verschlossen oder nur in den Köpfen verwahrt wird. Es gibt allerdings eine wichtige Ausnahme: Auch wenn Unterlagen nicht für die Öffentlichkeit bestimmt sind, kann es sein, dass einzelne Teile daraus in verschiedenen Internetquellen veröffentlicht wurden. Wer systematisch sucht, kann auf diese Weise das Bild neu zusammensetzen (siehe Kapitel 5.3).

Es lohnt sich grundsätzlich immer, sich vor dem Einstieg in Gespräche schlauer zu machen. Das spart Zeit, dumme Fragen und entsprechende dumme und frustrierende Antworten.

Hat sich der Rechercheur während seiner Basisrecherche (siehe auch Kapitel 5.2) mit dem „groben Grundwissen" ausgestattet, tritt er in die eigentliche Recherchephase: das erhellende Gespräch. Potentielle Ansprechpartner sind auf jeden Fall jene, die die Informationen bereitgestellt haben. Darüber hinaus steht Rechercheuren – zumindest in Deutschland – ein in der Regel gut organisiertes System von Informationsbesitzern gegenüber, das es anzuzapfen gilt.

Bei diesem Anzapfen gelten bestimmte Spielregeln, welche der Rechercheur einhalten sollte. Tut er dies nicht, kann er auf die Nase fallen.

Pressestelle kontaktieren

Jede Anfrage, egal, ob bei einem Unternehmen oder bei einer Behörde, sollte grundsätzlich über die Pressestelle erfolgen. Die allermeisten Behörden und Unternehmen verfügen über hauptamtliche Pressesprecher. Ist das nicht der Fall, liegt die Zuständigkeit für Außenkontakte zumeist beim jeweiligen Chef.

Der Pressesprecher nimmt die Anfrage entgegen, leitet sie weiter, erhält die Antwort und übermittelt diese gegebenenfalls an den Fragesteller. So behält die befragte Institution einen genauen Überblick darüber, welche Informationen das Haus verlassen. Mit anderen Worten: Die Interessen eines investigativ arbeitenden Journalisten/Rechercheurs und eines Pressesprechers stehen sich fast immer diametral gegenüber.

Journalisten ahnen oft nicht, dass die Pressestelle, mit der sie es zu tun haben, vielleicht schon über den Journalisten informiert ist, bevor es noch zum ersten Kontakt kommt. Denn Pressestellen haben in den vergangenen Jahren nicht nur personell aufgerüstet, sie sind auch sonst gut ausgestattet. Ein Hilfsmittel ist etwa die Software der Firma Convento, die es erlaubt, Pressekontakte individuell und zielgruppengerichtet zu verwalten. Andere Unternehmen haben eigene Journalistendateien, die ähnlich Convento Informationen über Journalisten bereitstellen: für wen sie arbeiten, ihre Relevanz für das Unternehmen, ob sie eine kritische Haltung einnehmen und vieles mehr, das der Pressestelle von Nutzen erscheint. Entsprechend dieser Hintergrundinformationen können Pressesprecher Journalisten hofieren, abwimmeln, für dumm verkaufen, bestens mit Hintergrundinformationen ausstatten, ignorieren oder mit Aufträgen versorgen. Der Journalist ist oft gläserner als sein Gegenüber. Wer heute noch glaubt, eine Pressestelle durch Vorspiegelung falscher Tatsachen auf leichte Weise täuschen zu können (und leicht war das ohnehin noch nie), macht sich selbst das Leben schwer.

In den Augen des Rechercheurs ist der Pressesprecher oft eine „Hürde", die es zu umschiffen gilt. Wesentlich wichtiger wäre das direkte Gespräch mit der zuständigen Person. Es ist durchaus nicht unüblich, dass ein Pressesprecher diesen wichtigen Kontakt zu Fachleuten vermittelt. Ziemlich sicher ist aber auch, dass er bei diesen Kontakten zugegen ist, sei es physisch oder als mithörende, auch eingreifende Partei beim Telefongespräch.

Das Umschiffen der Pressestelle ist in der Regel nur möglich, wenn der Rechercheur seinen eigentlichen Ansprechpartner bereits kennt und dieser ihm vertraut. Schließlich droht jedem Kündigung, der unautorisiert Informationen weitergibt.

Je bedeutsamer die Anfrage eines Dritten in den Ohren des Pressesprechers klingt, desto wahrscheinlicher ist die Aufforderung zur Einreichung per E-Mail.

Das kann auch dann geschehen, wenn der Fragesteller unstrukturiert oder inkompetent daherkommt. Proteste dagegen sind praktisch zwecklos, es hilft nur eins: hinsetzen und E-Mail schicken.

Übrigens ist jeder schriftliche Verkehr ein zweischneidiges Schwert: Es macht allen Beteiligten gleichermaßen Arbeit, denn auch die Antwort erfolgt dann schriftlich – geschieht dies nicht, hat der Rechercheur mit Sicherheit eine sehr heikle Frage gestellt. Und was ein Pressesprecher erzählt, kann er im Zweifelsfall nachher rundweg bestreiten, was als Dokument das Haus verlassen hat, ist hingegen schwer zu widerrufen.

Trotzdem ist die Prozedur bisweilen lästig, besonders wenn Zeitdruck besteht, denn vom Schicken der E-Mail bis zu ihrer Beantwortung können Stunden, ein Tag, gar eine Woche ins Land gehen.

Darum ist es wichtig, bei schriftlichen Anfragen entweder zuvor einen Zeitrahmen für die Beantwortung zu vereinbaren und/oder eine – angemessene – Frist in der Anfrage zu fixieren. Das ist auch bei mündlichen Verabredungen über die Antwortfrist wichtig, da derjenige, mit dem die Frist verabredet wurde, nicht immer der Antwortende ist. Und Sie sollten sich nicht darauf verlassen, dass mündliche Abreden weitergeleitet werden.

Der Widerstand der Pressestelle bricht manchmal zusammen, wenn sich der Rechercheur nach Erhalt der Antwort ein weiteres Mal meldet: „Vielen Dank für die Antwort, inzwischen sind aber leider weitere Fragen aufgetaucht ..." – Jetzt wird vielleicht durchgestellt.

Von oben nach unten

Eine weitere Regel der Informationsbeschaffung lautet: erst über die Pressestelle gehen und danach immer von oben nach unten fragen. Also erst nach dem Geschäftsführer/Amtsleiter fragen, zum Abteilungsleiter verwiesen werden, nach dem Sachbearbeiter verlangen. Hat der erstmal den Segen seiner Chefin, wird er bei gekonnter Gesprächsführung mehr erzählen, als beabsichtigt war. Wenn es dem Rechercheur gelungen ist, direkt mit einem Informationsträger zu kommunizieren, sollte er sich unbedingt die direkte Durchwahl zu ebendiesem geben lassen. Beim nächsten Kontakt kann sich der Rechercheur dann direkt beim Informationsträger einwählen. Ein unbedingtes Gebot der Fairness ist es dann allerdings, dem Informationsträger klar zu sagen, dass man unter Umgehung der Pressestelle bei ihm gelandet ist und es sich um ein Hintergrundgespräch handelt. Die gewonnenen Informationen dürfen dann nicht direkt verwertet werden. Sie helfen jedoch oft, in einem weiteren Gespräch dem Pressesprecher die entscheidenden Fragen stellen zu können.

So viel zum taktischen Vorgehen, denn sofort tut sich das nächste Problem auf: Praktisch niemals befindet sich sämtliches erforderliches Wissen in einer Hand. Und verhielte es sich so, wäre gerade das wiederum höchst verdächtig. Es ist darum die Last des Rechercheurs, aus verschiedensten Quellen einzelne Informationen mosaikartig zu einem Ganzen zusammenzufügen.

Eine Quelle ist nicht wie die andere: Auskunftsbereitschaft und -qualität variieren stark. Für eine erfolgreiche Ansprache der Kontakte und richtiges Einordnen der erhaltenen Informationen ist eine kleine Quellenkunde unbedingt erforderlich: Ein Unternehmen erwartet ein anderes Auftreten des Rechercheurs als die neugewählte Sprecherin der Bürgerinitiative, und ein karrierebewusster Politiker muss es im Zweifelsfall mit der Wahrheit weniger genau nehmen als ein ehrgeiziger Wissenschaftler.

Erster und wichtigster Ansprechpartner des Rechercheurs sind allerdings fast immer die guten, alten Behörden.

2.2 Behörden/Ministerien

Egal, an welchem Thema ein Journalist oder Rechercheur arbeitet, einen Ansprechpartner gibt es beinahe immer: die zuständige Behörde oder Anstalt (meist in Amtshilfe zusammen mit weiteren Ämtern); denn es gibt praktisch keinen Sachverhalt, für den nicht eine Behörde zuständig ist. Nur ist diese Behörde nicht unbedingt bekannt. Einige Journalisten wissen, dass es ein Eisenbahnbundesamt gibt, aber wer kennt schon die Bundesanstalt für Kartoffelforschung? Oft beginnt die Recherche damit, zunächst die zuständige Behörde zu finden. In der Regel gibt es sogar mehr als eine.

Es gibt die sogenannte federführende Behörde, welche die Entscheidung oder den Beschluss nach außen vertritt. Daneben gibt es noch die Einvernehmungsbehörden, welche sich bei der Entscheidungsfindung direkt einbringen können. Weiter gibt es noch die Benehmbehörden. Diese bringen sich lediglich durch schriftliche Stellungnahmen in den Entscheidungsprozess ein.

&&& Bevor der Rechercheur sich mit einem Problem befasst, sollte er sich deshalb genau erkundigen, welche Ämter auf welchen Ebenen das Problem behandeln und für welchen Teilaspekt sie jeweils zuständig sind. In der Regel geben die Behörden hierzu bereitwillig Auskunft.

&&& Suchbegriffe im Internet mit „Amt", „Behörde", „Anstalt" kombinieren.

&&& Ein Hilfsmittel zur Identifizierung der zuständigen Behörde ist auch das „Taschenbuch des Öffentlichen Lebens", auch „Oeckl" genannt (siehe auch Kapitel 2.13).

Behörden innerhalb der EU und in vielen anderen Staaten sind dem Bürger gegenüber auskunftspflichtig – sofern nicht wichtige Gründe dagegen sprechen. Zusätzlich, und dies ist ein nicht zu unterschätzendes Werkzeug für ein großes Spektrum von Recherchen, gelten in Deutschland drei wichtige Gesetze, die den Zugang zu Informationen erzwingen können – von ebenso wichtigen Ausnahmen abgesehen.

Ganz vorne steht das Informationsfreiheitsgesetz (IFG). Das IFG ist seit dem 1. Januar 2006 in Kraft und gilt für Bundesbehörden, außerdem in jenen Bundesländern, in denen das IFG auf Landesebene bereits eingeführt ist. Das sind aktuell: Berlin, Brandenburg, Bremen, Hamburg, Mecklenburg-Vorpommern, Nordrhein-Westfalen, Rheinland-Pfalz, Saarland, Sachsen-Anhalt, Schleswig-Holstein und Thüringen.

Außerdem gibt es das Verbraucherinformationsgesetz (VIG). Es ist bundesweit gültig und kann dann zum Erfolg führen, wenn Verbraucher geschädigt sind oder gefährdet sein könnten. Da es neben dem Konsumenten aber immer auch einen Hersteller gibt – oft der Verursacher der Verbraucherschädigung –, sind per Gesetz auch dessen Interessen zu berücksichtigen. Und so kann es – leider viel zu oft – geschehen, dass der Verursacher von der zuständigen Behörde (z.b. Gewerbeamt, Ordnungsamt, Gesundheitsamt, Lebensmittelbehörde) geschützt wird. Oft liegt der Auskunftsverweigerung einer Behörde die Angst zugrunde, anschließend von dem Verursacher wegen Geschäftsschädigung verklagt zu werden.

So traurig es ist, aber Behördenmitarbeiter sind in der Regel nicht mutig, sie wollen sich ihre Karriere nicht verbauen. Darum sagen sie meist lieber zu wenig, als Ärger mit gut bezahlten Unternehmensanwälten zu riskieren.

Das Gleiche gilt für das Umweltinformationsgesetz (UIG), das inzwischen überall in der EU gültig ist. Es greift somit auch auf lokaler Ebene (Richtlinie 2003/4/EG des Europäischen Parlaments und des Rates vom 28. Januar 2003 über den Zugang der Öffentlichkeit zu Umweltinformationen).

Die sogenannten „Ausschluss- und Beschränkungsgründe" oder „Ablehnungsgründe" sind in den jeweiligen, im Internet abrufbaren Gesetzen geregelt, und sie lauten im Groben:

Keine Informationen gibt es, wenn durch deren Weitergabe die Sicherheit der Bundesrepublik gefährdet werden könnte, wenn die Frage ein laufendes Verfahren betrifft, etwa Ermittlungen der Staatsanwaltschaft oder Untersuchungen einer anderen Behörde, oder wenn die Interessen Dritter erheblich beeinträchtigt würden – hier geht es in der Regel um die geschäftlichen Interessen von Unternehmen.

Dies ist auch der Fall, wenn etwa das Bundesamt für Verbraucherschutz und Lebensmittelsicherheit (BVL) eine Warnung über eine mit Salmonellen kontaminierte spanische Salami herausgibt, aber den Hersteller nicht nennt, mit der Begründung, das Produkt werde bereits per Rückruf aus den Geschäften entfernt.

Wer jetzt beim BVL anruft und erklärt, eine spanische Salami eines bestimmten Herstellers im Kühlschrank zu haben, erfährt zumindest, ob diese Marke betroffen ist oder nicht.

Diese drei eigentlich nützlichen Gesetze, die Jedermann-Gesetze sind, unterscheiden sich in einem weiteren, wesentlichen Punkt von den jeweiligen, für Journalisten geltenden Landespressegesetzen: Anfragen gemäß IFG, VIG oder UIG werden nicht von der Pressestelle, sondern im Zweifelsfall von einem zuständigen Juristen geprüft und gegebenenfalls beantwortet. Solch eine Prüfung kann viel Zeit kosten.

Die Autoren haben mehrfach erlebt, dass eine Behörde auf ein Auskunftsersuchen unter Berufung auf IFG, VIG oder UIG zwar antwortet, den Zeitraum für die Beantwortung jedoch voll ausnutzt oder gar überzieht. Im Fall des IFG hat der Gesetzgeber etwa geschrieben, die Antwort solle innerhalb von vier Wochen erfolgen – muss sie aber nicht. Und das nutzen jene, die Fragen nicht beantworten mögen, gerne mal aus. Im Fall des UIG muss die Antwort innerhalb eines Monats, ausnahmsweise innerhalb von zwei Monaten erfolgen. Aber wer wird schon vor Gericht ziehen wollen, bloß weil eine Frist überschritten worden ist?

Wer eine Antwort von einer Behörde erzwingen will, sollte sich überdies genau an die jeweiligen Vorgaben der Gesetze halten, denn eine Behörde, die sich in die Ecke gedrängt fühlt, kann sich wehren, zum Beispiel unter Berufung auf Formfehler: „Der Antrag muss erkennen lassen, zu welchen Umweltinformationen der Zugang gewünscht wird. Ist der Antrag zu unbestimmt, so ist der antragstellenden Person dies innerhalb eines Monats mitzuteilen und Gelegenheit zur Präzisierung des Antrags zu geben." (UIG, Paragraf 4, Satz 2) – Dann geht es nach einem Monat wieder von vorne los.

Es ist außerdem unabdingbar, bei Fragen, die vermutlich oder sicher auf den Widerstand einer Behörde treffen werden, so präzise wie möglich zu fragen, sonst kann es leicht passieren, dass die Behörde die Frage absichtlich missversteht (siehe auch: Kapitel 8).

Ein weiterer Nachteil des Vorgehens unter Berufung auf besagte Gesetze: Für diese Informationen dürfen die Behörden unter bestimmten Umständen Gebühren erheben. Sie müssen das nicht, können diese Option aber zur Abschreckung nutzen. Die Gebühren müssen begründet und dürfen nicht maßlos sein. Doch wer wird schon über eine Kostennote prozessieren, wenn das im Gesetz so geregelt ist: „Die Gebühren sind auch unter Berücksichtigung des Verwaltungsaufwandes so zu bemessen, dass der Informationszugang nach § 1 wirksam in Anspruch genommen werden kann." (IFG, Paragraf 10, Satz 2).

Außerdem besteht gegenüber Journalisten von Seiten der Behörden eine erweiterte Auskunftspflicht, die in den einzelnen Landespressegesetzen geregelt ist (siehe auch Kapitel 14).

Allerdings gilt auch hier: Sobald ein Journalist auf die Auskunftspflicht einer Behörde verweist, macht er sich damit bei der betroffenen Behörde nicht beliebt, auch nicht beim zuständigen Pressesprecher, der sich wahrscheinlich unter Druck gesetzt fühlt. Die Erfahrung lehrt eindeutig, dass ein Journalist von einem kooperativen Verhältnis mit einer Behörde wesentlich mehr profitiert als von einer Konfrontation, besonders, wenn er immer wieder mit dieser Behörde (und den dahinterstehenden Personen) zu tun hat. Ein Pressesprecher, der bei Anrufen „gerade aus dem Zimmer gegangen" und überhaupt ganz schlecht für den Journalisten erreichbar ist, macht das Leben nicht gerade leichter.

🔍 Wer redet schon gerne mit Leuten, die dauernd mit dem Gesetz drohen oder sich auf Gesetze berufen? Behördenmitarbeiter sind darum eher zu einem vertraulichen Gespräch mit solchen Journalisten bereit, die nicht feindselig auftreten.

Normalerweise ist der Konflikt zwischen Rechercheur und Behörde ohnehin nicht so dramatisch.

🔍 Auch in Behörden arbeiten kluge Menschen, die gerne mithelfen, ein Ärgernis aufzudecken, aber nicht persönlich aktiv werden wollen, weil sie um ihren Job oder ihre Karriere fürchten.

Wer also während eines formalen Gesprächs mit einem Beamten zu einem privaten Treffen eingeladen wird, sollte sich unbedingt darauf einlassen (natürlich nicht ins Junggesellenapartment oder zu dubioser Zeit an dubiose Ecken). Eine Gaststätte, ein öffentlicher Ort sind dagegen gut geeignet. Wer Angst hat, er solle nur angebaggert werden, arrangiert den Anruf eines Bekannten kurz nach Beginn des Treffens. Geht es tatsächlich bloß um einen unerwünschten (privaten) Annäherungsversuch, kann man sich dann mit guter Begründung („Ich muss weg, es ist etwas Schlimmes geschehen!") elegant aus dem Staub machen.

Aufbau

Ob groß oder klein, Behörden sind relativ gleich strukturiert und haben vergleichbare Stärken und Schwächen. Auch Bezirks- und Kreisbehörden sind in sich streng gegliedert wie kleine Regierungen, auch wenn sie oft in einem Gebäude untergebracht sind. So weiß der Sachbearbeiter im Gesundheitsamt oft nicht, mit welchen Sorgen sich seine Kollegin von der Gewerbeaufsicht gerade herumschlägt, obwohl beide auf demselben Flur arbeiten.

Die meisten Bundesländer sind dreistufig verwaltet. Es gibt eine Landesregierung, Bezirksregierungen und Kreisverwaltungen. Auf allen drei Ebenen liegen erhebliche Kompetenzen.

Die Landesministerien geben politische Direktiven vor oder erlassen Verwaltungsvorschriften und Gesetze, die von den untergeordneten Behörden umgesetzt werden müssen.

Doch für die Erteilung von Wasserentnahmerechten für eine chemische Fabrik vor Ort oder eine Großmolkerei sind die unteren Behörden zuständig. Deren Zuständigkeit definiert sich oft nach der Größe des Problems. Geht es beispielsweise darum, die Genehmigung zur Förderung von 20.000 Kubikmetern Grundwasser jährlich zu erteilen oder nicht, ist in der Regel die untere Wasserbehörde zuständig, die zur Kreisverwaltung gehört. Geht es um die Förderung von 200.000 Kubikmetern Grundwasser jährlich, liegt die Entscheidungshoheit eventuell bei der Oberen Wasserbehörde, die der Bezirksregierung angegliedert ist.

Zuständigkeiten

In einem föderativ organisierten Staat wie Deutschland gilt das Subsidiaritätsprinzip, welches bedeutet, dass bereits kleine Verwaltungseinheiten über ein großes Maß an Macht verfügen. Dies beinhaltet auch weitgehende Freiheit bei der Selbstorganisation. Die Macht der unteren Ebene, also der Kreis- oder Stadtverwaltung, endet erst dort, wo Landes- oder Bundesgesetze greifen, die eine Kreisbehörde nicht verletzen darf. So ist etwa jeder Kreis verpflichtet, seine Landwirtschaft zu beaufsichtigen, und ein

Kreisdirektor unter Sparzwang kann nicht einfach das Ordnungsamt auflösen.

Das hat zur Folge, dass der Aufbau einer Behörde im Kreis A ganz anders sein kann als der im Nachbarkreis B. Der Journalist muss also jedes Mal neu lernen. Die für Rechercheure wesentlichen Behörden auf Kreis- und Bezirksebene sind in der Regel folgende: Umweltamt, Gesundheits- und Veterinäramt, Justizbehörde (Handelsregister), Meldebehörde, Kulturamt, Jugendamt, Wasseramt, Bauamt, Straßenamt, Finanzamt, Wirtschaftsamt, der Rechnungshof oder die jeweils zuständige Stelle für die Kontrolle der Ausgaben der öffentlichen Mittel, Forstverwaltung, Pflanzenschutzbehörde (Bezirksebene), Landwirtschaftsamt, Gartenbauamt, Straßenmeisterei, Gewerbeaufsichtsamt und gegebenenfalls das Bergamt.

Auf Landesebene gibt es dieselben Ämter in Groß: Landespflanzenschutzamt, das Wasserwirtschaftliche Landesamt, die Landesforstverwaltung und so weiter. Daneben unterhalten die Länder weitere Behörden wie statistische Landesämter.

Dasselbe gibt es natürlich noch einmal auf Bundesebene: Für Umwelt zum Beispiel ist das Umweltbundesamt in Berlin zuständig, für Pflanzenschutz die Biologische Bundesanstalt in Braunschweig.

Dazu kommen Behörden, die über keine untergeordnete Landesebene verfügen, wie die Bundesanstalt für Materialforschung und -prüfung, das Bundesausfuhramt oder die Bundesanstalt für Finanzdienstleistungsaufsicht (BaFin).

Grundsätzlich gilt: Behörden können von Land zu Land und von Kreis zu Kreis unterschiedliche Namen haben (Landesamt für Wasser und Abwasser, Staatliches Amt für Wasser und Abwasser, Oberlandesgericht, Kammergericht). Kompetenzen können unterschiedlich verteilt sein und werden zum Beispiel nach Wahlen oft neu geordnet. In einem Land sind Umwelt und Landwirtschaft in einem Ressort zusammengefasst, in dem anderen Umwelt und Verkehr.

Einen guten Wegweiser durch die Strukturen von Zuständigkeiten bietet das sogenannte „Organigramm" oder der „Organisationsplan", den eine Behörde bereitstellen muss. (siehe auch Kapitel 2.14). Natürlich sind solche Organigramme auch im Internet einsehbar.

🔭 Auf den Internetseiten finden sich oft auch Fotos der zuständigen Pressesprecher, was ja eine große Hilfe ist, um sich bei Telefongesprächen ein Bild von seinem Gegenüber machen zu können.

🔭 Wenn eine Behörde, zum Beispiel eines Kreises, wenig oder gar nichts zu einem aktuellen Fall sagen will, sollte der Journalist unbedingt versuchen, die übergeordnete Behörde zu der Sache zu befragen. Oft ist diese vorgesetzte Behörde bereit, Auskunft zur Sache zu geben, insbesondere, wenn sich diese Behörde bereits selbst über das Vorgehen weiter unten geärgert hat.

🔭 Eine andere Taktik besteht darin, eine benachbarte Behörde anzurufen, wenn die zuständige nicht reden will, zum Beispiel die des Nachbarkreises, und dort – vorsichtig! – nach Hintergründen des Problems zu fragen. Nicht selten betrachten sich Kreise als Konkurrenten und geben dann brauchbare Tipps für die Recherche beim „Gegner".

2.3   Unternehmen

Nur noch selten wird ein Journalist auf einen Pressesprecher stoßen, der die Taktik der Des- oder Nichtinformation verfolgt. Verantwortlich dafür waren früher ein überkommenes Verhältnis zu Medien oder schlechte Erfahrungen aus der Vergangenheit mit inkompetenten Kollegen, die etwa vertraulich gegebene Informationen verfälscht oder an unbefugte Dritte weitergegeben haben (siehe auch Kapitel 7.1). Natürlich kann auch die berühmte Leiche im Keller, welcher der anfragende Rechercheur auf keinen Fall zu nahe kommen soll, der Grund für gezielte Des- oder Falschinformationen sein.

Ein weiterer Grund für schlechte Medienarbeit kann in dem ungeschickten Verhalten des dafür Verantwortlichen liegen. In kleinen und mittleren Unternehmen werden Presseauskünfte oft vom Geschäftsführer beziehungsweise Inhaber persönlich erteilt, der darin nicht immer geschult ist.

In den meisten Unternehmen wird heute aber eine offensive Öffentlichkeitsarbeit betrieben. Diese besteht darin, die Medien mit Informationen zu bedienen, gemäß der Erkenntnis: Wer viel sagt, wird nicht gefragt.

Hinzu kommt, dass die Zahl der Medienarbeiter auf der anderen Seite beträchtlich gestiegen ist – nicht selten werden gute Journalisten von

Unternehmen als Pressesprecher eingekauft, fragen Sie ruhig nach dem beruflichen Werdegang Ihres Gegenübers. Auf der anderen Seite ist die Zahl der recherchierenden Wirtschaftsjournalisten aufgrund von Rationalisierungen gesunken. So sind viele Kollegen froh, eine redigierbare Pressemitteilung zu erhalten, die dann per Anruf noch mit ein paar Zitaten gewürzt wird. Für eigene Recherche ist also selten Zeit, und das weiß die andere Seite natürlich genau.

Umso gespannter, manchmal nervöser reagiert die Pressestelle, wenn sich ein Journalist mit einer Frage meldet, die nicht zuvor von der Pressestelle selbst aufgeworfen wurde, also jenseits der aktiven Berichterstattung des Unternehmens liegt.

Jeder Pressesprecher weiß: Nach außen getragene betriebliche Informationen können im schlimmsten Fall das Aus für eine Firma (oder den eigenen Arbeitsplatz) bedeuten. Die Gefahr, dass negative oder inkorrekte Berichterstattung wirtschaftlichen Schaden anrichtet, ist permanent gegeben. Daran hängen Arbeitsplätze, und – je nach Größe des Unternehmens – manchmal auch das wirtschaftliche Wohlergehen eines kompletten Gemeinwesens.

Auf der anderen Seite kann gute Berichterstattung in den Medien sehr zum Erfolg einer Firma beitragen, auch wenn sich deren Gebaren und Produkte nicht nennenswert von ihrer Konkurrenz unterscheiden – bis auf den essentiellen Punkt, dass dort eine sehr gute Medienarbeit betrieben wird.

Es ist wichtig, dem Pressesprecher bei einer unerwarteten Anfrage diese Angst zu nehmen, sonst läuft der Journalist Gefahr, erheblich blockiert zu werden. Und dann wird die weitere Arbeit anstrengend und zeitraubend. Gerade bei einer ersten Kontaktaufnahme kann ein Rechercheur oder Journalist viel an gutem Willen gewinnen, genauso gut aber auch Türen zuschlagen, wenn er beim Pressesprecher einen schlechten Eindruck hinterlässt. Das kann auch versehentlich geschehen.

Bevor der Rechercheur mit einem Unternehmen in Kontakt tritt, sollte er sich darum zunächst im Internet über das Unternehmen informieren. Damit signalisiert der Journalist gleichzeitig, dass er vorbereitet ist. Pressesprecher sind in der Regel genervt, wenn sie Fragen beantworten sollen, die auf den Internetseiten der Firma sowieso zur Verfügung stehen. Im Internetauftritt lässt sich außerdem viel Positives über ein Unternehmen nachlesen, zum Beispiel soziale Aktivitäten, die das Selbstbild des Unternehmens, die sogenannte „Corporate Identity", stärken oder verbessern sollen.

Es ist kein Fehler, diese Aktivitäten im Erstgespräch gegenüber dem Unternehmen lobend anzusprechen.

Selbstverständlich bleibt die Selbstauskunft der Firma immer einseitig. Wenn ein Journalist ausführlicher über ein Unternehmen berichten will, sollte er ebenfalls den Betriebsrat oder die zuständige Gewerkschaft befragen, außerdem die zuständigen Behörden (zum Beispiel Gewerbeamt, Umweltamt). Und er sollte sich bei den staatlichen oder wirtschaftlichen Stellen erkundigen, die Basisinformationen über Firmen bereithalten.

Vorne auf der Liste steht das beim jeweils zuständigen Amtsgericht untergebrachte Handelsregister (das zuständige Handelsregister und die dazugehörige Nummer sind im Impressum des Internetauftritts oder auf dem Firmenbriefkopf zu finden). Dort ist der Zeitpunkt der Gründung der Firma aufgeführt, der Zweck der Unternehmung, das Stammkapital, die Geschäftsführer und Zeichnungsberechtigten sowie der Gesellschaftsvertrag beziehungsweise die Satzung und die Bilanz eines Unternehmens – zumindest alle Informationen, die *vor dem 1. Januar 2005* beim Handelsregister eingereicht worden sind. Was danach publiziert wurde, lässt sich via Internet abfragen. Denn seit dem 1. Januar 2005 sind Unternehmen verpflichtet, ihre Pflichtinformationen elektronisch beim Handelsregister einzureichen. Sie sind unter www.handelsregister.de abrufbar.

Wer sich dort registrieren lässt, kann anschließend Firmendokumente gegen eine Gebühr von jeweils 1,50 Euro (Stand: 2010) herunterladen und sich vom Schreibtisch aus kundig machen.

Zunächst sollte sich jeder anschauen, was dort unter der Rubrik „Veröffentlichungen" zu lesen ist, denn diese Informationen sind umsonst. Wer gleich auf die Seite „Dokumentenansicht" geht und alle verfügbaren Dokumente gegen Gebühr bestellt, verschwendet viel Geld: Dieselben Informationen, die es unter Veröffentlichungen umsonst gibt, kosten hier auf einmal 1,50 Euro. (Handelsregister.de)

Ältere Dokumente von Firmen, die vor 2005 beim Handelsregister eingereicht wurden, sind aber in der Regel nicht eingelesen und müssen deshalb beim zuständigen Handelsregister direkt angefordert werden. Bei solchen Dokumenten handelt es sich oft um die Liste der Gesellschafter mit ihren jeweiligen Anteilen oder auch um den Gesellschaftsvertrag.

Die Mitarbeiter eines Unternehmens stehen eines Montagmorgens vor verschlossenen Firmentüren und melden sich ratlos in der Redaktion, die Firmenleitung ist nicht erreichbar: Jetzt kann ein Anruf beim zuständigen Handelsrichter (über das zuständige Handelsregister) weiterhelfen. Der weiß, ob das Unternehmen Insolvenz angemeldet hat oder ob es dabei ist, seinen Firmensitz zu verlegen.

Kleinere Firmen, etwa GmbHs, verweigern oft Auskunft zu ihren Geschäftszahlen. Gleiches gilt für Aktiengesellschaften, die nicht an der Börse gehandelt werden, was für etliche Familienunternehmen gilt. Fragt ein Journalist den Pressesprecher solch eines Unternehmens nach Gewinn und Umsätzen, erhält er meist die Auskunft, diese Informationen würden nicht veröffentlicht. Der Pressesprecher verschweigt dann, dass Unternehmen seit dem 1. Januar 2007 verpflichtet sind, einen reduzierten Geschäftsbericht, den Finanzbericht (auch Lagebericht genannt), beim Bundesanzeiger einzureichen.

🔍 Unter der Adresse www.unternehmensregister.de sind die seitdem eingereichten Finanzberichte kostenlos herunterzuladen.

Manchmal kommt eine Firma dieser Veröffentlichungspflicht einfach nicht nach.

🔍 Jedermann kann diese Firma zur Veröffentlichung zwingen, durch Schreiben an das Bundesamt für Justiz, Abtlg. VI, Referat 2, Adenauerallee 99–103, 53113 Bonn (Fax: 0228-4106450). Die Rechtsgrundlage lautet: „Hiermit stelle ich den Antrag, die Firma XXXXXXX HRB/HRA (Nummer), Amtsgericht XXXXXX per Zwangsgeld aufzufordern, gemäß § 325 HGB den aktuellen Finanzbericht unter Nennung der Aktieninhaber/Gesellschafter und ihrer jeweiligen Anteile vorzulegen."

Der Journalist/Rechercheur muss aber wissen, dass dem dann mit Zwangsgeld bedrohten Unternehmen der Antragsteller durch das Bundesamt für Justiz bekanntgegeben wird. Und durch solch einen Antrag macht man sich keine Freunde.

🔍 Ist der Rechercheur auf der Suche nach einem Unternehmen, das ein bestimmtes Produkt herstellt (oder entsorgt), kann er sich verschiedener Webseiten bedienen, für Anfragen in Deutschland sind die Seiten www.wer-liefert-was.de oder www.wlw.de zu empfehlen.

🔍 Besitzt der Inhaber der Firma XY weitere Firmen und welche sind das? Hier hilft die – kostenlose – Recherche „Personeninformationen" bei www.genios.de. Einfach den Namen eingeben und das Feld „Personen im Handelsregister" anklicken. Darauf erscheinen die dem Namen zugeordneten Firmen samt HRG-Nummern. Mit diesen Informationen lässt sich auf der Internetseite des Handelsregisters recherchieren. – Und das ist auch notwendig, um zufällige Namensgleichheiten auszuschließen. Für zum Beispiel „Matthias Brendel" erscheinen 37 Firmeneinträge bei Genios, doch mit nur einer Firma unter diesen hat der Autor wirklich zu tun. Da im Handelsregister aber auch der Geburtstag des Firmeninhabers recherchierbar ist, lassen sich Verwechslungen ausschließen.

🔍 Auch die örtliche Industrie- und Handelskammer kann weiterhelfen.

🔍 Außerdem kann sich der Rechercheur bei (möglichst vielen) anderen Firmen der Branche über deren typische Probleme und Erfolge erkundigen.

🔍 Grundsätzlich fehl am Platz sind philosophische Erörterungen über die Existenzberechtigung von gewissen Produkten, die von einer Firma hergestellt werden. Auch moralische Bewertungen führen unweigerlich in die Sackgasse. Gerne hört indes jeder Firmenvertreter: „Ich habe mir neulich ein Produkt von Ihrer Firma gekauft, und ich muss sagen: Es ist wirklich gut!"

PR-Agenturen und externe Krisenberater

Manchmal übernehmen auch Public-Relations-Agenturen die Pressearbeit eines Unternehmens. Die Konsequenzen sind für Rechercheure und Journalisten beträchtlich: Der Anrufer wird zwar umstandslos mit der – äußerst zuvorkommenden – Pressestelle der Firma verbunden, doch sind die geführten Gespräche oft glatt und oberflächlich. Erst auf gezieltes Nachfragen kommt manchmal die Information, dass am anderen Ende der Leitung nicht mehr ein Mitarbeiter des Betriebes in Kaiserslautern spricht, sondern der PR-Berater einer großen Frankfurter Agentur. Dessen

Betreuung verläuft – eben professionell. Misstrauen oder Ärger bügelt der PR-Mitarbeiter rasch aus. Es folgen die Versendung umfangreichen, attraktiv gestalteten Informationsmaterials und die Aufnahme in die Verteilerliste, wenig später vielleicht auch die Einladung zu einem „gemütlichen Beisammensein bei gutem Essen und einem Glas Wein" oder Ähnliches. Wer solche Treffen mag, ist dort gut aufgehoben, denn für entsprechende Atmosphäre wird der PR-Berater schon sorgen. Das ist sein Job. Nur Substantielles lässt sich im Umgang mit firmenfremden PR-Leuten selten erfahren. Substanz aber ist gefordert. Um den hierfür notwendigen Zugang zu den wichtigen Informationsträgern im angepeilten Betrieb dennoch zu erhalten, braucht der Rechercheur nur ein wenig Geduld und eine gute Frage.

Wer dagegen dem PR-Berater gleich zu verstehen gibt, dass er an Kontakten mit ihm wegen voraussehbarer Nutzlosigkeit nicht interessiert ist, stellt diesen vor eine schwierige Situation. Für genau solche Kontakte wird er ja von seinem Kunden bezahlt. Es ist darum für beide Seiten leichter, den firmenfremden Öffentlichkeitsarbeiter seine Arbeit machen zu lassen. Der zählbare, positiv verlaufende Kontakt ist schließlich auch ein zählbarer Posten auf der Kundenrechnung der Agentur. Ist diese Prozedur erfolgreich erledigt und hat die Qualität der Fragen ein bestimmtes Niveau erreicht, muss der Berater für weitere Fachgespräche auf den Kunden zurückverweisen. Und jetzt bekommt der Rechercheur die verlorene Zeit zurück: Der PR-Berater wird sich in aller Regel nach den geeigneten Ansprechpartnern umsehen, stellvertretend einen Telefon- oder Ortstermin vereinbaren und diese Termine in der Regel auch begleiten, um „Irritationen und Missverständnisse auszuschließen". Diese Sorte Betreuung erweist sich jedoch in der Regel als harmlos. Im Gegensatz zum betriebseigenen Pressesprecher verfügt der aushäusige PR-Berater selten über die Kompetenz, brisante Fragen zu erkennen und fast nie über die Macht, ihre fachmännische Beantwortung zu verhindern.

🔍 Erfahrungsgemäß sind diese PR-Agenturen manchmal auch beauftragt, negative Nachrichten über die Konkurrenz zu verbreiten. Das geschieht natürlich nicht offiziell, sondern im vertraulichen Gespräch.

Anders treten PR-Profis auf, die von Unternehmen im Fall einer Krise hinzugezogen werden. Das geschieht zum Beispiel bei einer größeren zivil- oder auch strafrechtlichen Auseinandersetzung, bei einem schweren Betriebsunfall, Streit mit der Gewerkschaft, der Konkurrenz oder in ähnlichen Situationen, die Schaden für das Unternehmen bedeuten können.

Diese Krisenberater sind nicht selten ehemalige Journalisten mit guten Kontakten in die Medienlandschaft, die dann versuchen, das Unternehmensbild in der Öffentlichkeit zu verbessern.

👓 Gespräche mit solchen Krisenberatern sind in der Regel gewinnbringend, denn oft verfügen diese Berater über interessante Informationen, die zumeist den jeweiligen Gegner in solch einer Auseinandersetzung betreffen. Der Journalist muss sich nur davor hüten, sich von dem Krisenberater auf die andere Seite ziehen zu lassen.

2.4 Verbände

Verbände sind Interessenvertretungen von wirtschaftlichen und gesellschaftlichen Gruppen. Ähnlich Verwaltungen und Parteien sind sie oft mehrstufig auf Bundes-, Landes- und Kreisebene organisiert.

In diesem Kapitel liegt das Augenmerk besonders auf den wirtschaftlichen Verbänden.

Eines sei gleich vorweg gesagt: Für Wirtschaftsverbände gilt, dass sie – bis auf wenige Ausnahmen – konservativer sind als die Branche, die sie vertreten. Für diesen verbreiteten Konservatismus gibt es verschiedene Ursachen. Gesprächspartner in Unternehmen weisen gern darauf hin, dass zu den Verbänden oft das wenig innovative oder wenig mit der Praxis vertraute Personal abgestellt würde. Die Autoren vermuten eher, dass weniger Ingenieure als politisch talentierte Mitarbeiter Verbandsposten bekleiden. Und die gegensätzliche Weltsicht zwischen Ingenieuren, Kaufleuten und Politikern ist nun mal sehr groß. Obendrein müssen Verbände die Interessen ihrer Mitglieder ständig auf den möglichst größten gemeinsamen Nenner bringen. Ein Wirtschaftsverband verhält sich deshalb meistens so wie ein Geleitzug von Schiffen: Die maximale Geschwindigkeit des Geleitzuges ist gleich der Höchstgeschwindigkeit des langsamsten Schiffes. Dabei bleiben sowohl neue als auch pointierte Gedanken und Ideen schnell auf der Strecke. Schließlich agieren auch Firmen oft mit der Grundeinstellung: „Never change a winning team!" Diese Haltung ist Innovationen und Reformen gegenüber prinzipiell feindlich.

Ausnahmen bestätigen die Regel. Die Autoren können jedenfalls sagen, dass sie gerade bei Wirtschaftsverbänden weitblickende und kompetente Gesprächspartner vorgefunden haben. Solcher Weitblick tritt allerdings meist erst bei den sogenannten Hintergrundgesprächen hervor, also dann, wenn der Gesprächspartner nicht davon ausgehen muss, dass jedes gesagte Wort sich als Zitat und mit Quellenangabe im Beitrag wiederfindet.

Natürlich versuchen Wirtschaftsverbände, die eigene Branche in möglichst gutem Licht erscheinen zu lassen. Aber vor allem versuchen sie, konkret im Sinne ihrer Mitglieder Politik zu machen. Fast alle haben deshalb ein Büro in Berlin, Bonn oder in Frankfurt am Main, wo etwa der Verband der chemischen Industrie (VCI) seinen Sitz hat.

Genau wie Politiker sind Wirtschaftsverbände sehr dogmatisch und deshalb ihre Aussagen und Argumentationslinien mit größter Vorsicht zu genießen. Für den Verband der Automobilindustrie (VDA) werden gesetzliche Auflagen zur Verbrauchsminderung immer zu streng sein, für den VCI sind das neue Produktionsauflagen, und dass die „Wirtschaftliche Vereinigung Zucker e.V." nicht in allen Punkten den Auffassungen des „Freien Verbandes Deutscher Zahnärzte e.V." zustimmt, liegt auf der Hand. Diese recht einseitige Sicht der Dinge ist den Verbänden nicht vorzuwerfen, ihre Funktionäre werden schließlich dafür bezahlt.

Für den Rechercheur heißt das natürlich: Persönliche Kontakte oder Hintergrundgespräche sind – um neue und direkt verwertbare Daten zu erhalten – relativ unergiebig.

Neue Gesetze

Anders sieht es aus, wenn der Rechercheur zum Beispiel politische Positionen, geplante Verordnungen oder Gesetzesinitiativen recherchieren möchte. Verbandsfunktionäre wissen über neue, ihre Branche betreffende Gesetze oft sehr gut Bescheid. Denn Wirtschaftsverbände kooperieren mehr oder weniger mit allen im Parlament vertretenen Parteien und haben so einen guten Überblick über die Entwicklung der gesetzlichen Rahmenbedingungen ihrer Branche.

Sie haben auch die Möglichkeit, in politischen Ausschüssen ihre Positionen darzustellen, wenn geplante Gesetze den Verband oder seine Mitglieder betreffen – und davon kann ein Journalist profitieren.

Damit der Verband sich vorbereiten und Stellung nehmen kann, wird ihm in der Regel ein – vertraulicher – Gesetzentwurf zugesandt. Der Entwurf kann vage sein, sich überdies im Lauf der parlamentarischen Diskussion verändern, gibt aber wichtige Anhaltspunkte. Wenn ein Verbandssprecher einem Journalisten vertraut, kann es geschehen, dass dieser Journalist den Entwurf in die Hände bekommt.

Doch auch für den Fakten sammelnden Rechercheur sind Verbände interessant. Verbände geben Datensammlungen zur momentanen und zurückliegenden gesamtwirtschaftlichen Leistung ihrer Mitglieder heraus, haben Übersichten über den Personalbestand und über die Geldsummen, die für Investitionen zur Verfügung standen oder in Zukunft zur Verfügung stehen sollen. Verbände informieren über Produktpaletten oder Dienstleistungsangebote, verfügen über Mitgliederverzeichnisse und entwickeln oft Leitlinien, an die sich ihre Mitglieder halten sollen.

Häufig haben Verbände auch die Geschichte ihrer Branche aufschreiben lassen und bieten so einen guten Einblick in gewachsene Strukturen und Traditionen.

Wirtschaftverbände helfen Journalisten und Rechercheuren gerne weiter, etwa mit Hinweisen auf Fachliteratur oder durch eigene Publikationen. Auch wenn die Veröffentlichungen von Verbänden einseitig sind, lernt man bei ihrer Lektüre die Denkweise, Auffassungen und Sorgen der Verbandsmitglieder kennen und gleichzeitig die hier geltenden Fachausdrücke.

Jeder Verband kennt und benennt auf Anfrage eine Reihe von Branchenexperten. Doch Vorsicht! Von Verbänden genannte Experten sind fast immer nach der spezifischen Interessenlage des Verbandes ausgewählt.

Eine beinahe unentbehrliche Hilfe für den Rechercheur sind Verbände immer dann, wenn eine Umfrage beziehungsweise Erhebung unter allen Firmen einer bestimmten Branche gemacht werden soll. Ohne die gezielte Unterstützung des Verbandes wird der Rechercheur kaum Erfolg haben.

Umfragen und Mitgliederlisten

Sobald eine Umfrage auch als solche und nicht als einmalige Anfrage zu erkennen ist – und das ist sie fast immer (siehe auch Kapitel 8.4) –, wendet sich jede Firma im Regelfall an ihren zuständigen Fachverband. Hat dieser nur den leisen Verdacht, dass unfreundliche Absichten hinter der Anfrage stehen, kann er seinen Mitgliedern empfehlen, nicht zu antworten, sondern wiederum auf den Fachverband selber zu verweisen. Das geschieht schnell, und darum ist es sinnvoll, bei branchendeckenden Erhebungen von vornherein mit dem zuständigen Verband zu kooperieren. Inwieweit der Rechercheur im Verlauf dieses manchmal anstrengenden Abstimmungsprozesses sein Anliegen durchsetzen kann, hängt weitgehend von ihm selber ab.

Der Verband ist für den Rechercheur nicht nur wichtig, weil er zum Beispiel bei einer Umfrage seine Mitglieder motivieren kann, darauf unbedingt oder gar nicht zu reagieren. Er verfügt außerdem über eine Liste seiner Mitglieder, die nicht nur bei Umfragen wichtig ist, sondern ebenfalls, wenn einzelne Betriebe einer Branche unter Druck geraten und darauf die Kommunikation mit den Medien abbrechen. Wer dann über solch eine Liste verfügt, hat es leicht, die Konkurrenz zu befragen – natürlich vorsichtig und mit dem Angebot des Vertrauensschutzes.

Nicht alle Verbände stellen ihr Mitgliedsverzeichnis zur Verfügung. Manchmal erhält es ein Journalist nur persönlich und nach guter Begründung.

🔭 Wer öfter mit einer Branche zu tun hat, sollte das Mitgliederverzeichnis des Verbandes auf jeden Fall herunterladen, sofern es auf den Internetseiten vorhanden ist. Es kann gut sein, dass dieses Verzeichnis plötzlich verschwunden ist, wenn der Verband oder seine Mitglieder einmal in die öffentliche Kritik geraten. So geschehen etwa beim Verband der Fleischwirtschaft, nachdem Mitglieder in den Verdacht des Handels mit Gammelfleisch geraten waren.

Übrigens haben alle größeren Verbände einen europäischen Dachverband, der in der Regel seinen Sitz in Brüssel hat. Wieder über dem europäischen steht dann der entsprechende Weltverband. Diese Spitzenorganisationen verfügen meist über brauchbares statistisches Material, beziehen aber ungern Stellung zu spezifischen oder innerhalb der Branche umstrittenen Daten.

So hilfreich Verbände dem Rechercheur sein können, die Wahrung ihrer Eigeninteressen schränkt sowohl ihre Hilfsbereitschaft als auch ihre Hilfsmöglichkeiten ein. Viele Kollegen ziehen für ein Hintergrundgespräch trotzdem einen Verbandsfunktionär einem Politiker vor: Die Interessen, die ein Verbandsfunktionär vertritt, liegen zumindest meist eindeutig auf dem Tisch.

2.5 Banken

Ein Rechercheur im Geldgewerbe braucht einen langen Atem.

Nicht viel besser geht es Journalisten, die auf eigene Faust Recherchen in der Welt der Finanzdienstleistungen und Milliardeninvestitionen betreiben wollen und dabei auf Berichterstattung jenseits lancierter Äußerungen und gut vorbereiteter Pressemitteilungen setzen. Wer da nicht über sehr gute persönliche Kontakte in dem Gewerbe verfügt, erreicht nicht viel mehr als wortreiches Bedauern, das stets mit dem gleichen Halbsatz endet: „... können wir Ihnen leider nicht weiterhelfen, da wir hierüber grundsätzlich keine Auskunft erteilen."

Dabei sind Presseabteilungen von Banken personell und materiell gut ausgestattet und verfügen über große Mengen Informationsmaterial, das auf Anfrage gerne bereitgestellt wird. Nur eben: Das und nichts anderes.

Stellt ein Journalist der Presseabteilung einer Bank eine Frage, die nicht bereits in irgendeinem Quartals- oder anderem Bericht beantwortet ist, wird er die Antwort mit großer Sicherheit auch nicht auf diese Weise erhalten. Es sei denn, die Frage ist eine zugleich wichtige und heikle Frage. Allerdings muss der Rechercheur oder Journalist seine Frage mit Belegen unterfüttern können, damit die Bank tatsächlich reagiert. Dann wird die Frage an das sogenannte „Back Office" weitergeleitet, worunter gewöhnlich die entsprechende Fachabteilung innerhalb der Bank gemeint ist. Aber auch, wenn die Bank dieses Verfahren wählt, kann die Reaktion in der Auskunft bestehen: „Wir bedauern, hierzu keine Stellungnahme abgeben zu können."

🔭 Allerdings sind Pressesprecher von Banken bisweilen bereit, über andere Banken recherchiertes Material fachmännisch zu kommentieren – wenn sie dem Journalisten trauen und sicher sein können, damit nicht zitiert zu werden.

Investigative Recherche innerhalb ihres Beritts mögen Banken schon gar nicht: Geschäftsbeziehungen könnten gestört werden, Wettbewerbsvorteile verlorengehen. Wenn ein Rechercheur darum Informationen zu einer Bank benötigt, die nicht in den mit Zahlen gespickten Broschüren des Instituts enthalten sind, sollte er nicht allzu viel Zeit auf Gespräche mit der Presseabteilung verschwenden. Dort meldet er sich besser erst, wenn er Beweise vorlegen kann.

👓 Auch Banken müssen vieles, das sie nicht an die Öffentlichkeit geben, im Handelsregister veröffentlichen. Es lohnt sich darum immer, im kostenfreien Bereich „Veröffentlichungen" unter www.handelsregister.de nachzuschauen, was dort über die Bank zu lesen ist.

👓 Eine oft interessante Informationsquelle ist der sogenannte „Offenlegungsbericht", den Banken seit 2008 aufgrund der Solvabilitätsverordnung (SolvV) beziehungsweise des Basel-II-Abkommens veröffentlichen müssen.

Der Offenlegungsbericht ist oft nur über die Suchleiste im Internetauftritt der Bank zu finden, denn die Geldinstitute hängen diesen Bericht gewöhnlich nicht an die große Glocke. Mit den obengenannten Suchbegriffen ist er aber zu finden. Dort kann jeder über die Risiken nachlesen, welche die Bank eingegangen ist. Wer es allerdings nicht gewohnt ist, einen solchen Bericht oder überhaupt die Geschäftsberichte von Banken zu lesen, wird es schwer haben, ihn zu verstehen.

Ein lokal agierender Journalist erfährt bei weitem mehr über seine heimische Bank, wenn er um diese herum recherchiert. Die erste zu lösende Frage lautet deshalb: Wer hat Kontakt zu dieser Bank, geschäftlich oder politisch? Kunden von Banken sind manchmal auskunftsfreudig, besonders, wenn sie sich geschädigt oder von der Bank ungerecht behandelt fühlen.

Auch Lokalpolitiker (die z.B. im Aufsichtsrat einer Sparkasse sitzen) wissen bisweilen gut Bescheid und hegen mitunter persönlichen, alten Groll gegen das Institut.

Jenseits lokaler Recherche steht dem Rechercheur eine ganze Palette internationaler Branchendienste zur Verfügung, die hin und wieder über die Verwicklung von Banken in internationale Geschäfte und dabei auch über die Banken selbst berichten.

Je größer das notwendige Investitionsvolumen dieser Geschäfte, desto besser die Chancen, mehr zu erfahren.

2.6 Staatsanwaltschaft/Polizei

Dieses Kapitel wendet sich in erster Linie an Journalisten. Natürlich steht es auch jedem anderen Rechercheur frei, bei seinen Recherchen die

Kooperation mit staatlichen Ermittlern zu suchen. Die Ermittler könnten aber ihrerseits neugierige Fragen stellen. Ein Journalist hingegen kann sich notfalls auf das „Zeugnisverweigerungsrecht" berufen (siehe auch Kapitel 14).

Die Mitteilungen der Pressestellen von Polizei und Staatsanwaltschaft kennt jeder Zeitungsleser – in redigierter Form. In jeder Tageszeitungsredaktion und vielen Rundfunk- und Fernsehredaktionen gibt es einen oder mehrere Redakteure, die die Mitteilungen von Polizei und Staatsanwaltschaft auswerten. Um diese Pressemitteilungen zu erhalten, genügt in der Regel ein Anruf bei der zuständigen Polizeipressestelle. Ist der Journalist oder Rechercheur dort bekannt, geben Vertreter von Staatsanwaltschaft oder Polizei auf Nachfrage mitunter weitere Informationen heraus.

Informationen aus laufenden Ermittlungen erhält der Rechercheur auf diese Weise (auf legalem Weg) aber nicht. Dies dient dem überaus wichtigen Schutz von Opfern, Verdächtigen sowie von ermittelnden Polizisten und Staatsanwälten.

Anders ist dies bei Polizeireportern, die fast immer ein gutes und vertrauensvolles Verhältnis zu Ermittlern, Polizei, Rettungssanitätern, Feuerwehr und bisweilen Staatsanwälten haben. Sie erfahren oft einiges mehr, als ihnen zu publizieren erlaubt ist. Welchen Vorteil der Journalist von solchem Wissen hat? – Es ist ein großer Vorteil zu wissen, wann und wo etwa die Staatsanwaltschaft eine Hausdurchsuchung oder eine Großrazzia plant, schon der Fotos (Fotograf kam zufällig vorbei) und des Zeitvorsprungs wegen. Mit exklusiven Informationen ist es allerdings sofort vorbei, wenn dieses Vertrauen missbraucht wird.

Es gibt auch Situationen, in denen eine Zusammenarbeit mit einzelnen oder mehreren Vertretern von Polizei und Staatsanwaltschaft sehr fruchtbar und für beide Seiten nützlich sein kann. Der Rechercheur hat den Ermittlern einiges zu bieten. Denn Polizisten und Staatsanwälte müssen oft mit mehreren Erschwernissen leben: Ihre Mobilität ist meist – schon aufgrund ihres Zuständigkeitsbereichs – erheblich eingeschränkt. Aufgrund der Arbeitsbelastung und der bürokratischen Dienstwege ist ihre Flexibilität gering. Oft fehlt auch das Fachwissen, um eine nicht alltägliche Situation richtig einzuschätzen (dies ist gerade bei Fällen von Wirtschaftskriminalität manchmal der Fall). Außerdem ist eine Reihe von Recherchemethoden – wie das Vorspiegeln falscher Tatsachen oder das Verschleiern – Staatsbediensteten nur in wenigen Ausnahmefällen erlaubt.

🔍 Genau in diesen Bereichen kann der Rechercheur eventuell Abhilfe schaffen und den staatlichen Stellen nützlich sein.

Ist der Journalist nicht der oben beschriebene Polizeireporter, ist dies die einzige Möglichkeit, zu einem Informationsaustausch zu kommen, der über die Mitteilungen der jeweiligen Pressestellen hinausgeht.

🔍 Überlegen Sie vor einem Recherchegespräch mit einem Kriminalbeamten oder Staatsanwalt aber gut, welche Informationen Sie weitergeben wollen, welche Sie weitergeben können und was Sie besser für sich behalten.

🔍 Lassen Sie sich im Zweifelsfall von einem Anwalt beraten!

🔍 Überlegen Sie, ob Sie Informationen ohne Angabe der Quelle weitergeben wollen.

Informationen ohne Quellenangaben können Staatsanwälte zwar vor Gericht nicht verwerten. Doch auch Informationen ohne direkt nachvollziehbare Quellen können den staatlichen Stellen nützliche Hilfen sein, um bei der Aufklärung eines Falles die richtige Spur aufzunehmen.

Polizeiliche Daten

Genauso, wie der Rechercheur über Möglichkeiten zur Klärung eines Falles verfügt, die den ermittelnden Behörden oft nicht zur Verfügung stehen, besitzen auch Polizei und Staatsanwaltschaft Informationen, die dem Rechercheur gegebenenfalls sehr nützlich sein können.

Dazu zählen alle personen- und tatbezogenen Daten aus dem Polizeicomputer, mit denen sich die Glaubwürdigkeit von Dritten überprüfen lässt. Interessant sind auch Daten aus dem Zentralen Verkehrsregister in Flensburg (z.B.: Wer ist der Halter des Kfz mit dem Kennzeichnen AB-XY 123?). Bisweilen verfügt die Polizei auch über nicht belegbare Querverweise zu anderen Verdächtigen.

Inwieweit der Rechercheur an diesem Wissen partizipieren kann, hängt in erster Linie von seiner Persönlichkeit und der seiner Gesprächspartner ab. Wer Einblicke in die Arbeit von Polizei und Staatsanwaltschaft dazu nutzt, deren Arbeit in der Öffentlichkeit zu kritisieren, wird schnell vor verschlossenen Türen stehen. Andererseits unterliegt der Journalist aufgrund seiner Berufsethik auch der Informationspflicht gegenüber der Öffentlichkeit.

Dass auch auf solch sensiblem Gebiet ein Zusammenspiel zwischen Presse und Rechercheuren und den staatlichen Stellen auf der anderen Seite funktionieren kann, zeigt die Entführung des Hamburger Millionärs Reemtsma im Jahr 1996.

👀 Unbedingte Voraussetzung für eine konstruktive Zusammenarbeit ist die absolute Ehrlichkeit im Informationsfluss. Kann ein Journalist bestimmte Informationen nicht weitergeben, sollte er unter gar keinen Umständen falsche Angaben zum angesprochenen Thema machen.

👀 Ein grundsätzlich besserer Informationsfluss kann sich ergeben, wenn der Rechercheur sich nicht mit einem aktuellen Fall befasst, sondern zum Beispiel die Zu- oder Abnahme bewaffneter Überfälle durch bestimmte Tätergruppen an bestimmten Opfergruppen in den vergangenen Jahren recherchieren will und seinen Erkenntnisdrang gut begründen kann. Dann wird er in der Regel an den zuständigen Mitarbeiter durchgestellt.

2.7 Institute/Universitäten

Auch in Instituten und Universitäten führt der Weg zu Gesprächspartnern über die Pressestelle. Allerdings haben Pressestellen dort eine andere Funktion als in Firmen oder Behörden. Natürlich sind auch sie bemüht, ihren jeweiligen Arbeitgeber günstig ins Licht der Öffentlichkeit zu rücken. Im Gegensatz zur Firmenpressestelle ist es aber nicht ihre Aufgabe, nach außen gehende Informationen zu kontrollieren oder gar die Kontakte der Mitarbeiter nach außen. Professoren sind relativ frei in der Wahl ihrer Gesprächspartner und bestimmen meist selber, welche Erkenntnisse sie weitergeben.

Mitarbeiter einer Universitätspressestelle betrachten ihre Hauptaufgabe darin, einen „anklopfenden" Rechercheur oder Journalisten möglichst schnell und zielsicher an die zuständigen wissenschaftlichen Kollegen zu verweisen – und genau dort will der Rechercheur ja hin. Anders sieht es freilich aus bei Anfragen zur Personalpolitik, Verteilung von Geldmitteln oder anderen hochschulpolitischen Belangen. Dann agiert die Universitätspressestelle wie die jeder anderen Behörde auch.

Eine Kontaktaufnahme mit Wissenschaftlern ist auch deshalb leicht, weil das Interesse auf beiden Seiten etwa gleich groß ist: Der Rechercheur oder Journalist sucht Informationen, der Wissenschaftler ist berufsbedingt daran interessiert, zitiert zu werden. Publizität ist im heutigen Universitätsbetrieb unabdingbare Voraussetzung für eine wissenschaftliche Karriere.

Das so bedingte relative Interesse an journalistischen Anfragen stößt aber sehr rasch an Grenzen, wenn sich ein Wissenschaftler zur Beantwortung banaler Fragen missbraucht fühlt (siehe auch Kapitel 7.2). In den meisten Fällen ist es effektiver, sich inhaltlich einem Thema zu nähern, bevor der Rechercheur oder Journalist sein Gegenüber mit banalen Fragen vergrault.

Auf den Internetseiten von Universitäten oder Forschungseinrichtungen finden sich viele Informationen über Professoren und wissenschaftliche Mitarbeiter, ihren Werdegang und ihre Veröffentlichungen. Aktuelle Publikationen lassen sich auf diese Weise lesen.

Vielleicht wird die journalistische Frage schon hier beantwortet. Wer wissenschaftliche Texte (die fast immer in Englisch verfasst sind) scheut, sollte sich wenigstens das „Summary" und die „Conclusions" des Artikels anschauen.

Wissensflut

Allein in Deutschland gibt es 93 Universitäten, 158 Fachhochschulen, 16 Theologische Hochschulen, 31 Verwaltungsfachhochschulen und 46 Kunsthochschulen. Diesen ist eine Vielzahl von Instituten angegliedert, in denen der Großteil der öffentlichen Forschung betrieben wird. Hinzu kommen weitere Forschungseinrichtungen wie die Max-Planck-Gesellschaft, die Fraunhofer-Gesellschaft, die Helmholtz-Gemeinschaft oder die Wissenschaftsgemeinschaft Gottfried Wilhelm Leibniz mit ihren jeweiligen Instituten. Deren Wissen steht – zumindest theoretisch – dem Rechercheur zur Verfügung.

Um den richtigen Fachmann zu finden, stehen mehrere Wege offen.

Zum einen gibt es „Google Scholar" (http://scholar.google.de/). Unter Eingabe des möglichst spezifizierten Suchbegriffs bietet der Service verschiedene wissenschaftliche Publikationen zum Thema an.

Viele davon sind jedoch alt und darum kaum zu gebrauchen. Auf diese Weise lassen sich jedoch auch Fachleute aufspüren, denn wissenschaftliche Publikationen nennen auch die E-Mail-Adresse, ebenfalls die Telefonnummer des Autors. Je älter die Quelle, desto größer allerdings das Risiko, dass der besagte Forscher längst woanders weilt und an anderen Themen arbeitet.

🔍 Ergiebiger ist in der Regel der „Informationsdienst Wissenschaft" (ID) (http://idw-online.de). Unter dem Link „Für Journalisten" findet sich dort unter anderem das Angebot, in den für aktuelle Ereignisse zusammengestellten „idw-Expertenlisten" zu suchen. Voraussetzung dafür ist eine Akkreditierung bei dem Dienst mit Vorlage des Presseausweises – der IDW hat dies eingeführt, um Missbrauch zu vermeiden.

🔍 Unter dem Link „Für Journalisten" steht auch der sehr empfehlenswerte „Expertenmakler", eine Akkreditierung ist hierfür nicht nötig. Wer darauf klickt, kann anschließend eine Matrix ausfüllen. Dort wird unter anderem nach dem Hintergrund der Anfrage und auch nach Vorwissen gefragt.

🔍 Der Rechercheur oder Journalist sollte das „Thema der Anfrage" gut formulieren, um es einzugrenzen, Vorwissen zu belegen und entsprechend gute Resonanz zu erzielen.

Sind alle Felder ausgefüllt, kann die Abfrage abgeschickt werden. Sie erreicht dann automatisch die in Deutschland an dem Thema Forschenden, zumindest die zuständigen Pressestellen – welche an der erfolgreichen Vermittlung interessiert sind. Denn der Journalist muss jetzt auf Antwort eines solchen Experten warten. – Aber das ist fast nie ein Problem. Wer die kürzeste Antwortfrist „drei Stunden" anklickt, erhält den ersten Anruf oft schon nach einer halben Stunde; überhaupt ist die Resonanz der Erfahrung nach gut. Ein großer Vorteil: Experten, die sich jetzt melden, haben ein Eigeninteresse an dem Gespräch, man muss sie also nicht zum Interview überreden.

🔍 Der IDW bietet außerdem ein nützliches „Nachrichtenabonnement", das man individuell zusammenstellen kann. Wer dieses einrichtet, erhält aktuelle Meldungen zu den gewählten Themen inklusive Ansprechpartner.

Ein angelsächsischer Dienst ähnlichen Zuschnitts lautet www.profnet.com. Man sollte aber bedenken, dass ein US-Forscher eventuell nicht das größte Interesse hat, seine Zeit in einen deutschen Journalisten zu investieren. Wer sich für wissenschaftliche Entwicklungen in Südostasien interessiert, kann sich bei www.researchsea.com registrieren lassen.

⚲ Ein wichtiges Hilfsmittel, mit Experten ins Gespräch zu kommen, ist und bleibt jedoch die Empfehlung eines anderen Experten. Ein Anruf oder eine Mail mit dem Inhalt: „Frau Professor XXXXX hat mir dringend geraten, mich zu diesem Thema mit Ihnen zu unterhalten", ist praktisch immer erfolgreich. Diese Empfehlung wird aber nur funktionieren, wenn der Journalist gut vorbereitet ist. Hat er das versäumt, wird er vielleicht nicht weiterempfohlen, sondern einfach nur subtil abgewimmelt. Spürt andererseits der Experte im Lauf des Gesprächs, dass ihm ein kompetenter Rechercheur gegenübersitzt, kann die Unterhaltung sehr positiv verlaufen.

2.8 Umgang mit Experten

Gespräche mit Experten haben in den vergangenen zehn Jahren im investigativen Journalismus, aber auch für Rechercheure aus einem weiteren Grund große Bedeutung erlangt.

Der Grund ist der Auftraggeber. Dieser wird, zumal wenn es sich um ein Medium handelt, oft nach der Expertise von Fachleuten fragen, bevor er den angebotenen Beitrag publiziert. Ist diese Expertise nicht bereits eingeholt und somit vorhanden, wird der Auftraggeber den Journalisten/Rechercheur höchstwahrscheinlich auf die Suche nach dem Experten schicken und darauf bestehen, dass dieser die recherchierten Sachverhalte noch einmal bestätigt.

Der Grund für diesen Trend mag in der Überforderung vieler verantwortlicher Redakteure liegen, sich auf den vielen Wissengebieten, die sie betreuen müssen, auf dem Laufenden zu halten. Damit ist es ihnen oft unmöglich, die Qualität einer Recherche richtig einschätzen zu können. Ist der Journalist oder Rechercheur dem verantwortlichen Redakteur zusätzlich wenig bekannt oder ist dieser bereits durch fehlerhafte Berichterstattung aufgefallen, ist die Unsicherheit besonders groß. Die Publikation schlechter oder fehlerhafter Recherchen kann juristische Schritte anderer Parteien zur Folge haben und möglicherweise Geld und Ansehen kosten.

Auftraggeber fühlen sich bei heiklen Rechercheergebnissen wesentlich sicherer, wenn sie wissen, die zusammengetragenen Informationen werden von einem oder mehreren Experten bestätigt und als wichtig bewertet. Darum hier noch ein paar Hinweise für den richtigen Umgang mit Experten.

Es ist bei der ersten Kontaktaufnahme aller Erfahrung nach hilfreich, Hintergründe und Intention der Recherche gegenüber dem Experten weitgehend zu erläutern. Am Ende eines erfolgreichen Gesprächs mit einem Experten hat der Rechercheur möglicherweise einen Verbündeten gewonnen, der ihn als eine Art Vertrauten betrachtet und den er immer wieder kontaktieren kann, der gelegentlich ungefragt wichtige Informationen übermittelt (siehe auch Kapitel 2.12). Solcherlei kann der Rechercheur als großen Erfolg verbuchen, denn nichts ist besser, als einen Experten an seiner Seite zu haben, besonders, wenn es einmal hart auf hart kommt.

Eigentlich müsste sich jeder Journalist über die Gelegenheit eines Gesprächs mit Experten freuen: endlich mal kompetente und intelligente Gesprächspartner, die sachlich und fundiert über ihr Themengebiet berichten. Es bestehen aber Ängste – und zwar auf beiden Seiten.

Die Ängste der Journalisten und Experten

Journalisten haben Angst:
- nicht zu verstehen, was der andere inhaltlich zu sagen hat,
- Fragen zu stellen, die vom Gesprächspartner als dumm empfunden werden,
- einem zum Gespräch unfähigen Forscher zu begegnen,
- dem Kooperationswillen des Forschers ausgeliefert zu sein,
- den späteren Artikel/Beitrag mit Fehlern zu befrachten, die Leserbriefe oder Gegendarstellungen der Fachleute auslösen.

Nicht viel geringer sind allerdings die Sorgen der anderen Seite. Die Ängste des Experten sind:
- einem inkompetenten Journalisten zu begegnen,
- sein Thema nicht verständlich darstellen zu können,
- mit idiotischen Aussagen zitiert zu werden,

- irreführender oder dämonisierender Berichterstattung ausgesetzt zu sein,
- damit zum Gespött der Fachwelt zu werden,
- Ärger mit Geldgebern zu bekommen.

Das Konfliktfeld einer Kommunikation zwischen Journalisten und Experten ist damit beachtlich. Hinzu kommt: Diese gegenseitigen Vorurteile wurden oft bereits von eigenen negativen Erfahrungen geprägt und wiederholt bestätigt.

Im privaten Gespräch wundern sich Experten oft über die Kritiklosigkeit von Journalisten und deren geringe Bereitschaft, eigene Fragen zu entwickeln. Das ist ein Fehler, denn:

- Eine gute Frage an den Experten ist die beste Eintrittskarte in dessen Welt, die oft von knapper Zeit bestimmt ist.

- Wissenschaftler sind es durchaus gewohnt, dass ihre Aussagen von Fachkollegen präzise hinterfragt werden. Sie reagieren auf gute Fragen praktisch niemals gereizt, sondern fühlen sich gefordert.

Das Ausbleiben kritischer Fragen kann von medienunerfahrenen Forschern andererseits auch als bedingungslose Zustimmung des Zuhörers interpretiert werden. Umso größer die Enttäuschung, wenn später ein in den Augen des Betroffenen „völlig falscher" Bericht erscheint.

Medienerfahrene Experten hingegen haben zumeist gelernt, schlecht vorbereitete Journalisten abzuschütteln. Das geschieht meistens bereits beim ersten telefonischen Kontakt, wenn der Berichterstatter durch die besagte falsche Frage seine Inkompetenz enthüllt. Das ist zu Beginn einer neuen Recherche fast unvermeidlich, denn irgendwann muss der Journalist schließlich bei irgendwem beginnen.

Ein kompetenter Fachmann reagiert auf eine naive Frage dann vielleicht mit der Bemerkung: „Wenn Sie sich so sehr für das Thema interessieren, warum machen Sie sich vorher nicht entsprechend kundig? Für ein Gespräch auf diesem Niveau ist mir meine Zeit wirklich zu schade."

Da hilft nicht viel mehr, als sich entsprechend kundig zu machen und sich anschließend erneut zu melden.

Der Verweis auf knappe Zeit ist übrigens ernst zu nehmen. Experten stehen oft unter hohem Arbeitsdruck. Und nicht immer ist für den Experten ein riesiger Vorteil erkennbar, wenn er einem Journalisten helfen soll. Dafür wird er in der Regel nicht bezahlt (Ausnahme: Experten im Dienst von Unternehmen, etwa die Chefsvolkswirte großer Banken und Versicherungen, zu deren Aufgaben es gehört, die öffentliche Meinung im Sinne ihrer Arbeitgeber zu beeinflussen). In dieser Situation zusätzliche Zeit mit inkompetenten Journalisten zu verbringen, ist einfach nicht möglich.

🔭 Es ist unumgänglich, sich für ein Gespräch mit Experten und Wissenschaftlern inhaltlich gründlich vorzubereiten.

Natürlich wird der Journalist seinem Gesprächspartner vom Fachwissen her niemals ebenbürtig sein. Dazu ist sein Arbeitsgebiet zu weit gestreut, das des anderen zu eng gefasst. Zwar hat ein Journalist, der Medizin studiert hat, Vorteile bei Gesprächen mit Krebsforschern, da er die Grundprobleme besser kennt als etwa ein gelernter Ingenieur, auf fachlicher Augenhöhe kann er dennoch nicht diskutieren. Hat sich umgekehrt der gelernte Ingenieur per Internet mit Krebsforschung vertraut gemacht, kann er seine Aufgabe nahezu gleich gut erfüllen.

Um ein Aneinandervorbeireden zu vermeiden, ist es außerdem notwendig, dem Gesprächspartner vor Beginn einen kurzen Überblick über das bereits gesammelte Wissen zu verschaffen.

🔭 Voraussetzung für ein effektives Gespräch ist, dass der Experte den Wissensstand seines Gegenübers richtig einschätzen kann.

Nur in wenigen Fällen kann es auch lohnen, sich einmal dumm zu stellen. Auf diese Weise erfährt der Journalist, welche wichtigsten Botschaften ein Gesprächspartner bereithält, denn der wird jetzt probieren, wenigstens diese unterzubringen.

Andererseits kann sich der Informationsbesitzer getäuscht fühlen und entsprechend verärgert reagieren, wenn er sich im Nachhinein für dumm verkauft fühlen muss.

Fachleute sind schnell verleitet, eine Unzahl von Fachbegriffen einzusetzen – im festen Glauben, diese seien ihrem Gegenüber bekannt. Um sich keine Blöße zu geben, böte sich für den Journalisten an, unverständliche Teile der Ausführungen durch scheinbar fachkundiges Abnicken zu ignorieren.

Doch Vorsicht: Wer glaubt, sich im Zweifel mit Bluffen durch die Situation zu lavieren, hat regelmäßig keine Chance.

🔎 Wer nur so tut, als würde er verstehen, wird von Fachleuten sofort entlarvt.

Ein Journalist muss ja nicht jedes kleinste Detail eines Problems verstehen. Nicht selten ist aber wichtig, eine bestimmte „Verständnishürde" zu nehmen, um das Folgende verstehen zu können. Darum:

🔎 „Verständnishürden" niemals umgehen, auf Klärung bestehen!

Es kann vielleicht etwas peinlich sein, durch dauerndes Nachfragen einen Mangel an Vorbereitung und Verständnis zu signalisieren. Das ist egal: Mangelnde Vorbereitung ist ärgerlich für jeden Gesprächspartner, doch deswegen auf Nachfragen zu verzichten, macht aus dem Ärgernis ein Desaster. Und Verständnisfragen sind unverzichtbar, um die journalistische Kernaufgabe wahrnehmen zu können.

Der Experte lernt gleichzeitig, welche Teilbereiche seines Gebietes für Nichtfachleute schwer zu verstehen sind und kann dies bei künftigen Gesprächen entsprechend berücksichtigen. Manchmal ist der Wissenschaftler auch schlicht nicht in der Lage, sich allgemeinverständlich auszudrücken. Dass ein Experte bisweilen in seiner eigenen Welt lebt und auch nicht immer in zusammenhängenden Sätzen redet, ist kein Vorurteil. Solch einer wird für zahlreiche Verständnisfragen in der Regel dankbar sein, denn er hat dieses Problem nicht nur mit dem Journalisten, sondern allgemein mit seiner gesamten Umwelt. Dann ist er es gewohnt, sich mehrfach erklären zu müssen und ist froh, am Ende immerhin verstanden worden zu sein.

Reagiert der befragte Experte auf Gegenfragen beharrlich unverständlich oder sogar gereizt („Haben Sie das denn immer noch nicht verstanden?"), ist die Wahrscheinlichkeit groß, dass er sich bewusst kompliziert ausdrückt, um unangenehme Tatsachen zu verschweigen oder wunde Punkte zu schützen.

Es ist dann am Journalisten, nicht nachzulassen, bis zu einem möglichen Rauswurf auszuharren und anschließend sofort mögliche Konkurrenten des Experten zu kontaktieren. Er wird von diesen mit hoher Wahrscheinlichkeit einen Grund für das feindselige Verhalten genannt bekommen.

Es kann auch einen anderen naheliegenden Grund geben, weshalb sich ein Experte gegenüber einem Rechercheur abweisend oder feindlich verhält: Experten stehen nicht selten im Sold von Unternehmen. Meist nicht direkt, sondern als Auftragnehmer für wissenschaftliche Arbeiten oder durch gutachterliche Arbeiten. Der Experte fühlt sich seinem Geldgeber natürlich verpflichtet, und wenn er das Gefühl hat, das Ergebnis der Recherche könnte diesen in irgendeiner Art und Weise gefährden, wird die Recherche abgewehrt.

Das geschieht auf verschiedene Weisen: Der Experte versucht, den Rechercheur schwindlig zu reden. Er baut seltene Fremdwörter oder auch Fachausdrücke in seine Ausführungen ein, geht an unvermuteten Stellen ausgiebig in die Tiefe, schildert die ganze Komplexität des Themas. Dieses Verhalten weist darauf hin, dass der Experte etwas zu verbergen hat.

Es ist dann wichtig, sich nicht abschrecken zu lassen und den Experten stattdessen unermüdlich in Gespräche zu verwickeln. Erfahrungsgemäß kommt die gesuchte Information früher oder später zutage.

Die andere Variante besteht darin, plötzlich nicht mehr verfügbar zu sein. Viele Experten verfügen über Assistenten und Sekretärinnen, hinter denen sie sich verstecken können. Der Journalist wird nicht mehr durchgestellt. Dann bleibt dem Journalisten nichts anderes übrig, als sich auf die Suche nach einem anderen Experten zu machen.

2.9   Bürgerinitiativen

Erfahrungen mit Bürgerinitiativen können sehr unterschiedlich ausfallen. Das belegen zahlreiche Befragungen von Journalisten bei Fortbildungen. Manchmal entwickelt sich ein gutes Arbeitsverhältnis, manchmal drückt ein Journalist auch seine Freude aus, zum „Gelingen einer guten Sache" einen Beitrag geleistet zu haben – was er als unabhängiger Berichterstatter allerdings nicht sollte.

Andere berichten davon, dass Bürgerinitiativen emotional und regelrecht feindselig reagierten, wenn die Berichterstattung nicht in ihrem Sinne war. Auch das kann leicht passieren. Dabei ist das Verhältnis zwischen Journalist und Bürgerinitiative zu Beginn erst einmal gut. Die Erwartungen auf Seiten der Bürgerinitiative sind groß; schließlich sind sie auf die Weitergabe und Publikation „ihrer" Informationen dringend angewiesen.

Nur, was sind diese Informationen wert? Stammen Sie von aufgeregten Laien oder von fachkundigen Profis?

Jeder Rechercheur oder Journalist, der es mit einer Bürgerinitiative zu tun bekommt, muss früher oder später diese entscheidende Frage beantworten. Denn leider ist es so, dass die Qualität der von Bürgerinitiativen zur Verfügung gestellten Informationen großen Schwankungen unterworfen ist.

Manche Bürgerinitiativen leisten hervorragende Sacharbeit, verfügen über jederzeit zitierfähige Fachleute und besitzen hieb- und stichfestes Zahlenmaterial. Es kann aber auch genau umgekehrt sein. Ein Journalist hält das Risiko für sich und seine Zeitung gering, indem er sich im Zweifelsfall mit der Veröffentlichung von Forderungen begnügen kann. Entpuppen sich die im Nachhinein als naiv und wirklichkeitsfern, ist das vor allem für die Bürgerinitiative peinlich. Der Journalist kann sich herausreden, seiner Dokumentationspflicht nachgekommen zu sein. Ein schaler Nachgeschmack bleibt dennoch zurück.

Ein Rechercheur ist sofort gezwungen, ihm zugetragenes Wissen auf seine Verwertbarkeit und auf seinen Wahrheitsgehalt zu prüfen, denn sein Kunde ist an der bloßen Wiedergabe von Positionen selten interessiert.

Die Verfasser warnen insbesondere vor Bürgerinitiativen, die sich erst kürzlich als spontane Reaktion auf ein gerade angelaufenes, populäres Vorhaben (Industrieansiedlung, Straßenbau) gegründet haben: Dort sind meist weit mehr Emotion und Egoismus als Sachverstand und Altruismus versammelt. Wesentlich professioneller arbeiten dagegen Initiativen, die sich gebildet haben, um ein bereits vorhandenes Problem zu lösen: Hier herrscht weniger Zeitdruck, und die Bürgerinitiative entscheidet selbst, wann sie wie an die Öffentlichkeit (oder an den Rechercheur) herantritt.

Natürlich bestätigen Ausnahmen die Regel, dennoch gibt es einige Punkte, die recht gute Hinweise auf die Qualität der Arbeit einer Bürgerinitiative geben.

Wie beurteile ich die Arbeit einer Bürgerinitiative?

Eine vertrauenswürdige und sachkundige Bürgerinitiative ist in der Regel:

- seit längerem „im Geschäft" (ausgewiesene Experten in den Reihen einer „jungen" Initiative – Ingenieure, Chemiker, Architekten, Landschaftsplaner usw. – können das Manko „jungfräulicher ehrenamtlicher Laienarbeit" aber wettmachen),

- nicht nur von unmittelbar Betroffenen getragen (z.B. Anlieger einer geplanten Umgehungsstraße), sondern gleichfalls von überzeugten und zuständigen Fachleuten (ein Verkehrsplaner oder Landschaftsplaner ist in diesem Fall wahrscheinlich kompetent, der Dr.-Ing. für Straßenbau nicht gerade, auch wenn der Titel zunächst beeindruckt),

- auf Seiten der „Gegner" als ernst zu nehmender Diskussionspartner anerkannt,

- nicht von ausschließlich finanziellen Motiven geleitet (Entschädigung), sondern legt Wert auf Wiederherstellung der Ausgangslage respektive Änderung der beanstandeten Situation,

- nicht durch mächtige Geldgeber im Hintergrund gesponsert,

- gut mit nachprüfbaren (vielleicht sogar vertraulichen) Daten und Fakten ausgestattet,

- kennt die hintergründigen Motive und Argumente des Gegners und nimmt diese ernst.

Bürgerinitiativen verfügen oft über großen Charme, denn ihr Vorgehen ist von Eigenverantwortung gekennzeichnet und hat das Image des „Aufbegehrens gegen die ignorante Obrigkeit" – dessen ungeachtet muss der Rechercheur oder Journalist objektiv bleiben und sich nicht aus Sympathie auf die Seite der Schwächeren stellen.

2.10 Nichtstaatliche Organisationen (Gewerkschaften, Verbraucherzentralen, Umweltorganisationen)

Neben staatlichen Institutionen, Parteien und der freien Presse als einer öffentlich kontrollierenden „vierten Gewalt" sind die sogenannten „Non Governmental Organisations" (NGO) zu einem wichtigen Bestandteil moderner Gesellschaften geworden.

Sie haben, wie Verbraucherverbände in den USA oder Umweltbewegungen in Deutschland, teilweise erheblichen Einfluss auf Entscheidungen von Staat und Wirtschaft und sind damit für Journalisten wichtig. Für Rechercheure sind NGO in erster Linie als „kritische Instanz" interessant.

Journalisten sind lebenswichtig für die NGO, denn ohne sie ließe sich keine Botschaft oder Forderung in die Öffentlichkeit transportieren. Zusätzlich benötigen NGO in der Regel Spendengelder, weshalb positive – und möglichst häufige – Auftritte in den Medien für sie von elementarer Bedeutung sind. Dennoch ist die Beziehung zwischen beiden manchmal kompliziert, denn Journalisten machen sich nicht gern zum Sprachrohr eines Dritten. Innerhalb der NGO wiederum gibt es den Hang, zwischen „freundlich" und „feindlich" gesonnenen Berichterstattern zu unterscheiden: Die einen sind lebenswichtig, die anderen vielleicht existenzbedrohend. Ein Journalist oder Rechercheur, der einmal mit dem Etikett „feindlich" versehen ist, wird leicht vom Informationsfluss der NGO abgeschnitten. Das lässt sich vermeiden. Dazu informiert sich der Rechercheur zunächst über die NGO.

🔍 Schauen Sie besonders auf das Alter einer NGO. Je jünger die Organisation, desto unprofessioneller wird in der Regel gearbeitet, desto größer ist die Empfindsamkeit Ihrer Gesprächspartner.

Je älter die NGO ist (Rotes Kreuz, Gewerkschaften), desto größer das Selbstvertrauen und die Abgeklärtheit ihrer Mitglieder. Erfahrung schafft Sicherheit.

Die fortschreitende Professionalisierung vieler NGO ändert aber nichts daran, dass man wahrscheinlich versuchen wird, den „anklopfenden" Journalisten oder Rechercheur für die Zwecke der NGO einzubinden und auf seine Einstellung hin zu testen. Das kann geschehen, indem die NGO den Rechercheur zum Beispiel mit einer Behauptung konfrontiert. Die könnte lauten: „Die Deutsche Bahn ist ein rollendes Zwischenlager für atomare Brennstäbe."

⚇ Reagieren Sie auf „Botschaften" positiv. Das Verbreiten gehört zum Handwerk. Und wer die Botschaft ignoriert, ist für eine NGO uninteressant.

Lassen Sie sich keinesfalls abschrecken. Dieses „Vorbeten" sagt nichts über die Kompetenz Ihres Gegenübers aus. Ist das Anliegen der NGO transportiert und hat der Gesprächspartner potentielles Misstrauen verloren, kann der Rechercheur seine eigentlichen Fragen vorbringen.

NGO haben immer einen Gegner (Ausnahme: Hilfsorganisationen wie das Rote Kreuz). Das kann die Regierung sein, ein Unternehmen, eine Institution (Strafvollzug) oder eine andere NGO. Oft verfügen NGO über wichtige und sogar geheime Informationen, die ihnen von enttäuschten Angestellten ihrer Gegner zugespielt wurden (umgekehrt natürlich auch). Eine NGO, die gegen die chemische Industrie arbeitet, besitzt vielleicht firmeninterne Produktionszahlen oder kritische firmeninterne Gutachten, die für eine Recherche über ein Unternehmen relevant sind.

⚇ Seien Sie mit allen internen Daten über Dritte, die von einer NGO weitergegeben werden, äußerst vorsichtig.

⚇ Erfragen Sie weitere Umstände: Wurden die Daten inzwischen von anderer Seite bestätigt? Prozessiert der Gegner der NGO in dieser Sache? Wer noch wurde mit diesen Informationen beliefert? Ist die Verbreitung strafbar? Vor allem: Wie alt sind die Daten?

Schließlich gibt es noch eine Sorte NGO, die für sich zwar den Schutz des Allgemeinwohls in Anspruch nimmt, de facto aber privatwirtschaftliche Interessen verfolgt. Hinter einem Verein mit Namen „Artgerechter Tierschutz" kann sich eine Vereinigung von Pelzimporteuren verbergen.

⚇ Solche NGO lassen sich durch einen Anruf bei deren „Kollegen", zum Beispiel dem „Deutschen Tierschutzbund", leicht entlarven.

2.11 Politiker

Natürlich ist es für Journalisten wichtig, mit Politikern zu sprechen – nicht so sehr allerdings, wenn es darum geht, belastbare Informationen zu beschaffen. Eine Ausnahme sind innerparteiliche Recherchen oder Recherchen zu politischen Machtverhältnissen.

Politiker sind von Standes wegen gehalten, die Dinge durch die Brille der Partei zu sehen. Besonders schwierig wird es für den Rechercheur, wenn der Politiker zunächst im Gewand des Arztes, des Sachbearbeiters beim Umweltamt, des Polizisten oder des Amtsrates einherkommt, tatsächlich oder teilweise aber die Interessen seiner Partei vertritt. Die vermischte Interessenlage ist umso schwerer auszumachen, wenn der Politiker innerhalb seiner Partei keine herausragende Funktion einnimmt.

Es lohnt sich daher, wenn die dargebotene Information besonders interessant scheint, sich vorsichtig beim Betreffenden selbst oder über Dritte über eine eventuelle Parteizugehörigkeit zu erkundigen. Dann kann sich schnell herausstellen, dass der alerte Leiter des Umweltamtes gerade nur darum solchen Alarm um den Nitratgehalt im Grundwasser macht, weil er als Sozialdemokrat dem konservativen Leiter der Kreisbauernschaft eins auswischen will. Das eigentliche Grundwasser-Problem, ausgelöst durch Schwermetalle aus einem von einem Sozialdemokraten geführten Galvanikbetrieb, erwähnt er jedoch nicht, weil es Parteiinteressen zuwiderläuft.

Hauptberufliche Politiker machen aus ihrer Parteizugehörigkeit keinen Hehl. Im Umgang mit ihnen sollte sich der Rechercheur von allen gängigen Vorurteilen möglichst freimachen. Das fängt bei der bloßen Tatsache der Parteizugehörigkeit an, denn die ist Ausweis für – beinahe gar nichts. Kompetente Fachleute wie rhetorisch begabte Blender gibt es querbeet, bei der Linken wie bei der CSU. Die banale Frage lautet: Ist der Stadtdirektor außerdem SPD-Mitglied oder ist das SPD-Mitglied außerdem Stadtdirektor? Hinzu kommt, dass wohlmeinende Menschen aus politischen Umständen in Ämter geraten können, die sie mangels Fachwissen letztlich nicht auszufüllen vermögen. Eine gute Einstellung kann notwendige Qualifikation aber nicht ersetzen.

Ob jemand tatsächlich Ahnung hat oder nicht, lässt sich meist nur im Gespräch ergründen. Wer aus eigener Überzeugung oder innerem Widerstand den Kontakt zum vermeintlichen politischen Gegner meidet, macht einen Fehler. Es ist nebenbei keineswegs so, dass die Politiker mit der lautesten Stimme nicht ernst genommen werden müssten. Hinter einem unangenehmen, in der Öffentlichkeit Stammtischparolen verbreitenden Schreihals kann sich durchaus ein kompetenter Fachmann verbergen, der im Stillen ausgesprochen verantwortungsvolle Arbeit leistet.

❧ Für die Informationsbeschaffung im politischen Raum hat sich der Kontakt zu Referenten oder wissenschaftlichen Mitarbeitern von Abgeordneten oder Ausschüssen als fruchtbar erwiesen. Diese kennen sich oft gut mit Hintergründen aus, auf denen politische Vorhaben beruhen. Zitieren lassen sie sich aus guten Gründen aber praktisch nie: Das gäbe rasch Ärger mit ihren Arbeitgebern, den Politikern.

❧ Untersuchungsausschüsse von Bundestag, Landtagen oder Kreistagen sind keine hermetischen Einrichtungen, und Dokumente aus nichtöffentlichen oder geheimen Sitzungen finden immer wieder ihren Weg in die Öffentlichkeit. Sie werden aber nur Journalisten oder Rechercheuren zugespielt, denen der sie herausgebende Politiker tatsächlich vertraut.

2.12 Kongresse/Konferenzen

Auf einer gut organisierten Konferenz, die manchmal auch Kongress genannt wird, sind die führenden Fachleute zu einem Themenkomplex versammelt. International entstandenes Wissen wird in erheblichem Umfang ausgetauscht.

All dieses Wissen lässt sich später meistens auch über umfassende Datenbankrecherchen zusammentragen, denn die auf einem Kongress neu ausgetauschten Erkenntnisse werden früher oder später in der entsprechenden Fachliteratur ausgewertet.

Dies spricht zunächst gegen die Teilnahme an Konferenzen. Doch auch eine Literaturrecherche kann sehr zeitaufwendig sein, und auf einem Kongress hat der Rechercheur den unschätzbaren Vorteil, mit den Gesprächspartnern seiner Wahl persönlich Kontakt aufnehmen zu können. Dies geschieht in einer anregenden Atmosphäre, denn neben Publikationen sind Fachkonferenzen für Wissenschaftler ein idealer Weg, berufliche Kontakte auszubauen oder einzufädeln.

Das Wissens- und Erfahrungspotential der verschiedenen Akteure eines Kongresses lässt sich kaum besser abfragen als während der vielen Gesprächsgelegenheiten auf den Fluren, während der Pausen zwischen den einzelnen Vorträgen, bei gemeinsamen Essen und Empfängen sowie anlässlich der praktisch obligatorischen festlichen Abendveranstaltung. Konferenzen sind für einen Journalisten oder Rechercheur darum immer mit hohem Arbeitseinsatz verbunden.

Dass sich ein Rechercheur nicht vollkommen „unbeleckt" auf solch eine Fachkonferenz begeben darf, ist selbstverständlich. Eine gute fachliche Einarbeitung in die Thematik ist besonders hier Grundvoraussetzung für eine erfolgreiche Recherche.

Da die internationale Konferenz- und Kongresssprache Englisch ist, benötigt der Rechercheur – neben sehr guten Englischkenntnissen in Wort und Schrift – für seine Vorbereitungen eine Liste mit Übersetzungen wichtiger Fachbegriffe.

Manche Tagungsveranstalter versenden mit der Teilnahmebestätigung die sogenannten „Abstracts" der einzelnen Fachvorträge. Das ist Gold wert (und geschieht viel zu selten). Abstracts werden gemeinhin erst zu Beginn einer Konferenz zusammen mit den Konferenzunterlagen verteilt. Die Abstracts enthalten halb- bis zweiseitige Beschreibungen dessen, worüber der Referent zu reden gedenkt. Detaillierte Inhaltsangaben sind sie aber nicht. Das wirklich Wichtige hat sich der Redner natürlich für den Vortrag aufgehoben.

Erwarten Sie in den Abstracts darum nicht die Vorab-Präsentation von Ergebnissen, die findet sich dort nur ausnahmsweise.

Die Abstracts geben aber einen guten Überblick darüber, in welcher Arbeitsphase sich der Referent befindet: Forscht er noch, entwickelt er bereits oder steht er sogar kurz vor der Produktion beziehungsweise vor der Umsetzung seines Planes? Deswegen sind sie für den Rechercheur äußerst nützlich bei seiner Vorauswahl der Referenten und Themen.

2.13   „Gute Kontakte"

„Wie aus gut unterrichteten Quellen zu erfahren war …" Ein Satz, der so fast täglich in der Zeitung steht. Bei diesen „gut unterrichteten Quellen" handelt es sich meist um einen Wissensträger, der dem Journalisten Inoffizielles zugänglich macht. Der Plural „Quellen" dient oft nur zur Verschleierung. Denn natürlich ist Bedingung, dass der Informant anonym bleibt.

Voraussetzung für solch eine hilfreiche Bekanntschaft ist gegenseitiges Vertrauen – und gewöhnlich die Tatsache, dass Rechercheur wie Informant einander von Nutzen sind. Aus reiner Sympathie werden wichtige Informationen nur selten weitergereicht. Andererseits ergibt sich ein „guter Kontakt" kaum, wenn sich Rechercheur und Wissensträger unsympathisch sind.

Typischer Ausgangspunkt für einen „guten Kontakt" ist ein Erklärungsnotstand auf der anderen Seite: Der Gesprächspartner achtet den Rechercheur und findet ihn sympathisch. Gleichzeitig ist er angewiesen, Informationen zu geben, die unvollständig sind oder in den Ohren seines kompetenten Gegenübers widersprüchlich klingen. Der Gesprächspartner möchte aber nicht, dass ihn der Rechercheur für inkompetent oder für einen Lügner hält. Was soll er tun? – Er schiebt der offiziellen Erklärung eine inoffizielle hinterher.

🔍 Erhalten Sie von einem Ihnen bekannten Wissensträger eine offensichtliche Fehlinformation, sprechen Sie ihn freundlich darauf an, erkundigen Sie sich nach Ursachen! Wahrscheinlich wird der Gesprächspartner nach einer Weile die tatsächlichen Hintergründe nennen.

Gegenseitigkeit ist wichtig für den Aufbau eines „guten Kontaktes". Wann immer der Rechercheur Gelegenheit hat, sollte er seinem Gesprächspartner helfen. Sicher stößt er im Lauf seiner Recherche auf Informationen, die auch für den „guten Kontakt" wichtig sind. Dann kann er sich unter Umständen mit kleinen Hinweisen „revanchieren". Allerdings muss der Rechercheur die Interessen seines Auftraggebers im Auge behalten, und ein Journalist darf niemals so weit gehen, dass er einen „guten Kontakt" vor kollegialen Recherchen warnt.

Seinen „guten Kontakt" muss der Rechercheur pflegen wie eine Bekanntschaft. Niemand wird gern nur dann angerufen, wenn er gebraucht wird. Genauso wenig mögen vielbeschäftigte Menschen allerdings Anrufe des Inhalts: „Ich wollte mich mal wieder melden."

Zeit spielt eine große Rolle: Je länger sich Rechercheur und Informant kennen, je mehr sie bereits voneinander profitiert haben, desto gewichtiger sind die Informationen, welche über diesen inoffiziellen Kanal den Besitzer wechseln. Aber Vorsicht: Manches Wissen kann eine schwere Bürde sein, besonders, wenn man es für sich behalten muss. Fragen Sie genau nach:

• Sind die Informationen nur für den Rechercheur bestimmt,
• dürfen sie anonym weitergeleitet werden oder
• sollen sie sogar weitergeleitet werden?

Die vier klassischen Fragen

Die klassischen Fragen bei ungefragt zugetragenen Informationen lauten deshalb:

- *Warum* sagen Sie mir das gerade jetzt?
- Warum sagen *Sie* mir das gerade jetzt?
- Warum sagen Sie *mir* das gerade jetzt?
- Warum sagen Sie mir das gerade *jetzt*?

Im letzteren Fall muss der Rechercheur genau aufpassen. Es ist offensichtlich, dass man ihn als „Lautsprecher" missbrauchen will. Der vermeintliche „gute Kontakt" will sich oder seinem Arbeitgeber durch das Weiterleiten der Information einen Vorteil verschaffen. Natürlich sind diese Informationen sehr interessant, weshalb die Versuchung groß ist, sich auf das Spiel einzulassen.

Natürlich ist es nicht angebracht, diese Fragen so direkt und hintereinander zu stellen. Ein Rechercheur oder Journalist ist aber gut beraten, diese Fragen zu klären, bevor er mit den erhaltenen Informationen arbeitet.

Es gibt noch eine dritte Sorte „guter Kontakte": die leider seltenen, einfach netten Menschen. Der freundliche Mitarbeiter der Baubehörde, der für den Rechercheur eine halbe Stunde lang nach einer Akte sucht, obwohl er das nicht muss, die Sekretärin, die für den Rechercheur noch einen Termin in den vollen Tagesplan des Chefs quetscht, der Kollege in der anderen Ecke Deutschlands, der sich für den Rechercheur ohne Not an den Fotokopierer stellt – diese Menschen verdienen Aufmerksamkeit und bei Bedarf entsprechende Gegenleistung.

Ein Dankesfax oder einen kurzen, netten Brief werden Ihnen diese Menschen nicht vergessen.

2.14   Praktische Hilfsmittel

Wer wurde dieses Jahr zur deutschen Kartoffelkönigin gewählt? Haben kaserniert lebende Aussiedler Anspruch auf Wohngeld? Wie lautet die Telefonnummer von Bundesligatrainer Felix Magath? Was ist der Bundestagsabgeordnete Helmut Brandt von Beruf, und wo wohnt er? Welcher

Anrufer verbirgt sich hinter der Telefonnummer 030-7649875? Wie viele Kilowattstunden Energie stecken in einem Liter Flugzeugbenzin? Welches wichtige internationale Turnier gewann Boris Becker vor seinem ersten Erfolg in Wimbledon?

Manche dieser Fragen könnten in dem Gesellschaftsspiel „Trivial Pursuit" auftauchen – leider genauso gut während einer Recherche. Ihre Beantwortung ist keine Kunst. Zu viele Journalisten verlassen sich dabei auf ein bewährtes Mittel: Durchfragen. Dieses ebenso zufällige wie spannende und bisweilen amüsante „Telefonieren durch die Weltgeschichte" kann aber eine Menge Zeit kosten. Das muss nicht sein. Schließlich gibt es Suchmaschinen im Internet.

Rechercheuren und Journalisten stehen weitere Hilfsmittel zur Verfügung, um ungewöhnlich erscheinende Fragen ohne Umschweife zu lösen.

🔭 Ein inzwischen etwas verstaubtes Werkzeug, das in fast jeder Redaktion zu finden ist, heißt „Taschenbuch des öffentlichen Lebens Deutschland". Nach dem Namen des Herausgebers, Professor Dr. Albert Oeckl, wird es gemeinhin kurz „Oeckl" genannt, obwohl unter dem gleichen Namen ein weiterer Band „Europa und internationale Zusammenschlüsse" erschienen ist. Die jüngste Ausgabe des Oeckl (Dez. 2009) kostet stolze 119,70 Euro, mit CD-ROM 152,70 Euro. Im Oeckl finden sich auf rund 1.600 Dünndruckseiten nahezu sämtliche Adressen, die für regional und bundesweit arbeitende Journalisten von Bedeutung sind. Die Suche im Oeckl nach den jeweiligen Ansprechpartnern ist trotz Personen- und Sachregister im Anhang nicht auf Anhieb leicht, aber leicht lernbar. Auch für lokal arbeitende Journalisten ist der Oeckl zur Hintergrundberichterstattung wichtig.

Die Alltagserfahrung zeigt allerdings, dass sich heute fast alle der im Oeckl aufgeführten Adressen ebenso über die Eingabe der richtigen Suchbegriffe im Internet recherchieren lassen.

🔭 Falls dort keine Namen und Telefonnummern stehen, sondern nur eine Matrix zum Hinterlassen einer E-Mail, hilft der Oeckl zumeist weiter. Denn dort sind fast immer Namen und Telefonnummern von Geschäftsführern und Pressesprechern aufgeführt.

🔭 Das mit Abstand wichtigste Hilfsmittel des Rechercheurs ist jedoch sein eigenes Archiv, welches er im Lauf der Jahre aufbaut.

Welches die relevanten und gesprächsbereiten Wissens- und Entscheidungsträger in den jeweiligen Arbeitsbereichen sind, erfährt ein Rechercheur erst im Laufe der Zeit. Die Möglichkeit, ein gut sortiertes Archiv von einem scheidenden Kollegen übernehmen zu können beziehungsweise ein vom Team betreutes Archiv vorzufinden, ist ein Glücksfall. Der Aufbau des Archivs beginnt fast automatisch mit Beginn jeder Recherche (siehe auch Kapitel 4).

🔭 Des Weiteren sollte sich jeder Lokaljournalist unbedingt einen Führer durch die Behörden, Firmen und Organisationen verschaffen, mit denen er regelmäßig in Kontakt steht.

Solche internen Telefonlisten mit Zuständigkeitsbezeichnung existieren in jeder Behörde, genannt „Organisationspläne" oder „Organigramme", welche den Aufbau der Behörde darstellen. Sie stehen unter einem der obigen Begriffe auch auf den zugehörigen Websites der Behörden, in durchaus unterschiedlicher Qualität für Journalisten. Ein sehr nützliches Organigramm ist zum Beispiel jenes des Bundeswirtschaftsministeriums (wer indes wissen will, wie ein möglichst karger Organisationsplan aussieht, der sich ausschließlich an den gesetzlichen Vorgaben orientiert, wird beim Bundesjustizministerium fündig). Der Vorteil: Wer dem Pressesprecher einer Behörde gleich sagen kann, mit wem aus welcher Abteilung er gerne über einen bestimmten Sachverhalt reden möchte, hat sowohl sich als auch seinem Gesprächspartner viel Zeit gespart und wird in der Regel durchgestellt, anstatt auf die offizielle Auskunft der Pressestelle warten zu müssen. NGO und ähnliche, auf ein wohlwollendes Publikum angewiesene Institutionen sind in ihrem Aufbau meist relativ transparent, in der Privatwirtschaft bleiben Organigramme gewöhnlich unter Verschluss. In der Regel hilft hier nur der Aufbau einer eigenen Adressliste weiter.

🔭 Versäumen Sie nicht, im Zuge der Basisrecherche nach greifbaren Adresslisten oder -dateien zu fragen.

🔭 Das – werbefreie – Deutschlandradio in Köln bietet mit seiner guten Struktur themenbezogener Sendungen zu Politik, Wirtschaft, Wissenschaft, Sozialem, Kultur und Sport einen guten aktuellen Überblick zu vielen Themen und außerdem einen leichten Einstieg in manche Recherche („Ich rufe an, weil das Thema ja ähnlich bereits im Radio aufgegriffen wurde").

Das gilt natürlich auch für andere Radio- und Fernsehsender, die ihre Inhalte über das Internet abrufbar machen.

Für jeden nicht ausschließlich lokal operierenden Rechercheur ist ein guter Atlas eine Hilfe. Leider lautet die Faustregel: Je teurer, desto besser.

🔍 Wer nicht Wert auf das Umschlagen schwerer Seiten legt und Geld sparen will, sollte besser „Google Maps" einsetzen, insbesondere die Zoom-Funktion hilft bisweilen bei einfachen Fragen wie: Sitzt die Firma in einem Palast oder in einer Garage, weit draußen auf der Wiese, im Stadt- oder Industriegebiet?

3 Recherchieren im Internet

3.1 Grundlagen und Tücken

Praktisch jede Recherche beginnt mit dem Sichten der im Internet zum Thema zur Verfügung gestellten Informationen. Dies ist auch sinnvoll, denn die Informationsbeschaffung über das Internet hat Journalisten und Rechercheuren weitreichende Möglichkeiten eröffnet. Aber nicht alle Informationen im Internet sind nützlich oder unbesehen verwertbar, und dies unabhängig davon, ob sie nur gegen Bargeld zu erwerben sind oder kostenlos abgerufen werden können. Und genauso hilfreich, wie der ans Internet angeschlossene Computer ist, kann er auch schnell zur Zeitvernichtungsmaschine für seinen Nutzer werden oder – schlimmer noch – den Nachrichtensucher auf eine Vielzahl falscher Fährten führen.

Denn neben vielen Möglichkeiten, Informationen in großem Umfang gezielt und direkt vom Verbreiter derselben zu beziehen, besteht immer die Gefahr, sich in der offerierten Datenflut zu verlieren und schlecht recherchierte Artikel, Werbung, Desinformation oder gar gezielte Lügen nicht als solche zu erkennen.

Auch wenn heute jeder Journalist über Wissen zum Umgang mit dem Internet verfügt, ist es immer noch für viele Rechercheure ratsam, einen Kurs in vertiefender Recherche im Internet zu besuchen. In solchen Kursen werden Hilfen zum Umgang mit – in der Regel kostenlosen – öffentlichen und meist kostenpflichtigen privaten Datenbanken gegeben oder erläutert, wie man kostenpflichtige Datenbanken auch teilweise kostenlos nutzen kann.

Jeder versierte Internetnutzer wird sich ohnehin über kurz oder lang selber seine eigenen Datenbanksystematiken anlegen. Dies geht leicht über die Systematisierung der sogenannten „Lesezeichen", „Favoriten" oder „Bookmarks", mit deren Hilfe sich jeder Internetnutzer persönliche Rechercheprofile für das Netz anlegen kann. Dabei helfen können Nachschlagewerke über Internetverzeichnisse, die überall im Buchhandel erhältlich sind, aber der Natur des Netzes nach leider schnell veralten.

Nur für die Nutzung spezieller und kostenpflichtiger Datenbanken kann eine weitere Schulung eventuell sinnvoll sein. Solche Schulungen werden praktisch von allen Datenbankanbietern selber offeriert. Die Autoren bekennen allerdings, dass sie den gesamten Umgang mit Datenbanken wie auch mit dem Internet über „Learning by Doing" und das ausgiebige Studium der stets vorhandenen „Hilfe-Seiten" erlernt haben.

Vor- und Nachteile

In vielen und entscheidenden Punkten hat das Internet die Möglichkeiten zu Recherchen entscheidend verändert und verbessert, auch wenn es die klassische Vorort- oder Telefonrecherche nicht ersetzen kann.

- Recherchen können vollkommen unabhängig von Öffnungszeiten von Archiven oder Bibliotheken und Arbeitszeiten von Ansprechpartnern erfolgen. Und dies weltweit.

- Zu fast allen Recherchethemen kann man mit Hilfe der „Suchmaschinen" eine Übersicht zu den wichtigsten Beteiligten und einen Überblick über die verschiedenen Aspekte des Disputs zum Thema finden. Wer die englische Sprache gut beherrscht, kann das Thema gleich international recherchieren.

Nationale wie auch internationale Ansprechpartner zu den angebotenen Informationen werden meist mit Namen, Adresse, E-Mail-Adresse und/oder Telefonnummer benannt.

Allein diese Vorteile lassen das Internet für den Rechercheur wie ein Geschenk des Himmels erscheinen. Der oft schlicht und einfach durch Öffnungszeiten begrenzte Zeitraum, in dem wichtige Ansprechpartner zur Verfügung stehen, kann per E-Mail gezielt zu deren Ansprache genutzt werden. Zeitaufwendige Basisrecherchen können bequem in früher selten genutzte nächtliche Arbeitszeiten geschoben werden.

Doch die Recherche im Internet hat auch bedeutende Schwächen.

Informationen können oft nur zur Kenntnis genommen und nicht hinterfragt werden.

Die Interessen derjenigen, die die Informationen via Internet zur Verfügung stellen, bleiben oft im Dunkeln.

Die Trefferflut zu vielen Stichworten und Themen führt meist dazu, dass der Rechercheur überhaupt nur die ersten 10 bis 20 Treffer sichtet. Dies führt meist dazu, dass die Darstellung der „Leitmedien" die Rechercheergebnisse stark beeinflusst.

🔍 Die über den deutschsprachigen Raum hinausgehenden und auch die wissenschaftlichen Recherchen lassen sich ohne gute Kenntnisse der englischen Sprache kaum bewältigen.

🔍 Auch Informationen aus behördlichen Datenbanken können falsch oder in sich widersprüchlich sein.

🔍 Private kostenpflichtige Datenbanken bieten für die Korrektheit der in ihnen enthaltenen Daten und Informationen sowieso keinerlei Gewähr und gewähren auch keinen Schadenersatzanspruch für den Nutzer. Dies steht natürlich auch in den Nutzungsverträgen.

Auch wenn die Bemerkung, „diese Information stammt aus der Datenbank XY", oft noch bei Lesern oder Auftraggebern eine gewisse Ehrfurcht auslöst und so scheinbar als Referenz für den Wahrheitsgehalt der Information ausreicht, sollte sich der gewissenhafte Rechercheur nicht von diesem Umstand beeinflussen lassen. Es geht schließlich nicht darum, dass die beschafften Informationen nur schwer widerlegt werden können, sondern darum, die Wahrheit ans Tageslicht zu fördern.

Fehler durch Abschreiben

Auch in der tagesaktuellen Berichterstattung werden von vielen Journalisten die Möglichkeiten des Internets leider oft nicht so genutzt, wie dies möglich wäre. Anfang des Jahres 2010 berichtete „Spiegel-Online", dass die FDP Wahlkampfspenden in Höhe von 1,1 Millionen Euro von einer großen Hotelkette erhalten hatte. Es wurde gemutmaßt, dass diese Spenden dazu beigetragen haben, dass sich die FDP in den Koalitionsverhandlungen mit der CDU für eine Senkung des Mehrwertsteuersatzes für Hotelübernachtungen eingesetzt habe: „Wegen der Millionenspende eines Hotelunternehmers sieht sich die im Bund regierende FDP mit Klientelvorwürfen konfrontiert. Nach Spiegel-Informationen hatte die Partei binnen eines Jahres 1,1 Millionen Euro von der Düsseldorfer Substantia AG erhalten. Die Summe ist eine der höchsten Parteispenden in der Geschichte der Freidemokraten und wurde in drei Teilspenden im Jahr 2009 überwiesen" (http://www.spiegel.de/politik/deutschland/0,1518,672409,00.html).

Die Meldung wurde von praktisch allen relevanten Medien aufgegriffen und führte zu tagelangen Diskussionen in Deutschland über die Einflussnahme von Lobbyisten auf die deutsche Politik. Offenbar hatte sich allerdings kaum ein Journalist der Primärquelle der Spiegel-Meldung gewidmet, sonst wäre ein kleiner, zugegebenermaßen wohl nicht wesentlicher, Fehler aus der Meldung nicht ständig weitergegeben worden. Auf der Internetseite des Deutschen Bundestages sind alle Parteispenden über 50.000 Euro an die Parteien mühelos recherchierbar (http://www.bundestag.de/bundestag/parteienfinanzierung/fundstellen50000/2009/index.html).

Auch der Weg, sich diese Quelle zu erschließen, ist denkbar einfach. Dass es in Deutschland ein „Parteiengesetz" gibt, sollte zum Allgemeinwissen jedes zuständigen Politikredakteurs gehören. Ein Bookmark zum Zugang zu allen deutschen Gesetzen am Arbeitsplatz jedes Journalisten sollte auch selbstverständlich sein. Unter http://bundesrecht.juris.de/ lassen sich alle deutschen Gesetze und Verordnungen kostenlos einsehen. Jeder Journalist und Rechercheur, der in der dann aufgerufenen PDF-Datei des Parteiengesetzes den Suchbegriff „Spende" eingibt, landet schnell bei „§ 25 Spenden" des Gesetzes. Hier steht wörtlich: „Spenden und Mandatsträgerbeiträge an eine Partei oder einen oder mehrere ihrer Gebietsverbände, deren Gesamtwert in einem Kalenderjahr (Rechnungsjahr) 10.000 Euro übersteigt, sind unter Angabe des Namens und der Anschrift des Spenders sowie der Gesamthöhe der Spende im Rechenschaftsbericht zu verzeichnen. Spenden, die im Einzelfall die Höhe von 50.000 Euro übersteigen, sind dem Präsidenten des Deutschen Bundestages unverzüglich anzuzeigen. Dieser veröffentlicht die Zuwendung unter Angabe des Zuwenders zeitnah als Bundestagsdrucksache." Dass Bundestagsdrucksachen auch wiederum mühe- und kostenlos unter der Internetadresse des Deutschen Bundestages einsehbar sind, sollte auch zum Allgemeinwissen jedes Politikredakteurs gehören.

Jeder Journalist, der sich diese kleine Mühe gemacht hätte, sollte schnell gemerkt haben, dass es sich nicht um drei Spenden im Jahr 2009 in Höhe von 1,1 Millionen Euro gehandelt hatte, sondern um vier Spenden, von denen die erste in Höhe von 250.000 Euro am 15. Oktober im Jahr 2008 an die FDP ging. Im Jahr 2009 gingen in der Tat dann noch am 14. April, am 5. August und am 13 Oktober Spenden in Höhe von 850.000 Euro von besagter Firma an die FDP. Der Umstand, dass dieser Fehler von den meisten Kollegen in ihrer Berichterstattung übernommen wurde, spricht leider dafür, dass die tagesaktuelle Berichterstattung sich offenbar oft an den Leitmedien orientiert und eigene Recherchen, und seien sie noch so einfacher Natur, häufig unterlassen werden.

Systematisieren

Eine wesentliche Hilfe bei der effizienten Nutzung des Internets bieten systematisch zusammengestellte „Lesezeichen" oder „Bookmarks". Es gibt einfach viel zu viele relevante und interessante „Lesezeichen", als dass sich die „Adressen" (z.B. www.presswire.de) alle im Kopf merken ließen. Während der laufenden Recherche sollten die „Lesezeichen" nach Themen sortiert in Ordnern gespeichert werden. Alle „Browser" bieten diese Möglichkeiten. Die Ordner können genauso wie Datei-Ordner in Textverarbeitungssystemen untergliedert angelegt werden.

Eine Recherche zu Pflanzenschutzmitteln könnte die Ordner „Pflanzenschutzmittel", „Zielorganismen", „Anwendungsverordnungen", „Hersteller", „Behörden", „Landwirte und Interessenvertreter", „Wirtschaftsverbände", „Datenbanken", „Gegner und Umweltverbände", „Forschung und neue Entwicklungen" und „Internationale Richtlinien" enthalten. Eine Arbeit, die gerade unter Zeitdruck lästig erscheint, sich aber bei der Auswertung und Einsortierung der eigenen Rechercheergebnisse und vor allem bei Recherchen zum selben Thema oder ähnlichen Themen in der Zukunft als wertvoll erweist. „Lesezeichen" sind Adressbücher von Bibliotheken, Archiven, Datenbanken und allen anderen nützlichen Quellen.

Anonym unterwegs

Eine große Gefahr für den Rechercheur lauert in der steigenden Datensammelwut der Anbieter. Für den Chef von Facebook, Mark Zuckerberg, ist Privatsphäre schlicht nicht mehr zeitgemäß (heise.de/-900367). Da diese Meinung intern wohl auch von anderen Unternehmen geteilt wird, muss derjenige, der hier anderer Meinung ist, Vorsorge treffen. Der Zugang zu Netzwerken wie Facebook oder Xing ist nicht ohne die Preisgabe von persönlichen Daten möglich, und auch Google speichert munter die IP-Adressen zu jeder Suchanfrage, womit der Suchende sich identifizieren lässt.

Bei kritischen Recherchen sollten Sie sich daher durchaus Gedanken machen, wie Sie vorgehen und welche Spuren Sie hinterlassen. Die heute gängige Praxis, schon bei kleineren Ordnungswidrigkeiten eine Herausgabe der IP-Adressen per Gericht zu erzwingen, setzt der Anonymität enge Grenzen.

Genauso brisant sind die Informationen, die von Werbenetzwerken und Google Analytics zum Surfverhalten gespeichert werden. Werbeanbieter sind daran interessiert, Ihnen zielgenau die Werbung zu präsentieren, die zu Ihnen passt. Dafür benötigen sie Informationen, welche Seiten Sie besuchen, was Sie suchen und wo und wie Sie leben. Um den Datenhunger dieser Anbieter in die Schranken zu weisen, bedarf es einiger Arbeit am System, der sich leider von System zu System stark unterscheidet. Einen Einstieg bietet der Artikel des CT-Magazins zum Datenschutz bei den gängigen Browsern (CT 21/09 S. 108).

3.2   Suchtechniken

Trunkierung

Unter Trunkierung oder Maskierung wird die Suche nach Wortbestandteilen verstanden. Die gebräuchlichste Art ist die Rechtsmaskierung, zum Beispiel „Auto*", was dann auch Treffer für Autos, Automobil oder Automation ergibt. Die Maskierungszeichen sind in jeder Datenbank verschieden, es werden Zeichen wie *, ?, ! oder % verwendet. Datenbanken, die sich an ein fortgeschritteneres Publikum wenden, bieten zudem oftmals die Möglichkeit, neben der unbestimmten Maskierung für beliebige Zeichen auch ein oder kein Zeichen oder exakt ein Zeichen zu maskieren. Dies kann sehr hilfreich sein, wenn beispielsweise englische und amerikanische Schreibweisen gesucht werden.

Eine Linksmaskierung, also am Beginn des Wortbestandteils bieten nur wenige Datenbanken (z.B. STN-International), was aber zur Suche von deutschen Begriffen oder chemischen Namen sehr hilfreich ist.

🔭 Wenn Sie eine Maskierung nutzen, überlegen Sie gut, wo Sie beginnen, damit Sie nicht zu viele falsche Treffer erzielen.

Wenn Sie nach Autos und Automobilen suchen, kann es sinnvoller sein, beide Begriffe auszuschreiben, damit sie nicht auch Automatisierung als Treffer erhalten.

Boolesche Operatoren und Nachbarschaftsoperatoren

Neben den Maskierungen sind die Booleschen Operatoren das wichtigste Arbeitswerkzeug für Rechercheure. Fast alle Suchlogiken basieren im Hintergrund auf solchen Verknüpfungen.

Die gebräuchlichsten Operatoren sind die logischen Operatoren „and", „or" und „not", die der Nutzer bei fast jeder Suchmaschine, aber auch bei den später angesprochenen Datenbanken verwenden kann. Bei Eingabe von „Fernseher or Farbe" sucht das Programm alle Dokumente, in denen entweder „Fernseher" oder „Farbe" oder beide Begriffe zusammen auftauchen. Bei Eingabe von „Fernseher and Farbe" erscheinen nur Dokumente, die beide Suchbegriffe enthalten. Bei „Fernseher not Farbe" werden solche Dokumente aufgeführt, die zwar den Begriff „Fernseher", nicht aber den Begriff „Farbe" enthalten.

Mit dem „not"-Operator sollte ein Nutzer jedoch vorsichtig umgehen: Worte, die einen Ausschluss verschiedener Dokumente bewirken sollen, könnten in anderem Zusammenhang gebraucht worden sein.

Ein Suchauftrag zu Dokumenten über Schwarzweißfernseher, versehen mit dem Ausschluss „Fernseher not Farbe", ließe auch das folgende Dokument unberücksichtigt: „Schwarzweißfernseher mit buntem Gehäuse bringen Farbe ins Wohnzimmer". Bei einer Suche mit dem „and"-Operator kann andererseits der Sinnzusammenhang verlorengehen, wenn zum Beispiel eines der Worte im Titel und das andere im letzten Abschnitt des Dokumentes auftaucht. Hier helfen die weniger bekannten, dafür umso hilfreicheren „Kontextoperatoren" oder „Nachbarschaftsoperatoren". Mit diesen Operatoren lassen sich Abstand und Folge der Suchworte bestimmen. Mit Kontextoperatoren lässt sich festlegen, welchen Abstand die Worte voneinander haben dürfen oder ob sie im gleichen Feld auftreten sollen.

Stichwortrecherche

Keine Suche ohne Suchworte. Aber wie finden Sie die optimalen Begriffe?

Zu Beginn der Suche ist es sinnvoll, ein Blatt Papier zur Hand zu nehmen und die Thematik zu strukturieren. Welche Merkmale beschreiben die Thematik am besten und sollen gesucht werden?

Eine gute Technik, um komplexere Themen zu gliedern, ist eine Mindmap, mit der Sie grafisch die Themen gliedern. Finden Sie zu den jeweiligen Merkmalen die Synonyme, jeweils in Deutsch und Englisch, und gliedern Sie in Synonymblöcke.

Beachten Sie dabei, dass Sie nicht Ober- und Unterbegriffe zu einem Thema vermischen.

Spezialisten gegen Universalisten

Die großen Suchmaschinen, die einen eigenen Volltextindex haben, sind Google und Microsofts Bing. Andere Anbieter haben es schwer, Aufmerksamkeit zu erhalten, können aber durchaus einen Vorteil bieten. Aber auch Google hat noch einiges zu bieten, was nicht auf den ersten Blick ersichtlich wird.

3.3   Google im Detail

Die hier für Google aufgeführten Features lassen sich auch auf viele andere Suchmaschinen übertragen, wobei ein Blick in die Hilfetexte jeweils Gewissheit verschafft.

Maskierung

Google wendet von sich aus eine Wortstammsuche an. Auch wenn Sie es nicht wollen, werden Plurale und Wortzusammensetzungen mitgesucht. Wie weit diese Suche greift, ist nicht exakt bekannt. Im Zweifelsfall sollten Sie besser mehrere Wortvarianten suchen. Wenn Sie die Automatik außer Kraft setzen wollen, setzen Sie ein Plus „+" vor das Wort, beispielsweise +Fotovoltaik.

Operatoren

Google setzt automatisch den AND-Operator, wenn nicht anderes angegeben ist, was bedeutet: Alle Suchbegriffe müssen vorkommen, sie dürfen aber beliebig weit entfernt im Dokument stehen. Um mehrere Synonyme zu suchen, bietet Google den OR-Operator. Sie können also beispielsweise (Photovoltaik OR Solarzelle OR Fotovoltaik) suchen und es werden Dokumente gefunden, die jeweils einen oder mehrere der Begriffe enthalten.

Wichtig ist: Der Operator muss großgeschrieben werden.

Diese Kette lässt sich dann auch mit einem weiteren Begriff über AND verknüpfen, wobei sie den AND-Operator nicht ausschreiben müssen: „(Photovoltaik OR Solarzelle OR Fotovoltaik) Germanium".

Diese Suchanfrage findet Dokumente, die einen Begriff aus der Klammer und Germanium enthalten.

Suchbegriffe können bei Google ausgeschlossen werden, indem Sie ein Minus „-" vor den Begriff setzen. Zur Benutzung des Ausschlusses gelten die gleichen Warnhinweise wie oben beim Not-Operator aufgeführt.

Phrasensuche

Da Google das Leerzeichen automatisch durch einen AND-Operator ersetzt, ist es manchmal notwendig, darauf zu bestehen, dass die Suchbegriffe in genau dieser Reihenfolge gesucht werden. Dies machen Sie durch Anführungszeichen kenntlich. Vor allem bei Namenssuchen macht dies Sinn, da sonst Vorname und Nachname in beliebigen Teilen des Dokumentes gesucht werden.

Beschränkung auf Domainbereiche

Mit der Funktion „site:" können Sie Ihre Suche auf einzelne Domains oder Domainbereiche beschränken. Möglich ist die Angabe einer Top Level Domain, zum Beispiel „site:.gov", was eine Suche auf die Top Level Domain .gov beschränkt. Sie können, wenn Sie die Information in einem bestimmten Bereich suchen, schneller zum Ziel kommen. Sie suchen beispielsweise die EU-Richtlinie, die eine gewisse Mindestgröße von Äpfeln für die Vermarktung vorschreibt. Da alle EU-Institutionen unter europa.eu eingeordnet sind, führt die Suche „größe apfel site:europa.eu" sehr schnell zum Ziel.

3.4 Internetrecherche für Spezialisten

Für den wissenschaftlichen Bereich haben sich die Suchmaschine Scirrus (http://www.scirus.com/), Q-Sensei (http://www.qsensei.com) sowie der Google-Ableger Scholar (http://scholar.google.com) als effizientes Werkzeug erwiesen.

Die Suche beschränkt sich hier auf Fachpublikationen oder wissenschaftliche Domains und bietet oftmals einen schnellen Einblick in einen Artikel, ohne ihn komplett kaufen zu müssen.

Die Suche nach Büchern lässt sich sehr gut über die Digitalisierungsprojekte von Google books (http://books.google.com) und den französischen und deutschen Äquivalenten Gallica (http://gallica.bnf.fr) und libreka! (www.libreka.de) bewerkstelligen.

Für die Suche in Beständen der öffentlichen Bibliotheken ist der Karlsruher Virtuelle Katalog (KVK) die erste Wahl, wenn nicht genau bekannt ist, in welcher Bibliothek etwas verfügbar ist (http://www.ubka.uni-karlsruhe.de/kvk.html).

Webkatalog

Als Alternative zur Suchmaschine bietet sich auch noch der Webkatalog an. Zwar gibt es kein offizielles Verzeichnis aller Webseiten (und wird es wohl auch nie geben), aber das Open-Directory-Projekt (www.dmoz.org) versucht, System in die Seiten zu bringen. Der Katalog ist manuell erstellt und versucht, das Web nach hierarchischen Gesichtspunkten zu gliedern. So lassen sich leicht Themen erschließen, die für eine Suchmaschine oft zu grob sind.

Archivieren von Websites

Um eine Website zu dokumentieren, gibt es verschiedene Möglichkeiten. Direkt aus dem Browser heraus kann der Microsoft Internet Explorer Websites im Archivformat MHTML (Dateiendung .mht) speichern. Der Firefox benötigt ein Add-On für das Mozilla Archive Format (MAF), das einige Details mehr bietet als die Microsoft-Variante. Für den Firefox gibt es zudem einige Add-Ons, die einen Screenshot des Browsers erstellen, was gerade bei multimedialen Inhalten interessant wird.

Die etwas gröbere Variante ist dann das gezielte Laden einer kompletten Seite oder einer ganzen Internetpräsenz mit einem Grabber. Diese Programme laden die gesamten Dateien, die öffentlich verfügbar sind, und speichern sie lokal. Als Nebeneffekt lassen sich so auch Seiten auf Änderungen prüfen. Ein Beispiel dieser Kategorie ist das Programm HTTrack WebsiteCopier.

Ist man auf der Suche nach alten Versionen von Websites, hilft in vielen Fällen das Webarchiv von Archive.org (www.archive.org). Dort lassen sich ältere Versionen einer Domain wieder sichtbar machen.

Verfolgung von Änderungen

Die Geschwindigkeit ist im heutigen Journalismus zu einem wichtigen Kriterium geworden, was die Überwachung von Internetseiten auf Veränderung interessant macht.

Eine sehr schnelle Überwachung ist mit dem Add-On „Update Scanner" für Firefox möglich. Das Programm lädt die Seite im Hintergrund und hebt Änderungen hervor. Eine Alternative ist unter anderem das Programm Wysigot (www.wysigot.com), das ebenfalls zeitgesteuert eine Seite lädt und Änderungen anzeigt.

Ideen, um den ständigen Strom von Daten aus Twitter, RSS-Feeds und Sozialen Netzwerken zu bändigen, gibt der c't-Artikel von Jo Bager (c't 11/2010, S. 178).

Wenn Sie jeweils neu hinzugekommene Treffer für eine Suchanfrage erhalten möchten, sollten Sie den Google „Alert Service" nutzen. Für jede Suche, die im Globalindex oder im Newsbereich läuft, kann man sich über neue Ergebnisse per E-Mail informieren lassen.

Datenbanken im Netz und offline

Viele wichtige Daten und Informationen sind in speziellen Datenbanken verfügbar. Immer mehr dieser oft sehr wertvollen Wissenssammlungen sind über eine Internetanbindung recherchierbar. Die Crux liegt darin, die richtigen Adressen zu kennen. Oft hilft bei der Suche die Kenntnis, wer Daten zu einem speziellen Thema sammelt oder publiziert.

🔍 Eine der besten Übersichten zu wissenschaftlichen Datenbanken ist das Datenbank-Infosystem (DBIS) der Universität Regensburg (http://rzblx10.uni-regensburg.de/dbinfo).

Besonderheit dieses Verzeichnisses ist, dass neben Quellen die über das Internet verfügbar sind, auch solche aufgenommen werden, die nur auf CD oder über spezielle Konditionen zugänglich sind. Jede nicht frei verfügbare Quelle ist mit einer Referenz einer Bibliothek versehen, über die in den meisten Fällen der Zugang möglich ist.

🔍 Im internationalen, aber vor allem amerikanischen Bereich ist die Übersicht von CompletePlanet (http://aip.completeplanet.com) zu empfehlen.

🔍 Eine kleinere Zusammenstellung, dafür aber sehr kompakt mit direktem Suchzugang, bietet Inforunner (http://www.inforunner.de). Hier finden sich meist allgemeine Themen.

Kommerzielle Anbieter

Neben diesen frei zugänglichen Datenbanken gibt es eine gewachsene Szene kommerzieller Anbieter von Informationen. Die Wurzeln liegen zum einem in den großen Fachliteraturdatenbanken, die oftmals über Jahrzehnte Fachliteratur aufbereiten, und zum anderem im Patentbereich, der kommerziell besonders interessant ist. In den vergangenen Jahren hat es eine starke Konzentration auf wenige Anbieter gegeben. Die größten Player auf dem Markt der kommerziellen Information sind die Thomson Reuters Gruppe und die Reed Elsevier Gruppe sowie STN-International. Viele einzelne Anbieter sind über die Jahre verschwunden oder haben fusioniert.

Die Einstiegshürde für den Rechercheur zu diesen Systemen sind die Kosten und die Notwendigkeit, einen Vertrag abzuschließen. Die Konditionen sind sehr unterschiedlich und können mehrere 100 bis 1.000 Euro im Monat an Kosten verursachen. Trotzdem sind diese Anbieter für viele Recherchen unersetzlich, da sie Informationen in einer sehr hochaufbereiteten Form anbieten.

Die wichtigsten Fachliteraturdatenbanken

GBI-Genios
www.genios.de
Deutscher Anbieter mit Schwerpunkt auf Presse und Wirtschaftsinformation

Lexis-Nexis
www.lexisnexis.de/wirtschaft
Presse und Wirtschaftsinformationen mit internationaler und guter deutscher Abdeckung

STN-International
www.stn-international.de
Weltweit größter Anbieter für wissenschaftliche Informationen und Patentinformationen

3.5 Spezielle Themen

Recht und Gesetzestexte

Die offiziellen Vorgänge in Parlament und Regierung lassen sich sehr gut über das Informationssystem für Parlamentarische Vorgänge (DIP) beobachten. Zudem findet sich hier ein hervorragendes Verzeichnis aller beim Bundestag registrierten Verbände (http://www.bundestag.de).

Die Bundesverwaltung wie auch die meisten Länder haben inzwischen eine Portalseite, über die Adressen und Informationen zugänglich sind. Für den Bereich des Bundes sind unter www.bund.de, die Bundesverwaltung, unter www.bundesregierung.de die Ministerien und das Kanzleramt und unter www.gesetze-im-internet.de die Bundesgesetze zu finden.

Die Europäische Union hat eine sehr umfangreiche Startseite zu allen EU-Organisationen unter http://europa.eu/index_de.htm aufgebaut. Die europäische Gesetzgebung findet sich unter http://eur-lex.europa.eu/de/-index.htm.

Personensuche

Den richtigen Ansprechpartner für ein Thema zu finden ist in den Zeiten vom sogenannten Web 2.0 sehr viel einfacher geworden. Die Sozialen Netzwerke wie Facebook und StudiVZ, aber vor allem die mehr Business-orientierten Netzwerke Xing und linkedin bieten hervorragende Möglichkeiten. Nachteil ist, dass man in diesen Netzwerken jeweils selbst Mitglied sein muss, also auch selbst Informationen preisgeben muss, um an alle Suchfunktionen und Daten der Mitglieder zu kommen. Zudem erfolgt die Suche nicht ohne Spuren, da die Personen jeweils einsehen können, wer ihr Profil angesehen hat.

Dafür bekommt man meistens sehr viele Informationen zur Person, der Tätigkeit und ihrem Umfeld. Wie viel Vorsicht der Rechercheur aber bei solchen Recherchen walten lassen sollte, zeigt die Verwechslung der bei Protesten im Iran getöteten Neda Soltan mit der unbeteiligten Neda Soltani. Die Informationen aus dem Facebook-Profil der falschen Neda kursierten innerhalb kürzester Zeit im Netz, und Neda Soltani geriet zwischen die Fronten und musste schlussendlich den Iran verlassen. (http://sz-magazin.sueddeutsche.de/texte/anzeigen/32571).

Den wichtigen Kontakt zu Wissenschaftlern und Experten zu knüpfen hat sich der Informationsdienst Wissenschaft zum Ziel gesetzt. Die Anfragen werden an die Pressestellen der deutschen Universitäten und Forschungseinrichtungen weitergeleitet (http://idw-online.de). Im internationalen Bereich versuchen dies die Dienste: Profnet (http://www.profnet.com) und Experts.com (http://experts.com).

Suchmaschinen, die sich auf die Erstellung von Personenprofilen spezialisiert haben, können durchaus brauchbare Ergebnisse liefern, sind in der Zusammenstellung der Daten aber mit großer Vorsicht zu genießen, da hier automatisch Daten aggregiert werden.

Empfehlenswerte Personensuchmaschinen

www.123people.de
deutschsprachige Personensuchmaschine

www.yasni.de
deutschsprachige Personensuchmaschine

www.pipl.com
amerikanische Personensuchmaschine

Dokumentbeschaffung

Die Beschaffung von Volltexten wissenschaftlicher Journale erfolgt in Deutschland am einfachsten über den Service „Subito" der deutschen Bibliotheken (http://www.subito-doc.de). Die Dokumente werden elektronisch oder als Fax geliefert, die Preise sind abhängig von den Verlagsabgaben und schwanken zwischen 11 und 50 Euro je Dokument. Ist Zeit vorhanden, können Sie sich natürlich auch in die Bibliothek selber begeben und haben dort meist kostenfrei Zugriff auf die Dokumente. Zur Vorrecherche sei hier der schon oben erwähnte Karlsruher Virtuelle Katalog (http://www.ubka.uni-karlsruhe.de/kvk.html) empfohlen.

Ausländische Dokumente sind oftmals sehr gut über die British Library (http://direct.bl.uk/bld/Home.do) zu bekommen.

Bevor Sie jedoch ein Dokument kostenpflichtig beziehen, lohnt die Suche im Netz.

🔭 Viele Verlage stellen ihre älteren Jahrgänge inzwischen kostenfrei zur Verfügung und mancher Wissenschaftler hat die eigenen Artikel auf seiner Website abgelegt.

🔭 Die Suche mit dem Titel des Dokumentes als Phrasensuche ist praktisch immer der schnellste Weg.

3.6 Fremde Hilfe der Informationsvermittler

Für viele Rechercheure und ihre Kunden stellt sich die Frage: Lohnt es sich, selber in Datenbanken zu recherchieren? Einfache Fragestellungen in Datenbanken sollten heutzutage von einem Rechercheur bearbeitet werden können – genauso wie der Umgang mit dem Internet jedem Rechercheur vertraut sein muss.

Wie weit sich ein Rechercheur in das Thema „Suche in Datenbanken und Internet" einarbeiten will, hängt vom individuellen Informationsbedarf ab. Ist ein Rechercheur überwiegend auf einem eng umgrenzten Spezialgebiet tätig, so kann es durchaus interessant sein, tiefer in diese Recherchetechnik einzusteigen, um seinen Kunden eine entsprechend spezifizierte und fundierte Arbeit bieten zu können. Wer aber auf vielen verschiedenen Gebieten tätig ist, für den kann es schwierig werden, auf allen Gebieten gleichermaßen gute Datenbankrecherchen abzuliefern. In solchen Fällen kann es sinnvoller sein, einen Informationsvermittler mit der Online-Recherche zu beauftragen.

Informationsvermittler oder auch „Infobroker" werden im Gegensatz zum Rechercheur zur Beschaffung schon vorhandenen Wissens engagiert. Informationsvermittler kennen sich optimal aus mit Möglichkeiten und Wegen, die elektronischen Medien anzuzapfen. Einen Großteil seiner Zeit verbringt der Informationsvermittler damit, sich auf dem Laufenden zu halten. Das muss er, denn die Informationsbranche ist extrem dynamisch und entwickelt sich entsprechend schnell. Wenn ein Rechercheur mit den Methoden der Online-Recherche nicht sehr gut vertraut ist, aber trotzdem gute und verlässliche Informationen braucht, ist der Gang zu einem Informationsvermittler der beste Weg.

Die meisten Informationsvermittler sind auf ein begrenztes Fachgebiet spezialisiert, in dem sie über sehr gute Kenntnisse verfügen. Entsprechend vermögen sie den Wert bestimmter Rechercheergebnisse aus Datenbanken zu bewerten. Die Auswahl eines Informationsvermittlers sollte daher entsprechend dem gewünschten Fachgebiet ausfallen. Neben den vielen freiberuflichen Informationsvermittlern bieten auch Bibliotheken und verschiedene Organisationen Recherchedienste an, die teilweise recht preisgünstig sind. Einfache Recherchen kosten oftmals nicht mehr als 25 bis 250 Euro. Für aufwendigere Arbeiten können aber durchaus mehrere 1.000 Euro fällig werden.

Welcher Informationsvermittler für eine spezielle Recherche in Frage kommt, lässt sich über die „Deutsche Gesellschaft für Informationswissenschaft und Informationspraxis" herausfinden (http://www.dgd.de). Auf der Internetseite findet sich ein Verzeichnis der in Deutschland tätigen Informationsvermittler.

Für Rückfragen steht auch der Autor zur Verfügung (schreiber@recherche undberatung.de).

4 Systematik

4.1 Ausrüstung

Am Beginn der Systematik steht das Beschaffen des geeigneten Werkzeugs für Recherchen. Jahrelang brauchte es dazu nicht mehr als eine Schreibmaschine, das rudimentäre Beherrschen ihrer Tastatur, Papier und Bleistift, festes Schuhwerk, außerdem ein funktionierendes Gehör und Augen zum Sehen (nicht einmal das ist wahr, es gibt eine Reihe blinder Journalisten, die erfolgreich ihre „Sicht der Welt" vermitteln).

Es gibt Journalisten, die bis heute nach diesem Muster arbeiten, abgesehen davon, dass sie die Schreibmaschine gegen eine Computertastatur getauscht haben und gerne mal im Internet stöbern.

Was ein Journalist oder Rechercheur für seine Tätigkeit alles braucht

Zur Organisation einer professionellen Recherche sollte allerdings schon einiges mehr an Ausrüstung zur Verfügung stehen, insbesondere:

- DSL-Anschluss: Natürlich sollte ein Journalist über eine möglichst schnelle Telefonleitung verfügen, oft sind große Datenmengen herunterzuladen oder zu verschicken.

- Telefon mit Rufnummernanzeige/Unterdrückung, Anrufbeantworter, Aufnahmefunktion (30 Minuten mindestens): Versuchen Sie nicht, sich den Festnetzanschluss zu sparen: „Ein Handy tut es doch auch!" Menschen mit Festnetzanschluss sind manifest, jene, die nur ein Mobiltelefon haben, sind das nicht. Unlautere Geschäftemacher, halbseidene Gesprächspartner und solche, die anonym bleiben wollen, arbeiten ausschließlich mit Mobiltelefonen. Es geht Journalisten aber darum, das Vertrauen des Gesprächspartners zu gewinnen, ein Handy eignet sich dafür bis heute nicht. Und natürlich will jeder die Nummer des Anrufers in seinem Display sehen können, so lässt sich der Anruf rückverfolgen, eine vertrauensbildende Maßnahme auf beiden Seiten. Nur in seltenen Fällen macht es Sinn, die eigene Rufnummer zu unterdrücken, darum muss das Telefon über diese Funktion verfügen. Die Aufnahmefunktion macht Sinn, wenn der Journalist ein Telefongespräch mitschneiden möchte. Das wird relativ selten der Fall sein. Ein externes Aufnahmegerät erfüllt den gleichen Zweck, ist nur etwas umständlicher zu bedienen.

- Mobiltelefon: Das hat sowieso jeder.

- Computer und/oder Notebook: Hat ebenfalls jeder.

- Computerfax/Faxgerät: Das Faxgerät ist eigentlich überflüssig. Wer keines hat, kann ein Fax genauso aus dem Computer versenden und empfangen. Für das Versenden von Informationen auf Papier (davon gibt es noch genug) braucht es in diesem Fall allerdings einen

- Scanner: Den benötigt ein Rechercheur ohnedies, denn immer wieder erreichen ihn Informationen auf Papier (zum Beispiel von Justiz- und anderen Behörden), die er seinem elektronisch erfassten Datenbestand hinzufügen sollte, damit er alles Material zu einem Thema in einem – elektronischen – Ordner auf einen Blick zur Verfügung hat. Am besten ist ein Scanner mit Einzelblatteinzug, der das umständliche Einlesen Seite für Seite erspart, was bei größeren Dokumenten auf Papier erheblich nerven kann. Ein Scanner ist essentielle Voraussetzung für die elektronische Dokumentenarchivierung.

- Monitor mit Pivot-Funktion: Ein weiteres Muss für die elektronische Dokumentenbearbeitung. Ein Monitor mit Pivot-Funktion lässt sich mit einem Handgriff in die vertikale Position schwenken, sehr zu empfehlen. Ein Bildschirm im Hochformat entspricht nicht unseren Fernseh-, wohl aber unseren Lesegewohnheiten. Die meisten Journalisten drucken Texte aus, um diese in Ruhe zu lesen. Am normalen, quer gestellten Bildschirm erscheint eine Seite nur als Ausschnitt, und dies macht den meisten Menschen das Lesen schwierig. Viele Dokumente wie Gesetzestexte, Behördentexte und Geschäftsberichte sind überdies zweispaltig aufgebaut, was das Lesen am Bildschirm zusätzlich erschwert. Der schwenkbare Monitor macht das Lesen am Bildschirm leicht, nichts muss mehr ausgedruckt und auf Papier bearbeitet werden, die Kennzeichnung von Textstellen und Kommentierungen finden am Bildschirm statt. Die Suchfunktion bei PDF oder anderen Dokumenten ermöglicht zudem ein rasches Durchsuchen auch von langen Texten mittels der entsprechenden Begriffe binnen Sekunden. Versuchen Sie das mal mit einem 300-seitigen, ausgedruckten Geschäftsbericht mit bloßem Auge! Haben Sie den Monitor mit Pivot-Funktion einmal ausprobiert, werden Sie ihn nur noch selten, etwa zum Betrachten von Tabellen, ins Querformat bewegen, denn auch Internetseiten sind in der Regel vertikal aufgebaut. Praktisch alle Anbieter von Monitoren haben auch solche mit Pivot-Funktion im

Angebot (ohne sie groß zu bewerben), sie sind nicht oder nur unwesentlich teurer als ihre starren Konkurrenten.

- Headset: Es gibt weitverbreiteten Widerstand gegen Headsets: Das sei was für Callcenter-Agenten oder Sekretärinnen, wehren Journalisten in Aus- und Fortbildungen oft ab. Tatsächlich ist das Headset eine wichtige Voraussetzung für effizientes Arbeiten – und ebenso für rasche elektronische Datenerfassung.

Jeder, der mit einem klassischen Telefon arbeitet, egal ob es ein drahtloses Gerät ist oder ein Tischtelefon mit Hörer und Verbindungskabel, kennt das Problem: Eine Hand muss den Hörer halten. Damit bleibt nur eine Hand frei für Notizen, die darum mit dem Stift auf Papier erfolgen. Das macht Telefongespräche unbequem, denn es ermüdet, über lange Zeit den Hörer zu halten, und das einhändige Notieren (der Ellenbogen des anderen Arms dient gewöhnlich zur Fixierung des Blocks) ist auch nicht gerade bequem. Alternativ klemmen sich manche Kollegen den Hörer zwischen Schulter und Ohr. Dann haben Sie zwar beide Hände frei, am Ende des Tages aber ziemliche Nackenschmerzen – und ganz sicher keine entspannte Körperhaltung während des Gesprächs, was das Telefonieren ebenfalls nicht leichter macht.

Das Tragen eines Headsets dagegen erlaubt es, das Protokoll eines Telefonats direkt ins System einzugeben. Das Tippen geht zu langsam? – Nach zwei Wochen Übung ist jeder schnell genug auf der Tastatur, auch im Vier-Finger-System, das viele Journalisten anwenden. Damit ist das Tragen eines Headsets die Grundvoraussetzung für die elektronische Speicherung der Rechercheergebnisse. Natürlich besteht die Möglichkeit, erst alles im Block handschriftlich zu notieren und dieses anschließend in den Computer zu übertragen. Das aber kostet wertvolle Arbeitszeit.

Gute Headsets sind nicht billig. Die Geräte der Firma Netcom etwa kosten zwischen 100 und 350 Euro. Moderne Headsets sind klein, sehr trageleicht und selbstverständlich schnurlos, was eher in der Freizeit bequem ist: Ansonsten sitzt der telefonierende Rechercheur ja an seinem Arbeitsplatz, um das Gehörte gleich in die Tastatur einzugeben.

- leise Tastatur: Wer Gehörtes gleich in das System eingibt, verursacht dadurch einen gewissen Lärm – anders als beim Schreiben mit einem Kugelschreiber –, und das kann den Gesprächspartner irritieren, auch wenn ihm klar ist, dass sich die andere Seite Notizen macht. Es geht mehr um den psychologischen Effekt: „Klickklickklack", alles wird mitgeschrieben. Viele Menschen mögen das unbewusst nicht, auch, wenn Sie sich zuvor ausdrücklich mit dem Machen von Notizen einverstanden erklärt haben. Gut, dass es heute flüsterleise Tastaturen gibt, die der Gesprächspartner nur noch hören kann, wenn er über feine Ohren verfügt.

- Microsoft Office oder Open Office

- Adobe Acrobat Pro oder Nitro PDF: Die augenblicklich aktuelle Version, Adobe Acrobat 9, kostet rund 665 Euro, ist also nicht billig, wobei es Rabatte für Journalisten gibt. Nitro PDF kostet etwa 80 Euro. Die Installation solch einer Software für die Bearbeitung von PDFs ist weitere Voraussetzung für die elektronische Dokumentenbearbeitung (siehe auch Kapitel 4.2).

- USB-Datenträger: Sie sind eine äußerst praktische Erfindung für alle, die ihre Datenkopien ständig auf aktuellem Stand halten und bei sich tragen möchten: Es könnte ja sein, dass jemand im Büro einbricht und den Computer stiehlt. Der Computer kann ersetzt werden, die Daten nicht so einfach. Oder es kommt der Tag, da eine Redaktion geschlossen oder ein Redakteur urplötzlich entlassen wird: Wer würde da nicht gerne noch seine gesammelten Dateien retten? Mit einem täglich aktualisierten Datenträger bestehen diese potentiellen Probleme nicht mehr. Der Autor rät zum USB-Stick statt zur externen Festplatte, weil man diesen sehr bequem in der Hosentasche/Handtasche mitnehmen kann. Da die Dateien eines Journalisten keine Fotos oder Videos enthalten müssen (wenn doch, diese separat speichern), reicht eine übliche Speichergröße völlig aus (8–16 GB, 2010). Es ist wichtig, diese Daten gegen unbefugten Gebrauch zu schützen. Schließlich werden Sie auf diesem Datenträger auch Adressdateien und Gesprächsprotokolle aufbewahren, die nicht in fremde Hände fallen dürfen! Manche USB-Sticks werden ab Werk mit einem Kennwortschutz ausgerüstet, im Internet lassen sich entsprechende Programme ebenfalls herunterladen, zum Beispiel unter www.truecrypt.org. Eine US-Firma hat einen USB-Stick mit aufgesetztem Zahlencode im Programm, der wie bei einer EC-Karte die Eingabe einer PIN erfordert. Wird der Code zehnmal falsch eingegeben, zerstört der USB-Stick die darauf gespeicherten Daten. Dies ist die aktuell wohl sicherste Lösung zur Aufbewahrung sensibler Daten. Günstig sind diese USB-Sticks nicht:

Sie kosten zwischen 69 (4 GB) und 155 US-Dollar (16 GB) (Stand September 2010; www.lok-it.net). Weitere Anbieter finden sich im Internet.

- Drucker: Sie sind eigentlich unzeitgemäße Geräte. Sie verbrauchen Papier und teure Druckerpatronen, sind sicher nicht umweltfreundlich, manche machen dazu Krach oder riechen nicht gut. Es gibt aber immer noch Kunden (und noch mehr Kollegen), die etwas „auf Papier sehen" wollen, und dann tritt der Drucker in Funktion. An einem modern organisierten Arbeitsplatz geht der Drucker nur noch selten in Betrieb, der Papierverbrauch sinkt drastisch.

- Aufnahmegerät: Manche Journalisten lassen das Aufnahmegerät grundsätzlich mitlaufen, wenn Sie ein Gespräch vor Ort führen. Der Autor rät hiervon grundsätzlich ab. Es gibt allerdings Situationen, in denen der Mitschnitt eines Gesprächs unabdingbar ist, und darum sollte ein Rechercheur oder Journalist ein Aufnahmegerät besitzen – sofern nicht sein Mobiltelefon über eine solche Funktion verfügt.

- Kamera: Ein Mobiltelefon kann auch fotografieren, und meistens reicht das aus. Die gemachten Bilder sind ja nicht zum Abdruck bestimmt, sondern fast immer nur zur Dokumentation der geleisteten Arbeit. Dennoch gibt es immer wieder Situationen, in denen eine gute Aufnahme wichtig ist. Und dann freut sich die Bildredaktion über eine hohe Auflösung und Bildqualität. Da die meisten ohnehin privat über eine Kamera verfügen, entstehen bei der Ausrüstung keine zusätzlichen Kosten.

- Bahncard 1. oder 2. Klasse: Die Deutsche Bahn gewährt Journalisten – Presseausweis erforderlich – einen Rabatt von 50 Prozent auf die Bahncard 50 beider Klassen.

Ob jemand eine Bahncard braucht oder nicht, bleibt natürlich eine individuelle Entscheidung. Erstmal ist sie davon abhängig zu machen, ob das ins Auge gefasste – räumliche – Recherchegebiet über das lokale Umfeld hinausgeht. Sofern dies zutrifft: Die Autoren hat die Erfahrung gelehrt, dass die Nutzung von PKW nicht effektiv ist. Wer ein Auto steuert, verbraucht wertvolle Zeit, die sonst für Arbeit am Notebook genutzt werden kann.

Die Taktik, ganz auf ein eigenes Fahrzeug zu verzichten, zahlt sich übrigens auch für Freiberufler aus. Für Recherchen, die in Gebiete mit schlechtem öffentlichem Nahverkehr führen, ist es ratsam, bis zum nächstgrößeren Bahnhof zu reisen und dort einen Mietwagen zu nehmen. Das kostet nicht mehr Geld als ein Dienstfahrzeug, spart Nerven und schenkt Arbeitszeit.

• Arbeitskleidung: Es gibt unter manchen Journalisten eine verbreitete Abneigung gegen das Tragen von Schlips und Kragen, und einige Frauen mögen sich nicht so elegant-konservativ kleiden, wie das in manchen Bereichen der Geschäftswelt üblich ist.

Wie man sich kleidet, ist natürlich jedermann selbst überlassen. Andererseits ist Kleidung immer auch eine Visitenkarte.

In praktisch allen europäischen Ländern (und übrigens auch sämtlichen außereuropäischen Ländern, welche die Autoren bis heute besucht haben) gilt das Tragen von Krawatte und Anzug, zumindest Jackett respektive Kleid, Kostüm etc., als Zeichen gegenseitiger Achtung – sobald man sich in bestimmten Kreisen bewegt. Wer sich in Jeans und T-Shirt einem Anzugträger gegenübersetzt, riskiert damit, dass dieser sich respektlos behandelt oder nicht für voll genommen fühlt. Kein guter Beginn für einen Gesprächstermin.

Natürlich ist es genauso wenig ratsam, im Smoking Punks zu besuchen oder im Lodenjanker eine Diskussionsveranstaltung linker Gruppen. Ein erfahrener Rechercheur versucht sich stets in Camouflage, sich also seiner gesellschaftlichen Umgebung so gut wie möglich anzupassen.

Menschen fühlen sich bekanntlich in der Gruppe wohl. Störenfriede, oder auch nur solche, die im Verdacht stehen, vielleicht Störenfriede zu sein, werden regelmäßig ausgegrenzt. Der Rechercheur trägt – versteckt im Kopf – Berge von Konfliktmaterial mit sich herum. Er wird dieses Wissen im Laufe eines Recherchegesprächs möglicherweise hervorholen und sein Gegenüber damit konfrontieren (siehe auch Kapitel 7). Da ist es nicht nötig, durch das Tragen unangebrachter Kleidung zusätzlichen Ärger zu provozieren. Sicher ist das alles Maskerade. Wenn Sie das allerdings für überflüssig halten, dann gehen Sie doch mal unverkleidet auf ein Kostümfest!

Buttons („Atomkraft – nein danke"; „FC Bayern München"; „Ausländer rein") sind ungefragte Meinungsbekundungen. Sie behindern das Recherchegespräch unnütz. Vielleicht hasst der eigentlich sympathische

Gesprächspartner den FC Bayern bis aufs Blut ... Noch unangebrachter ist in diesem Zusammenhang das Präsentieren von Parteiabzeichen oder das ungefragte Absondern politischer Bekenntnisse. „Ich bin, wer ich bin!" ist ein netter, trotzig-frecher Satz von jungen Leuten auf dem Weg zur Bewusstseinsbildung. Ein Rechercheur sollte diesen Prozess hinter sich gebracht haben und mit genügend Selbstbewusstsein ausgestattet sein, um auch in einer ungewohnten Schale souverän zu operieren. Für sein Gegenüber darf er entweder in die eigenen Reihen oder im Zweifelsfall gar nicht einzuordnen sein.

Nicht alle Journalisten mögen sich in äußeren Dingen anpassen. Es fällt auf, dass viele Journalisten im Gegenteil auffallen wollen und individuelle Markenzeichen kreieren (rote, dickrandige Brille, Knickerbocker, Fliege, Bartfrisuren). Das funktioniert in einem überschaubaren Umfeld auch ganz gut („Da ist ja wieder der Müller, den erkennt man schon von weitem an seinem Bundeswehrparka."). Auf einer feierlichen Veranstaltung sollte aber kein Journalist so erscheinen, als käme er geradewegs aus dem Manöver, und im Gespräch mit einem Botschafter sind T-Shirt und Jeans unangebracht. Wer als König der Individualisten an diese Arbeit geht, hat schlicht seinen Beruf verfehlt.

4.2   Organisation

Eine Recherche kann aus der Klärung eines einzigen Punktes bestehen, aber auch sehr komplex und aufwendig sein. In jedem Fall ist es wichtig, sich gut zu organisieren.

Nach der Erfahrung des Autors haben viele gute Journalisten genau hier ihre größte Schwäche, und das ist ihre ineffiziente, oft chaotische Selbstorganisation. Das hat ja durchaus etwas Sympathisches. Wer sich nicht disziplinieren kann, spricht dann gerne vom „kreativen Chaos", das er für die erfolgreiche Bewältigung seiner Arbeit benötige. Das ist eine Ausrede. Noch kreativer kann derjenige sein, der seine Arbeit gut organisiert, denn dann hat er Freiräume, während der andere noch in irgendwelchen Stapeln wühlt. Jeder Journalist, der seine Arbeitsleistung erhöhen will oder muss, sollte deshalb zuerst an dieser Stellschraube drehen. Sie werden staunen, wie viel Zeit Sie gewinnen können!

Datenerfassung

Es geht los mit der beliebten Zettelwirtschaft oder dem Vollschreiben von Notizbüchern, größeren Kladden – jeder hat seine persönliche Präferenz.

Effizient ist nichts davon.

Zettel sind am schlimmsten zu verwalten. Sie liegen nach getaner Recherche noch eine Weile auf dem Schreibtisch. Vielleicht wandern sie auch in irgendein Fach, in eine Schublade oder auf einen Stapel weiterer Zettel. Eventuell führt der Journalist sogar Themenmappen, dann landen sie dort und liegen dort herum.

Nicht viel besser sind Schreibblocks größeren und kleineren Formats, das übliche Arbeitsmittel für Journalisten, die unterwegs sind – denn genau dann erweist sich der Block in vieler Hinsicht als ideal.

Allerdings schreibt ein Journalist oft auch dann in seinen Block, wenn er sich an seinem Büroarbeitsplatz oder in der Redaktion befindet, obwohl er einen Computer direkt vor sich stehen hat – und das ist echte Zeitverschwendung.

Am Anfang des Berufslebens fallen ein paar vollgeschriebene Notizblocks nicht ins Gewicht, man weiß ja, wen man wo getroffen und worüber man geredet hat. Den Block einmal kurz durchgeblättert, schon ist die entsprechende Stelle samt Gesprächspartner und Kontaktdaten gefunden.

Später fallen sie dann ins Gewicht, und zwar in Form von Umzugskartons. Darin nochmals alte Notizen aufzuspüren oder Telefonnummern zu suchen beschert einen abwechslungsreichen Arbeitstag, der mit dem Stöbern in längst vergessenen, interessanten Unterlagen beginnt und zu Ende geht. Ob Sie währenddessen den Ansprechpartner oder die besagte Notiz tatsächlich wiederfinden, ist damit allerdings nicht gesagt.

Es ist ja auch unsinnig, im Zeitalter der elektronischen Datenaufbereitung und -verwaltung noch wie vor 100 Jahren zur Adressverwaltung mit Karteikarten und zur Notizaufbewahrung mit Hängeregistraturen zu arbeiten – so haben das die gut organisierten Kollegen früher gemacht. Heute erledigt das der Computer viel schneller und sicherer. Das „Spotlight" beim Mac durchsucht die Festplatte in Sekundenbruchteilen nach Suchbegriffen und macht die Informationen augenblicklich abrufbar, das können Namen,

Themen, Telefonnummern, alles Mögliche sein. Gleiches schafft Google Desktop Search (muss heruntergeladen werden) auf dem Windows-PC. Auch der bestorganisierte Archivar alter Schule kann da nicht mithalten.

Die Erfassung von Adressdaten und das Verfassen von Rechercheprotokollen zu verschiedenen Themen hat große Vorteile: Auch Informationsbesitzer wechseln die Arbeitsstelle oder machen Karriere. Der Name eines Pressesprechers „Erich Dienstmann" kommt Ihnen bekannt vor? Eingabe des Namens im Suchsystem, und schon wissen Sie, dass Sie mit diesem Herrn bereits vor fünf Jahren zu tun hatten: Da arbeitete er noch für eine andere Firma, und ein Blick ins dazugehörige Rechercheprotokoll zeigt Ihnen, über welches Thema Sie damals gesprochen haben – schon haben Sie einen wunderbaren Einstieg in das Gespräch.

Ein weiteres Beispiel: Nach einigen Monaten oder Jahren wollen Sie wieder mit dem städtischen Dezernenten Erich Dienstmann sprechen, es geht um die Umsetzung der seit Jahren geplanten Ortsumgehung. Im Rechercheprotokoll können Sie rasch nachlesen, was Ihnen Erich Dienstmann zum Thema schon alles gesagt hat, das Suchsystem findet sämtliche Aussagen sofort. Damit haben Sie erstens einen sehr guten Anknüpfungspunkt für das anstehende Gespräch, zum zweiten können Sie die aktuellen Aussagen von Erich Dienstmann mit solchen abgleichen, die er früher gemacht hat. Falls sich diese Aussagen etwas widersprechen (und das tun sie immer), bringen Sie Erich Dienstmann unter Hinweis auf die frühere Aussage ganz schnell und ganz höflich unter enormen Erklärungsdruck.

In der Adressliste finden Sie weitere Personen oder Behörden, mit denen Sie früher zum Thema gesprochen haben, und schon können Sie mit sehr wenig Aufwand dort anknüpfen, wo Sie bereits einmal waren.

Die elektronische Datenerfassung hat noch viele weitere Vorteile, aber ein Argument sollte überzeugen: Noch jeder, der sich auf dieses System umgestellt hat, war damit nach kürzester Zeit hochzufrieden, und der Autor kennt niemanden, der die elektronische Datenerfassung und -speicherung später wieder aufgegeben hätte.

Es gibt heute genügend Textverarbeitungssysteme auf dem Markt, die den Bedürfnissen eines Rechercheurs oder Rechercheteams entsprechen. Da die Systeme ständig überarbeitet beziehungsweise verbessert werden, sollte jeder für sich entscheiden, welches Produkt er wählt.

Themenverwaltung

Die Themenverwaltung sollte so angelegt sein, dass man darin zu einzelnen Gebieten entsprechende Unterverzeichnisse mit Adresslisten und dazugehörigen Gesprächsprotokollen einrichten kann. Für den Kurzüberblick ist es außerdem nützlich, in den Listen genannte Ansprechpartner grob zu kategorisieren. Ein * hinter dem Namen könnte heißen: besonders hilfsbereit; ein #: feindlich gesonnen, und keine Kennzeichnung (ca. 75 Prozent der Fälle): neutral.

Abhängig davon, ob bereits Textverarbeitungssysteme vorhanden sind und wie die Datenspeicherung darin organisiert ist, wird jeder respektive jedes Team eine auf seine Bedürfnisse zugeschnittene Systematik entwickeln.

Grundsätzlich gilt: Jedes System, das funktioniert, ist ein gutes System.

Der Autor arbeitet, wenn er ein neues Themengebiet erschließt, nach folgendem Muster:

Ordner für ein neues Thema anlegen: Der Name sollte so lauten, dass der Journalist auch Monate später sofort erfassen kann, was sich hinter dem Ordner verbirgt.

Hauptdatei anlegen: Die Hauptdatei im neuen Ordner enthält das Kernstück der Recherche: Ganz oben in alphabetischer Reihenfolge die kontaktierten Ansprechpartner mit Funktionsbezeichnung, Telefonnummern, E-Mail, eventuell weiteren Details wie * (für hilfsbereit, freundlich) und # (für abweisend, feindlich).

Das kann zum Beispiel so aussehen (Auszug aus einer Adressliste zu illegalen Bankeinzügen durch Betrüger):

Bundesanstalt für Finanzdienstleistungsaufsicht (BaFin) Bonn, 0228 4108-0 oder 01888 436-0 PR Dr. Sxxxxxx Ryyyyy* Tel: -XXX3, Mail: Sxxxxxx.Rxxxx@bafin.de, Referat BA 31 Justitiar Dxxxxx Uyyyyyyy, Tel: -1XXX

BKA 0611 55-0 Pressestelle Referat LS 2 ?65173 Wiesbaden ?PR Sek Frau Wxxxxxxx, Tel: -XXXX3, Leiter Txxxxx Syyyyyy, Tel: -1XXXX Fax: -1XXXX ?E-Mail: pressestelle@bka.bund.de

Bundesverband deutscher Banken BdB 030 1663-0 Dr. Kxxxxx Lxxxxx Tel: -1XXX Mail: kxxxxx.lyyyy@bdb.de, Sek Frau Fxxx, Direktor RA Lxxxxx Wyyyy*, Tel: -3XXXX, lxxxxx.wyyyy@bdb.de, www.bdb.de

Bundesverband der Deutschen Volksbanken und Raiffeisenbanken 030 2021-0, PR Sek Kxxxx Byyyy* -1301, PR Fxxxx Syyyyy -1330

Deutsche Bank 069 910-0 PR Mxxxxxx Lyyyyy Tel: -3XXXX, mxxxxxx.lyyyyy@db.com

Deutsche Bundesbank 069 9566-0 PR Gxxxx Ryyyyy –XX9X gxxxx.ryyyyy@bundesbank.de

Deutscher Sparkassen- und Giroverband 030 202255-0 PR Sxxxxx Myyyyy -1XX, sxxxxx.myyyyy@dsgv.de

Köln Staatsanwaltschaft 0221 477-0 Wirtschaftskriminalität Gruppenleiter StA Sxxxx Ryyyyyyyy -4510

Polizei 0221 229-0 Betrugskommissariat KK 33 Sek. -XXXX, HK Mxxxxx Gyyyyy -8331 Mxxxxx.Gyyyyy@polizei.nrw.de

SKL Süddeutsche Klassenlotterie, Bayerwaldstr. 1, 81737 München, Tel.: 089 67903-0, (HRG München HRA 76230), PR Hxxxxx Gyyyy, Tel: – XX, h.gyyyy@skl.de, SKL-Chef Dr. Gxxxxxx Ryyyyyyy, Tel: -XX, Mobil: 01XX XXX XXXX, g.yyyyyyy@skl.de, Fax: 089 67903-91

Der unvollständige Ausschnitt soll nur einen kleinen Eindruck davon geben, wie solch eine Adressliste aussehen kann. Die Abkürzungen PR (Pressesprecher), Sek (Sekretärin), StA (Staatsanwalt), KK (Kriminalkommissariat), HK (Hauptkommissar) dienen der genaueren Einordnung der Gesprächspartner. „HRG" steht für Handelsregister, die Kombination „HRA 76230" ist jener Code, unter dem sich Informationen über die SKL beim HRG München einsehen lassen. Staatsanwaltschaft und Polizei der Stadt Köln sind alphabetisch unter „Köln" erfasst, weil der Autor mit weiteren Staatsanwaltschaften und Ermittlern in weiteren Städten gesprochen hatte und so einen besseren Überblick behalten wollte.

Unterhalb der Adressliste, in derselben Word-Datei, beginnen die Gesprächsprotokolle. Sie enthalten den Namen des Gesprächspartners (genau so, wie er in der Adressdatei erscheint), Datum, genauen Zeitpunkt des Gesprächs (kann bei juristischen Auseinandersetzungen relevant sein) sowie die wichtigsten Aussagen daraus.

Zum Beispiel:

Ryyyyyyyy, Commerzbank, 24/3/08, 18:05 Uhr: Das ist ein Einzelfall. Hfdsd um felwirtj wefnwö qwekjnfqö owfhö qwlehf ooi fliuhf öooeirb ufbn. „Miuhgwl liuehrg uihr lu lrflrfhpö oihfio oifoeri oihefhr uhhiuzöd öoejfowefn lewk." (als Zitat vorgelesen und genehmigt, 18:14 Uhr) Vie eijtä ijgqwö oihweöbnc öowef üä lgfn lrgbn lwegrhb. (siehe auch: Sxxxxx.pdf) Whgk gde lwtwl elhglwkerg lerglqejrg lqkejrg lq lqerhglwekjng lqkjerglq ötöozo oergj.erg kmggöoro. Miuhgkqw fwrth sklferfj lkjqeögj.

Natürlich können hier keine Einzelheiten aus Hintergrundgesprächen wiedergegeben werden. Die Länge des Gesprächsprotokolls dieses Telefonats soll deutlich machen, dass es nicht darum geht, ein Gespräch wörtlich mitzuschreiben, sondern darum, die Kernaussagen festzuhalten. Je wichtiger ein Gespräch für das Zustandekommen des Rechercheergebnisses war, desto genauer sollte das Protokoll aber ausfallen.

Den in Anführungszeichen gesetzten Satz wollte der Autor als Zitat verwenden. Dazu hat er ihn während des Gesprächs noch einmal vorgelesen und sich verifizieren lassen.

Dieses Vorgehen hat seine Schwächen: Eine mündliche Verifikation – ohne Mitschnitt des Gesprächs – ist im Zweifelsfall nicht belegbar. Darum sollten wichtige Zitate (das sind alle, die anderer Macht, Geld, Job, Ansehen betreffen) schriftlich genehmigt sein, sie können dann nicht mehr von der anderen Seite zurückgezogen werden. Die genaue Uhrzeit der Verifikation kann vor dem Richter – falls es zum Rechtsstreit kommt – zur sogenannten „Substantiierung" helfen, falls das Zitat vom Zitierten im Nachhinein abgestritten werden sollte. Ihr Einfügen ist also eine zusätzliche Vorsichtsmaßnahme.

Ebenfalls im Protokoll: Der Gesprächspartner hatte im Gespräch auf ein Dokument verwiesen, das seine Aussage stützen soll, darum der Hinweis „siehe auch: ..."

Solche Querverweise helfen bei größeren Dateien, den Überblick zu behalten. Wichtige Mails der Gesprächspartner oder Ähnliches sollten ebenfalls in dieser Hauptdatei abgelegt sein, genauso wie Links zu Internetseiten, die weiterführen. Zweck ist, Kernaussagen und dazu gehörende, relevante Textpassagen aus Dateien schnell in einem Dokument finden zu können.

So wie oben dargestellt, lässt sich diese Datei im chronologischen Ablauf der Recherche ausbauen.

Weitere Dokumente, die für die Recherche von Bedeutung sind, sind im Themenordner abgelegt. Dazu gehören unbedingt auch wichtige Seiten aus dem Internet – wenn Sie daraus zitieren oder sich darauf berufen wollen.

🔍 Es ist nicht ausreichend, einfach den Link zu diesen Seiten aufzubewahren. Wenn Ihre Geschichte veröffentlicht ist, kann jemand die besagte Seite längst gelöscht haben. Und es gibt keine Garantie, dass sich diese Seite im Internetarchiv unter www.archive.org/ oder http://wa.archive.org/ wiederfinden lässt, denn dieses Archiv kann unmöglich Gewähr für Vollständigkeit übernehmen. Darum der dringende Rat: wichtige Internetseiten als PDF sichern (bei Windows zum Beispiel mittels der kostenlosen Software „PDFCreator"; bei Mac über den Druckbefehl) oder indem Sie den kompletten Bildschirm fotografieren. Bei Mac geht das ganz leicht mit dem Programm „Bildschirmfotografie". Bei Windows können Sie den Inhalt eines Bildschirms so kopieren: „Druck"-Taste drücken. Anschließend ein Word-Dokument öffnen und auf den Befehl „Einfügen" klicken: Der Inhalt steht jetzt im Word-Dokument, das sie mit Kennwort gegen Veränderungen schützen oder in ein PDF umwandeln sollten.

Auch bei heruntergeladenen oder zugesandten Informationen handelt es sich meist um PDF oder Excel-Dateien, die Sie ebenfalls im Themenordner ablegen.

Auch darin sollten Sie sich schnell zurechtfinden können. Es macht zwar mitunter Sinn, eine Verwaltungsvorlage oder eine EU-Richtlinie von 70 Seiten Umfang von Anfang bis Ende zu lesen, praktisch ist dies jedoch aus Zeitgründen unmöglich. Fast immer wird der Journalist darum zunächst solch ein Dokument herunterladen und sich am Bildschirm die Zusammenfassung durchlesen, eventuell auch einzelne Kapitel, die für das Thema interessant erscheinen.

🔍 Es spart fast immer Zeit, den Verfasser einer Verwaltungsvorlage zum Beispiel aus dem Bauamt kurz anzurufen und ihn nach besonders wichtigen Passagen im Dokument zu fragen. In der Regel wird Ihnen geholfen.

👓 Ein Dokument, das Sie geprüft und bearbeitet haben, unbedingt im entsprechenden Themenordner speichern, sonst war die Zeit verschwendet.

Auch in diesen archivierten Dateien sollten Sie zum schnellen Wiederauffinden wichtiger Passagen Kommentare und Markierungen einfügen. Das geht wiederum am besten in PDF-Dateien mit entsprechender Software (siehe auch Kapitel 4.1). Bewährt hat sich, auf der ersten Seite der Datei durch Nutzen der Funktion „Kommentare" festzuhalten, wo wichtige Passagen stehen. Auf den besagten Seiten selbst können Sie mit dem „Hervorheben"-Werkzeug oder mit dem „Bleistift" (zu finden unter „Grafik-Markierungen") Anstreichungen vornehmen.

Dies kostet fast keine Zeit und hilft wesentlich beim erneuten Aufrufen des PDF, sich schnell zu orientieren.

👓 Der Verfasser eines PDF hat die Möglichkeit, Markierungen und jedwede Bearbeitung des PDF nicht zuzulassen (nur der Suchbefehl lässt sich nicht abstellen), das geschieht nicht sehr oft, aber manchmal eben doch. Die Erfahrung lehrt, dass die Verfasser meist gute Gründe hatten, das PDF möglichst unbearbeitbar zur Verfügung zu stellen, also sollte ein Journalist es mit besonderer Aufmerksamkeit lesen. Ein Mittel, sich zu helfen, ist, eine zum PDF gleichlautende Word-Datei anzulegen, in der Sie notieren, auf welchen Seiten welche interessanten Informationen stehen.

👓 Mit einem geeigneten Programm (siehe auch Kapitel 4.1) können Sie Seiten aus Dateien oder Auszüge davon entnehmen und für die Dokumentation zu einer neuen PDF-Datei zusammenstellen.

👓 Eine selbst erstellte PDF-Datei zur Dokumentation ist auch nützlich, wenn Sie einen Experten um Stellungnahme zu einzelnen Rechercheergebnissen bitten möchten und ihm dazu vorher ein solches PDF per E-Mail zuschicken.

👓 Mit der Einführung der elektronischen Speicherung von Informationen und von Adressdateien ist eine gewisse geistige und emotionale Anstrengung verbunden – wie es immer anstrengend ist, sich an neue Abläufe zu gewöhnen. Der immense Zeitertrag, der sich daraus ergibt, rechtfertigt aber diese Anstrengung auf jeden Fall.

🔭 Und setzen Sie in Ihrem Kalender Termine, wann Sie das jeweils bearbeitete Thema wieder aufgreifen wollen!

Gespräche vor Ort

Die meisten Gespräche führt ein Rechercheur oder Journalist telefonisch an seinem Arbeitsplatz. Das geht aber nicht immer, oft ist ein Termin vor Ort unabdingbar. Im Lokalressort etwa geht es auch darum, sich zu zeigen, weil es einfach erwartet wird. Bei der Einweihung des neuen Löschfahrzeugs muss sich ein Journalist blicken lassen, auch wenn ein Fotograf und ein späteres Telefonat gereicht hätten (in etlichen Lokalredaktionen wurden die Fotografen entlassen, jetzt müssen die Journalisten selbst fotografieren und darum ohnehin erscheinen).

Ansonsten sollte sich jeder genau überlegen: Muss ich wirklich dorthin? Natürlich gibt es viele Argumente dafür: Man möchte die Atmosphäre schnuppern, mit dabei sein, falls etwas Ungewöhnliches geschieht, der Bericht wird dadurch auch lebendiger ... Das ist alles richtig. Aber Sie sollen und wollen effektiv sein, fragen Sie sich vorher, ob der Termin vor Ort wirklich unausweichlich ist. Das gilt ganz besonders für Pressekonferenzen.

Pressekonferenzen

Für Pressekonferenzen im deutschsprachigen Raum gelten einige ungeschriebene Gesetze, die selten gebrochen werden. Das – leider – wichtigste darunter lautet: Journalisten erfragen Sachverhalte nicht gemeinsam, sondern jeder für sich allein.

Anders als etwa im angelsächsischen Sprachraum, wo Journalisten nicht selten wie eine Jagdmeute gemeinsam eine Person oder ein Thema aufs Korn nehmen, fragen Kollegen hierzulande oft völlig isoliert von den Auskünften, die Kollegen zuvor erhalten haben. Das ist dann besonders ärgerlich, wenn die andere Seite merkt, dass sie mit Nicht- oder Pseudoantworten auf heikle Fragen durchkommt, einfach deshalb, weil andere Journalisten nicht nachhaken und die Auskunftgeber ohne Widerstand zum nächsten Thema übergehen können. Jener Kollege, dessen wichtige Frage im Wesentlichen unbeantwortet bleibt, hat es in der Regel schwer, noch einmal das Wort zu erhalten.

🔭 In Deutschland besteht für die andere Seite selten Gefahr, während einer Pressekonferenz „gegrillt" zu werden.

Dies geschieht eigentlich nur, wenn das Kind eh schon in den Brunnen gefallen ist, also während einer Krisen-Pressekonferenz.

🔭 Die Konsequenz aus der geschilderten Einzelkämpfermentalität ist wiederum, dass es fast alle Kollegen vermeiden, während einer Pressekonferenz eine wirklich gute Frage zu stellen.

Das machen zumeist nur Anfänger, um darauf feststellen zu müssen, dass die gute Antwort auf die gute Frage umgehend in den Beiträgen der Konkurrenz auftaucht, wobei die Konkurrenz anders als in angelsächsischen Medien fast immer unterlässt, den eigentlichen Urheber der Information zu benennen. Hat ein Zeitungsreporter die gute Frage gestellt und kann er die interessante Antwort darauf bereits am selben Abend in den Nachrichten hören oder sehen – noch bevor sein eigener Beitrag erschienen ist –, hat er doppelten Grund, sich zu ärgern.

🔭 Wer eine richtig gute Frage hat, sollte sich besser einen Gesprächstermin, auch telefonisch, im Anschluss an die Pressekonferenz besorgen, um dann seine Frage exklusiv zu stellen: die Antwort ist es dann auch.

Nüchtern betrachtet, lässt sich die Frage zur Notwendigkeit der Teilnahme an einer Pressekonferenz aus einem weiteren Grund fast immer verneinen: Was dort verbreitet wird, geht unmittelbar danach in schriftlicher Form an alle eingeladenen Redaktionen, denn der Veranstalter kann und will sich nicht darauf verlassen, dass die Eingeladenen vollzählig erscheinen. Nicht selten werden die Kernbotschaften sogar bereits im Vorfeld versandt, ausgestattet mit einem Publikationsembargo bis nach der Pressekonferenz.

Die Teilnahme an einer Pressekonferenz, so wenig sie in der Regel für die Recherche relevant ist, kann aber dennoch sinnvoll und wichtig sein:

🔭 Der Journalist zeigt Flagge, er demonstriert sein Interesse an dem Thema und hat gleichzeitig Gelegenheit, wichtigen Gesprächspartnern persönlich zu begegnen, sich mit diesen auszutauschen und ein Verhältnis aufzubauen – natürlich immer vor Beginn der oder im Anschluss an die Pressekonferenz.

Ein beinahe ebenso wichtiger Grund, warum sich Journalisten auf Pressekonferenzen begeben: Sie sind für eine Weile raus aus der Redaktion und weg von der Alltagsarbeit, schnuppern andere Luft, treffen Kollegen (alte

Bekannte), haben im Vorfeld oder im Anschluss Zeit für gemütlichen und oft interessanten Kollegenplausch und bekommen außerdem meist leckere Sachen zu essen und zu trinken.

Noch einmal: Nichts gegen Pressekonferenzen, die zuletzt genannten weichen Gründe sind nicht zu unterschätzen, und auf solch einer Veranstaltung wurde schon mancher nützliche Kontakt geknüpft.

🔭 Unter Recherche-Gesichtspunkten sind Pressekonferenzen aber fast immer verschwendete Zeit.

🔭 Auch viele schreibende Kollegen lassen bei Pressekonferenzen ein Aufnahmegerät mitlaufen. Das macht Sinn, falls es im Nachhinein Auseinandersetzungen über den tatsächlichen Wortlaut geben sollte.

Geschlossene Gesellschaften, halb- und nichtöffentliche Veranstaltungen

🔭 Ein Aufnahmegerät kann eine große Hilfe sein, wenn ein Journalist als Zaungast auf eine Veranstaltung eingeladen ist.

Das kann das Jahresfest des Rotary-Clubs oder des Kegelvereins sein, eine Generalprobe oder ein Treffen von Akteuren der Autoindustrie. Die Leute sind unter sich, dennoch hat man den lokalen Berichterstatter eingeladen – was viele Teilnehmer dann doch wieder vergessen oder nicht bemerken. Manchen wird dann in der Hitze des Gefechts oder infolge Alkoholkonsums die Zunge locker. Dann werden Dinge gesagt, die sonst vielleicht nie gesagt worden wären.

Natürlich ist das meiste davon nichts wirklich Wichtiges und gehört nicht erzählt, es kann aber auch anders kommen.

Diese Erfahrung musste im September 2002 ein Kollege vom Schwäbischen Tagblatt machen. Bei einer Gewerkschaftsveranstaltung in Tübingen, zu der der Journalist eingeladen war, hatte sich die damalige Bundesjustizministerin Herta Däubler-Gmelin angeblich sehr negativ über den damaligen US-Präsidenten George W. Bush geäußert. Nachdem der Artikel erschienen war, argumentierte Frau Däubler-Gmelin, sie sei missverstanden worden – wenngleich sie unter öffentlichem Druck später dennoch zurücktrat. Eine Bandaufnahme hätte hier Klarheit geschaffen.

Zwiegespräche

Beim Gespräch von Angesicht zu Angesicht ist das mitgebrachte Notebook für Aufzeichnungen auf keinen Fall zu empfehlen. Der Fragende verwendet erfahrungsgemäß zu viel Zeit auf das Betrachten des Bildschirmes beziehungsweise der Tastatur, anstatt sein Gegenüber im Auge zu behalten. Selbst wenn man das Zehn-Finger-System beherrscht und blind schreiben kann, bleibt das Notebook leicht als kleines Bollwerk zwischen den Gesprächspartnern stehen.

Der Notizblock hingegen liegt klein und unsichtbar auf dem Schoß oder flach auf dem Tisch. Mit ein bisschen Übung gelingt es jedem, zeilenweise blind zu schreiben – und dabei sein Gegenüber weiter zu beobachten.

Der Kugelschreiber, der zum Notizblock gehört, kann dabei quasi wie ein Dirigentenstab zum Einsatz kommen: Legt ihn der Journalist für einen Moment beiseite, signalisiert er damit seinem Gegenüber, dass ihn das gerade angesprochene Thema nicht interessiert – oder dass er diesen Teil des Gesprächs vertraulich behandeln wird. Es ist erstaunlich, wie schnell und aufmerksam der Gesprächspartner gewöhnlich auf diese kleinen Signale reagiert.

Ein Aufnahmegerät erfüllt den Zweck, einen ungehinderten Gesprächsfluss zu ermöglichen, noch weitaus besser als ein Schreibblock. Dafür haben diese Geräte einen Nachteil: Sie müssen später abgehört werden. Das Verstichworten einer einstündigen Bandaufzeichnung dauert etwa drei Stunden. Das Übertragen der wichtigsten Informationen eines einstündigen Gesprächs aus dem Notizblock in den Computer benötigt 15 Minuten.

Und das laufende Aufnahmegerät hat einen weiteren Nachteil: Nur ganz wenige Menschen werden irgendwelche heiklen oder geheimen Informationen weitergeben, solange ein Aufnahmegerät läuft. Eine nur mitgeschriebene Aussage lässt sich später notfalls widerrufen, der Mitschnitt einer vertraulichen Information aber kann zur Kündigung des Auskunftgebers führen oder zu Schlimmerem. Mit jeder vertraulichen, aufgezeichneten Aussage begäbe sich der andere in die Hand des Journalisten, und das ist ein viel zu großes Risiko.

Wer im Zwiegespräch vertrauliche Hintergrundinformationen erhalten will, sollte das Aufnahmegerät weglassen oder es zu einem bestimmten Zeitpunkt demonstrativ ausschalten und wegpacken.

Wann sollte man mit Tonaufzeichnungen arbeiten?

Tonaufzeichnungen sind nur sinnvoll, wenn
- den gemachten Aufzeichnungen einmal rechtliche Relevanz zukommen könnte,
- der Gesprächspartner selbst ein Aufnahmegerät laufen lässt (also ein Konflikt von seiner Seite einkalkuliert wird),
- es darum geht, Originalzitate zu sammeln.

Warnung: Das Belassen von Informationen auf dem Datenträger des Aufnahmegerätes, ohne diese umgehend in die entsprechende Datei zu übertragen, ist ein Fehler. Nach einer Woche hat der Rechercheur wichtige Teile des Gesprächs vergessen. Gleiches gilt für Notizen im Block. Erfahrungsgemäß ist es am besten, diese unmittelbar nach dem Termin in die Hauptdatei zu übertragen. Das Übertragen hat auch den Vorteil, dass darauf wirklich nur das Essentielle in der Datei steht, meist geht das innerhalb weniger Minuten. Am Ende kostet dieser Akt also mehr Selbstüberwindung (wer macht so etwas schon gerne?) als tatsächliche Arbeitszeit.

4.3   Vorgehen

Investigative Recherche in Büchern oder Filmen wird gerne so geschildert: Ein Journalist stößt während seiner täglichen Arbeit auf eine Merkwürdigkeit, vielleicht erhält er auch einen anonymen Hinweis auf eine große Sache, und darauf geht die Recherche los.

Der Journalist trifft auf Widerstand, aber auch auf Unterstützung. Die Recherche kann ihn in ferne Länder verschlagen und er kann verschiedenen Gefahren ausgesetzt sein, bevor der Auftrag erledigt ist. Auf jeden Fall gibt er nicht auf. Und am Ende hat er eine tolle Story ausgegraben oder einen Skandal ans Tageslicht gebracht.

Dieses Klischee stimmt hinten und vorne nicht. Zum einen sind fast alle Themen, mit denen sich ein Journalist oder Rechercheur befasst, von außen vorgegeben. Nur ganz wenige festangestellte Journalisten haben das Privileg, sich eigene Themen setzen zu dürfen, um diese nach Abschluss der Arbeit ihrem Auftraggeber anzubieten, egal, wie lange die Recherche gedauert, egal, wie viel sie gekostet hat.

Selbst gewählte Themen

Natürlich hofft fast jeder Journalist, einmal eine große Geschichte zu haben, durch Zufall, durch den systematischen Aufbau guter Kontakte (siehe auch Kapitel 2.13), oder weil er zur rechten Zeit am rechten Ort gewesen ist. Und das kann ja auch durchaus geschehen, mit Glück sogar mehr als einmal im Leben.

Wer glaubt, auf die „Story seines Lebens" gestoßen zu sein, sollte Folgendes beherzigen:

🔭 Solange es möglich ist, die Geschichte neben den eigentlichen Aufgaben angehen und das Thema in aller Stille sowie methodisch bearbeiten.

Zu oft stellt sich heraus, dass die vermeintlich große Story keine große Story ist. Wer sich mit Hinweis auf eine wichtige Geschichte Freistellung vom Arbeitsalltag erstreitet oder diese als Privileg erhält, sieht ziemlich alt aus, wenn sich die Geschichte später in Luft auflöst. Kollegen, die dafür Mehrarbeit leisten mussten, sind dann zu Recht sauer, und wenn der Journalist das nächste Mal eine große Recherche angehen will, erinnern sich die Kollegen an ihre unnütz geleisteten Überstunden und der Chef erinnert sich an den dadurch ausgelösten Unmut. Dann wird es schwierig, das Okay der Kollegen oder des Chefs erneut zu bekommen.

🔭 Die Geschichte erst präsentieren, wenn sie druckreif oder sendefähig ist.

Ja, das ist schwer, denn Journalisten sind kommunikationsfreudig, darum sind sie auch in dem Beruf. Und beinahe jeder, der glaubt, hinter einer großen Geschichte her zu sein, hat das Bedürfnis, darüber zu reden.

Jeder sollte sich aber genau überlegen, mit wem er darüber spricht. Ein erfahrener und verlässlicher Kollege ist allein darum schon eine große Hilfe, weil er den in den Augen des Rechercheurs sensationellen Sachverhalt durch eine andere Brille sieht. Er ist objektiver und findet eventuell Widersprüche in den recherchierten Ergebnissen, die der Finder übersehen hat (mehr dazu in Kapitel 10).

Im Kollegenkreis über möglicherweise anstehende Enthüllungen zu plaudern, ist mit Sicherheit keine so gute Idee. Das liegt schon daran, dass sich etliche vermeintlich „heiße" Geschichten im Nachhinein als unwichtig oder gar Unsinn entpuppen.

👀 Wer zu früh mit tollen Geschichten prahlt, gelangt schnell in die Kategorie „Schaumschläger".

Noch größer kann der Ärger sein, wenn Sie Ihren Vorgesetzten voreilig sensationelle Enthüllungen ankündigen, die sich später als unhaltbar erweisen.

Bedenken Sie bitte, dass Sie mit Ankündigungen einen erheblichen Erwartungsdruck auslösen können. Es ist durchaus möglich, dass Ihr Vorgesetzter mit dem Wissen über die angebliche Enthüllungsstory seinerseits bei Vorgesetzten hausieren geht und die Ankündigung weiterträgt. Wenn sich die Geschichte anschließend als falsch erweist, ärgern sich die Chefredaktion, die Anzeigenabteilung, Ihr Vorgesetzter – über Sie. Und das nächste Mal, wenn Sie mit einer vermeintlichen Enthüllungsstory kommen, hört niemand mehr hin.

Allerdings gibt es einen Zeitpunkt, an dem ein investigativer Journalist seinen Vorgesetzten informieren muss: weil er zusätzliche Zeit benötigt und um eine Freistellung bittet; weil eine Reise ansteht, die jemand bezahlen muss; weil er einen Gesprächspartner konfrontieren will, der sich darauf garantiert erst mal bei der Chefredaktion erkundigen oder beschweren wird.

👀 Wenn Sie mit Vorgesetzten oder Geldgebern über möglicherweise anstehende Enthüllungen reden, erwähnen Sie stets, dass sich die Geschichte immer noch als falsch erweisen, dass der Einsatz von Arbeitszeit und Geld umsonst gewesen sein kann.

Es ist immer schade, wenn eine vermeintliche Geschichte platzt, besonders für den Rechercheur. Durch Hinweise darauf haben Sie sich immerhin abgesichert.

Aufträge abwickeln

Die Wirklichkeit für die überwältigende Mehrzahl von Journalisten besteht darin, einen Arbeitsauftrag gemäß den vorgegebenen Bedingungen zu erledigen, und wem das nicht gelingt, der ist seinen Job oder seine Aufträge bald wieder los.

Sowohl im journalistischen Alltag als auch während einer Recherche gibt es ein paar grundsätzliche Gedanken, die sich jeder vor der Annahme eines Auftrags und währenddessen machen sollte.

🔭 Was ist der Auftraggeber bereit zu zahlen beziehungsweise in welchem Zeitrahmen muss die Arbeit erledigt sein?

Egal, ob jemand als fest Angestellter oder Freier arbeitet: Diese Frage muss genau geklärt werden, gerade darum, weil ein realistischer Zeitrahmen zu Beginn der Recherche fast nie genannt werden kann.

Es ist empfehlenswert, einen groben Geld- oder Zeitrahmen zu vereinbaren.

Spesen spielen oft eine große Rolle. Wenn die Recherche absehbar zusätzliche Kosten verursachen wird (Fahrtkosten, Anschaffungskosten, Honorare), sollten Sie diese Kosten rechtzeitig nennen und sich das Spesenbudget absichern lassen. Verlassen Sie sich nicht darauf, dass Ihr Auftraggeber dies bedacht hat. Mitten in einer vorgeblich spesenfreien Recherche eine Reise nach Liechtenstein (oder auch nur eine Taxifahrt) beantragen – dafür haben nur wenige Verlage ein Extrabudget.

Das Argument: „Wenn ich das jetzt nicht machen darf, war die ganze bislang geleistete Arbeit umsonst!", kann von Auftraggeberseite als Erpressungsversuch gewertet werden.

🔭 Sofort auf möglicherweise entstehende Spesen hinweisen und um Klärung bitten.

Manche Recherchen ziehen sich über einen längeren Zeitraum hin (mehr als einen Tag). Nach dem Verbrauch von etwa einem Drittel des Zeitbudgets oder Honorars und des Spesenbudgets sollte der Kunde kontaktiert und über den aktuellen Stand informiert werden. In der Regel kann der Rechercheur zu diesem Zeitpunkt den verbleibenden Aufwand recht gut abschätzen. Ist der vorher genannte Kostenvoranschlag jetzt nicht mehr haltbar, kann der Kunde noch abspringen, ohne zu viel Geld verloren zu haben. Und je erfahrener der Rechercheur ist, desto seltener wird er den angepeilten Zeit- und Geldkorridor verfehlen.

Häufig ist der Zeitrahmen bei einer Recherche vorgegeben. In der Regel ergibt sich dieser, besonders in der aktuellen Berichterstattung, aus den

Stunden bis Redaktionsschluss abzüglich der weiteren zu leistenden Aufgaben.

Fast immer ist das Zeitbudget zu knapp, um das vorgegebene Thema gründlich zu recherchieren.

Leider haben es „Neulinge" besonders schwer, denn eine vernünftige Zeitplanung setzt gewisse Erfahrung voraus. Wenn telefonische Gesprächstermine mit dem Bürgermeister nie vor Ablauf von drei Stunden zu bekommen sind und der Mann gleichzeitig Schlüsselfigur der Recherche zu sein scheint, hat die telefonische Terminvereinbarung Priorität.

Manche Behörden oder Firmen beantworten nur schriftliche Anfragen und benötigen noch dafür Stunden oder Tage. Andere erteilen Auskünfte mündlich und sofort. Letztere können Sie also noch kurz vor dem Abgabetermin kontaktieren, aber stellen Sie telefonisch sicher, dass Ihre Ansprechpartner dann auch erreichbar sind!

🔍 Beginnen Sie nicht mit dem, was gerade am leichtesten erscheint.

Viele Menschen, auch Journalisten, erledigen erst einmal das, was ihnen leicht und machbar erscheint, Unangenehmes schieben sie vor sich her. Das ist nicht effektiv, solange Sie eine „Deadline" beachten müssen.

Bei guter Planung sind die Aktivitäten so gestartet, dass die Informationen in der chronologisch gewünschten Reihenfolge „ergebnisorientiert" eingehen.

Bei schlechter Planung laufen die Informationen zeitlich zufällig ein: Der Journalist/Rechercheur hat sich ohne Not von den Eigenarten der Befragten abhängig gemacht und sich diesen ausgeliefert („18 Uhr ist Ihnen zu spät für ein Gespräch? Wegen Redaktionsschluss? – Melden Sie sich nächstes Mal eben früher, wenn Sie einen Termin bei mir wollen!").

Gute Zeitplanung kommt nicht zuletzt den Ansprüchen des Kunden entgegen. Der Journalist oder Rechercheur kann seinem Auftraggeber frühzeitig sagen, welche Informationen er zur Deadline voraussichtlich liefern kann, was zusätzlich innerhalb der nächsten Tage zu erwarten ist.

Bevor sich der Rechercheur endgültig an die Arbeit macht, sollte er aber noch eine letzte Frage klären:

• Sind die gesetzten Ziele tatsächlich erreichbar?

Vor Annahme eines Auftrags sollte jeder genau überlegen, ob er die gestellte Aufgabe bewältigen kann oder ob Hilfe von außen nötig wird. Das lässt sich meistens schon zu Beginn gut übersehen. Viele Recherchen erfordern Vor- und Fachwissen, um sie erfolgreich zu bewältigen. Sind die Kenntnisse (z.B. in Betriebswirtschaft oder Physik) ausreichend? Muss die Korrespondenz teilweise in einer anderen Sprache (z.B. Englisch, Russisch, Mandarin) geführt werden? Und falls dem Rechercheur diese Fähigkeiten fehlen: Steht ein Kollege zur Verfügung, der diese Teile der Recherche übernehmen kann?

Um einen Auftrag im letzten Moment abzulehnen, kann man viele Gründe anführen. Natürlich hört die kein Auftraggeber oder Vorgesetzter gerne; schließlich möchte jeder seine Probleme vom Tisch bekommen statt Bedenkenträger anzuhören. Wenn Sie aber einen berechtigten Grund haben, einen Auftrag abzulehnen, sollten Sie das besser gleich tun als in der Mitte der Arbeit oder gar kurz vor dem Abgabetermin. Sicher können Sie dann eine Menge hieb- und stichfester Gründe nennen, warum der Auftrag von vornherein zum Scheitern verurteilt war – nur will das keiner hören.

4.4   Umgang mit Aufträgen

Unklare Aufträge

„Finden Sie heraus, wie sich die Welt verbessern ließe …" Solcher Auftrag, Freibrief und Lebensaufgabe zugleich, wird sicher niemals erteilt werden, zudem könnte sich, was als schöner Traum daherkommt, schnell als Albtraum entpuppen. Dieser nie endende Auftrag würde jedenfalls in die Kategorie „Finde was" fallen. Schließlich gibt es keine Einschränkung des Arbeitsgebietes, keinerlei geografische Limits und auch keine weiteren Grundbedingungen einzuhalten. Ob eine „verbesserte Welt" auch Königstigern Lebensraum bieten muss, kann der Rechercheur für sich entscheiden. Und das ist gleichzeitig der Pferdefuß an der Geschichte: Ein Finde-was-Auftrag spiegelt in den meisten Fällen die Ratlosigkeit des Auftraggebers wider.

Ganz oben auf der Arbeitsliste jedes offenen Auftrags steht darum das Eingrenzen der Aufgabe. Das geht meist nur schrittweise. Lautete der Auftrag zum Beispiel: „Schreiben Sie mal eine schöne Frühlingsgeschichte, 120 Zeilen bis heute 17 Uhr", sollten Sie den Auftrag umgehend eingrenzen.

Zu klären wäre etwa: Soll die Geschichte ein Bericht oder eine Reportage werden; Menschen, Tiere, Pflanzen oder das Wetter behandeln? Findet sie im öffentlichen Park, im Zoo, in der Fußgängerzone oder in einem privaten Garten statt? Soll es um Biologie oder Gefühle gehen oder vielleicht ums anstehende Abspecken oder die Frühjahrsmüdigkeit?

Vorsicht: Es ist keine gute Idee, den Auftraggeber etwa in der Redaktionskonferenz umgehend mit solchen Fragen zu bombardieren. Besser ist es, den Auftrag so einzugrenzen, dass er umsetzbar ist, und darauf einen entsprechenden Vorschlag zu unterbreiten oder ein kurzes Exposé zu schreiben. Dann wissen beide Seiten, was von ihnen erwartet wird beziehungsweise was sie erwarten können.

Eine Finde-was-Recherche ohne jegliche Eingrenzung kann erfahrungsgemäß nur unter selten gegebenen Umständen funktionieren: Sie kennen den Auftraggeber so gut wie dessen Umfeld, waren für ihn schon oft erfolgreich tätig, genießen quasi einen Vertrauensvorschuss und wissen oder ahnen ziemlich genau, worauf die Recherche hinauslaufen muss.

Warnung für Rechercheure: Meiden Sie Kunden, die mit der Auftragsvergabe eine lange Liste von Studien „als Grundlage" vorlegen, die erkennbar große Mengen Studien im Regal stehen haben oder die erwähnen, Studien in Auftrag gegeben zu haben. Solche Leute wissen gemeinhin nicht, was sie eigentlich wollen, stehen aber unter hohem Erfolgsdruck. Eine Zusammenarbeit mit solcher Klientel macht selten Freude.

„Finden Sie heraus, dass ich es spätestens nächstes Jahr zum Millionär gebracht haben werde."

Bei dieser Sorte Recherche sind die Ansprüche des Kunden dermaßen klar definiert, dass dem Rechercheur praktisch kein Spielraum mehr bleibt. Es bedeutet, dass der Auftraggeber an keinem anderen Ergebnis interessiert ist als an jenem, das er bereits für sich postuliert hat: Er möchte gerne Millionär sein.

Jede Abweichung vom Wunschergebnis („Nach meinen Erkenntnissen ist es viel wahrscheinlicher, dass Sie nächstes Jahr Ihren Job verlieren werden") wird als Scheitern betrachtet. – Nicht unbedingt als Scheitern des Rechercheurs, obwohl der Überbringer der schlechten Nachricht keine Dankbarkeit erwarten sollte („Der hat bestimmt einfach nicht gründlich recherchiert"), sondern als Scheitern jenes Planes, welcher dem Finde-dass-Auftrag vorausgegangen ist.

Hinter jeder Finde-dass-Recherche steht ein bestimmtes Vorhaben, ein Plan, mindestens eine Idee, von der sich der Kunde einiges verspricht. Das ist sicher. – Wäre es anders, bräuchte der Auftraggeber keinen Wert auf einen ganz bestimmten Ausgang der Recherche zu legen.

Auch Journalisten kennen diese Sorte Aufträge zur Genüge. Sie sind aber meist wesentlich schwächer formuliert und lauten beispielsweise: „Es kann doch nicht sein, dass es bei der Auftragsvergabe durch die Baubehörde an die Firma Z mit rechten Dingen zugegangen ist. Gehen Sie dem mal nach!"; oder der Ressortleiter sagt: „Ich kann mir nicht vorstellen, dass die Anwohner den Bau des neuen Parkhauses einfach so hinnehmen werden. Gehen Sie doch mal los und fühlen Sie den Leuten ein bisschen auf den Zahn." Es kann freilich auch schlimmer kommen. Dann lautet der Auftrag: „Stellen Sie mal am Beispiel der Firma Z dar, dass gesetzliche Kündigungsfristen mittelständische Unternehmen auf Dauer ruinieren." Der Journalist braucht also „nur" die These seines Vorgesetzten zu belegen. Hoffentlich haut das hin.

Gewöhnlich liegt einem Finde-dass-Auftrag jedoch ein Anfangsverdacht zugrunde, wenigstens die hinreichende Vermutung, dass hier lohnenswertes Wissen auszugraben ist. Die Betreiber des geplanten Parkhauses sind bereits in einer anderen Stadt an Anwohnerprotest und unkluger

Öffentlichkeitsarbeit gescheitert: Da lohnt es, das vorgelegte Konzept besonders gründlich zu studieren. Vielleicht hat ein früherer Mitarbeiter der Baubehörde kürzlich in die Geschäftsleitung der Firma Z gewechselt – ist da alles mit rechten Dingen zugegangen? Natürlich ist der Ressortleiter nicht in erster Linie an der Information interessiert, dass Baubehörde und Firma Z korrekt gehandelt haben oder die Anwohner zum Thema Parkhaus keine Meinung haben – damit kann man leider keine Seite füllen.

Folglich wird das vermeintlich negative Ergebnis nicht immer willkommen geheißen, besonders, wenn dem einiger Aufwand an Zeit und Kosten vorausgegangen war. Erfahrungsgemäß können Journalisten darum versucht sein, ein Ergebnis zu „bewerkstelligen", das den Erwartungen entspricht.

🔍 Journalisten, die sich aufgrund solch hohen Erwartungsdrucks bei einer „Finde-dass-Recherche" zu unkorrekter Arbeitsweise verführen lassen, befriedigen damit vielleicht kurzfristiges Wunschdenken, zerstören aber ihren eigenen guten Ruf wie den ihres Mediums und schaden damit den vitalen Interessen ihres Arbeitgebers.

Nach kurzer Zeit liegen die Berichterstattung konterkarierende Leserbriefe oder gar eine Gegendarstellung vor, die niemand gerne drucken mag. Die Zeitung gerät also in gewissen Zugzwang. Damit taucht automatisch die Frage auf: Gibt es nicht doch Möglichkeiten, die vielleicht voreilig als Fakt verkaufte These, den einmal geäußerten Verdacht zu erhärten? Erinnert sei nur an die hartnäckigen, über Jahre betriebenen und nicht durchweg mit Erfolg beschiedenen Versuche des „Spiegel", unter anderem Gregor Gysi aktive Stasi-Mitarbeit nachzuweisen.

Die Gefahr für den Journalisten, – bewusst oder unbewusst – auf ein bestimmtes Wunschergebnis hinzuarbeiten und dabei wichtige Fakten außen vorzulassen, ist bei der Finde-dass-Recherche besonders groß.

🔍 Niemals sollte ein Journalist bei seinen Auftraggebern Hoffnungen wecken, schon gar keine falschen („Noch eine Woche, dann haben wir ihn.").

🔍 Journalisten, die an Finde-dass-Aufträgen arbeiten, brauchen unbedingt die kritische Begleitung des Teams. Von Finde-dass-Aufträgen sollten insbesondere unerfahrene Journalisten die Finger lassen.

👓 Eine nicht zu unterschätzende Rolle spielen Emotionen. Ein Journalist, der eine Flut von Leserbriefen oder eine Gegendarstellung verursacht hat, kann unter starken seelischen Druck geraten. Er ist dann nicht immer in der Lage, die folgende Berichterstattung sachgerecht zu führen. Hier ist der meist objektivere Blickwinkel der Kollegen wichtig.

Viel eher als ein Journalist wird jedoch ein Rechercheur mit einer Finde-dass-Recherche beauftragt. Gewöhnlich ist der Auftragserteilung eine Krisensituation und in der Folge ein Brainstorming auf höherer Ebene vorausgegangen. Das bedeutet: Eine Reihe von zumeist kreativen Menschen mit gutem Fach-, aber wenig Detailwissen haben sich zusammengesetzt, gegrübelt und sind nicht auseinandergegangen, bis jemand einen Vorschlag unterbreitete, der vom Rest der Konferenz als „brauchbarer Ansatz" betrachtet wurde.

Sooft Menschen an der Lösung der ihnen gestellten Aufgaben scheitern, sooft können theoretisch Finde-dass-Aufträge vergeben werden (also quasi andauernd). Jemand kommt nicht mehr weiter, entwickelt aus der Not heraus eine rettende These und überlässt die Beweisführung einem Dritten. Wer sich mit Krisensituationen auskennt, weiß: So wird nicht selten Firmenpolitik gemacht.

Der Verfasser sollte zum Beispiel einmal mit einer Recherche belegen, dass ein vom Auftraggeber namentlich genanntes Unternehmen Verantwortung für die Verbreitung bestimmter Luftschadstoffe trägt (Industrie-Sparte und Thematik sind aus juristischen Gründen geändert). Grund war, dass der Auftraggeber, eine sogenannte „Nichtregierungsorganisation", sich bereits auf den Konzern „eingeschossen" hatte.

Die Recherche wurde schließlich unter folgenden Bedingungen angenommen:

1. Außer dem besagten Unternehmen werden dessen beide Hauptkonkurrenten in die Basisrecherche einbezogen.

2. Spricht die Basisrecherche für eine Hauptverantwortung der Konkurrenz, wird sich die Recherche auf diese konzentrieren (dieser Punkt ließ sich nicht leicht durchsetzen).

3. Ergeben sich keine konkreten Anhaltspunkte für den Anfangsverdacht, wird die Recherche auf alle großen Emittenten dieses Luftschadstoffes in Reihenfolge ihrer Jahresproduktion ausgedehnt.

Damit hatte sich der Autor gegen mögliche Enttäuschung auf Seiten des Kunden erstmal abgesichert. Er hatte den Kunden mit der Durchsetzung der zweiten Forderung dazu bewegen können, eine Handlungsalternative ins Auge zu fassen. Ist die Möglichkeit, das ursprüngliche Ziel aufzugeben, erstmal im Kopf des Kunden verankert, kann er sich später umso leichter mit der Wirklichkeit beschäftigen.

Am Ende stellte sich der Anfangsverdacht als berechtigt heraus. Es ließ sich belegen, dass das angepeilte Unternehmen tatsächlich die Hauptverantwortung für den Ausstoß bestimmter Gifte trug.

Ergebnisoffene Aufträge

„Recherchieren Sie mal, welche Meinung die hiesigen Einzelhändler zur geplanten Fußgängerzone haben!" Solch einen Auftrag nimmt jeder gerne an: Es gilt nicht, Fakten einzuholen, sondern Meinungen, was ungleich einfacher ist. Die Gesprächspartner sind außerdem höchstwahrscheinlich sehr daran interessiert, ihre Meinung abgebildet zu sehen, also wird es leicht sein, an Zitate heranzukommen. Anschließend eine Einleitung schreiben, fünf oder sechs Aussagen wiedergeben und zu einem Text formen, fertig ist der Artikel.

Schwierig wird es allerdings, wenn diese Meinungen auch Informationen enthalten, etwa: „Ich bin gegen die Fußgängerzone, weil Einzelhändler dabei Umsatzrückgänge von bis zu 50 Prozent hinnehmen müssen. Den Fehler dürfen wir hier nicht wiederholen!"

Stimmt die Aussage überhaupt oder hat sich das jemand nur ausgedacht, um seine Ängste besser begründen zu können? Bedenken Sie:

🔭 Eine falsche Aussage, einmal in einem (Ihrem!) Medium platziert, lässt sich gar nicht so einfach aus der Welt schaffen.

Und es ist für viele Interessenvertreter üblich geworden, die Öffentlichkeit auf diese Weise zu beeinflussen. Journalisten dürfen nicht darauf hereinfallen, wenn doch, ist es ihre Schuld.

Dennoch hat ein offener Auftrag den großen Vorteil, dass es keinen Druck gibt, ein bestimmtes Ergebnis zu erzielen – abgesehen von Eigeninteressen, die den Journalisten vielleicht lenken: Hat er ein persönliches Interesse an der Fußgängerzone?

Falls sich das ausschließen lässt, zählen ergebnisoffene Aufträge zu den interessantesten Arbeiten, mit denen Rechercheure und Journalisten betraut werden. Leider geschieht dies seltener als gewünscht, denn allzu oft haben sich Chefredaktionen und/oder Ressortleitungen bereits ein Bild gemacht, eine Meinung gefasst, bevor der Journalist an seine Arbeit gehen darf.

Fest steht, dass er während seiner Recherche viele verschiedene Informationen und Meinungen zu seinem Thema einholen kann, die sich sehr oft widersprechen. Eine wichtige Aufgabe besteht darin, diesen Widersprüchen nachzugehen, sie darzustellen oder zu klären und für den Leser/Zuschauer/Hörer richtig einzuordnen.

🔭 Und hier liegt das Problem: Wie bei keiner anderen Recherche ist bei ergebnisoffenen Aufträgen das Urteilsvermögen des Journalisten gefragt.

Zum Beispiel beim Thema Fußgängerzone: Der Vorsitzende des Verbandes der Einzelhändler, gleichzeitig Besitzer eines Kaufhauses und Präsident des Rotary-Clubs in der Stadt, ist gegen die Fußgängerzone, ein Kioskbesitzer in einer Seitenstraße, mit Migrationshintergrund und schlecht Deutsch sprechend, argumentiert dafür. Die Erfahrung lehrt, dass der Verbandsvorsitzende und Kaufhausbesitzer nicht nur bessere Chancen hat, Gehör zu finden, sondern auch über das bessere Hintergrundwissen verfügt. Das muss aber nicht sein, und genauso unsicher ist es, dass der Verbandsvorsitzende sein Hintergrundwissen mit dem Journalisten uneingeschränkt teilt.

Wichtig ist, dass sich ein Journalist bei solchem Vorgehen der richtigen Methode bedient. Schwerpunkt der Arbeit ist das Pendeln (siehe auch Kapitel 5.2) zwischen den verschiedenen Informationsbesitzern (und Meinungsmachern).

Ein Beispiel: Der Autor war einmal von einem Schweizer Wochenmagazin beauftragt, einen Hintergrundartikel zum Für und Wider von Atomkraftwerken zu schreiben, vor dem Hintergrund einer anstehenden Volksabstimmung darüber in der Schweiz.

In dem Konflikt standen sich Kernenergiebefürworter und Atomkraftgegner unversöhnlich gegenüber. Argumente der einen Seite wurden von der anderen negiert, verlacht, nicht anerkannt. Beide Seiten hatten anscheinend ein klares Ziel: den Autor auf ihre Seite zu ziehen.

Diese Unversöhnlichkeit der Positionen machte es sehr schwer, die Probleme und Vorteile der Nutzung wie des Ausstiegs aus der Kernkraft objektiv zu beschreiben. Dem Auftraggeber war es zudem wichtig, in diesem Thema nicht selbst als Partei aufzutreten.

Hauptaufgabe des Autors bestand schließlich darin, die Positionen der Kontrahenten zu überprüfen und zu verifizieren. Ein Ergebnis war, dass beide Seiten in vielen Punkten nicht sauber argumentierten. Nachdem die Geschichte erschienen war, waren beide Parteien mit ihr unzufrieden. Die Befürworter behaupteten, der Artikel sei kernenergiefeindlich, die Gegner, der Artikel spiele der Atomkraft in die Hand. Insofern war die Recherche aus Sicht des Autors in Ordnung.

5 Recherchemethoden

5.1 Grundregeln der Methodik

Hier gleich der erste Widerspruch: Recherche ist grundsätzlich nicht starren Regeln unterworfen. Dass man nicht für jeden Auftrag gleich die passende Methode definieren kann, liegt schon daran, dass Recherchen von ihrer Aufgabenstellung her oft Zwitter sind. Da kann das Aufstöbern von Dateien in entlegenen Winkeln des Internets Hauptbestandteil einer dokumentarischen Recherche sein, eine andere Frage lässt sich aber nicht beantworten, ohne dass sich der Rechercheur vorher tief in eine für ihn exotische Thematik hineinkniet.

Abgesehen davon ist jede erfolgreiche Recherche nicht nur Ergebnis methodisch sauberen Vorgehens, sondern beinhaltet genauso eine gute Portion Kreativität. Einfühlungsvermögen und gute Menschenkenntnis sind weitere, gewaltige Pluspunkte für die Bewältigung der Arbeit (siehe auch Kapitel 7). Menschen öffnen ihr Innerstes immer nur dann, wenn sie sich verstanden fühlen.

Und natürlich sollte ein Journalist oder Rechercheur auch sein Gefühl einsetzen:

🔍 Fast jeder spürt, wenn „etwas nicht stimmt", und dieser Instinkt ist ein guter Anlass, sich eingehender mit einer Sache zu beschäftigen.

🔍 Eine regelmäßige Plausibilitätskontrolle ist unabdingbar. Das betrifft zunächst die eingeholten Informationen von Dritten: Passen sie in die bisherige Darstellung, tun sich Widersprüche auf?

🔍 Genauso wichtig ist die Plausibilitätskontrolle der eigenen Recherchethese: Passen die recherchierten Ergebnisse zusammen? Unterstützen Sie die Recherchethese wirklich? – Viele Journalisten sind schon daran gescheitert, dass sie nur jene Ergebnisse aufgegriffen haben, die zu ihrer Recherchethese passten, und jene ausgeblendet haben, welche die These entkräften. Das führt regelmäßig in die Sackgasse, manchmal in die Katastrophe: Fehlberichterstattung, Gegendarstellung, Schadenersatzklagen, Gerichtsurteil.

🔍 Erfahrung und Arbeitsroutine müssen erworben werden, sind aber eine wichtige Hilfe bei der Beurteilung von Situationen und der Einschätzung von Menschen sowie dem, was sie voraussichtlich als Nächstes unternehmen werden.

Fehlende Berufserfahrung braucht andererseits niemanden wirklich abzuschrecken, sich auf Recherche zu begeben – solange der Rechercheur über ausreichendes logisches Denkvermögen verfügt.

🔍 Logik ist ein zentrales Element für die Analyse von Rechercheergebnissen, die auf den ersten Blick rätselhaft erscheinen.

Die allgemeine Gültigkeit der Logik kann mangelnde Erfahrung ersetzen, denn erstere funktioniert global: Zehn Jahre Erfahrung hinter der Käsetheke eines Hamburger Supermarktes nutzt einem Hamburger Verkäufer wenig auf dem Basar in Marrakesch. Mit seinem kaufmännischen Wissen, dass die Gesetze des Handels weltweit dem gleichen Muster folgen, kann er sich aber das Geschehen auf dem Basar logisch erschließen und dann vielleicht ein günstiges Geschäft tätigen.

🔍 Jeder Rechercheur sollte darüber hinaus eigene Vorgehensweisen entwickeln, die seinen Erfahrungen und seinen persönlichen Stärken und Schwächen entsprechen. Es gibt keine Blaupausen für Rechercheure und ebenso keine Blaupausen für Recherchen.

Eines sollte sich allerdings jeder immer wieder vor Augen führen:

🔍 Im Zentrum einer Recherche steht nicht die Persönlichkeit des Rechercheurs, sondern das Ziel, und diesem Ziel sollte sich der Rechercheur unterordnen.

Wer sich selbst zu wichtig nimmt, den effektvollen Auftritt einem effektiven Auftritt vorzieht, wem das Gespräch mit dem Oberbürgermeister wichtiger ist als jenes mit den untergeordneten Fachleuten, welche über das eigentliche Wissen verfügen, der macht sich bei wichtigen Leuten beliebt, wird als investigativer Journalist aber nicht weit kommen.

Gegenfragen beantworten

Am Anfang der Recherche bleiben Rückfragen bei der Suche nach Informationen noch aus. Dem Atlas ist es egal, warum er aufgeschlagen wird, und Suchanfragen bei Google werden automatisch beantwortet. Früher oder später bewegt sich die Arbeit jedoch auf einem Niveau, das zwangsläufig eine Gegenfrage provoziert: „Warum wollen Sie das eigentlich wissen?" Nicht immer wird diese Frage direkt gestellt. Sie kann sich auch in Form hochgezogener Augenbrauen, ausweichender Antworten, demonstrativen Unmuts oder ähnlich präsentieren.

Egal, ob die Antwort auf diese berechtigte und äußerst wichtige Frage hundertprozentig ins Detail geht, nur den groben Rahmen schildert oder recht unverbindlich bleibt: Sie muss schlüssig sein und den Fragenden zufriedenstellen.

🔍 Wer auf eine Gegenfrage schweigt, zögert oder Unsicherheit zeigt, macht sich unglaubwürdig und weckt Misstrauen.

Die Erfahrung lehrt, dass es ratsam ist, mit der Antwort dem eigentlichen Kern der Recherche so nahe zu kommen als irgend möglich.

Kooperation anbieten

In der Regel hilft punktuelle Kooperation bei jeder Recherche weiter. Eine Hand wäscht die andere. Und zu vergeben hat ein Journalist oder Rechercheur eine Menge: die von ihm gesammelten Informationen und seine Hilfsbereitschaft.

Die Kooperation kann zum Teil ganz banal sein.

Ein konkretes Beispiel: Ein Journalist verbringt Stunden mit einem Produktionsleiter während eines Werksrundgangs, Zeugen sind nicht anwesend. Das Gespräch wird rasch vertraulich, der Produktionsleiter gibt wichtige Hinweise. Während einer Pause erzählt der Mann, er würde furchtbar gern mit seiner Familie einen bestimmten, berühmten Urlaubsort in Süditalien besuchen, die im Internet gefundenen Angebote seien ihm jedoch zu teuer. Der Journalist kümmert sich innerhalb der nächsten Tage um das Problem und übermittelt dem Produktionsleiter schließlich ein sehr günstiges Angebot. Dieser freut sich sehr, wird daraufhin ein wichtiger Gesprächspartner und Informant für bestimmte Themen.

🔍 Am besten funktioniert kooperatives Vorgehen dann, wenn die Recherche auch Interessen der Gesprächspartner positiv beeinflusst.

Wenn Sie etwa gegen jemanden recherchieren müssen, überlegen Sie vorher: Wer ist dessen Konkurrent, wer hätte Interesse, bei der Recherche zu helfen?

Nicht zu viel reden!

Eines sollte jeder Rechercheur oder Journalist jedoch unbedingt beherzigen:

👀 Nicht ohne Not wichtige oder gar heikle Ergebnisse der Recherche den verschiedenen Gesprächspartnern mitteilen, schon gar nicht Recherchethesen!

Sobald ein Gesprächspartner die Recherchethese des Journalisten kennt, kann er einordnen, ob das Ergebnis der Recherche und seine Publikation seinen Interessen dient oder nicht. Er wird sich unweigerlich darauf einstellen und daraufhin diese These mit Aussagen oder zusätzlichen Informationen entweder zu bedienen (wenn dies in seinem Interesse ist) oder aber zu entkräften versuchen. Mit anderen Worten: Er wird versuchen, die Recherche in ihrem Fortgang zu manipulieren.

Allerdings gibt es hier einen schwer zu lösenden Widerspruch:

👀 Manche Informationsbesitzer werden erst kooperieren, wenn sie die Intention der Recherche kennen, wenn sie sicher sein können, nicht selbst davon negativ betroffen zu sein. Dazu ist es unvermeidlich, ihn in Hintergründe einzuweihen.

Die Frage: „Warum will der Journalist das jetzt gerade wissen?", kreist ohnehin im Kopf fast jedes erfahrenen Gesprächspartners während einer Befragung (siehe auch Kapitel 7).

👀 Dritte ins Vertrauen zu ziehen bleibt aber extrem riskant und sollte erst dann geschehen, wenn der Rechercheur die jeweiligen Interessenlagen seiner Gesprächspartner überblicken kann. – Selbst dann kann niemand vor bösen Überraschungen sicher sein, denn es gibt genügend Seilschaften innerhalb von Behörden oder Firmen oder auch zwischen diesen, die sich verborgen halten, von deren Existenz der Rechercheur nichts ahnt.

Konfrontativ vorgehen

Möglich ist auch eine konfrontative Strategie. Damit ist nicht die Situation gemeint, in welcher der Rechercheur den Befragten so weit in die Ecke gedrängt hat, dass dieser nicht mehr anders kann, als sich zu wehren. Darunter fällt auch nicht das unter Journalisten beliebte, zum Abdruck bestimmte Streitgespräch (siehe auch Kapitel 7.3), von dem sich der Interviewte letztendlich ein geschärftes Profil verspricht.

⚔ Bei konfrontativem Vorgehen hält der Rechercheur mit seinen tatsächlichen Absichten nicht hinter dem Berg. Stattdessen sind die Fronten von vornherein klar. Der Gesprächspartner muss sich also gleich entscheiden, ob er Gesprächspartner sein will oder nicht.

Das ist Arbeiten mit dem Holzhammer und wird manchmal von Kollegen angewandt, die im Boulevard-Bereich recherchieren. Die Konfrontation hat durchaus Vorteile, denn Sie produziert Ergebnisse: Insbesondere unerfahrene Gesprächspartner sind dann verunsichert, beginnen sich zu wehren und offenbaren dabei möglicherweise wichtige Informationen, die sie ohne Not nicht preisgegeben hätten.

Eine Konfrontation hat aber auch gewaltige Nachteile: Jemand, der sich von einem Journalisten unter Druck gesetzt fühlt, wird mit Sicherheit kein vertrauensvolles Verhältnis aufbauen und im Gegenteil versuchen, sich künftig einer Kontaktaufnahme zu entziehen.

Nie vorverurteilen!

Das ist nicht einfach, denn kein Mensch ist frei von Vorurteilen. Es ist darum wichtig, eigene Vorurteile rechtzeitig zu identifizieren. Eine Recherche über Weihnachtsbräuche geht mit ziemlicher Sicherheit daneben, wenn der Rechercheur Weihnachten hasst.

Noch schlimmer ist, wenn der Rechercheur einen Auftrag als willkommene Gelegenheit versteht, seine eigenen Vorurteile zu bestätigen: „Ich soll gegen die Behörde XY recherchieren? – Bestens! Denen wollte ich schon immer mal eins reinwürgen."

Mit solch einer Einstellung ist nahezu vorprogrammiert, dass der Journalist einseitig – und damit angreifbar – recherchieren wird.

In der Wirklichkeit lassen sich diese Vorgaben selten vollkommen einhalten. Manchmal hilft eine kleine Konfrontation (oder Provokation), einen widerstrebenden Gesprächspartner zum Reden zu bringen. Ein Journalist, der mit Rachegefühlen an die Arbeit geht, ist zwar voreingenommen, bringt dafür aber großen Jagdeifer mit.

Genauso ist es mit den verschiedenen Recherchemethoden, von denen die gängigsten das Pendeln und das Puzzeln sind. Praktisch nie lässt sich die eine oder die andere Methode in ihrer reinen Form anwenden, meist gibt es Durchmischungen: während des Pendelns rasch ein bisschen Puzzeln, während des Puzzelns vom Pendeln Gebrauch machen.

Um die verschiedenen Methoden besser zu verstehen, lohnt es aber, sie einzeln zu betrachten.

5.2   Pendeln

Das Pendeln ist die klassische Recherchemethode des Journalisten, weniger des nicht publizierenden Rechercheurs. Zweck der Übung ist, Licht in ein auf den ersten Blick undurchschaubares Dunkel zu bringen und faire Berichterstattung zu gewährleisten.

Pendeln eignet sich, konfliktgeladene Sachverhalte aufzuarbeiten, widersprüchliche Botschaften zu klären, aber auch, eine Auseinandersetzung zu beleuchten, in der sich beide Parteien ihrer Sachlichkeit rühmen und die jeweilige Gegenseite der Lüge bezichtigen. Sie ist damit ideal, um eine öffentliche Auseinandersetzung zu begleiten und zu durchleuchten, was zu den Standardaufgaben des Journalismus gehört: Klarheit zu schaffen und den Sachverhalt so objektiv wie möglich zu beschreiben.

Ein typisches Beispiel: Die Stadt plant eine signifikante Erweiterung der Fußgängerzone, der Ortsverband des Einzelhandels protestiert darauf vehement und verkündet den baldigen Tod der Innenstadt.

Wichtig beim Pendeln ist, bei der Suche nach Informationen möglichst alle Quellen systematisch zu erfassen und abzufragen. Das Befragen dieser Quellen sollte dem Muster des Konfliktes, den der Journalist beschreiben will, so nah wie möglich folgen: Nach einem Gespräch mit dem Vertreter der Stadt besucht der Journalist die Einzelhändler und legt dort die Argumente der Stadt vor. Die darauf erhaltenen Argumente hält er wiederum der Stadt vor oder er nimmt die unterschiedlichen Positionen zum Anlass, einen Experten um Stellungnahme zu bitten.

Beim Pendeln geht der Journalist immer von außen nach innen beziehungsweise von oben nach unten vor: Erst werden die generellen Ursachen eines Konfliktes studiert, dann die speziellen und die möglicherweise versteckten.

Im genannten Beispiel sind die Konfliktlinien klar. Auf der einen Seite steht die Stadt, auf der anderen der Verband der Einzelhändler. Das Thema des – ersten – journalistischen Beitrags ist also vorgegeben.

👀 Der große Vorteil eines pendelnden Journalisten: Die für ihn wichtigsten Gesprächspartner stehen beim Pendeln prinzipiell zur Verfügung.

Schließlich gibt es mindestens zwei Parteien, die ihre Interessen vertreten wollen, und dazu brauchen sie die Öffentlichkeit, am besten natürlich mediale Unterstützung.

👀 Ein Journalist sollte sich allerdings hüten, einer Seite Unterstützung zu geben, schon gar nicht von Anbeginn, denn dann gilt er schnell als parteiisch und wird entsprechend behandelt. Stattdessen sollte er seinen Gesprächspartnern das Gefühl geben, dass er unvoreingenommen an das Thema herangeht.

👀 Am Anfang des Pendelns steht daher grundsätzlich die Basisrecherche.

Im genannten Beispiel wäre dies das Beschaffen der entsprechenden Verwaltungsvorlage zur Ausweitung der Fußgängerzone. Die Verwaltungsvorlage ist ein Dokument, auf welches Journalisten grundsätzlich ein Anrecht haben. Von vielen Kommunen werden solche Dokumente heute frei zugänglich ins Internet gestellt oder routinemäßig an die Medien versandt, anderswo müssen sie eventuell angefragt werden, also bei der zuständigen Behörde. Falls diese sich aus irgendwelchen Gründen weigern sollte, das Dokument zu liefern (manchmal sind Beamte nicht perfekt über ihre Pflichten informiert), bleiben Anrufe bei den Fraktionen im Stadtrat, denn denen wird die Verwaltungsvorlage vor der Abstimmung darüber zugesandt.

In der Regel aber ist das Herunterladen des PDF eine Frage von Sekunden.

So eine Vorlage kann einen Umfang von 25 Seiten, aber auch von 150 Seiten haben. Ein Journalist hat für das Durchlesen weder des einen noch des anderen Zeit, die braucht er auch nicht.

Wichtig sind „Zusammenfassung", „Schlussfolgerungen" (soweit vorhanden) und in diesem Fall natürlich das Kapitel „Auswirkungen auf den Einzelhandel" (falls es diesen Abschnitt nicht geben sollte, wäre das eine Geschichte für den nächsten Tag). Noch besser ließe sich das PDF am Computer mit dem Begriff „Einzelhandel" durchsuchen.

Ausgestattet mit diesem Basiswissen, erspart der Journalist sich und seinen weiteren Gesprächspartnern an diesem Tag viel Zeit.

👀 Erster Ansprechpartner ist grundsätzlich der Handelnde, da dieser über die meisten Informationen verfügt (nicht immer ist er bereit, diese mit Journalisten zu teilen).

Protagonist des Vorhabens und verantwortlich für die Verwaltungsvorlage ist höchstwahrscheinlich der Leiter des Straßenplanungsamtes (oder wie das vor Ort jeweils heißt, siehe auch Kapitel 2.2). Ist dieser zufällig abwesend und auch nicht über Mobiltelefon erreichbar, wäre der nächste Ansprechpartner dessen Stellvertreter oder jemand anderes, der die Vorlage sehr gut kennt. Nicht so gut wäre ein Stadtratsmitglied, etwa aus dem Verkehrsausschuss, denn dann besteht die Gefahr, mehr Meinung als Wissen serviert zu bekommen. Zur Not muss sich der Journalist mit dem Pressesprecher der Stadt begnügen (der die Details wahrscheinlich genauso wenig kennt).

👀 Zweiter Ansprechpartner ist der Betroffene.

Hier also der Verband des Einzelhandels, dessen Sprecher.

– An dieser Stelle ein kleiner Einschub: Ein Journalist steht gewöhnlich unter hohem Zeitdruck. Es macht daher keinen Sinn, unbedingt den Gesprächstermin mit der Stadt abzuwarten, bevor der Journalist den Einzelhandelsverband kontaktiert, auch wenn dies sinnvoller wäre. Ist der Sprecher der Einzelhändler nur bis 10:30 Uhr zu erreichen und der zuständige Behördenleiter erst ab 11 Uhr, sollte der Journalist flexibel reagieren. Viele Wege führen zum Erfolg.

Zurück zum Pendeln: Der Betroffene hat grundsätzlich ein starkes Bedürfnis, seine Position darzustellen. Aufgabe des Rechercheurs ist, diese Position wie auch die der Gegenseite auf überprüfbare Fakten abzuklopfen und diese gegebenenfalls zu hinterfragen.

👀 Beim Pendeln hält der Journalist jeweils der einen Seite die Argumente der anderen Seite vor. Auf diese Weise geraten die Gesprächspartner unter Erklärungsdruck, was den Informationsaustausch befördert.

👀 Darüber hinaus nutzt der pendelnde Journalist die Möglichkeit, weitere, möglichst neutrale Quellen anzusprechen und die öffentliche Auseinandersetzung damit konstruktiv zu befördern.

In diesem Fall wäre das etwa das Deutsche Institut für Urbanistik. Das Forschungsinstitut verfügt über oder kennt Fachleute, die über Expertise im wirtschaftlichen Erfolg oder Misserfolg von Fußgängerzonen verfügen. Hier wird der Journalist Informationen erhalten, die weniger interessengesteuert sind als die von Stadt und Einzelhandelsverband.

Alternativ könnte der Journalist über den Deutschen Städtetag eine andere Stadt recherchieren, die ein ähnliches Vorhaben bereits umgesetzt hat, und von deren Erfahrungen berichten. Er könnte auch den Bundes- oder Landesverband des Einzelhandels ansprechen und nach deren Standpunkten und vorhandenen Informationen fragen.

🔭 Sein zusätzlich erworbenes Wissen legt der Journalist seinen Gesprächspartnern vor und bittet wiederum um Stellungnahme.

Je mehr Zeit die andere Seite zur Stellungnahme hat, desto besser für die Tiefe und Qualität der Berichterstattung.

🔭 Wichtig ist, den Kontakt zu den Protagonisten der Auseinandersetzung paritätisch zu halten.

In diesem Fall: Liegt der Redaktionsschluss etwa bei 18 Uhr, macht der Journalist beiden Seiten das Angebot, gegen 17:30 Uhr nochmals anzurufen beziehungsweise telefonisch erreichbar zu sein.

🔭 Die Methode des Pendelns lässt sich nicht nur bei der Auswahl und Behandlung der Gesprächspartner anwenden, sondern genauso bei der Wahl der jeweiligen Themen und ihrer Umsetzung.

Normalerweise – und das wird in den meisten Redaktionen auch erwartet – könnte der recherchierende Journalist auch noch die Meinung der Stadtratsfraktionen zum Thema „Ausbau der Fußgängerzone" einholen, um seine Leser/Zuhörer/Zuschauer über die politische Meinung zum Projekt zu informieren.

Noch ein Gedanke: Zu diesem Zeitpunkt, also am Tag eins der Recherche, eine Befragung unter Passanten veranlassen?

Vorsicht: Das ist eine bequeme Übung, sie verlangt kein Vorwissen, auch keine Recherche, ist dennoch relativ zeitaufwendig und bringt im schlechtesten Fall lediglich unqualifizierte Äußerungen hervor, die beim jetzigen

Informationsstand kaum mehr als Unterhaltungswert besitzen. Sollte sie nicht besser zu einem späteren Zeitpunkt stattfinden, nachdem die öffentliche Auseinandersetzung geführt wurde?

👀 Und genau hier liegt auch eine Gefahr des Pendelns: Der Journalist muss sich davor hüten, aus Bequemlichkeit lediglich den bestehenden Konflikt zu beschreiben und darüber weitere wichtige Aspekte des Themas aus den Augen zu verlieren. Vom Ausbau der Fußgängerzone sind schließlich weitere betroffen.

„Immer an den Leser denken" stammt aus der Focus-Werbung und macht Sinn:

👀 Welche Informationen sind als nächstes für die Rezipienten wichtig?

Der Konflikt zwischen Einzelhandel und Stadt steht zu Beginn im Vordergrund. Andererseits wäre es falsch, diesen Kontrahenten zu erlauben, die Berichterstattung zu bestimmen. Im Fall des Ausbaus einer Fußgängerzone sollte sich der Journalist am nächsten Tag unbedingt mit den vorgesehenen Bauarbeiten beschäftigen. Welche Straßen werden während der Arbeiten gesperrt, sind nur einspurig befahrbar, wo wird es in Zukunft ein erhöhtes Verkehrsaufkommen geben? Werden Anwohner zur Kasse gebeten? Und gäbe es Alternativen, die Belastung für die Betroffenen zu verringern?

Am zweiten Tag wird der Journalist wieder in der Verwaltungsvorlage lesen, diesmal das Kapitel, in dem die Verkehrsführung während und nach dem Ausbau der Fußgängerzone beschrieben ist. Bei der Einholung weiterer Informationen zu Alternativen kann er auf die bereits gewonnenen Gesprächspartner zurückgreifen und wird voraussichtlich weitere Experten genannt bekommen.

Gleichzeitig wird der Journalist seinem Anspruch gerecht, die Gewichtung der Themen selbst zu bestimmen, dies nicht anderen zu überlassen.

Am Tag drei der Berichterstattung könnte das Thema Finanzierung auf der Liste stehen. Die Verwaltungsvorlage, die der Journalist als PDF gespeichert hat, enthält dazu ein eigenes Kapitel. Sie ist inzwischen mit Hinweisen und Anstreichungen versehen. Jetzt spricht der Journalist mit der Kämmerei, hinterfragt die Finanzierung und erkundigt sich, auf welche konkurrierenden Projekte die Stadt zugunsten der Fußgängerzone verzichtet.

Zum Thema Finanzen könnte er sich jetzt mit der der Stadt übergeordneten Behörde unterhalten. Das wäre, abhängig vom Bundesland, die Bezirksregierung (anderswo: Regierungspräsidium) oder die Landesregierung, wo die mittlere Verwaltungsebene abgeschafft ist.

Den Kontakt zum Verband des Einzelhandels hält er so weit und so lange aufrecht, wie dieser am Fortgang der Diskussion beteiligt ist.

Wenn er Zeit und das notwendige Spesenbudget hat, könnte der Journalist am Tag vier ein positives und ein negatives Beispiel einer stark ausgeweiteten Fußgängerzone bringen. Auch hier können die bereits genannten Fachleute weiterhelfen. An den Beispielen lassen sich weitere Fragen behandeln: Wo werden die nötigen Parkplätze angelegt? Wie der öffentliche Nahverkehr neu geordnet? Pflastersteine, Grünstreifen, Bepflanzung – mit dem inzwischen akkumulierten Wissen fällt es dem Journalisten immer leichter, Themen zu finden, Fragen zu stellen und Antworten zu geben.

Spätestens jetzt macht die beliebte Befragung von Passanten Sinn. Aber: Das können auch Praktikanten erledigen, dafür braucht es keinen Journalisten mit inzwischen erworbenen Fachkenntnissen.

🔍 Am Ende eines klassischen Pendelns steht immer die Frage nach den Motiven der Kontrahenten und nach den Drahtziehern.

Wer hat den Plan des Ausbaus der Fußgängerzone vorangetrieben? War da jemand hinter den Kulissen beteiligt? Wer wird besonders profitieren, eventuell Bauunternehmen oder jemand ganz anderes? Wer wird Nachteile in Kauf nehmen müssen?

🔍 Pendeln, konsequent betrieben, spart viel Zeit, erschließt neue Fragen, generiert weitere Berichterstattung und führt einen Journalisten Schritt für Schritt tiefer in ein Thema.

Zwei Beispiele

Wie wichtig Pendeln für die tägliche journalistische Recherchearbeit ist, lässt sich an zwei kleinen, tatsächlichen Beispielen aufzeigen, die heute jederzeit genauso passieren könnten. Mitte der achtziger Jahre nahm die „Asylanten-Debatte" in der Bundesrepublik erstmals schärfere Formen an. Auf der einen Seite standen die Verfechter des – inzwischen geänderten – liberalen und „asyl-freundlichen" Grundgesetzes, auf der anderen jene Kritiker, welche die ins Land kommenden Asylbewerber als „Wirtschaftsflüchtlinge" und potentielle Konkurrenz (um Geld und Arbeitsplätze) betrachteten.

Der grobe Ablauf des Geschehens: In der Lokalredaktion einer niedersächsischen Zeitung ging der Anruf eines Hausbesitzers ein. Sein von der Verwaltung gepachtetes Anwesen, klagte der Mann, sei ruiniert, seit es von der Behörde für die Unterbringung von Asylbewerbern genutzt werde. Der damalige – junge und recht unerfahrene – Leiter des Lokalressorts begab sich vor Ort und inspizierte das Gebäude. Was er vorfand, stank im wahrsten Sinn des Wortes zum Himmel: Müll im Hausflur, Zerstörungen im Treppenhaus und in den Wohnungen. Dazu abweisende bis unfreundliche Bewohner.

Beispielhafte Fehler

Und dann begannen die Fehler:

- Obwohl kein Zeitdruck bestand, erschien gleich darauf ein großer Artikel zu dem Thema, sogar als sogenannter „Aufmacher" auf der Seite eins des Lokalteils.

- Umrahmt von Fotos, welche angeblich den Vandalismus belegten, hatte der Hauseigentümer überreichlich Gelegenheit, seine ungebetenen Mieter zu kritisieren.

- Die vom Hausbesitzer beschuldigten Asylbewerber, die Stadt als Pächter oder andere Beteiligte kamen kaum oder gar nicht zu Wort.

- Die möglichen Motive der verschiedenen Parteien für ihr Verhalten blieben weitgehend unberührt.

- Auf erhellende Hintergrundberichterstattung hatte der Journalist schließlich auch verzichtet – zum Beispiel über die Lage der Asylbewerber, die Wohnraumsituation in der Kommune, über vorhandene Finanzmittel und andere Unterbringungsmöglichkeiten.

In den nächsten Tagen war die Lokalredaktion reichlich beschäftigt, weitere Berichte zu dem Thema zu bringen und Platz für Stellungnahmen von Seiten Dritter zu schaffen.

Leider passiert derlei immer wieder: Mal sind es Termine, die dem Journalisten die Zeit zum Pendeln rauben, mal ist es Nachlässigkeit, mal unangemessene Selbstgewissheit. Mitunter sind es auch die eigenen Vorurteile, die sich so hervorragend mit den ersten Ergebnissen der Recherche decken.

Mindestens genauso gefährlich ist das Wissen um die eigenen Vorurteile und die Angst, ihnen zu erliegen.

Einen solch schweren Fehler hat der Verfasser, Matthias Brendel, während seines Volontariats einmal selbst begangen. Die Geschichte beginnt im Lokalressort der „Deister-Weser-Zeitung". Eine Musikband aus sogenannten „Skinheads" war von einem freien Mitarbeiter als rechtsradikal eingestuft worden. Darauf hatte sich die Gruppe mit einem – im Grundsatz berechtigten – Beschwerdebrief an die Zeitung gewandt. Dessen Kernaussage: „Wir mögen vielleicht so aussehen. Rechtsradikal sind wir aber nicht."

Der Verfasser, wahrlich kein Freund rechtsradikalen Gedankengutes, wurde beauftragt, sich um den Fall zu kümmern. Um die Gefahr einer Vorverurteilung klein zu halten, hatte sich der Rechercheur entschlossen, den Fall möglichst objektiv anzugehen – was auch immer er damals darunter verstand.

Der Rechercheur arrangierte ein Treffen mit den Musikern und führte ein ausführliches Gespräch über Musik, Skinheads und Soziales. Er versuchte, die politische Einstellung der Bandmitglieder kennenzulernen. Rechte Parolen waren nicht zu hören, im Gegenteil: Die Mitglieder der Band zeigten demokratisches wie soziales Bewusstsein und sprachen sich ausdrücklich für Toleranz gegenüber sogenannten „Andersdenkenden" aus. Am Ende der Unterhaltung stand ein längerer, wohlwollender Artikel im Lokalteil. Er zeigte ein großes Foto der Band, dazu eine Überschrift des Inhalts: „Wir sind keine Nazis".

Wenige Tage später erfuhr der Verfasser, dass staatliche Organe zumindest gegen ein Mitglied der Band sehr wohl relevantes Material zusammengetragen hätten … Der Rechercheur hatte versäumt, diese wichtige Quelle zu befragen. Der wohlwollende Artikel entpuppte sich im Nachhinein als eine sehr fragwürdige, dumme, vermeidbare Geschichte.

Die kritischen Punkte beim Pendeln

So gut sich Pendeln sowohl zur Klärung einfacher als auch reichlich komplexer und verborgener Sachverhalte eignet, gibt es eine Reihe von kritischen Punkten, auf die der Rechercheur oder Journalist achten muss:

- Keine voreiligen Schlüsse aus ersten Informationen ziehen, stattdessen Hintergründe ausleuchten.

- Keine verfügbaren Quellen auslassen, systematisch abfragen.

- Den Kern des Konfliktes finden, Schlüsselfiguren identifizieren.

- Recherchethesen nie aufstellen, bevor ausreichend Indizien gesammelt sind.

- Für die Vervollständigung der Recherche Zeit lassen und Stück für Stück berichten.

5.3 Puzzeln

Puzzeln kommt als Recherchemethode immer dann in Frage, wenn der Journalist nicht pendeln kann. Puzzeln ist eine sehr aufwendige Form des Vorgehens, die oft viel Zeit und die Entwicklung einer eigenen Systematik erfordert, damit sich der Rechercheur nicht in seiner Arbeit verliert. Auch kann die Reihenfolge der Befragung einzelner Gesprächspartner von Bedeutung sein, eine falsche Planung viel Zeit und Geld kosten.

Wer solch eine Recherche dennoch angeht, kann auf eine praktische Erfahrung setzen: Puzzeln führt immer zu einem brauchbaren Ergebnis. Der Pferdefuß: allerdings nicht immer zum gewünschten Erfolg. Der bestünde darin, am Ende einer Puzzle-Recherche von einem oder mehreren Informationsbesitzern eine Bestätigung zu erhalten: „Ja, genau so ist es gewesen, und außerdem ..."

In vielen Fällen steht am Ende des Puzzelns ein Resultat, das nicht hieb- und stichfest ist, wohl aber veröffentlichbar. Ein Jurist spricht in diesem Fall von der „Verdachtsberichterstattung" die „substantiiert" sein muss. Das bedeutet, der Journalist hat wie ein Ermittler in einem Indizienprozess zwar eine Menge erdrückender Beweise oder Belege gesammelt, das entscheidende Geständnis aber fehlt, letzte Zweifel bleiben. Mit anderen Worten: Es könnte alles auch ganz anders gewesen sein.

🔭 Puzzeln ist eine schwierige Variante der Informationsbeschaffung, sie setzt einige Erfahrung im Recherchieren voraus.

Das Dilemma besteht darin, dass der Journalist bei seinen Recherchen auf eine Mauer des Schweigens stoßen kann. Dagegen gibt es Mittel, für die Mittel aber keine Erfolgsgarantie. Der Journalist kann nun darangehen, Indizien zu sammeln, um daraus eine Beweiskette zu schmieden, doch Vorsicht: die Gefahr, nur das zu sehen, was für die Recherchethese spricht, und auszublenden, was dagegen spricht, ist hier besonders groß.

🔭 Ein kritischer Partner/Kollege, der die Ergebnisse des Rechercheurs nochmals hinterfragt oder sogar in Zweifel stellt, ist hier besonders wichtig. Nicht umsonst werden solche Recherchen bei investigativen Magazinen wie dem „Spiegel" praktisch immer im Team ausgeführt.

Wann ist das Puzzeln die richtige Methode?

Puzzeln eignet sich, wenn

- Fragen auftauchen, die vorher noch nie gestellt wurden. Das bedeutet leider auch, sie wurden noch nie zuvor beantwortet. Wo aber Antworten fehlen, existiert meist auch keine Logistik der Informationswege. Sie muss erst noch geschaffen werden;

- Ereignisse stattfinden, mit denen die Öffentlichkeit und die Medien unvorbereitet konfrontiert werden: der Zusammenbruch des Bankensystems im Herbst 2008, ein Vulkanausbruch in Island 2010, der tagelang den Flugverkehr zum Erliegen bringt, die Havarie einer Bohrinsel im Golf von Mexiko mit gewaltigem Ölaustritt in Folge im selben Jahr;

- ein Journalist etwa im Zuge einer Recherche auf einen Vorgang stößt, der ihm unerklärlich ist und den ihm auch keiner erklären kann oder will;

- ein glaubwürdiger (oft anonymer) Hinweis eingeht, etwa, wie später beschrieben, der Anruf eines Zeugen, der über merkwürdige Ereignisse in der Nähe eines süddeutschen Dorfs berichtet.

Das erste große Problem entsteht erfahrungsgemäß gleich zu Beginn der Recherche: Die Ergebnisse deuten auf einen oder mehrere Verantwortliche, die sicherlich alle Fragen, die der Journalist stellen möchte, beantworten könnten. – Aber werden die Informationsbesitzer das am Ende tun? Werden Sie nicht stattdessen keine oder ausweichende Antworten geben? Danach aber, weil gewarnt, versuchen, den Fortgang der Recherche mit allen Mitteln zu behindern?

Das ist eine ernste, nicht zu unterschätzende Gefahr. Auf der Seite der „Täter" gibt es wahrscheinlich gut funktionierende Netzwerke und Seilschaften. Erfährt der Hauptverantwortliche für eine klandestine Aktion von einem „Schnüffler", kann er weitere Mitwisser warnen. Dies wiederum kann erfahrungsgemäß dazu führen, dass vielleicht wertvolle Gesprächspartner bereits den Hörer auflegen, wenn der Journalist gerade einmal seinen Namen genannt hat.

Das muss aber nicht sein. Es gibt ebenfalls Situationen, in denen einzelne Mitwisser sich gerade von solchen Warnungen provoziert fühlen und sich erst daraufhin melden, um wichtige Hinweise zu geben. Es ist also für beide Seiten nicht leicht, das Richtige zu tun.

In anderen Situationen wiederum kann es geschehen, dass ein entdeckter Mitwisser, dem der Journalist erfolgreich Informationen entlockt hat, über dieses Entdecktsein und weitergetragenes Wissen schweigt: aus Furcht, darauf von Vorgesetzten, Kollegen, Partnern in die Wüste geschickt zu werden.

Für diese Probleme gibt es keine allgemein gültigen Antworten.

Bei jedem weiteren Rechercheschritt, vor jedem wichtigen Gespräch muss sich der Journalist genau überlegen, wie weit er gehen will. Und das gilt leider besonders für den Beginn des Puzzelns, wenn der

Rechercheur oft noch gar nicht genau weiß, wer Handelnder (Täter), Beteiligter (Zeuge) oder Betroffener (Opfer) ist.

🔭 Die Handelnden sind immer die am besten mit Informationen Ausgestatteten. Gleichzeitig haben sie in der Regel das größte Interesse, die Recherche zu verhindern oder in eine falsche Richtung zu lenken. Und: Oft versuchen die Handelnden, ihre Rolle zu verbergen, sich stattdessen als Beteiligte oder Betroffene auszugeben.

🔭 Die Beteiligten sind für den Rechercheur meist eine ergiebige Informationsquelle. Sie verfügen zwar nicht über einen Überblick, schildern aber wichtige Sachverhalte, oder sie verfügen über Teilinformationen, deren Brisanz sie nicht erfassen und darum zur Verfügung stellen.

🔭 Die Betroffenen können meist nicht viel mehr erzählen als das, was ihnen direkt widerfahren ist. Die Vorgeschichte und Hintergründe kennen sie nicht, interessieren sie oft auch nicht. Sie berichten bereitwillig, aber ebenfalls selektiv und aus der Perspektive des Opfers, die nun mal eine Froschperspektive ist.

🔭 Betroffene sind oft schnell mit Schuldzuweisungen bei der Hand. Den Schuldzuweisungen ist mit Vorsicht zu begegnen, denn genauso oft stellen sich diese als falsch heraus.

Wie gehe ich richtig mit allen Beteiligten um?

Ein bewährtes Vorgehen bei der Befragung der Obengenannten:

- Fragen Sie nach Zuständigkeiten und weiteren Ansprechpartnern möglichst gleich zu Beginn der Kontaktaufnahme, etwa im Verlauf des ersten Gesprächs. Später wird der Kontaktierte solche Informationen vielleicht weniger bereitwillig preisgeben.

- Im Verlauf der Recherche ist es notwendig, wenigstens einmal am Tag die bislang eingeholten Rechercheergebnisse zu reflektieren: Passen die Ergebnisse wirklich zusammen, ist das Zusammengetragene plausibel, ergibt es ein sich schließendes Bild? Welche Fragen sind weiter unbeantwortet, vor allem: welche noch gar nicht gestellt?

- Wichtiges Element des Puzzelns ist die ständige Überprüfung und Hinterfragung der bisher geleisteten Arbeit und die Suche nach bestehenden Lücken, nach weiteren möglichen Zusammenhängen, nach bislang ungestellten Fragen.

- Ein wichtiger strategischer Vorteil gegenüber dem Pendeln: Es gibt fast nie Zeitdruck (es sei denn, Sie plappern vor den falschen Kollegen!); denn es wird niemand anderen geben, der sich an die Arbeit macht. – Ist dies ausnahmsweise doch der Fall, werden Sie davon in Recherchegesprächen rasch erfahren.

Ein Beispiel[1]: Im Spätherbst 2007 erhält der Autor einen Hinweis. In einer an einem Freitag spät abends verschickten Mail berichtet ein Anonymus von seltsamen Dingen: Auf einem abgelegenen Grundstück in der Nähe eines süddeutschen Dorfes werde mehrmals täglich Material aus Silofahrzeugen in Überseecontainer umgefüllt, die darauf in unbekannte Richtung abtransportiert würden. Vermutlich nach China, ein Arbeiter dort habe so etwas gesagt. Der vermeintliche Zeuge, der sich namentlich nicht vorstellt, schreibt von seinem Verdacht, bei dem Material müsse es sich um eine illegale Ware handeln. Er sei vor Ort gewesen und habe den typischen Geruch wahrgenommen.

Hintergrund: Der Handel mit dieser Ware ist zu diesem Zeitpunkt innerhalb der EU und auch weltweit stark eingeschränkt. Es kann missbräuchlich eingesetzt werden – ähnlich wie bestimmte elektronische Güter sowohl für friedliche als auch für militärische Zwecke eingesetzt werden können. Um solchen Missbrauch auszuschließen, darf das Material nur unter bestimmten Auflagen abgegeben und eingesetzt werden. Missbräuchliche Anwendung ist durch verschiedene Gesetze und EU-Verordnungen verboten. Der Großteil dieses Materials wird EU-weit angeblich vernichtet.

Allerdings gibt es immer wieder Gerüchte, die Ware werde illegal außer Landes geschafft, um es vor allem in Südostasien mit hohem Gewinn an Abnehmer zu verkaufen, da illegale Verwender dort einen großen Bedarf daran hätten.

---

1 Klarnamen und einige Details sind zum Schutz von Beteiligten und aus juristischen Gründen geändert.

Der Autor erhält den Auftrag, dem Hinweis nachzugehen.

Über die E-Mail-Adresse nimmt der Rechercheur Kontakt zu dem Informanten auf. Der ist zunächst unwillig – denn er meint, mit Weitergabe der Information seinen Beitrag geleistet zu haben –, nennt schließlich jedoch Namen und Telefonnummer und bietet ein Treffen an, denn Näheres möchte er am Telefon nicht sagen.

Eine Recherche beim Statistischen Bundesamt (destatis) ergibt: Es gibt eine internationale Warennummer für dieses Material. Unter Angabe dieser Warennummer werden tatsächlich zehntausende Tonnen in Länder außerhalb der EU exportiert, das meiste davon nach Asien. Auskunft zu Exporteuren und Empfängern kann destatis nicht geben. Die genaue Zusammensetzung des Materials ist den Statistikern außerdem unbekannt, es kann sich mithin auch um eine fälschlich verwendete Warennummer handeln, darauf weisen die Fachleute von destatis hin. Über die Verwendung des Materials liegen ebenfalls keine Angaben vor.

Eine Datenrecherche bei Eurostat, dem europäischen Amt für Statistik, ergibt, dass die Ware eventuell noch unter einem weiteren Namen ausgeführt werden kann: unter einer harmlosen Bezeichnung mit einer weiteren internationalen Warennummer (Warennummern finden sich unter: http://ec.europa.eu/eurostat/ramon). Auch hiervon werden zehntausende Tonnen aus Deutschland nach Übersee exportiert, bestätigt destatis. Unter diese Bezeichnung fallen allerdings auch ein paar weitere, sehr kurzlebige Materialien. Kein befragter Fachmann aber findet es plausibel, dass diese anderen Stoffe in Containern aus Deutschland nach Übersee verschifft werden. Dies verdichtet die Vermutung, dass unter dieser Warennummer vor allem das besagte illegale Material exportiert wird.

Diese Informationen passen zu den Angaben des Informanten. Der Informant macht darüber hinaus einen glaubwürdigen Eindruck. Auch unerwartete Fragen beantwortet er ruhig und schlüssig – anders als viele Verschwörungstheoretiker und Geschichtenerzähler, die ins Trudeln geraten oder ärgerlich werden, sobald man tiefer nachhakt.

Einige der Kontrollfragen, die der Informant ohne Zögern beantworten kann:

Zu welchem Zeitpunkt genau und warum haben Sie sich an den abgelegenen Ort begeben, wo das Umfüllen stattfindet?

Woher wissen Sie, wie das Material aussieht und riecht?

Warum kennen Sie sich mit Überseecontainern aus?

Wie kommen Sie darauf, dass etwas daran seltsam oder illegal sein könnte?

Auf diese und weitere Fragen gibt der Informant jeweils plausible Erklärungen ab.

Aus logistischen Gründen wurde die Recherche an dieser Stelle unterbrochen und erst im Februar 2008 wieder aufgenommen (Unterbrechungen sind bei solchen Recherchen kein Problem, denn es ist nahezu ausgeschlossen, dass sich noch ein Dritter mit dem Thema befassen könnte). Der darauf erneut angesprochene Informant berichtet, dass die Transporte weiterhin stattfänden.

Am frühen Morgen des 10. Februar 2008, einem Sonntag, setzt sich der Rechercheur in einen ICE und reist nach Süddeutschland. Am Nachmittag kommt es zu einem Treffen mit dem Informanten und zu einem gemeinsamen Besuch der Verladestelle. Sie befindet sich auf einem verwaisten ehemaligen Militärgelände im Odenwald. Die Angaben des Informanten erweisen sich wiederum als richtig.

Auf dem am Sonntag verlassenen, umzäunten Umschlagplatz steht ein aufgeständerter Kasten von der Größe eines Containers, darauf ein Werbeschriftzug. Außerdem finden sich auf dem Gelände Spuren, die tatsächlich von dem Material stammen könnten (der Rechercheur kannte das Material aus einer früheren Recherche ganz gut). Autor und Informant verabreden, sich gegenseitig auf dem Laufenden zu halten.

Eine darauf erfolgte Internetrecherche zu dem Werbeschriftzug führt zu einer Spedition, deren Geschäftsführer das Gerät für das rasche Umpumpen von Schüttgut (wie Kies) aus Silofahrzeugen in Container entwickelt hat. Die vorhandene Technik passt also gut zum angeblichen Umfüllen der Ware, bei der es sich ebenfalls um ein Schüttgut handelt.

Der Rechercheur meldet sich bei der Spedition: Er habe von einem Bekannten gehört, dass ein solches Umladegerät bei XXXXX stehe. Ob es der Spedition gehöre und kurzfristig zu mieten sei? Die Spedition bestätigt den Besitz, muss aber bedauern: Das dortige Gerät werde für andere Zwecke verwendet und könne nicht vermietet werden. Sie bietet ein anderes Gerät an. Der Rechercheur beendet das Gespräch.

Über den Verband der Hersteller des besagten Materials sucht der Rechercheur nach dem möglichen Produzenten der Ware. Dafür orientiert er sich an Postleitzahlen und sucht mit „Google Maps". Tatsächlich gibt es einen solchen Betrieb, nur wenige Kilometer vom Umschlagplatz entfernt. Mit dem Wissen ausgestattet, dass Logistik im Speditionsgeschäft eine betriebswirtschaftlich entscheidende Rolle spielt, geht der Rechercheur mit 90-prozentiger Sicherheit davon aus, dass das Material von dort stammen muss. Er lernt: Der Betrieb stellt eine besonders brisante Mischung her. Eine weitere Hintergrundrecherche ergibt, dass diese Sorte gleichfalls besonders strenger Überwachung unterworfen ist.

Das und weitere Details zum Umgang mit dem Material gehen aus einschlägigen EU-Verordnungen und Richtlinien hervor, die der Rechercheur unter Eingabe des Suchbegriffs auf der entsprechenden Website findet (http://eur-lex.europa.eu/RECH_menu.do).

Im nächsten Schritt erkundigt sich der Rechercheur durch Anrufe bei verschiedenen Herstellern nach den Preisen für das spezifische Material. Er erfährt, dass dieses saisonbedingt mal um 15 bis 20 Euro je Tonne, manchmal gar umsonst abgegeben wird: Die Produzenten ersparen sich so die Entsorgungskosten. Eine Nachfrage bei Fachleuten hat zum Ergebnis, dass genau dieses Material in Fernost um die 300 US-Dollar je Tonne angekauft wird. Wem es gelingt, das Material unter Vorspiegelung falscher Tatsachen zu kaufen und beispielsweise nach Südostasien zu verschiffen, kann einen Gewinn von etwa 1.000 Prozent erzielen. Jeder Kriminalist weiß: Wo solche Gewinne locken, sind Gesetzesverstöße an der Tagesordnung. Es gibt damit für jeden Abnehmer der Ware ein starkes Motiv, sich illegal zu verhalten. Das Motiv heißt Gier.

Der Rechercheur erhält nun den Auftrag, das Verladen der illegalen Ware zu dokumentieren, den Produzenten sowie den Händler zu identifizieren und ebenso den schließlichen Empfänger der Ware.

Ein Teil der Recherche, das erscheint zu diesem Zeitpunkt sicher, wird aus Verfolgungsfahrten bestehen, ein ziemliches Problem. Eine Verfolgungsfahrt, selbst die Verfolgung eines langsamen LKW, kann in einem Gebiet mit dichter Infrastruktur scheitern: an Kreuzungen, Ampeln, in Kolonnenfahrten, Staus oder durch einen dummen Zwischenfall. Diese Erfahrung haben schon viele Kollegen gemacht, der Rechercheur weiß das. Darum versucht er im Vorfeld, das mögliche Ziel des LKW-Transports zu identifizieren.

Es folgt eine Anfrage bei einem großen Spediteur, der mit Sicherheit nicht in dieses Geschäft verwickelt ist. Dieser wird unter einem Vorwand nach der Logistik von Überseetransporten aus Süddeutschland nach Fernost befragt. Ergebnis: So ein Container wird aus Kostengründen so früh wie möglich auf ein Schiff umgeladen. Der Rechercheur lernt außerdem, dass Container durch einen aufgedruckten, mehrstelligen Code international identifiziert werden können (was für die Suche verlorengegangener Container notwendig ist). Dieser Code kann auch dazu dienen, den jeweiligen ungefähren Aufenthaltsort des Containers festzustellen – eine unerlässliche Hilfe bei der späteren Containerverfolgung am Computer. Der Spediteur nennt auf Anfrage auch den zu dieser Gegend nächstgelegenen Binnenhafen. Das ist das Containerterminal Aschaffenburg.

Um Zugang zu dem Terminal zu erhalten, meldet sich der Rechercheur dort vorsorglich für eine geplante Fernsehreportage an: Man wolle den Weg eines Containers aus Süddeutschland in die weite Welt dokumentieren, für einen geplanten Beitrag zum Thema Globalisierung. Die Aussicht, im Fernsehen zu erscheinen, lockt wohl die Hafenleitung. Sie erteilt Zutritts- und Drehgenehmigung.

Am frühen Donnerstag, 17. April, brechen der Kameramann Michael Stich und der Rechercheur von Würzburg aus auf, um die Verfolgung eines Transports zu beginnen. Michael Stich ist ein erfahrener, nervenstarker und mutiger Kameramann, arbeitet zu dieser Zeit als Polizeireporter in Hannover.

Um 8:30 Uhr, als das Team in der Nähe des Umschlagplatzes Position bezieht, rumpelt ein Containerfahrzeug über den kleinen Feldweg auf die Straße und fährt davon. Die Richtung passt zu dem vermuteten Ziel, dem Aschaffenburger Binnenhafen mit seinem Containerterminal. Der Umschlag findet offenbar statt.

Das Team lässt den ersten Container verschwinden und fährt zum Herstellungsbetrieb, bezieht dort Position. Nach einer Weile verlässt ein Silofahrzeug den Betrieb und nimmt den Weg in Richtung Umschlagplatz. Der Kameramann filmt, der Rechercheur übernimmt das Steuer.

Später am Umschlagplatz filmt der Kameramann aus einer versteckten Warte das Umladen aus dem Silolaster in einen Container auf einem Sattelfahrzeug. Als der Vorgang nahezu abgeschlossen ist, betritt der Rechercheur den Umschlagplatz, stellt sich als „Nachbar" vor, der gehört habe, hier gebe es ein bestimmtes Material. Ob er etwas davon abkaufen dürfe? – Die freundlichen Arbeiter gestatten ihm, eine Plastiktüte zu füllen, während die beiden LKW-Fahrer abseits stehen und rauchen.

Damit ist die erforderliche Probe für spätere Dokumentationszwecke genommen. Das Team verfolgt kurz darauf den Container-LKW und notiert die Containernummer „XXXX 129 9X8 X". Nach einigen Kilometern erscheint sicher, dass sich das Fahrzeug nach Aschaffenburg bewegt. Darauf wird der Laster überholt, das Team will vor ihm am Containerterminal eintreffen.

In Aschaffenburg gibt es eine Überraschung: der Binnenhafen ist wegen Niedrigwassers vorübergehend stillgelegt, nur die Abfertigung ist in Betrieb. Dort erscheint kurz darauf der Fahrer des Container-LKW. Der Rechercheur spricht diesen an, erzählt wieder die Geschichte von der geplanten Fernsehreportage und fragt nach dem weiteren Verlauf der Reise. Bereitwillig erklärt der Fahrer, nach der Abfertigung den Containerterminal Frankfurt-Höchst anzufahren, wo der Container auf ein Schiff verladen werden solle. Er ist einverstanden, dass ihn das Team für die angebliche Reportage begleitet und gibt seine Mobiltelefonnummer, falls man sich aus den Augen verlieren solle. Gemeinsam geht es weiter nach Frankfurt-Höchst.

Am Eingang des Terminals wird das Team gestoppt: ohne Drehgenehmigung geht es nicht weiter. Die herbeigeeilten Manager des Terminals lassen sich schließlich zur Kooperation für die angebliche Reportage überreden („Wir hatten eine Genehmigung für Aschaffenburg und konnten nicht ahnen, dass wir hier landen würden"). So wird dem Kameramann gestattet, das Verladen des Containers am nächsten Tag, dem 18. April, auf den Binnenfrachter „MS YYYYYYYY", zu filmen. Das Management nennt auch das nächste Ziel, das Überseeterminal in Antwerpen und den Namen des Generalspediteurs: Es ist jene Spedition, die auch das Umladegerät entwickelt hat und vermietet.

Der Rechercheur reist darauf zurück nach Hamburg, sein Kollege bleibt in Frankfurt, um die Verladung zu dokumentieren.

Der Kameramann bekommt am nächsten Tag ein wichtiges Dokument in die Hände: eine Kopie des Zollpapiers für den Transport. Danach werden insgesamt 500 Tonnen verschifft, in 21 Containern. Versender ist eine Firma in Norddeutschland, Empfänger ein Unternehmen in Singapur. Als Zielort ist Penang angegeben, eine große Insel, westlich von und zu Malaysia gehörend. Laut Zollpapier ist das Material ein gänzlich anderes. Weitere Informationen gibt es nicht.

Der Rechercheur vermeidet es, Absender oder Empfänger des Materials direkt nach dem Transport zu befragen; denn beiden muss bewusst sein, dass sie ungesetzlich handeln. Über das Handelsregister in Deutschland und jenes in Singapur (www.acra.gov.sg) lassen sich allerdings die Besitzer beider Firmen identifizieren. Weitere Informationen gibt es auf den Internetseiten der Unternehmen. Die deutsche Firma „SSSSSSSS" bietet – in Deutschland – die Ware unter bestimmten, gesetzeskonformen Auflagen an. Der Partner in Singapur, „AAAAAAA NNNNNNN", ist Händler für ganz andere Waren (die Websites beider Firmen sind seit langem verschwunden, auch im Juni 2010 „under construction").

Der Rechercheur beginnt nun das „Container-Tracking". Der Container mit dem Kennzeichen „XXXX 129 9X8 X" gehört der Firma „XXXXX", doch diese hat ihn, so die Hamburger Filiale, gerade an einen anderen Überseespediteur verchartert.

Auf der Website des Charterers lässt sich unter Angabe der Containernummer nicht nur feststellen, dass der Container demnächst in Antwerpen auf die „HHHHHH" verladen werden soll: auch die Nummern der restlichen 20 Container, in denen insgesamt 500 Tonnen des illegalen Materials verschifft werden, sind dort abrufbar. Offizielles Ziel: Singapur. Damit ist die gesamte Ladung identifiziert (eine Website für Container-Tracking ist: www.track-trace.com/container).

Auch die Reederei des Schiffes hat eine Website, und über diese lässt sich die Route ablesen: Der Frachter wird Antwerpen am 23. April 2008 verlassen und nach Zwischenstationen in Le Havre, Suez und Jeddah am 15. Mai Singapur erreichen. Das eigentliche Ziel ist aber Penang, laut Website des Containerspediteurs. Wann genau die Ladung dort eintreffen und wer sie in Empfang nehmen wird, ist unbekannt.

Der Rechercheur vergewissert sich über die Einfuhrbestimmungen für das Material nach Malaysia. Es ist strikten Einschränkungen unterworfen, die einen Import praktisch ausschließen. Insbesondere Material aus Deutschland dürfte keinesfalls nach Malaysia eingeführt werden.

Zur Vorbereitung kontaktiert der Rechercheur ebenfalls die Hafenverwaltung von Penang (www.penangport.gov.my/index.php). Schließlich werden sie Zutritt zum Containerterminal benötigen, und der ist nur Befugten erlaubt.

Malaysia gilt als Land, in dem Korruption an der Tagesordnung ist. Es ist nachvollziehbar, dass der Import des illegalen Materials nur mit Unterstützung von bestochenen Zollbeamten und/oder Terminalbediensteten funktionieren kann. Zumal die Transporte offenbar schon seit längerer Zeit stattfinden, dies also kein erstmaliger Import der verbotenen Ware sein kann.

Um mögliches Misstrauen zu besänftigen und den Zugang zum Terminal zu gewährleisten, gibt der Rechercheur sich und den Kameramann als befreundete Lehrer aus, die an Privatschulen unterrichten und aus dem Container-Tracking ein Unterrichtsprojekt machen wollen (siehe auch Kapitel 6.2, Beispiel zwei). Das Anschreiben hat den nötigen Erfolg, die Leitung des Containerterminals antwortet, der Besuch werde genehmigt.

In seiner Rolle als Lehrer spricht der Rechercheur auch mit einer Agentur in Georgetown auf der malaysischen Insel Penang, welche die Ankunft und Weiterleitung der Container vor Ort abwickelt. Auch dies funktioniert. Am 16. Mai kommt aus Georgetown die Information, dass der besagte Container „XXXX 129 9X8 X" am 22. Mai auf dem Schiff „NNNNN BBBBB" am „North Butterworth Container Terminal", direkt gegenüber von Penang, eintreffen werde. Unter einem Vorwand versichert sich der Rechercheur noch per Telefon und E-Mail der Dienste eines Anwalts einer großen Kanzlei in Georgetown – für den Fall, dass etwas nicht glatt läuft.

Am 21. Mai vormittags landet das Team in Penang. Auf dem Hinflug (und schon ausgiebig zuvor) hat der Rechercheur Bücher über kulturelle Besonderheiten und Gepflogenheiten in Malaysia gelesen. Telefonisch trifft er Verabredungen mit der Leitung des Terminals und mit der Agentur für den nächsten Tag. Außerdem muss ein Taxifahrer gefunden werden, der alle drei Landessprachen (Malaysisch, Hindi, Chinesisch) sowie Englisch fließend beherrscht. Das gelingt. Außerdem besorgt das Team malaysische SIM-Karten für die Mobiltelefone.

Am nächsten Tag in der Agentur erklärt ein Mitarbeiter, es handele sich bei der verfolgten Lieferung um ein sogenanntes „Triangle Shipment". Dies habe den Zweck, dass der Endabnehmer der Ware den tatsächlichen Lieferanten nicht kenne. AAAAAA NNNNNN in Singapur trete nur als Zwischenhändler auf. Dann nennt der Agent die Firma „NNN WW EEE-EEE" als möglichen Abholer der Ware.

Am selben Abend, um 20:41 Uhr, wird der Container XXXX 129 9X8 X entladen und an einen Lagerplatz innerhalb des Terminals transportiert. Der Kameramann hält das fest. Die Männer im Operation Room des Terminals gewähren dem Team freien Zutritt zu ihren Einrichtungen. Auch die anderen 20 Container werden abgesetzt. Das Team im Operation Room sagt zu, Rechercheur und Kameramann zu informieren, sobald die ersten Container abgefahren werden.

Nach mehreren vergeblichen Anrufen am nächsten Tag, Freitag, 23. Mai, erklärt sich ein Mitarbeiter der Agentur schließlich bereit, Namen (Karab Jeya) und Adresse des möglichen Endabnehmers zu nennen, etwa 30 Kilometer entfernt auf dem malaysischen Festland. Die Fahrt dorthin erweist sich als Flop: Unter der angegebenen Adresse gibt es keine Firma, nur einen Briefkasten. Der Taxifahrer befragt den Hausmeister und erfährt, wer den Briefkasten gemietet hat: „NNN WW EEEEEE". An der eigentlichen Adresse von „NNN WW EEEEEE" in Georgetown gibt es kein Lagerhaus, nur ein kleines Büro im Außenbezirk. Kurz vor Büroschluss um 18 Uhr teilt ein Mitarbeiter der Agentur telefonisch mit, dass die Container vermutlich am kommenden Montag vom Terminalgelände geschafft werden sollen.

Den Samstag, 24. Mai, verbringt das Team mit dem Besuch von potentiellen Abnehmern auf dem Festland. Der Kameramann sammelt Dokumentationsmaterial.

Am Montag, 26. Mai, werden die Container wider Erwarten nicht vom Terminalgelände abgefahren. Das Team wartet vergeblich. Zu Beginn der Abendschicht, nachdem das Aufsichtspersonal gegangen ist, besucht der Rechercheur jene Stockwerke im Terminalgebäude, die den Büros von LKW-Speditionen vorbehalten sind. Er tritt freundlich, aber bestimmt auf, behauptet gegenüber den Angestellten, für ein Schulprojekt dringend einen bestimmten Container finden zu müssen. Nach mehreren Versuchen wird er fündig: Die Angestellten der Firma „LLL" entdecken die Containernummer XXXX 129 9X8 X in ihren Dateien und übergeben dem

Rechercheur einen Ausdruck. Die Container sollen demnach an die Firma „Federal FF" in einem Industriekomplex etwa 20 Kilometer vom Terminal entfernt geliefert werden. Containerinhalt laut des neuen, malaysischen Frachtbriefs: genau das gesuchte Material. Die Mitarbeiter gestatten auch Filmaufnahmen.

Am Dienstag früh, 27. Mai, fährt das Team zur Adresse von „Federal FF", um die Ankunft der Container zu dokumentieren. Nichts geschieht. In der Mittagszeit, als das Aufsichtspersonal das Firmengelände in Limousinen verlassen hat, betritt der Rechercheur das Büro von „Federal FF" und fragt nach der Ankunft der Container. Nach kurzer Diskussion stellt sich heraus, dass „Federal FF" keine Container erwartet, die Angestellten wirken glaubwürdig. Ein Mitarbeiter weist auf die Firma „Gulf English" hin, einen Untermieter auf dem weitläufigen Lagergelände. Auch diese Firma könne Container erwarten.

Rechercheur und Kameramann gehen direkt dorthin und entdecken eine Halle, in der Arbeiter verschiedenes Schüttgut in sogenannte „Bigbags" füllen. Die Arbeiter, darunter kein Malaysier, sondern Laoten, Nepalesen, Vietnamesen wissen von keiner bevorstehenden Lieferung von Containern, die Halle ist auch voll. Sie lassen das Team Aufnahmen machen, nennen die Telefonnummer ihres Chefs und haben eine weitere wichtige Information: Es gebe ein weiteres Lager, die Adresse kennen sie nicht genau, wissen aber den Namen einer Firma in der Nähe der Lagerhalle.

An dieser Stelle ein Einschub: Ohne die Hilfe des wirklich klugen und mit allen Wassern gewaschenen Taxifahrers, der gleichzeitig als Übersetzer arbeitete, wäre diese Recherche nicht möglich gewesen.

Unter der gegebenen Mobiltelefonnummer meldet sich tatsächlich ein Mr. Daniel. Der Rechercheur stellt sich nun als deutscher Makler für die illegale Ware vor, der mit „Gulf English" ins Geschäft kommen wolle. Daniel verweist für solche Verhandlungen auf seine Mutterfirma: „NNN WW EEEEEE".

Ein neuer Anruf bei der Spedition „LLL" verläuft negativ. Eine inzwischen hinzugezogene Managerin will keine Informationen mehr geben, verweist ebenfalls auf „NNN WW EEEEEE" für weitere Auskünfte. Ein wichtiges Indiz, dass die Nachrichtenkette auf der anderen Seite anzulaufen beginnt.

Der Taxifahrer befragt Arbeiter in mehreren Essbuden, und die weisen schließlich das Team in die richtige Richtung. Seine genaue Adresse verrät das Lager selbst, ein durchdringender Geruch geht von einer Halle aus. Das Team betritt unverzüglich das Gelände und beginnt mit Filmaufnahmen des mit dem illegalen Material gefüllten Lagers, bis es von einem Aufseher vertrieben wird, der vergeblich versucht, seine offensichtlich schlecht bezahlten Arbeiter zur Anwendung von Gewalt gegen die Eindringlinge aufzurufen.

Das Team zieht sich mit dem Taxi zurück und passt kurz darauf einen Laster ab, der mit Säcken beladen das Lager verlässt. Der Fahrer des Lasters lässt sich nach einigen Kilometern stoppen und erklärt, dass er noch einen weiten Weg in den Norden zu einem Kunden vor sich habe. Der Kunde passt sehr gut als Abnehmer des illegalen Materials.

Als das Taxi ein weiteres Mal zum Lager zurückkehrt, wird es von Männern auf Motorrädern erwartet und beobachtet, auf kleinen 125er-Maschinen, wie sie in dieser Gegend üblich sind. Die Handlungsspielräume verengen sich, das Team beschließt, den Rückzug anzutreten. Rechercheur und Kameramann holen rasch ihr Gepäck aus dem Hotel und nehmen die – vorgebuchte – Abendmaschine nach Singapur und darauf zurück nach Deutschland.

Das Puzzeln hat sich gelohnt, die Recherche ist beendet, Bericht und Filmmaterial werden am 29. Mai an den Auftraggeber geliefert.

Nachtrag: Die Container bleiben weitere vier Tage auf dem Terminalgelände stehen. In der Nacht vom Samstag, 31. Mai, auf Sonntag, 1. Juni, so berichtet ein Gewährsmann aus dem Operation Room des Terminals, werden sie unter mysteriösen Bedingungen von dem Gelände geschafft. Kurz darauf beginnt die Polizei in Georgetown, vom Rechercheur informiert, gegen „NNN WW EEEEE" zu ermitteln.

Eine weitere Ladung von 525 Tonnen des gleichen Materials, die im September 2008 für „NNN WW EEEEE" im North Butterworth Container Terminal aus Italien eintrifft, wird vom zuständigen Kontrollbeamten in Georgetown beschlagnahmt und vernichtet.

Das Verfahren in Georgetown gegen den Geschäftsführer von „NNN WW EEEEE" ist bis heute (Redaktionsschluss) nicht abgeschlossen.

Gegen den Exporteur mit Sitz in Norddeutschland erstatten sowohl der Rechercheur als auch der Auftraggeber Anzeige.

Das Verfahren gegen den deutschen Exporteur wird am 4. Dezember 2009 von der Staatsanwaltschaft Lübeck gegen Zahlung eines Bußgeldes in Höhe von 5.000 Euro eingestellt.

5.4 Die gezielte Suche
Auf der Suche nach Firmen

Wenn Behörden über aufgedecktes Fehlverhalten von Dritten berichten, werden Ross und Reiter meist nicht genannt. Die Gründe dafür liegen häufig im tatsächlichen Schutzinteresse von Beteiligten, oft aber auch nur im vermeintlichen Schutzinteresse von Dritten. Denn erfahrungsgemäß gilt, dass ein Beamter, der sein Wissen für sich behält beziehungsweise nur mit anderen beteiligten Behördenmitarbeitern austauscht, keine Fehler macht. Das Verschweigen von Ross und Reiter ist aus Sicht der Behörde fast immer die rechtlich sichere Variante.

Aber wenn beispielsweise die Bevölkerung gerade durch eine Mitteilung von Behörden erfährt, dass tonnenweise Gammelfleisch auf den Markt gekommen und zu Wurst oder Kebabspießen verarbeitet worden ist, oder mit Biosiegel zertifizierte Legehennenhalter mit Futter beliefert wurden, welches mit Dioxin belastet war, wollen alle wissen, wie man um den Genuss der produzierten Wurst herumkommt, welche Eier von welchem Hof Dioxin enthalten und wer mit solchen Praktiken sein Geld macht. Das Verständnis für die Nichtbenennung der Täter ist eher klein.

Doch nicht nur Behörden neigen bei solchen Skandalen zum Mauern. Auch die Besitzer der Currywurstbude oder des Dönerladens oder der Legehennenhalter haben verständlicherweise kein Interesse, genannt zu werden, auch wenn sie selber keine Täter waren, sondern zu den Betrogenen zählen und jederzeit bereit wären, Stein und Bein zu schwören, dass ihnen dergleichen nie wieder geschehen könnte. Weiter können sich alle Beteiligten denken, dass die Öffentlichkeit gerne Licht im Dunkeln hätte, das heißt, alle, die etwas wissen, agieren automatisch mit größter Vorsicht.

Für den Rechercheur sind dies auf den ersten Blick denkbar schlechte Voraussetzungen. Gleichzeitig erwartet die Öffentlichkeit aber gerade bei Skandalen aller Art, dass die Medien investigativ arbeiten. Und natürlich herrscht bei der Recherche auch großer Zeitdruck. Nur der Journalist und das Medium, welche als erste Ross und Reiter nennen, können den Erfolg für sich verbuchen. Alle anderen schreiben später nur noch ab.

Doch auch wenn der Druck groß ist, sollte gerade bei solchen Skandalrecherchen überlegt und systematisch vorgegangen werden.

🔎 Bevor die eigentliche Recherche beginnt, gilt es, sich ein Bild von der hierarchischen Kette aller Beteiligten auf den Ebenen der beteiligten Behörden, der Verursacher und Profiteure und der Geschädigten des Skandals zu machen.

🔎 Gleichzeitig müssen alle vorhandenen Informationen wie geografische Angaben, Größenangaben zu gehandelten Mengen oder Entfernungen und so weiter systematisch ausgewertet und den verschiedenen Beteiligten zugeordnet werden.

Grundsätzlich gilt für solche Suchaufträge natürlich hier: Je weiter oben in der Hierarchie ein Beteiligter steht, desto mehr weiß er, je niedriger er steht, desto eher ist die Bereitschaft vorhanden, Informationen preiszugeben und sich zu rechtfertigen. Je weiter oben der Wissensbesitzer steht, umso eher kann er natürlich auch die Weitergabe von Informationen filtern und unterbinden. Anrufe bei der Pressestelle der zuständigen Behörde führen in der Regel nicht zu neuen Informationen, da die Behörde schon alles, was zu sagen ist, in der Presseverlautbarung mitgeteilt hat. Alle weiteren involvierten Behörden sind selbstverständlich instruiert und geben auch keine weiteren Auskünfte zum Thema. Nur Fragestellungen, zu denen sich die Pressestelle der Behörde selber noch keine Gedanken gemacht hat, können in solchen Fällen weitere Informationen generieren.

Anders sieht es natürlich auf der Seite der privat oder wirtschaftlich Beteiligten aus. Ein Interesse am Verschweigen der eigenen Rolle im Skandal ist natürlich sehr groß, der Organisationsgrad der Beteiligten zum Verschleiern ist dagegen nicht so groß wie auf Seiten der Behörden.

Der Verkäufer der Currywurstbude, die mit Gammelfleisch hergestellte Würstchen verkauft hat, weiß wahrscheinlich, dass auch über seinen Betrieb die Ware unters Volk gebracht wurde. Denn die Lebensmittelaufsicht war wahrscheinlich in seinem Betrieb, um zu erfahren, ob noch Ware aus dem fraglichen Posten vorhanden war und um diese gegebenenfalls zu beschlagnahmen. Bei welchem Groß- oder Zwischenhändler sein Chef die beanstandete Ware in welcher Menge und zu welchem Zeitpunkt zu welchem Preis gekauft hat, weiß er wahrscheinlich nicht. Seinen Arbeitsplatz zu riskieren, wird auch nicht in seinem Interesse sein. Der Chef beziehungsweise der Einkäufer der Currywurstbude weiß all dieses, aber er weiß nicht unbedingt, in welcher Produktionsstätte die Würstchen hergestellt wurden und ganz sicher nicht, von welchen Grossisten der Würstchenhersteller wiederum seine Rohware bezieht.

Der Lebensmittelkontrolleur, welcher die involvierten Currywurstbuden vor Ort anhand einer Liste kontrolliert, auf der die Namen aller von einem beteiligten Zwischenhändler belieferten Kunden stehen, weiß, welche Endverkaufsstellen die Ware unter das Volk gebracht haben, aber nicht unbedingt, auf welche Art und Weise und von wem das Gammelfleisch in die Produktion der Currywürstchen eingeschleust wurde. Diese Information wäre für seine Arbeit natürlich auch völlig irrelevant.

Wenn eine Liste der involvierten Personen, Behörden und Wirtschaftsunternehmen erstellt worden ist und zu allen Beteiligten alle bekannten Informationen aus den schon vorhandenen Publikationen ausgewertet wurden, kann sich der Rechercheur darauf konzentrieren, welcher Beteiligte welche Interessen haben könnte oder müsste, die bisherige Darstellung seiner Beteiligung an dem Skandal in den Medien zu revidieren. In diese Überlegungen ist die Seite der Behörden natürlich auch mit einzubeziehen. Ansätze für solche Überlegungen sind eigentlich immer vorhanden, denn in dem Moment, an dem die Frage aufkommt, wer für den Skandal verantwortlich ist, haben die Medien immer schon erste Beiträge veröffentlicht und auch die Presseerklärung der federführenden Behörde ist in aller Regel vorhanden. Und der Grundverdacht, dass zuständige Behörden in ihren Kontrollfunktionen versagt haben, steht praktisch sowieso im Raum.

Angenommen, im Dezember liegt die Pressemitteilung vor, ein Berliner Hersteller von Currywürsten sei von einem fränkischen Schlacht- und Zerlegungsbetrieb im Juni des Jahres mit 100 Tonnen zu verzehrfähigem Fleisch umdeklarierten Gammelfleisch beliefert worden. Zu einem geringen Anteil seien auch Schlachtabfälle der Kategorie 3 geliefert worden. Dies sei vom Berliner Hersteller zu Currywürsten verarbeitet worden und an über 50 Imbisse in Berlin ausgeliefert worden. Ob dieser von der Umdeklaration des gelieferten Fleisches gewusst habe, sei noch Gegenstand der behördlichen Ermittlungen der zuständigen Lebensmittelaufsicht. Alle produzierten Currywürste seien nach Erkenntnis der Behörde mittlerweile verzehrt oder in den Verkaufsstellen sichergestellt worden. Auf Ebene des

Schlacht- und Zerlegungsbetriebes in Franken handele es sich offenbar um gezielten Betrug. Eine gesundheitliche Gefährdung der Verbraucher habe aber zu keiner Zeit bestanden.

Folgende Vorgehensweisen zur Ermittlung der Beteiligten kämen nun in Frage.

Konfrontation

Wenn der Kreis der in Frage kommenden Beteiligten übersichtlich und die Kommunikation unter ihnen eher nicht gut organisiert ist, kann man die Beteiligten der Reihe nach anrufen oder aufsuchen. Dabei sollte man nicht die Beteiligten platt beschuldigen, dass sie in den Skandal involviert seien, sondern so fragen, als ob dies gar nicht zur Diskussion stünde, sondern schon längst geklärt sei. Wenn die Beteiligten keine erfahrenen Betrüger sind, wird sich der tatsächlich Beteiligte bei Konfrontation mit dem vermeintlichen Wissen oft zu erkennen geben. In dem geschilderten Fall käme die Gruppe der Imbissverkäufer theoretisch für eine solche Konfrontationsstrategie in Frage, da sie leicht aufzufinden sind. In der Realität wäre die Gruppe der Imbissverkäufer in Berlin allerdings viel zu groß. Man wüsste hinterher wahrscheinlich auch nur, an diesem und jenen Imbiss wurde die beanstandete Wurst verkauft. Ob man so auch den Namen des Wurstherstellers erfährt, ist nicht sicher. Auch dürfte solch eine Herangehensweise presserechtlich zumindest als an der Grenze des Möglichen zu betrachten sein, da es zum einen zu bezweifeln ist, ob es sich bei den erfragten Informationen um solche von herausragendem öffentlichen Interesse handelt, und zum anderen, ob die gewünschten Informationen nicht auch auf eine andere Art und Weise zu beschaffen wären. Weitaus erfolgversprechender ist diese Vorgehensweise auf der Ebene der Skandalauslöser. Diese sind wiederum oft besser vernetzt und gewiefter. Bevor gegenüber diesen die Konfrontationsstrategie angewandt wird, sollte der Kreis der möglichen Beteiligten nur noch sehr klein sein.

Datensichtung

In vielen Fällen lassen sich über eine systematische Auswertung der von den Behörden mitgeteilten Sachverhalte nach dem Ausschlussverfahren die Beteiligten ermitteln oder zumindest der Kreis der in Frage kommenden Beteiligten sehr stark eingrenzen. Auf der Ebene der Wirtschaftsbeteiligten sind zunächst all diejenigen Beteiligten auszusortieren, die aufgrund ihrer wirtschaftlichen Daten oder geografischen Lage nicht als

Beteiligte in Frage kommen. Im Internet kann man sich auf die Suche nach allen Schlacht- und Zerlegebetrieben machen, die in Franken ansässig sind. Die simple Eingabe von „Liste zugelassene Schlachtbetriebe Deutschland" bei Google führt hier zum Erfolg in Form einer amtlichen Liste des Bundesamtes für Verbraucherschutz und Lebensmittelsicherheit. Die Eingabe von „Liste zugelassene Zerlegungsbetriebe Deutschland" führt zu einer weiteren amtlichen Liste. Leider sind die hier aufgeführten Betriebsstätten nicht mit der genauen Postadresse, sondern nur mit genauem Namen, Angabe des Ortes und des Bundeslandes zu finden. Unter allen in beiden Listen angegebenen Betrieben aus Bayern gilt es nun, die fränkischen herauszufiltern und dann wiederum diejenigen, die auf beiden Listen stehen. Ist man sich bei einer angegebenen Adresse nicht sicher, ob sie zu Franken gehört, kann man sich über Adressensuchmaschinen wie www.deutschland-adressen.de Klarheit verschaffen.

Auch Hersteller von Currywürsten aus Berlin lassen sich schnell im Internet recherchieren. Diese Akteure wollen sich ja im eigenen Interesse von potentiellen Kunden schnell finden lassen. Die Zahl der in Frage kommenden Kandidaten in Berlin und Franken sollte nach diesen zwei Rechercheschritten schon sehr überschaubar sein. Als zweite Eingrenzung käme in diesem Fall die Möglichkeit der Sortierung nach wirtschaftlichen Kenngrößen in Frage. Dies ist natürlich nur möglich, wenn der Rechercheur über einen Zugang zu einer professionellen Datenbank verfügt. Doch in praktisch allen größeren Redaktionen gibt es über das Archiv diese Möglichkeit. Die Umsatzdaten vieler Firmen sind über die Internetadresse www.ebundesanzeiger.de umsonst zu haben. Nicht mit großen Redaktionen vernetzten Rechercheuren und freien Journalisten rät der Autor, sich für den Notfall im Internet bei einem der großen Datenbankanbieter anzumelden. Gegen einen geringen Betrag (unter 10 Euro pro Betrieb) lassen sich dort zum Beispiel über die Wirtschaftsdatenbank „Creditreform" wirtschaftliche Grunddaten (genaue Adresse, Anzahl der Mitarbeiter, Umsatz, Namen der Geschäftsführung) von Betrieben kaufen.

Wer innerhalb von einem Monat 100 Tonnen Fleisch zu Currywürsten verarbeitet, hat logischerweise einen bestimmten Mindestumsatz im Jahr, den man sich ausrechnen und mit den gezogenen Datensätzen abgleichen kann. Alle Betriebe, die unter dem errechneten Umsatz liegen, können aus der Liste gestrichen werden. Wenn noch nötig, sollte sich der Rechercheur nun in einem weiteren Schritt von der federführenden Behörde durch plausible Fragen auf indirekte Weise noch genauere Daten zum Umsatz des Currywurstherstellers besorgen. Solch eine Frage könnte lauten, ob die Behörde

Angaben machen könne, zu welch einem Anteil der Wurthersteller Gammelfleisch und Schlachtabfälle welcher Art in der Wurst verarbeitet habe. Dies wolle man wissen, weil bei Verwendung von bestimmten Schlachtabfällen sehr wohl eine gesundheitliche Gefährdung der Konsumenten bestehen könnte. Erfahrungsgemäß wird eine Behörde schon aus Gründen der Rechtfertigung des eigenen Handelns nun weitere Angaben machen. Die Fragestellung des Rechercheurs läuft ja nicht auf die Nennung irgendwelcher Namen von Beteiligten oder auf Ortsangaben hinaus, auch wenn sie den Rechercheur weiter auf die Spur des Gesuchten führt. Denn wenn die Antwort lauten sollte, dass 20 Tonnen Schlachtabfälle und 80 Tonnen Gammelfleisch vermischt worden seien und wiederum in einem Anteil zwischen 20 bis 30 Prozent mit normalem Fleisch in einem Monat zu Würsten verarbeitet worden seien, hieße dies gleichzeitig, dass der gesuchte Currywurstproduzent mindestens 500 Tonnen Würste in einem Monat hergestellt hätte. Vermutlich lässt sich mit diesen Daten der Kreis der in Frage kommenden Kandidaten auf nur noch einen oder sehr wenige eingrenzen.

Überprüfung der Ergebnisse durch Konfrontation

Um sicherzugehen, nun auch den oder die richtigen Kandidaten erwischt zu haben, sollte sich der Rechercheur mit einer plausiblen Überprüfungsfrage beim Wurthersteller selber melden. Bevor dieser Schritt unternommen wird, sollte sich der Rechercheur fragen, mit welcher Sicherheit er bestimmen kann, dass die ermittelte Firma auch diejenige ist, welche im Fokus der Recherche stand. Eine Besprechung im kritischen Kollegenkreis ist an diesem Punkt der Recherche sehr hilfreich. Ist das Ergebnis der Beratung, dass mit Sicherheit gesagt werden kann, die richtige Firma gefunden zu haben, kann sich der Rechercheur direkt bei der Firma melden. Er sollte die Firma dann aber nicht mehr fragen, ob sie diejenige sei, welche Schlachtabfälle zu Currywurst verarbeitet hätte. In den folgenden Fragen sollte dieses als Selbstverständlichkeit vorausgesetzt werden. Die Firma könnte so zum Beispiel befragt werden, ob es ihr denn bewusst gewesen sei, dass es sich bei dem verarbeiteten Fleisch um Schlachtabfälle der Kategorie II und III gehandelt hätte oder ob ihr das Fleisch falsch deklariert angeliefert worden sei. Erfahrungsgemäß führen solche Fragen zur gewünschten Bestätigung. Diese Art von Fragen sollte aber nur dann gestellt werden, wenn sich der Rechercheur praktisch sicher ist, die Suche erfolgreich abgeschlossen zu haben.

Ist dies nicht der Fall, bedarf es einer positiven Bestätigung durch den oder die anvisierten Kandidaten. Um diese zu erhalten, muss man sich vorher überlegen, mit wem der anvisierte Kandidat (relativ) offen über die Vorfälle kommuniziert. Dies sind natürlich immer die ermittelnden Behörden, aber in der Regel auch die von einem Vorgang betroffenen Kunden. Als Behördenvertreter sollte man sich grundsätzlich nicht ausgeben, auch wenn der zu ermittelnde Sachverhalt in besonderem öffentlichen Interesse ist und bei Benennung der wahren Identität des Journalisten nicht zu recherchieren wäre (siehe auch Kapitel 14). Dies sollte auch für Rechercheure gelten, die nicht für die Medien, sondern für Kunden aus der Privatwirtschaft tätig sind.

Sich als Kunde auszugeben, wäre allerdings zu überlegen. Da der Wursthersteller aber die meisten seiner Kunden kennt und die ermittelnden Behörden die in den Handel gelangte Ware schon eingezogen haben, darf an einer solchen Stelle durchaus ein wenig Fantasie ins Spiel kommen. In dem Fall des Herstellers der Currywurst könnten sich die Autoren vorstellen, sich als Mitglied der Elternvertretung einer Schule mit einer aus dem Leben gegriffenen plausiblen Geschichte zu melden.

Diese könnte vielleicht so lauten: Man habe sich im August über einen Imbissbetreiber, der selber ein Kind auf der Schule habe, für das Schulfest mit 1.000 Currywursten eingedeckt. Davon seien wegen schlechtem Wetter aber nur 400 gebraten und verkauft worden. 600 Würste warteten noch in den Tiefkühltruhen verschiedener engagierter Eltern auf das nächste Schulfest. Nun habe man über den Imbissbesitzer erfahren, dass die Würste wohl auch mit Schlachtabfällen hergestellt worden seien. Niemand habe nach dem vergangenen Schulfest irgendwelche Beschwerden gehabt und auch niemand habe sich über den Geschmack der Würste beklagt. Aber nun sei man verunsichert und bräuchte Rat, wie man sich verhalten solle.

Aller Erfahrung nach stellt sich der Sucherfolg spätestens jetzt ein.

Erfahrung

Der Leser wird wahrscheinlich gemerkt haben, dass es vieler Einblicke in den Gegenstand einer Recherche bedarf, um solche Suchaufträge schnell und effizient ausführen zu können. Der Rechercheur muss über die im Internet vorhandene Datenlage zum Thema bestens informiert sein, er muss übliche und weniger übliche Verfahrensweisen bei der Produktion eines Wirtschaftsgutes oder einer Dienstleistung kennen und Wirtschaftsdaten zur Branche kennen, muss wissen, welche Behörden mit welchen Kompetenzen beteiligt sind und sollte nach Möglichkeit auch einen zumindest groben Einblick in das Gesetzeswerk haben, in dessen Rahmen die Beteiligten agieren. Ohne eine gewisse Spezialisierung sind solche Recherchen praktisch unmöglich, und Spezialisierungen verlangen zunächst einen großen Zeitaufwand. Jeder Rechercheur wird aber schnell feststellen, dass sich der Arbeitsaufwand mittel- und langfristig auszahlt. Sobald Gesprächspartner in Behörden und Verbänden bemerken, dass man sich mit einem Thema, einer Branche und typischen Verhaltensmustern der beteiligten Akteure auskennt, gewinnt man praktisch wie von selbst gute Kontakte. Statt mit erheblichem Aufwand Daten zu sichten, ergibt sich oft die Möglichkeit, einen guten Kontakt anzurufen und schlicht und einfach nach den Namen der Beteiligten zu fragen.

Auf der Suche nach Personen

Im Folgenden soll es nicht um die Suche nach Prominenten oder Personen der Zeitgeschichte gehen. Es geht um Personen, die interessant für die journalistische Berichterstattung sein können oder deren Leben als beispielhaft gelten kann, die aber trotzdem in den meisten Fällen kein Interesse haben, mit den Medien in Kontakt zu kommen. Gemeint sind Menschen wie der HIV-Kranke, der schon seit 20 Jahren mit der Krankheit lebt, der Vater von Kuckuckskindern, der illegal hier lebende Migrant ohne Aufenthaltsgenehmigung oder der ehemalige notorische Sexualstraftäter, der nach erfolgreicher Therapie oder Operation natürlich möglichst unauffällig unter uns lebt. Bei der Suche nach diesen Personen sollte man unbedingt Zeit mitbringen. Der redaktionelle Auftrag „besorgen Sie bis heute Abend einen HIV-Kranken für ein Interview zum Welt-Aids-Tag, der schon mindestens seit 20 Jahren Aids hat", ist schlicht und einfach sinnlos. Es sei denn, der mit dem Auftrag bedachte Kollege berichtet schon seit langem und regelmäßig zum Thema.

Ist dies nicht der Fall, und dies dürfte in den Redaktionen die Regel sein, ist mit größtem Bedacht vorzugehen. Der Interviewauftrag zum Welt-Aids-Tag müsste bei dem anvisierten Interviewpartner mindestens eine Woche im Voraus ergehen.

👓 Zunächst ist zu bedenken: Mit wem hat die anvisierte Person typischerweise Kontakt, wer könnte als Vermittler für die gesuchte Person in Frage kommen?

Im Beispielfall kämen hier die Aidshilfe, bestimmte Krankenhäuser, bestimmte Ärzte oder auch Apotheken in Frage. Allerdings ist es fast sinnlos, bei einem der identifizierten Kontakte anzurufen und nach dem Namen oder der Telefonnummer der Zielperson zu fragen. Das Auskunftsersuchen würde wohl brüsk zurückgewiesen, und dies mit Recht.

⚎ Es können lediglich Angebote zur Kontaktaufnahme gemacht werden.

Man kann nur die eigene Telefonnummer und E-Mail-Adresse mit freundlichen Worten hinterlassen und darum bitten, diese bei Kontakten mit HIV-Kranken gerne weiterzugeben.

⚎ Die Sorgen, Ängste, aber auch die Hoffnungen des Interviewpartners muss der Journalist schon vor der Kontaktaufnahme mit dem Vermittler antizipieren.

Dies erfordert unweigerlich, sich mit dem Thema oder den Themen, welche zentral für den Gesprächspartner sind, ausführlich auseinanderzusetzen. Dazu gehört natürlich nicht nur, Artikel von Kollegen zum Thema Aids zu lesen, sondern sich mit Experten aus der Medizin, aus dem Bereich von Krankenversicherungen, der Pharmaindustrie und aus dem Bereich der Soziologie und Psychologie zu unterhalten oder deren Werke zu lesen – oder im besten Fall beides zu tun. Diese Kenntnis zum Thema muss dann bei der Kontaktaufnahme mit dem Vermittler signalisiert werden. Geschieht dies nicht, kann es dem Journalisten nur zu schnell passieren, dass er gegenüber dem Vermittler Unworte gebraucht, banale Gründe oder Themen für das Interview benennt und sich so schon auf der Ebene der Kontaktaufnahme mit dem Vermittler disqualifiziert.

⚎ Am Ende ist natürlich der Moment des ersten echten Kontaktes mit der gesuchten Person entscheidend.

Unter Zeitdruck darf auf keinen Fall agiert werden. Naturgemäß weiß der Journalist auch bei bester Vorbereitung nicht, welche Themen aus dem Spektrum der erarbeiteten Konfliktfelder für den Interviewpartner persönlich zentral sind.

5.5   Arbeit mit Informanten

Gewinnt der Journalist oder Rechercheur den Eindruck, über einen wichtigen Sachverhalt von öffentlichem Interesse gezielt getäuscht zu werden, kann er sich – nach gründlicher Güterabwägung – auf die Suche nach einem Informanten begeben. Dabei setzt er grundsätzlich auf Kooperation: helfende Hände an den entscheidenden Stellen. Keine Sorge – diese Helfer sind wahrscheinlich längst an Ort und Stelle. Je größer das Objekt der Recherche, desto größer sind auch die Chancen, auf Helfer zu stoßen: Große Objekte sind schwer zu kontrollieren, und solche Organismen haben regelmäßig Kritiker in den eigenen Reihen, da sie bereits aufgrund ihrer schieren Größe automatisch Konflikte produzieren.

Der Rechercheur muss diesen Kritikern lediglich begegnen. Dabei hilft ihm seine Authentizität, vor allem aber, wenn er etwas zu bieten hat.

Wer dagegen nichts zu bieten hat, ist nicht besonders interessant. Glücklicherweise hat jeder Rechercheur eine ganze Menge zu bieten. In den Augen seiner Gesprächspartner ist das mitunter mehr, als der Rechercheur glaubt.

Da ist einmal sein vorhandenes Wissen aus der Basisrecherche. Was davon, insbesondere jenes, das nicht unmittelbar mit dem Recherchethema zu tun hat, könnte für den Gesprächspartner interessant sein? Es hat sich herausgestellt, dass auch Fachleute oft froh sind, wenn sie Hinweise erhalten, wo und wie bestimmte Informationen abrufbar sind. Das Gleiche gilt für Hintergrundinformationen, auf die der Informant mangels Infrastruktur, Zeit oder Geld keinen Zugriff hat.

Authentisch sein

Elementare Voraussetzung für die Arbeit mit Informanten ist nach Erfahrung der Autoren die Authentizität des Rechercheurs. Diese ist kaum zu simulieren. Anfänger sollten unbedingt die Finger von solchen Versuchen lassen, auch wenn sie begnadete Schauspieler sind. Im Übrigen ist solche Simulation nur in wenigen Extremsituationen zulässig, das heißt: unter Kriminellen (siehe auch Kapitel 6). Authentizität kommt von innen heraus: Blick, Stimme, Gestik und Worte müssen im Einklang sein, damit beim Zuhörer das Gefühl von Glaubwürdigkeit entsteht. Aus Glaubwürdigkeit wächst Vertrauen, und Vertrauen zwischen dem Rechercheur und seinen Gesprächspartnern ist Grundlage für die Kooperation. Schließlich bewegt sich der Rechercheur in unsicheren Gewässern. Sein Kontakt, den er unterwegs trifft, weiß das natürlich – und muss trotzdem zur Hilfe bereit sein. Dies wird nur geschehen, wenn er fest darauf vertrauen kann, dass der Rechercheur:

- mit seinem Gesprächspartner gemeinsame Ziele verfolgt und insbesondere

- weder bezahlter Spitzel noch „Agent Provocateur" und auch

- kein unzuverlässiges Subjekt ist (Angeber, Weichling oder Umfaller), sondern bereit, seinen Kontakt zu schützen und

- nicht vorhat, seinen Gesprächspartner für unbekannte Zwecke auszunutzen.

Um dieses tiefe Vertrauen zu schaffen, reicht Authentizität allein nicht aus. Der potentielle Kontakt braucht Gelegenheit, den Rechercheur näher kennenzulernen und für sich einzuschätzen. Es ist darum wichtig, sich bei allen Gesprächen die nötige Zeit zu lassen. Das hilft auch dem Rechercheur; denn einmal kommt der Zeitpunkt, wo er entscheiden muss: Lege ich die Karten auf den Tisch oder nicht?

Der Rechercheur sollte gründlich mit sich zu Rate gehen, bevor er sein eigentliches Anliegen offenbart. Verfügt er über große Menschenkenntnis, ist das sein Glück. Dann wird er wahrscheinlich bereits während der Basisrecherche auf einen Gesprächspartner treffen, von dem der Rechercheur spürt: Der ist bereit, noch viel mehr zu erzählen. Aber Vorsicht: Wenn man an den Falschen gerät („Wollen Sie mich etwa überreden, meine eigene Organisation auszuspionieren?"), können vertrauliche Angebote irreparablen Schaden anrichten.

👀 Ein Informant, der vertrauliche Informationen weitergibt, geht ein hohes rechtliches Risiko ein (siehe auch Kapitel 14.4). Weisen Sie den Informanten gegebenenfalls auf dieses Risiko hin!

Erster Kontakt

Es ist fast unmöglich, einen Informanten telefonisch zu gewinnen. Wenn jemand das Risiko eingeht, auf einer informellen Ebene mit einem Journalisten zusammenzuarbeiten, möchte dieser sein Gegenüber auch persönlich kennenlernen. Ein Foto, an eine E-Mail angehängt, oder der Verweis auf eine Facebook- oder ähnliche Seite reichen nicht. Die Chemie zwischen beiden muss stimmen.

Soll ein Kontakt intensiver werden, macht es Sinn, die gegenseitige Vertraulichkeit und Verlässlichkeit erst mal auf einer anderen Ebene zu prüfen.

Ein erfahrener Journalist oder Rechercheur geht im Gespräch mit einem möglichen Informanten sehr langsam auf den anderen zu: Zunächst beschreibt er sich selbst beziehungsweise seinen Auftraggeber so deutlich wie möglich. Das versetzt sein Gegenüber in die Lage, die Beweggründe des Rechercheurs zu bewerten. Für den Angesprochenen stehen in dieser Situation zwei – bereits erwähnte – Fragen im Vordergrund:

• Ist diese Person für mich oder meine Parteigänger von Nutzen?

• Kann ich dieser Person trauen?

Zu Frage eins: Der Rechercheur redet jetzt besser nicht über seine politischen Vorstellungen oder seine Ideale – zum einen sitzt er vielleicht einem Kontrahenten gegenüber, zum anderen kann ungefragte Meinungsäußerung schnell Aversionen auslösen. Er berichtet vielmehr ganz konkret über seine Medienkontakte, seine Fähigkeiten und Möglichkeiten. Der Rechercheur preist sich aber nicht an: Der Angesprochene soll (und muss) von selbst zu dem Schluss kommen, dass der Rechercheur ihm nützlich sein könnte. Sobald der Kontakt diese Schlussfolgerung zieht, ist das Wichtigste geschafft: So wie der Rechercheur sein Gegenüber, begreift ihn auch der andere als möglichen Partner, wenigstens als mögliches Mittel zum Zweck – das ist nicht zynisch gemeint, sondern erprobte Basis für eine fruchtbare Zusammenarbeit.

Wenn die – unaufdringliche – Selbstbeschreibung des Rechercheurs stattgefunden hat, kann dieser über seine Schwierigkeiten berichten, glaubwürdige und nachvollziehbare Informationen zum Thema zu erhalten. Er kann sich auch kritisch über eine bestimmte Informationspolitik äußern. Der Rechercheur wird dann eventuell feststellen, dass ihn sein Gegenüber sehr genau beobachtet. Das bedeutet: Der Gesprächspartner hat die Botschaft aufgenommen und ist angespannt, weil er nicht sicher ist, ob ihm der Rechercheur eine Falle stellt.

🔍 Vergessen Sie nie: Es ist in aller Regel der Informant, der das weitaus größere Risiko eingeht.

Erfolgt keine erkennbare Reaktion, sollte der Rechercheur von weiteren „Ermunterungsversuchen" dringend Abstand nehmen: Entweder wurde die Botschaft nicht verstanden, dann ist der Kontaktierte ignorant. Oder sie wurde verstanden, aber nicht aufgegriffen, und dann macht es keinen Sinn, lange zu bohren. Der Gesprächspartner will aus bestimmten Gründen nicht reden, und dies zu ignorieren, führt nicht weiter.

Gesetzt den Fall, der Kontakt hat sein Gegenüber verstanden, wird er jetzt zum Vertrauensbeweis ebenfalls eine „ein bisschen" kritische Bemerkung machen. Der Rechercheur greift die Bemerkung auf. So geht es weiter, bis eine der Parteien das Risiko auf sich nimmt, der anderen ihr Vertrauen zu beweisen. (Die Verfasser vertreten – aus oben angeführten Gründen – die Meinung, dass immer der Rechercheur dieses Risiko eingehen muss. Er hat im Zweifelsfall weniger zu verlieren.)

Ganz sicher wird der Gesprächspartner des Rechercheurs auch dessen Charakter und Eigenarten unter die Lupe nehmen: Ein Rechercheur, der sich der Gefährlichkeit einer Situation nicht bewusst ist oder seinen Mut beweisen will oder betont sorglos vorgeht, stellt für jeden Informanten ein Sicherheitsrisiko dar. Das Gleiche gilt für zu ängstliches Auftreten.

Wer sich wie ein Geheimagent im Film verhält und entsprechende Vorschläge unterbreitet (geheime Treffen an dunklen Orten, Codewörter, tote Briefkästen), beweist Mangel an Professionalität. – Kommen solche Vorschläge von der Seite des Gesprächspartners, bedeutet das zumeist, dass dieser genauso unprofessionell ist. Es kann allerdings in seltenen Fällen auch sein, dass konspiratives Verhalten tatsächlich notwendig ist, weil der Gesprächspartner Beobachtung fürchtet, unter konkretem Verdacht oder kurz vor der Entdeckung steht. Dann sollte sich der Rechercheur genau überlegen, ob die weitere Pflege des Kontaktes das Risiko des Auffliegens wirklich wert ist.

Das oben beschriebene Ritual des Beschnupperns und der Schaffung vertrauensbildender Maßnahmen kann Minuten oder auch Tage in Anspruch nehmen. Der Zeitaufwand steht gewöhnlich in direktem Verhältnis zu dem Risiko, das beide Seiten eingehen.

Wenn der Rechercheur das Gefühl hat, dass ihm die Zeit davonläuft, sollte er seinen Kontakt auf diese Tatsache aufmerksam machen. Wenn der Kontakt ein „echter" ist, wird er darauf entsprechend reagieren.

Eine Kontaktaufnahme muss nicht derart aufwendig verlaufen. Der Einsatz lohnt sich aber meistens. Und ist ein Rechercheur einmal unter die Oberfläche vorgedrungen, ist der Rest weitaus weniger kompliziert. Er wird gegebenenfalls sogar weitergereicht.

Überzeugungstäter

Verläuft die Kontaktaufnahme positiv, wird der Ansprechpartner jetzt möglicherweise Aktivitäten entfalten, die dem Rechercheur seine weitere Arbeit gewaltig erleichtern. Dies hat der Rechercheur aber nicht seinem einnehmenden Wesen zu verdanken, sondern der Tatsache, dass er es gar nicht so selten mit sogenannten „Überzeugungstätern" zu tun hat.

Überzeugungstäter verfolgen keine ureigenen Interessen (Konkurrenten ausbooten, andere geldwerte Vorteile), vielmehr kämpfen sie für oder gegen eine Sache.

Überzeugungstäter unter den Gesprächspartnern lassen sich relativ leicht identifizieren: Sie schwimmen oft gegen den Strom. Sie haben Ideale, zumindest eindeutige Ziele jenseits der Gegenwart und nehmen zum Teil erhebliche Risiken auf sich, um diese Ziele umzusetzen. All das tun Überzeugungstäter nicht für Geld. Dies (und anderes) macht Überzeugungstäter zu starken Persönlichkeiten, auf die sich der Rechercheur entsprechend verlassen kann. Sie sind bereit, sehr viel für ihre Sache und damit auch für den Rechercheur zu tun.

Ein Rechercheur sollte sich aber im Klaren sein, dass jeder Überzeugungstäter umgekehrt große Erwartungen in seine Verbündeten setzt. Und aus dem Blickwinkel des Überzeugungstäters ist der Rechercheur immer ein Verbündeter. Alles andere ist Augenwischerei.

Der Rechercheur muss sich genau überlegen, ob er sich auf solche Situationen einlassen will (und darf). Falls nicht, hat er neben den bereits angesprochenen Problemen einen weiteren Grund, die Finger von dieser Art Recherche zu lassen. Er kann sonst schnell in Schwierigkeiten geraten, die dann von allen Seiten auf ihn einwirken. Ein vermeintlich verbündeter Rechercheur, der sich im Nachhinein als vermeintlicher „Verräter" entpuppt, hat jeden vor den Kopf gestoßen und bald keine Freunde mehr, dafür viele Feinde. Falls er ein zweites Mal in die Thematik eintaucht, wird er mit Sicherheit vor verschlossenen Türen stehen.

Anonyme Informanten

Es gibt Journalisten, die sich auf Gespräche mit Quellen, die anonym bleiben wollen, grundsätzlich nicht einlassen, und es spricht auch einiges für diese Haltung: der anonyme Informant könnte ja deswegen anonym bleiben wollen, weil er anderen zum eigenen Nutzen Schaden zufügen und dabei unerkannt bleiben möchte. Oder der Informant hat bekanntermaßen früher schon Fehlinformationen in die Welt gesetzt, jetzt möchte er es wieder tun, da will er verhindern, gleich entlarvt zu werden. Oder ist da gar kein Informant, sondern ein Feind am Werk ... Es gibt viele Gründe, äußerst misstrauisch zu sein.

Dann gibt es noch praktische Gründe, sich nicht auf Gespräche mit anonymen Quellen einzulassen: Wie soll der Journalist belegen, tatsächlich mit einem anderen gesprochen zu haben, wenn er den Namen nicht einmal seinem Auftraggeber, also der Redaktion, nennen kann?

Viele Redaktionen lassen sich darauf ein, den Namen eines Informanten nicht zu nennen, aber kennen möchten sie ihn schon, bevor sie die so erhaltene Information verwerten: Nur so lässt sich die Integrität des Informanten überprüfen und generell verhindern, dass ein unseriöser Journalist statt einer soliden Recherche einfach anonyme Informanten anführt, die er sich am Ende selbst ausgedacht hat.

Falls sich eine Redaktion darauf einlässt, geht sie ein Wagnis ein. Die Versuchung, mit ausgedachten Quellen zu operieren, ist dann für den Journalisten groß. Tatsächlich ist das schon oft geschehen. Ein bemerkenswertes, an die Öffentlichkeit gelangtes Beispiel hat der selbsternannte „Borderline-Journalist" Tom Kummer abgeliefert. Er wurde aber nicht dabei ertappt, mit falschen Informanten zu operieren. Vielmehr hatte er sich exklusive Interviews mit Stars wie Madonna ausgedacht und war damit über Jahre erfolgreich, bevor die Geschichten schließlich aufflogen.

Um wie viel größer ist da die Verlockung für einen investigativen Journalisten, unter dem Vorwand des Quellenschutzes Fantasiefiguren auftreten zu lassen, welche die vielleicht wackeligen Ergebnisse des Journalisten angeblich bestätigen oder untermauern.

Das größte Problem hat aber der Rechercheur selbst: Manche anonymen Informanten lassen sich zwar auf einen E-Mail-Verkehr via Adressen ein, deren Echtnamen nicht so leicht nachprüfbar sind (Yahoo etwa ist einer von vielen Diensten, wo jeder sich ohne Bekanntgabe der Identität anmelden kann). Ebenso gibt es namentlich nicht zuzuordnende Mobilfunknummern, über die sich der anonyme Informant anrufen lassen kann. Auf diese Weise lässt sich ein Kontakt zum Informanten aufbauen. Ob der Informant ein Telefongespräch annimmt und auf eine E-Mail reagiert, ist jedoch dessen Entscheidung. Manche sind derartige Geheimniskrämer oder derart vorsichtig, dass sie sich grundsätzlich nur mit ausgeblendeter Rufnummer melden und sich auf keinen E-Mail-Verkehr einlassen. – So ein Informant ist schlicht nicht zu erreichen, wenn plötzlich eine wichtige Frage auftaucht.

Was bei diesen Überlegungen allerdings unter den Tisch fällt:

🔭 Jeder echte Informant hat einen sehr guten Grund, seinen Namen nicht preiszugeben: Er wird für den Rest seines Lebens durch den Journalisten beziehungsweise Rechercheur erpressbar.

Oft wird das vielen Informanten erst bewusst, wenn sie eine Information gesteckt, eine Datei weitergereicht haben. Der Journalist kann sich nun mit dem erworbenen Wissen profilieren. Und der Informant? Er muss darauf vertrauen, dass sein Name im Zusammenhang mit der Information nicht fallen wird, dass auch Dritte wie Ressortleiter, Chefredakteur und, falls vorhanden, Dokumentare diesen Namen nie nennen werden. Das Risiko, eines Tages verraten zu werden, ist latent, und Verschwiegenheit zählt nicht zu den herausragenden Merkmalen von Journalisten. Wird aber ein Verräter bekannt, ist es vorbei mit der beruflichen Laufbahn, vielleicht auch mit der sozialen Stellung.

Es ist darum wichtig, das Problem auch aus den Augen des anonymen Informanten zu betrachten. Wie ein Journalist oder Rechercheur damit umgeht, soll jeder selbst entscheiden.

🔭 Die Erfahrung zeigt, dass auch vollkommen anonyme Informanten über sehr wichtige und brauchbare Informationen verfügen. Wichtig ist: Sie müssen unbedingt nachprüfbar sein, und hierauf sollte sich der Journalist im Gespräch konzentrieren, danach immer wieder fragen.

Der Hauptautor dieses Buches hatte schon öfter mit anonymen Informanten zu tun. Sein Fazit: Nicht alles, was auf diese Weise vermittelt wird, ist richtig. Sind die anonym gegebenen Informationen am Ende belastbar und ist ihre Preisgabe unter journalistischen Gesichtspunkten sowohl notwendig als auch nach Pressekodex vertretbar – dann sind sie auch brauchbar.

🔭 Besonders wichtig ist aber eine äußerst gründliche Gegenrecherche der Ergebnisse, zumal viele Informationen ja nicht vom Rechercheur selbst, sondern von Dritten beschafft wurden.

Und damit sind auch deren Interessen im Spiel. Die Endkontrolle sollte unverzüglich stattfinden. Sie ist weit weniger schwer als der vorausgegangene Teil der Arbeit.

Die Echtheit eines Dokumentes lässt sich leicht belegen, indem sich der Rechercheur bei dessen Urheber meldet.

Ein Beispiel: Im Zuge einer Recherche über Shell Nigeria erhielt der Autor einmal von dort ein Dokument zugespielt, welches das Unternehmen ziemlich schwer belastete. Das Dokument verfügte über einen authentisch wirkenden Briefkopf von Shell Nigeria, war mit einem Aktenzeichen versehen und trug auf jeder Seite als „Wasserzeichen" den Schriftzug „Confidential".

Zur Verifizierung setzte sich der Rechercheur mit Shell Nigeria in Verbindung. Er erwähnte aber nicht, dass ihm besagtes Dokument vorlag, sondern bat um dessen Zusendung. Es sei ihm für die weitere Recherche empfohlen worden, den Titel des Dokuments kenne er aber nicht. Stattdessen nannte er das Aktenzeichen. Einige Tage später antwortete die Pressestelle von Shell Nigeria auf Nachfrage, dieses Dokument sei nicht für die Öffentlichkeit bestimmt und werde deshalb nicht herausgegeben. Dies war ein relativ starkes Indiz für dessen Echtheit. Als Shell Nigeria die Richtigkeit bestimmter Zahlen aus dem Dokument bestätigte, die darin zwar enthalten, aber weit von der Recherche entfernt waren, reichte dies dem Rechercheur und seinem Auftraggeber.

Grundsätzlich ist das Überrumpeln von Gesprächspartnern – wie hier geschehen – zwar meistens effektiv, aber ebenfalls nur im Einzelfall gerechtfertigt. Dies schien in der beschriebenen Situation der Fall zu sein. Nebenbei eignet sich diese Vorgehensweise sehr gut, um Kernaussagen zu verifizieren: Dann kann der Rechercheur sein Gegenüber (aber nicht den Pressesprecher!) mit einer Information konfrontieren, die er eigentlich gar nicht besitzen dürfte. Wird die Information nicht umgehend bestritten, ist ihre Echtheit ziemlich sicher. Fällt dann noch eine Bemerkung in der Art: „Wenn Sie die Zahlen schon haben ..." oder „Wie konnte das jetzt wieder nach draußen gelangen!", kann der Rechercheur davon ausgehen, dass die Angaben stimmen.

Allerdings ist es eine Erfahrung, dass einer genauen Gegenrecherche bei der Arbeit mit Informanten, insbesondere anonymen, Grenzen gesetzt sind.

Ein Rechercheur kann das Risiko, hereingelegt worden zu sein oder mit falschen Zahlen zu operieren, niemals ausschließen, sondern immer nur versuchen, es gegen null zu führen.

Kontrollfragen

Arbeitet ein Rechercheur hauptsächlich mit Informanten, ist die Überprüfung der Glaubwürdigkeit der erhaltenen Angaben von größter Bedeutung. Weil oft nur Augenzeugenberichte gegen offizielle Erklärungen stehen, ist die Verifikation nicht immer so einfach wie die Echtheitsprüfung eines Dokuments. Die Beantwortung einer Reihe von Fragen gibt aber brauchbare Hinweise, ob eine Aussage stimmt oder erlogen ist, ob ein Dokument, dessen Besitz bereits eventuell strafbar ist, echt ist oder manipuliert. Sie lauten:

- Wurde die Information ungefragt angeboten?
- Sprengt sie den Rahmen des Erwarteten oder Wahrscheinlichen?
- Wurde für die Weitergabe der Information Geld verlangt?
- Wurde die Information von einem Unbekannten geliefert?
- Wurde die Information „heiß gemacht", das heißt, wurde Zeitdruck aufgebaut oder wurde sie unter ungewöhnlichen Umständen zu einer ungewöhnlichen Tageszeit geliefert?
- Hat der Informant normalerweise keinen Zugang zu der besagten Information?
- Unterscheidet sich das Dokument/die Aussage in Form und Duktus von anderen Dokumenten/Aussagen aus derselben Firma/Behörde/Institution etc.?
- Lenkt die Information die Recherche in eine völlig neue Richtung?

Kann der Rechercheur alle Fragen klar mit „Nein" beantworten, ist die Information mit sehr großer Sicherheit echt. Taucht wenigstens ein „Ja" auf, sollte der Rechercheur die betreffende Unterlage oder Aussage sehr gründlich prüfen. Muss zweimal mit „Ja" geantwortet werden, herrscht – zumindest bei den Verfassern – höchste Alarmstufe: Falls es nicht gelingt, die Echtheit der besagten Information von zwei voneinander unabhängigen Quellen nochmals bestätigen zu lassen, sollte sie der Rechercheur nicht verwenden. Falls das aus bestimmten Gründen unumgänglich ist, muss er zumindest ausdrücklich darauf hinweisen, dass die betreffende Aussage nicht gesichert ist.

Selbstverständlich kann eine Information stimmen, auch wenn achtmal ein „Ja" verteilt wurde, und sie kann trotz acht „Nein" gefälscht sein, keine Frage. Falls nicht andere außergewöhnliche Umstände vorliegen, senken acht „Nein" das Restrisiko aber auf einen tolerablen Wert.

Andererseits gilt nach wie vor: Die perfekte Kontrolle gibt es so wenig wie die perfekte Lüge. Und wenn sich mehrere „Profis" wirklich einmal mit dem Ziel zusammentun, einen erfahrenen Rechercheur aufs Kreuz zu legen, wird es vermutlich für beide Parteien sehr schwer (siehe auch Kapitel 11).

5.6   Scheckbuch-Recherche

Der lockere Umgang mit dem Scheckbuch ist ein erfolgreiches Verfahren und sicher besonders angebracht, wenn dafür anderes als das eigene Geld zur Verfügung steht. Das Kaufen wichtiger Unterlagen von frustrierten oder gefeuerten Mitarbeitern beinhaltet jedoch handfeste Risiken: Sobald Geld ins Spiel kommt, ist der Informationsfluss extrem interessengesteuert. Zum Beispiel überlegt ein bezahlter Informant, welche weiteren Neuigkeiten er verkaufen könnte. Und wenn sie nicht existieren, lassen sich solche Informationen eventuell herstellen?

Geld nehmen auch Wichtigmacher gerne von Journalisten entgegen. Diese Leute präsentieren sich als Zeugen sensationeller Dialoge oder Geschehnisse. Generell gilt: Je größer die verlangte Summe in den Augen des Fordernden und je geduldiger der Zuhörer, desto ausführlicher und unglaubwürdiger das Geschilderte.

Bisweilen kann auch pure Not zur Falschaussage verleiten: Journalisten, die mit Dollarscheinen winkend durch ein Lager von Kriegsflüchtlingen laufen, bekommen mit Sicherheit einige haarsträubende Gräuelgeschichten erzählt. Legt man einen Hunderter darauf, folgt noch die detailgetreue Schilderung einer Massenvergewaltigung inklusive der Präsentation eines angeblichen Opfers. Stimmt die Geschichte tatsächlich, ist die Glaubwürdigkeit der Zeugen dennoch erschüttert, sobald bekannt wird, dass Geld geflossen ist. Der Wahrheitsfindung dient solches Vorgehen nie.

Doch auch wenn die angeblichen Geheiminformationen einer unvoreingenommenen Prüfung standhalten, bleibt die Tatsache bestehen, dass der Rechercheur mit Menschen zusammenarbeiten muss, die das Vertrauen anderer zum Zweck der eigenen Bereicherung missbrauchen. Das hinterlässt erstens einen unangenehmen Nachgeschmack. Und zweitens könnte der Verräter versucht sein, für weiteres Geld den Rechercheur zu verraten.

Drittens spricht aus Sicht der Verfasser gegen diese Art Geschäfte: Wer Geld bietet oder Bereitschaft zeigt, Geld zu geben, der schreckt auf diese Weise jene Informanten ab, die ihr Wissen aus ideellen Gründen preisgeben wollen. Wer es dagegen ablehnt, Geld für vertrauliche Unterlagen zu zahlen, vermeidet einerseits den Umgang mit unsympathischen Zeitgenossen und mindert andererseits die Gefahr, aufs Kreuz gelegt zu werden.

Mit Geld für Informationen winken

Bleibt die – aus Sicht der Verfasser untragbare – Variante, dass ein Journalist oder Rechercheur nicht nur für Informationen zahlt, sondern von sich aus Geld anbietet, um „eine Zunge zu lösen". Der Deutsche Presserat hat wenige solcher Fälle geschildert, denn sie kommen ihm lediglich zu Ohren, wenn es anschließend Streit um das vereinbarte Geld gibt. Ist dies nicht der Fall, hat keine der beiden Seiten ein Interesse, die Sache in die Öffentlichkeit zu bringen.

Danach „hatte eine Jugendzeitschrift Kindern, die von zu Hause ausgerissen waren, Geld für eine sensationell aufgemachte Bildreportage angeboten" (Pressemitteilung des Presserats vom 17.9.1997; siehe auch Kapitel 6). – Die Minderjährigen befanden sich also überdies in einer Notlage. Wem solches Verhalten von Kollegen bekannt wird, sollte diese umgehend darauf ansprechen und notfalls auch den Gang zum Staatsanwalt nicht scheuen. Mit Recherchieren hat solches Vorgehen nichts zu tun.

Fälle konstruieren

Genauso unverantwortlich ist es, Geschichten so weit zu konstruieren, bis sie die erwünschte Tendenz erhalten. Mit Recherche hat das wiederum nichts zu tun, soll hier aber als weiteres Beispiel aus den Berichten des Deutschen Presserates stehen: „Die Anfälligkeit von Jugendlichen gegenüber der rechten Szene" ist das Thema eines Reports in einer Jugendzeitschrift. „Rechts ist geil!" lautet die Schlagzeile. Der Beitrag ist reich illustriert. Die Fotos zeigen einzelne Jugendliche mit Utensilien, die in der rechten Szene verbreitet sind. Unter anderem wird ein 15-jähriges Mädchen mit Bild, Vornamen, Altersangabe und einem Zitat zur Gewalt gegen

Ausländer vorgestellt. In einer Passage wird festgestellt: „Darin sind sie sich einig, die 20 Jungs und Mädchen, die sich täglich nach der Schule im Jugendclub in ... (Name des Ortes), einem kleinen Ort östlich von Berlin, treffen." Ein Anwalt legt im Namen der 15-Jährigen und deren Mutter Beschwerde beim Deutschen Presserat ein. Die Darstellungen der Zeitschrift seien erfunden, die Szenen gestellt. Den Jugendlichen sei für ihre Mitwirkung eine Vergütung von 200 D-Mark zugesagt worden. Diese sei jedoch dann nicht ausgezahlt worden. Aussagen zur DVU [die rechtsextreme Deutsche Volks-Union, d.Red.] habe man den Beteiligten in den Mund gelegt. Alle auf den Fotos dargestellten Utensilien aus der rechten Szene seien von den Reportern der Zeitschrift mitgebracht worden. Man werde sie in der Zeitschrift als Schüler abbilden, habe man ihnen zugesagt, nicht jedoch als rechtsradikale Schlägertruppe. Der Beschwerde schließt sich auch das Ministerium der Justiz des Landes Brandenburg an. Der Artikel enthalte erhebliche Verstöße gegen die Publizistischen Grundsätze.

Die Redaktion der Zeitschrift verteidigte sich: Sie habe herausfinden wollen, ob rechtsradikale Thesen von ostdeutschen Jugendlichen reflektiert werden, weshalb der Rechtsradikalismus im Osten Deutschlands eine nicht unerhebliche Anhängerschaft findet und ob Jugendliche davon zu überzeugen seien, dass Rechtsradikalismus eine Gefahr für die deutsche Demokratie darstelle. Es treffe zu, dass den Jugendlichen Exemplare einer rechten Zeitung vorgelegt worden seien. Man habe die Jugendlichen konkret zu den darin enthaltenen Thesen befragen und herausfinden wollen, inwieweit Jugendliche die von der rechtsradikalen DVU verbreiteten Thesen und Parolen akzeptieren oder auch nicht akzeptieren. Dass es sich bei den befragten Jugendlichen um zufällig ausgewählte handelte, gehe aus dem Beitrag selbst deutlich hervor. Gerade die 15-Jährige, die mit ihrer Mutter die Beschwerde initiiert habe, sei diejenige Jugendliche gewesen, die sich vom rechtsradikalen Gedankengut distanziert habe. „Es verwundert schon sehr, dass gerade die anderen Jugendlichen, die sich deutlich zu rechtsradikalen Thesen bekannt haben, gegen den Beitrag selbst nichts unternehmen. Trifft der Beitrag also doch den Kern der Sache?" Die zunächst versprochene Vergütung von 200 D-Mark sei nicht bezahlt worden, weil die Mutter des Mädchens zunächst nicht bereit gewesen sei, ihre Kontonummer anzugeben.

Der Presserat kommt zu dem Schluss: ... Die Vorgehensweise der Reporter ... ist mit den Recherchegrundsätzen nach Ziffer 4 des Pressekodex nicht vereinbar. Durch eine solche Aktion der Redaktion wird ein Thema nicht „aufgespürt", sondern von den berichtenden Journalisten aktiv mitgestaltet. Eine derartige Handlungsweise ist aus presseethischer Sicht äußerst bedenklich, da der Journalist damit die Funktion des Berichterstatters aufgibt und selbst zum Handelnden wird."

Geschehen 1998. Der Presserat sprach eine öffentliche Rüge aus.

5.7 Druck ausüben

Einen potentiellen Gesprächspartner zum Reden bringen, indem man ihn unter Druck setzt, ist ein aus Filmen bekanntes Mittel der Informationsbeschaffung, allerdings auf keinen Fall das Mittel der Wahl. Die Anwendung von Druck funktioniert sowieso nur bei charakterlich unfesten Menschen und wenn es zum richtigen Zeitpunkt geschieht.

Zunächst sollte sich jeder Rechercheur vor Augen halten, dass das Ausüben von Druck auf andere kein Vergnügen ist – es sei denn, man hat eine sadistische Ader. Hinzu kommt, dass Druck nicht nur zurückgehaltenes Wissen emporfördern kann, sondern ebenso das Handeln und Denken des Gesprächspartners stark beeinflusst: Druck – und Geld – leisten dem Entstehen von Gefälligkeits- und Notlügen gewaltigen Vorschub.

Wie das Anbieten von Geld wirkt die Anwendung von Druck bei charakterlich festen Menschen außerdem kontraproduktiv – der Gesprächspartner zieht sich zurück, und nichts geht mehr. Anders als ein ermittelnder Staatsanwalt hat ein Rechercheur oder Journalist in dieser Situation aber nicht die Möglichkeit, zum Erhalt der gewünschten Auskunft mit Zwangsgeld oder Beugehaft zu drohen.

Möglicherweise hat dieses Vorgehen Erfolg, wenn ein Journalist mit Laien zu tun hat, die keine Ahnung von ihren Rechten und Pflichten haben.

Beispiel: „Sie waren Zeuge des Überfalls? Dann müssen Sie mir jetzt ganz genau erzählen, was los gewesen ist. Ich bin Medienvertreter!" Ganz ausdrücklich: Legitim ist das nicht, die Autoren wenden solche Methoden nicht an.

Andere sind da anders. In eine noch schlimmere Kategorie fällt diese von manchen Boulevardjournalisten angewandte Taktik: „Guten Tag, mein Name ist XXXX. Ich komme von der Polizei und muss Ihnen einige Fragen stellen." Erst auf Nachfrage wird der Journalist einräumen, nicht Polizist zu sein, sondern gerade mit der Polizei gesprochen zu haben, daher das „komme von".

Grenzwertig ist auch die Taktik, einem Ansprechpartner auf einfache Weise Gelegenheit zu geben, den Journalisten loszuwerden („Nur die eine Zahl, mehr will ich nicht").

Natürlich ist es immer besser, einen verängstigten Gesprächspartner aufzufangen und ihm Hilfe anzubieten. Dies wird jeder schnell feststellen, der einem Menschen unter Druck gegenübersteht; denn der ist schwer berechenbar.

Der Rechercheur kann sich den labilen Zustand eines Menschen in einer Krisensituation zunutze machen – wenn er die Verantwortung auf sich nehmen will. Von ganz wenigen Ausnahmen abgesehen, haben die Verfasser stets darauf verzichtet, einen Gesprächspartner wirklich in die Enge zu treiben. Nach ihrer Auffassung heiligt der Zweck dieses Mittel nur, wenn die Aufklärung krimineller Machenschaften das Ziel der Recherche ist.

Einen potentiellen Gesprächspartner an die Wand reden oder mit harschen Worten in die Schranken weisen: So etwas machen nur Reporter im Film. Im wirklichen Leben ist dieses Auftreten zum Vergraulen aufdringlicher Zeitgenossen geeignet, nicht aber, um einen anderen Menschen zum Reden zu bringen.

Ein Rechercheur diskutiert mit seinen Kontakten – ehrlich und gegebenenfalls auch kontrovers – und nimmt sich reichlich Zeit dafür. So demonstriert er seine Achtung vor dem anderen und vermittelt das Gefühl, dass er nicht nur seine Aufgabe, sondern auch die Probleme und Gedanken seines Gesprächspartners sehr ernst nimmt.

6 Recherchen im Zwielicht

6.1 Der Pressekodex

Die im vorausgegangenen Kapitel geschilderten Recherchemethoden sind – von den angesprochenen Einschränkungen abgesehen – für Journalisten grundsätzlich anwendbar, sowohl unter rechtlichem als auch journalistischem Blickwinkel. Allerdings gibt es eine Reihe weiterer Methoden, derer sich die – mehr oder weniger – „schwarzen Schafe" unter den Journalisten gelegentlich bedienen, auch wenn sie hierzu nicht berechtigt sind: „Die Achtung der Wahrheit, die Wahrung der Menschenwürde und die wahrhaftige Unterrichtung der Öffentlichkeit sind oberste Gebote der Presse", lautet Ziffer 1 des „Pressekodex", herausgegeben vom Deutschen Presserat in Bonn.

Weil Journalisten es mit dem Pressekodex nicht immer ganz genau nehmen, erhält der Deutsche Presserat jährlich Eingaben wegen Verstoßes gegen den Kodex. Im Jahr 2009 waren es 1269 Eingaben, in 952 Fällen stammten sie von Privatpersonen. 422 davon landeten vor dem Beschwerdeausschuss, 22 endeten mit einer öffentlichen Rüge, neun mit einer nichtöffentlichen Rüge, dazu kamen 71 Missbilligungen. Solche Missbilligungen und Rügen können durchaus geeignet sein, den Ruf einer Zeitung zu schädigen – und das fällt auf den verantwortlichen Journalisten zurück: „Es entspricht fairer Berichterstattung, vom Deutschen Presserat öffentlich ausgesprochene Rügen abzudrucken, insbesondere in den betroffenen Publikationsorganen bzw. Telemedien", steht in Ziffer 16 des Kodex. Dieses Mittel zur Disziplinierung ist gerechtfertigt, denn Journalisten, einmal „heiß geworden" und „auf der Jagd", können schon einmal versucht sein, die Grenzen des Zulässigen zu überschreiten. Schließlich kann eine gute Enthüllungsstory die Karriere eines Journalisten steil befördern.

Die meisten Eingaben und Beschwerden beziehen sich nicht zufällig auf Ziffer 2 des Pressekodex, Sorgfalt: „Recherche ist unverzichtbares Instrument journalistischer Sorgfalt. Zur Veröffentlichung bestimmte Informationen in Wort, Bild und Grafik sind mit der nach den Umständen gebotenen Sorgfalt auf ihren Wahrheitsgehalt zu prüfen und wahrheitsgetreu wiederzugeben. Ihr Sinn darf durch Bearbeitung, Überschrift oder Bildbeschriftung weder entstellt noch verfälscht werden. Unbestätigte Meldungen, Gerüchte und Vermutungen sind als solche erkennbar zu machen."

Damit Journalisten enthüllen können, sind sie – anders als nicht publizierende Rechercheure – bei der Informationsbeschaffung privilegiert (siehe auch Kapitel 14). Dazu kommt eine gewisse Medienmacht, welche dem Journalisten in vielen Fällen den Rücken stärkt, besonders, wenn die Befragten im Umgang mit Journalisten unerfahren sind. Eine ominöse Drohung wie: „Sie wollen nicht mit mir reden? Dann ziehen Sie sich mal warm an", ist völlig unzulässig, wird aber manchmal benutzt, verängstigte Gesprächspartner zusätzlich unter Druck zu setzen – ein klarer Verstoß gegen den Kodex und der Tatsache zu verdanken, dass nur wenige Menschen über die Umgangsregeln zwischen Journalist und Befragtem gut informiert sind. Fehlt nur noch eine letzte Angabe, um eine spannende Geschichte „dichtzumachen", kann die Versuchung eben groß sein, dieses letzte Detail auf unzulässigen Wegen zu besorgen. Solchem Missbrauch hat der Deutsche Presserat durch die Aufstellung weiterer Grundsätze dort einen Riegel vorgeschoben, wo das Strafrecht nicht greift oder bürgerliches Recht mangels Unkenntnis der Betroffenen nicht zum Tragen kommt.

Nicht publizierende Rechercheure verfügen über keinerlei Privilegien bei der Informationsbeschaffung, weshalb sie an den Pressekodex nicht gebunden sind. Weil nicht publizierende Rechercheure ihre gewonnenen Erkenntnisse nicht öffentlich machen, ist die Gefahr des möglichen Schadens für das potentielle Opfer allerdings in aller Regel auch wesentlich geringer.

Die Verfasser raten nicht publizierenden Rechercheuren dennoch, sich an die im Pressekodex aufgestellten Grundsätze buchstabengetreu zu halten.

Für Recherchetätigkeiten sind neben der erwähnten Ziffer 2 insbesondere die Ziffer 4 sowie die Ziffern 5, 6 und 8 sowie darunter aufgeführte Richtlinien von Bedeutung. Journalisten müssen, reine Rechercheure sollten sie unbedingt beachten.

Ziffer 4 lautet: „Bei der Beschaffung von Nachrichten, Informationsmaterial und Bildern dürfen keine unlauteren Methoden angewandt werden." Zur Erläuterung heißt es weiter: „Recherche ist unverzichtbares Instrument journalistischer Sorgfaltspflicht. Journalisten geben sich grundsätzlich zu erkennen. Unwahre Angaben des recherchierenden Journalisten über seine Identität und darüber, welches Organ er vertritt, sind grundsätzlich mit dem Ansehen und der Funktion der Presse nicht vereinbar." – Mit einer Ausnahme: „Verdeckte Recherche ist im Einzelfall gerechtfertigt, wenn damit Informationen von besonderem öffentlichen Interesse beschafft werden, die auf andere Weise nicht zugänglich sind."

Von Bedeutung ist hierbei das genannte „besondere öffentliche Interesse", dem nicht publizierende Rechercheure schließlich nicht nachkommen, weshalb sie – von wenigen, beispielhaft geschilderten Ausnahmen abgesehen – dem Risiko einer straf- oder zivilrechtlichen Verfolgung in erhöhtem Maße ausgesetzt sind. Doch auch für Journalisten ist die „verdeckte Recherche" eine Gratwanderung, die nicht ohne entsprechenden rechtlichen Beistand erfolgen sollte (siehe auch Kapitel 14.6).

Unbedingt zu beachten ist auch die Richtlinie unter Ziffer 4.2: „Bei der Recherche gegenüber schutzbedürftigen Personen ist besondere Zurückhaltung geboten. Dies betrifft vor allem Menschen, die sich nicht im Vollbesitz ihrer geistigen oder körperlichen Kräfte befinden oder einer seelischen Extremsituation ausgesetzt sind, aber auch Kinder und Jugendliche. Die eingeschränkte Willenskraft oder die besondere Lage solcher Personen darf nicht gezielt zur Informationsbeschaffung ausgenutzt werden."

Was hier sachlich formuliert ist, heißt im Boulevard-Jargon „Witwenschütteln". Ein Arbeiter ist tragisch verunglückt? Ein Reporter klingelt an der Tür der Hinterbliebenen und bedrängt diese, Details zum Toten zu berichten, ein Foto des Verstorbenen herauszugeben. Es soll Fälle gegeben haben, da wussten die Hinterbliebenen noch gar nicht von dem Unglück und erfuhren es auf diese Weise von den Reportern.

Der Autor macht dazu folgenden Vorschlag:

🔭 Stellen Sie sich vor, solch ein tragischer Unglücksfall habe innerhalb Ihrer Familie stattgefunden, und unmittelbar darauf stehen Medien vor der Tür und bedrängen Sie mit Fragen. Wie würden Sie das finden?

Dennoch kommt es regelmäßig zu solchen Verstößen, insbesondere in Ausnahmefällen wie etwa beim Amoklauf in Winnenden, als ein 17-Jähriger am 11. März 2009 ein Massaker in einer Schule anrichtete, elf Menschen tötete und anschließend sich selbst.

Jeder Journalist weiß aus seiner Alltagserfahrung, dass stark emotionalisierte Menschen bereit sind, Aussagen zu machen. Aussagen, die sie später, wenn die Aufregung verflogen ist, gerne wieder aus der Welt schaffen würden. Ein ganzes Heer von Journalisten war damals in die süddeutsche Stadt mit 27.500 Einwohnern eingefallen. Und alle suchten Zeugen der Morde, Angehörige des Täters und Angehörige der Opfer. Ein jeder mag sich ausrechnen, wie oft in den ersten Tagen nach dem Blutbad von Journalisten gegen Ziffer 4 des Kodex verstoßen wurde.

Ein weiteres Beispiel aus der Wirklichkeit: Ein für ein abendliches TV-Magazin arbeitender Journalist besucht die alleinstehende Mutter eines Kindes, das am selben Tag durch einen tragischen Unfall im Straßenverkehr ums Leben gekommen ist. Die Mutter lässt sich auf ein Gespräch mit dem Journalisten ein, das erbetene Interview vor der Kamera verweigert sie jedoch – bis der Journalist der in einfachen Verhältnissen lebenden Mutter ein Honorar von 150 Euro bietet.

Kurz vor dem Sendetermin, der Journalist befindet sich im Endstadium der Beitragsproduktion, meldet sich die Mutter erneut telefonisch: Sie habe sich die Sache überlegt, wolle das Geld zurückgeben und keinesfalls, dass dieses Interview gesendet wird.

Der Journalist, als Freier unter hohem Erwartungsdruck seiner Auftraggeber, wimmelt die Frau ab, der Beitrag wird gesendet.

👓 Natürlich hätte dies alles niemals geschehen dürfen: der unangemeldete Vorortbesuch, das Anbieten von Geld, die Weigerung, das Interview nicht zu senden. – Eine Frage bleibt: Wie hätten Sie sich entschieden?

Straftäter als Informanten

Ziffer 5 des Pressekodex ist sowohl für Journalisten als auch für Rechercheure von gleich hoher Bedeutung: „Die vereinbarte Vertraulichkeit ist grundsätzlich zu wahren." Dies ist in Richtlinie 5.1 näher erläutert: „Hat der Informant die Verwertung seiner Mitteilung davon abhängig gemacht, dass er als Quelle unerkennbar oder ungefährdet bleibt, so ist diese Bedingung zu akzeptieren." Allerdings sind die Ausnahmen gewichtig: „Vertraulichkeit kann nur dann nicht bindend sein, wenn die Information ein Verbrechen betrifft und die Pflicht zur Anzeige besteht. Vertraulichkeit muss nicht gewahrt werden, wenn bei sorgfältiger Güter- und Interessenabwägung gewichtige staatspolitische Gründe überwiegen, insbesondere wenn die verfassungsmäßige Ordnung berührt oder gefährdet ist."

Vermittelt der Befragte im vertraulichen Gespräch den Eindruck, dass er Verantwortung für schwere Verbrechen trägt oder dass er zur Aufklärung eines solchen Verbrechens beitragen könnte, muss sich der Journalist gemäß Pressekodex nicht mehr an die zugesagte Vertraulichkeit gebunden fühlen.

In der Praxis werden sowohl Journalist als auch Rechercheur in weniger schweren Fällen die Vertraulichkeit vielleicht dennoch wahren, um künftige Hintergrundgespräche nicht zu gefährden. Notfalls werden die relevanten Informationen „überhört".

Ein reiner Rechercheur bleibt hier mit seinem Gewissen nicht selten allein: Informationen, die er erhält, sind oft nicht zur Veröffentlichung bestimmt, sondern bedienen ein privates Wissensbedürfnis. Journalisten können sich im Zweifelsfall auf das Zeugnisverweigerungsrecht zurückziehen (siehe auch Kapitel 14.4). Rechercheure können das nicht.

Hier einen klaren moralischen Standpunkt zu finden, ist ungeheuer schwierig und lässt sich nur im Einzelfall entscheiden. Ein „Beichtgeheimnis" gibt es jedenfalls nicht. Die Verfasser vertreten folgenden Standpunkt:

🔭 Das eigene Gewissen hat Vorrang vor dem gegebenenfalls nicht vorhandenen Gewissen des Gesprächspartners.

Ein Informant, der über Drogengeschäfte berichtet und dabei seine eigene Verwicklung in Kindesmissbrauch kundtut, besitzt kein Recht auf Vertraulichkeit und hat sie auch nicht verdient.

Recherche im „Unrechtstaat"

Eine andere Lage tritt ein, wenn die Strafbarkeit einer Handlung nicht rechtsstaatlichen Prinzipien entspricht. In dieser Situation ist besondere Sorgfalt umso wichtiger. Ziffer 8 des Pressekodex behandelt das Privatleben und die Intimsphäre des Menschen. Unter der Richtlinie 8.6 hat der Presserat festgehalten: „Bei der Berichterstattung über Länder, in denen Opposition gegen die Regierung Gefahren für Leib und Leben bedeuten kann, ist immer zu bedenken: Durch die Nennung von Namen oder die Wiedergabe eines Fotos können Betroffene identifiziert und verfolgt werden. Gleiches gilt für die Berichterstattung über Flüchtlinge. Weiter ist zu bedenken: Die Veröffentlichung von Einzelheiten über Geflüchtete, die Vorbereitung und Darstellung ihrer Flucht sowie ihres Fluchtwegs kann dazu führen, dass zurückgebliebene Verwandte und Freunde gefährdet oder noch bestehende Fluchtmöglichkeiten verbaut werden." Nur der Vollständigkeit halber sei noch einmal gesagt, dass auch nicht publizierende Rechercheure sich aus moralischen Gründen grundsätzlich immer an diese Richtlinie halten sollten.

Eindeutig äußert sich der Deutsche Presserat in Ziffer 6 zum Schutz von Informanten, die, eventuell unter Gefährdung ihrer beruflichen Existenz, Wissen an Journalisten weitergeben: „Jede in der Presse tätige Person wahrt das Ansehen und die Glaubwürdigkeit der Medien sowie das Berufsgeheimnis, macht vom Zeugnisverweigerungsrecht Gebrauch und gibt Informanten ohne deren ausdrückliche Zustimmung nicht preis." Das hohe persönliche Risiko, dem sich Informanten aussetzen, ist in Kapitel 14 behandelt. Ein Rechercheur, der eben nicht zur Veröffentlichung recherchiert, wird in der Regel allenfalls von seinem Auftraggeber nach Namen und Herkunft eines Informanten befragt. Er sollte jede Auskunft hierüber vorher mit dem Informanten abstimmen und im Zweifelsfall auf die Nennung der Quelle oder auf die Quelle ganz verzichten; denn auf das Zeugnisverweigerungsrecht kann er sich nicht berufen (siehe auch Kapitel 14).

Weil sich nicht nur Journalisten, sondern auch Rechercheuren manchmal eine ganz bestimmte Spezies „Informationsbeschaffer" nähert, sei an dieser Stelle auch die Richtlinie 6.2 des Pressekodex zitiert: „Nachrichtendienstliche Tätigkeiten von Journalisten und Verlegern sind mit den Pflichten aus dem Berufsgeheimnis und dem Ansehen der Presse nicht vereinbar." Auch zu diesem Punkt erübrigt sich nach Meinung der Verfasser jeder weitere Kommentar.

Die Beschränkungen, die sich sowohl ein Journalist als auch ein Rechercheur gemäß Pressekodex auferlegt, rechtfertigen unter bestimmten Umständen aber eben Ausnahmen. Und ist die Ausnahmesituation gegeben, sollten sich sowohl Journalisten als auch reine Rechercheure darin bewegen können. Im Vordergrund muss dabei aber immer die Frage stehen:

Eine entscheidende Frage

Ist mein Vorgehen in Kenntnis des Pressekodex sowie nach sorgfältiger Abwägung der Güter und Rücksprache mit einem Rechtsanwalt tatsächlich gerechtfertigt?

Nur wenn diese Frage eindeutig mit „Ja" beantwortet werden kann, stehen die im Folgenden geschilderten Recherchemethoden nicht mehr im „Zwielicht".

6.2   Motive verschleiern

Der Pressekodex verlangt ausdrücklich, dass sich ein Journalist zu erkennen gibt. Er muss seine Identität bekanntgeben und das publizistische Organ nennen, das er vertritt.

Es macht für investigative Journalisten allerdings in vielen Fällen Sinn, die tatsächlichen Motive ihrer Recherche zu verschleiern.

🔭 Der Journalist ist aber nicht verpflichtet, das Anliegen und das Ziel seiner Recherche im Detail zu offenbaren.

Gewinnt er etwa den Eindruck, von einem Gesprächspartner belogen zu werden, muss er seinem Gesprächspartner diesen Eindruck nicht mitteilen. Vielmehr ist er berechtigt, sich über diesen Eindruck durch das Befragen Dritter zum selben Sachverhalt Gewissheit zu verschaffen. Kein Rechercheur und auch kein Journalist wird (oder muss) sich in dieser Lage besagten Dritten mit der Aussage nähern: „Ich möchte mich mit Ihnen über diese Angelegenheit unterhalten, weil ich den Eindruck habe, dass mich Herr X in dieser Sache belügt." Abgesehen davon, dass hier unter Umständen der Tatbestand der üblen Nachrede gegeben sein kann, entwertet der Rechercheur das Gesprächsergebnis, weil er den Befragten befangen macht: Dieser wird unter Umständen nicht objektiv antworten, da er einem Konflikt aus dem Wege gehen will. In diesem Fall hätte der Journalist das Ergebnis der Befragung unter Umständen sogar ungewollt manipuliert.

Schwieriger wird es, wenn ein Journalist oder ein Rechercheur sein Anliegen so weit verschleiert, dass die Intention der Befragung nicht unmittelbar erkennbar ist.

Ein Beispiel: Eine Kommunalverwaltung beabsichtigt, ein denkmalgeschütztes Haus aus Privatbesitz zu erwerben. Darauf erhält ein Journalist den anonymen Hinweis, dass die Fundamente der Immobilie komplett ausgetauscht werden müssen. Der Anfangsverdacht entsteht, die Verwaltung solle übers Ohr gehauen werden oder kaufe die „Katze im Sack" oder sie verschweigt der Öffentlichkeit den tatsächlichen Gebäudezustand absichtlich. Zuerst muss also geklärt werden, ob der Zustand des Hauses der anonymen Schilderung entspricht.

Der Journalist könnte sich nun folgendermaßen beim Besitzer melden: „Bei uns ist ein anonymer Anruf eingegangen, wonach Sie gegenüber der

Verwaltung als Käuferin falsche Angaben über den Zustand Ihres Hauses gemacht haben. Die Redaktion hat sich inzwischen überlegt, dass Sie die Angaben, auch wenn Sie falsch sind, eventuell sogar in Absprache mit der Käuferin gemacht haben. Dem möchte ich nun nachgehen. Würden Sie mir bitte einen Besichtigungstermin einräumen?"

Solches Vorgehen geht mit Sicherheit schief. Nur wenn der Anfangsverdacht unbegründet war, wird der Hausbesitzer dem Ortstermin zustimmen. Schlägt er das Anliegen aus, lässt sich daraus umgekehrt aber keine Bestätigung des anonymen Hinweises ableiten: Vielleicht hat der Besitzer einfach keine Zeit für den Journalisten oder mag gerade nicht. War der Verdacht begründet, schlägt er eventuell bereits bei seinen Helfern in der Verwaltung Alarm. Damit hätte der Journalist die Beschaffung von „Informationen von besonderem öffentlichem Interesse", wie in Ziffer 4 des Pressekodex dargelegt, eher be- oder verhindert. Schließlich geht es um mögliche Verschwendung von Steuergeldern oder mehr. Der Öffentlichkeit beziehungsweise den Steuerzahlern wäre wohl kaum gedient.

Der Journalist könnte ja auch Folgendes sagen: „Ich interessiere mich sehr für den Baustil des Gebäudes und habe bereits erfahren, dass sich noch einige Überraschungen hinter den dicken Mauern verbergen. Bestünde eventuell die Möglichkeit, das Gebäude einmal zu besichtigen? Wir würden unsere Leser nämlich gern im Vorfeld Ihres beabsichtigten Verkaufes an die Verwaltung exklusiv informieren."

Hat der Journalist gelogen? Eindeutig nein. Dennoch geht der Gesprächspartner nicht davon aus, dass der Journalist einen Verdacht gegen ihn hegt.

Hat der Verkäufer aber tatsächlich einiges zu verbergen, ist dazu misstrauisch und der Vortrag des Journalisten unsicher oder schlecht, wird er den unwillkommenen Besucher dennoch abwimmeln und so die Recherche wiederum vereiteln.

🔭 Wer die Motive für eine Recherche verschleiert, sollte der Gegenseite entweder leicht nachvollziehbare oder sehr attraktive Gründe nennen, warum er die entsprechenden Informationen benötigt. Wer nur einmal auf die Frage: „Warum wollen Sie das jetzt wissen?" keine plausible und flüssige Antwort geben kann, hat verloren.

🔭 Verpacken Sie Ihre Fragen stets so, dass ihre Beantwortung dem Befragten leichtfällt.

Wer sich zum Beispiel satirisch des Themas „Die Kakaomotte im Kampf gegen die Schokoladenindustrie" annimmt, sollte dabei nicht unbedingt auf die vorbehaltlose Unterstützung der Schokoladenindustrie rechnen. Die bekommt er viel leichter für seine Themenankündigung: „Die Schokoladenindustrie im Kampf gegen die Kakaomotte".

👀 Um Konflikte mit dem Pressekodex zu vermeiden, sind Rechercheure und Journalisten immer gut beraten, wenn sie sich zur Klärung von Einzelfragen an den Deutschen Presserat in Bonn wenden.

Ist unter Berücksichtigung der jeweiligen Umstände die Entscheidung gefallen, dass ein Verschleiern der Motive der Recherche notwendig und zulässig ist, sollte der Rechercheur sich Zeit nehmen, einen guten Grund für sein „Anklopfen" zu finden:

👀 Die – manchmal große – Kunst des Verschleierns besteht darin, einen Hintergrund zu schaffen, vor dem ungewöhnliche oder vermeintlich gefährliche Fragen plötzlich normal und plausibel erscheinen („Können Sie mir bitte mal den Safe öffnen?" – „Auf keinen Fall!" – „Ich muss aber ein neues Schloss einbauen. Soll ich dafür vielleicht den Schweißbrenner benutzen?" – „Sagen Sie das doch gleich. Ich helfe Ihnen gerne.").

So simpel ist es natürlich nie. Umso wichtiger ist die Suche nach auf die Zielgruppe zugeschnittenen Motiven. Diese erschließen sich aus den potentiellen Absichten, Ängsten und Wünschen der zu Befragenden.

Es gibt eine Reihe von Fällen, in denen Gesprächspartner fast automatisch eine – unerwünschte – Abwehrhaltung einnehmen:

• Je komplexer und komplizierter ein Thema, desto geringer ist die Dialogbereitschaft der Beteiligten. Der Gesprächspartner könnte ja missverstanden werden und ein anderer dem Befragten „einen Strick daraus drehen", dass er sich in dieser Angelegenheit so und so geäußert hat. Statt des Dialogs bevorzugen die Beteiligten dann den unergiebigen Monolog: Man gibt sein Statement ab, zu weiteren Aspekten möchte man sich nicht äußern, weil hier „andere zuständig" seien.

• Ein wichtiger Grund für mangelnde Dialogbereitschaft kann auch die (vielleicht berechtigte) Sorge sein, im Gespräch quasi „aus Versehen" Firmen- oder Behördengeheimnisse auszuplaudern, die der Rechercheur dann gegen den Gesprächspartner oder dessen Arbeitgeber verwendet.

- Dem gleichen Phänomen begegnet der Journalist, wenn er Thematiken untersucht, die zuvor einmal im öffentlichen Kreuzfeuer standen. Je größer die Gefahr für den Befragten ist, erneut in den Mittelpunkt der Kritik zu geraten, desto größer ist sein Misstrauen. Dies gilt übrigens mehr für Behörden und weniger für geschäftsorientierte Privatpersonen oder Firmen: Manche Öffentlichkeitsstrategen haben erkannt, dass eine schlechte Meldung über ein Unternehmen bisweilen besser ist als keine Meldung. Und wenn die Öffentlichkeit etwa eine unzureichende Sozialversicherung kritisch wertet, kann das manchen Kunden oder potentiellen Aktionär locken (niedrige Lohnkosten).

- In allen Fällen dient das Verschleiern von Recherchemotiven dem Zweck, bei Gesprächspartnern begründete oder unbegründete Ängste abzubauen. Um dies zu erreichen und die Dialogbereitschaft der Gesprächspartner zu fördern, ist es vorteilhaft, die Ängste und potentiellen Motive des anderen zu kennen. Manchmal ist beides offensichtlich:

  - Lehrer haben Sorge, als „Freizeitmeister" angeschwärzt zu werden – ein verschleiernder Rechercheur erklärt seinem Kontakt, er wolle über sein soziales Engagement außerhalb der Schule berichten.

  - Banken fürchten das Image des Spekulantentums. – Der Rechercheur spricht mit dem Banker über neue Möglichkeiten der Projektfinanzierung.

  - Eine Baubehörde sieht sich permanentem Korruptionsverdacht ausgesetzt. Den Rechercheur interessiert nun deren Mut, ungewöhnliche und unpopuläre, aber notwendige Entscheidungen zu treffen.

6.3 Vorspiegeln falscher Tatsachen

Ein Rechercheur oder Journalist, der falsche Tatsachen vorspiegelt, sollte gute Gründe für sein Verhalten anführen können, will er einer Rüge durch den Presserat entgehen: Der Rechercheur gibt jetzt nicht nur falsche Motive für seine Recherche an. Er gibt außerdem seine Identität nicht preis. Seine Fragen führen den Befragten „aufs Glatteis", was bedeutet: Der

Inhalt der Fragen hat nichts mit der eigentlichen Aufgabenstellung zu tun, der Befragte vermutet das Interesse des Rechercheurs in einer völlig falschen Richtung. Tatsächlich aber kann der Rechercheur die Antworten seines Gesprächspartners so interpretieren, dass diese zur Lösung der eigentlichen Aufgabe beitragen.

Zurück zum bereits im vorhergehenden Kapitel erwähnten Ortstermin im möglicherweise baufälligen Gebäude, welches die Stadtverwaltung erwerben will. Um die Einladung zur Besichtigung mit hoher Sicherheit zu erhalten, würde sich der Journalist am besten als potentieller Käufer mit viel Geld im Hintergrund ausgeben, der notfalls auch einen Liebhaberpreis zahlen würde. Dann aber agiert er als verdeckter Rechercheur. Rechtfertigt nun der Sachverhalt dieses Vorgehen oder nicht? Liegt ein besonderes öffentliches Interesse vor, wie in Ziffer 4 des Pressekodex gefordert, bloß weil vielleicht ein cleverer Hausbesitzer versucht, ein verfallenes Gemäuer weit über Preis loszuschlagen? Diese Fragen lassen sich immer nur im Einzelfall klären (siehe auch Kapitel 14). Darum noch einmal:

🔍 Die Nennung falscher Hintergründe bei einer Recherche darf immer nur in Ausnahmesituationen erfolgen.

🔍 Eine eindeutige Festlegung für oder gegen solches Vorgehen ist manchmal schwierig. Rechercheure und Journalisten sollten sich im Zweifelsfall durch anwaltlichen Rat und/oder Anfrage beim Deutschen Presserat über mögliche Konsequenzen informieren.

🔍 Ein lockeres Argument wie „Der Zweck heiligt die Mittel" rechtfertigt dagegen nichts und ist eher ein wichtiger Hinweis, dass gute Gründe gerade Mangelware sind.

Von diesen Gesichtspunkten abgesehen, sollte sich der Rechercheur im Klaren sein, dass glaubhaftes „Vorspiegeln falscher Tatsachen" gar nicht so leicht ist, besonders, wenn diese „Tatsachen" in einem komplexen Sachverhalt bestehen müssen.

Ist eine Entscheidung für solches Vorgehen gefallen, muss der Rechercheur zunächst diesen komplexen Sachverhalt erkennen und analysieren. Die erste zu klärende Frage lautet: „Wer würde die gesuchten Informationen erhalten beziehungsweise wem müssen sie erteilt werden?" – Staatsanwälte oder Richter sind hier nicht gemeint. Die Verfasser raten im Gegenteil unbedingt davon ab, sich zur Informationsbeschaffung als Mitarbeiter einer Behörde auszugeben, schon gar nicht einer strafverfolgenden Institution. – Gemeint sind vielmehr Kunden oder Zulieferer eines Unternehmens oder die Klienten einer Behörde, die bestimmte Angaben zur Erfüllung ihrer Verträge/ihrer Auflagen benötigen oder leisten müssen. Es sind ja nur wenige Informationen so geheim, dass wirklich nur ein kleiner Kreis Zutritt hat.

Hat der verdeckt operierende Rechercheur die potentiellen Wissensempfänger ausgemacht, ist die halbe Arbeit getan. Jetzt muss er noch einen plausiblen Grund finden, der ihn in den Kreis dieser Wissensempfänger befördert.

Um diesen Personenkreis zu identifizieren und sich thematisch gut vorzubereiten, startet der Rechercheur eine – nicht verdeckte – Vorrecherche bei Branchenmitgliedern, über-, unter- oder zugeordneten Behörden, kooperierenden Institutionen oder einem zuständigen Dachverband.

Dort erkundigt er sich, welche Kunden besonders „pingelig" sind und sehr genaue Angaben in manchen Bereichen benötigen. Er kann sich auch direkt mit dem Kundenkreis in Verbindung setzen und dort fragen, worauf diese als Käufer oder Abnehmer eines Produktes besonders achten. Das gleiche Muster lässt sich auf Zulieferer anwenden.

Besteht einmal der sicher äußerst seltene Anlass, gegenüber einer Behörde verdeckt zu arbeiten, kann sich der Rechercheur ähnlich vorbereiten. Dann meldet er sich zunächst bei einer gleichartigen Behörde in der Nähe oder im nächsten Bundesland und erkundigt sich, welches typische Fragen und Anliegen sind, die an das Amt herangetragen werden.

Der Rechercheur kann sich auch erkundigen, welche Informationen das Amt nicht herausgeben kann und in welchen Ausnahmefällen dies trotzdem geschehen darf.

Die oben aufgeführten Beispiele sollen zeigen, dass gute Vorbereitung das Vorspiegeln falscher Tatsachen, wenn es geschehen muss, auf einen erträglichen Rahmen reduziert. Schließlich muss der Rechercheur mit seinem Gewissen weiterleben, und wer gerne lügt, beweist Verantwortungslosigkeit und hat in diesem Metier nichts verloren.

Der Ehrlichkeit halber seien aber Öffentlichkeitsarbeiter und Pressesprecher gewarnt: Manche Journalisten und Rechercheure nehmen es weder mit dem Gesetz noch mit dem Pressekodex allzu genau.

6.4   Die verdeckte Recherche

Mit dem Begriff der „Verdeckten Recherche" ist hier jene konkrete Ausnahmesituation gemeint, die in Richtlinie 4.1 des Pressekodex beschrieben ist. Demnach ist verdecktes Vorgehen „im Einzelfall gerechtfertigt, wenn damit Informationen von besonderem öffentlichen Interesse beschafft werden, die auf andere Weise nicht zugänglich sind".

Diese Voraussetzungen müssen bei einer verdeckten Recherche unbedingt gegeben sein. Aber wer beurteilt das eigentlich? – Im Zweifelsfall ein Gericht. Und darum gilt:

👀 Wer verdeckt recherchiert, bewegt sich ständig in einer juristisch zweifelhaften Zone. Solches Vorgehen kann dem Journalisten zu Ruhm und Geld verhelfen, aber auch ins Desaster führen.

Ein Beispiel: Sie erhalten telefonisch den anonymen Hinweis, der Gebrauchtwagenhändler vor Ort verdiene sein Geld in Wahrheit mit dem Schmuggel von kasachischen Kindern zur Prostitution nach Deutschland. Eine erste Recherche ergibt: Der besagte Mann unterhält offensichtlich enge Geschäftsbeziehungen nach Kasachstan, viele seiner Fahrzeuge werden dorthin exportiert. Auf dem Wagenhof des Händlers beobachten Sie dazu ein paar Figuren mit sehr jungen Frauen an der Seite, die aufgrund ihres Gebarens und ihrer Kleidung auf Sie einen sehr zwielichtigen Eindruck machen. Die jungen Frauen wirken überdies eingeschüchtert und werden von ihren Begleitern teilweise grob behandelt.

Sie begeben sich jetzt zu dem Gebrauchtwagenhändler, geben sich als Helfer eines Bordellbesitzers aus und fragen den Mann, ob er auch junge Mädchen vermitteln könne, unbedingt unter 16 und bevorzugt aus Kasachstan. Der Gebrauchtwagenhändler wird ärgerlich und weist Sie vom Gelände.

Eine Bürohelferin hat das Gespräch durch eine offen stehende Tür teilweise mitgehört und berichtet noch am selben Abend davon ihren Freunden. Das Gerücht, der Mann sei Mädchenhändler, geht kurz darauf durch die Stadt.

Darauf melden sich bei dem Mann zahlreiche potentielle Kunden und stornieren ihre Kaufverträge mit dem Hinweis, mit Verbrechern keine Geschäfte machen zu wollen.

Damit ist dem Mann – der in Wahrheit vielleicht mit privaten Mitteln ein Hilfsprojekt in Kasachstan aufbaut und finanziert – ein schwerer wirtschaftlicher Schaden entstanden.

Kann er nun Sie als den Verbreiter des Gerüchtes identifizieren, wird er Sie und Ihren Auftraggeber – zu Recht – verklagen, und das kann richtig teuer werden.

Und vielleicht stammte der anonyme Anruf ja von einem Konkurrenten des Händlers, der Sie als Werkzeug für Rufmord genutzt hat.

War der Hinweis jedoch berechtigt, der Gebrauchtwagenhändler tatsächlich ein Krimineller, haben Sie am Ende einen Fall schlimmsten Mädchenhandels aufgedeckt und werden mit journalistischen Preisen ausgezeichnet, ihr Marktwert steigt erheblich.

Dies ist ungefähr das Spannungsfeld, in dem sich verdeckt arbeitende Journalisten bewegen.

Verdeckte Recherchen sind aber auch für den Journalisten gefährlich. Ohne Not sollte sich deshalb kein vernünftiger Mensch in diese Lage begeben.

Grundregeln

Die verdeckte Recherche, dies sei nochmals erwähnt, ist das absolut letzte Mittel der Wahl und wird für die meisten Rechercheure, insbesondere Journalisten, nie Realität. Verdeckt recherchieren beinhaltet nicht nur das Vorspiegeln falscher Tatsachen und permanentes Verschleiern der eigentlichen Beweggründe (siehe auch Kapitel 6.2 und 6.3). Vielmehr taucht der Rechercheur komplett in kriminelle oder subversive Kreise ein und führt unter Umständen darin ein befristetes Leben. Schließlich geht es darum, unbeschadet und heil aus diesen Kreisen wieder aufzutauchen.

Damit das gelingt, bedarf es eines großen logistischen Aufwandes, eines kühl agierenden Rechercheurs und eines fein gesponnenen Netzes, in das sich der Rechercheur gleichsam fallen lassen kann, sollte er seiner Aufgabe nicht mehr gewachsen oder enttarnt worden sein.

Natürlich sind in unserem Gesellschaftssystem verdeckte Ermittlungen in erster Linie eine Aufgabe von Polizei und Staatsanwaltschaft. Es gibt aber auch Situationen, in denen Polizisten und Staatsanwälten die Hände gebunden sind und in denen es darum sinnvoll sein kann, eigene Recherchen in dem anvisierten kriminellen Umfeld vorzunehmen (siehe auch Kapitel 14).

Die Untätigkeit der staatlichen Organe kann verschiedene Ursachen haben und sich mit der herrschenden Gesetzeslage ändern. Typische Gründe sind etwa folgende:

- Die Verdachtsmomente für weitere Ermittlungen sind für die Strafverfolgungsbehörden nicht hinreichend.

- Das Verbrechen ist neu, also noch nicht von Gesetzen erfasst und kann deshalb strafrechtlich nicht verfolgt werden (Kommunikationstechniken und Betrügereien oder neue synthetische Drogen können z.B. unter diese Rubrik fallen).

- Die Struktur eines Tatbestandes ist hochkompliziert. Ob ein tatsächlicher Gesetzesverstoß nach herrschender Gesetzeslage tatsächlich vorliegt, lässt sich im Rahmen erster Ermittlungen schwer abschätzen. Die zuständige, ohnehin überlastete Staatsanwaltschaft bearbeitet den Fall deswegen nicht oder nur als Akte (eine Aufklärung liegt aber trotzdem im öffentlichen Interesse, da eine Wiederholung des Vorfalls große Nachteile für Dritte nach sich zieht).

- Es gibt innerhalb der zuständigen Behörden anscheinend „übergeordnete" Interessen, die Angelegenheit nicht oder nicht mit der erforderlichen Akribie zu bearbeiten.

Bevor sich der Rechercheur letztendlich in eine verdeckte Arbeit begibt, sollte er jedes Mal genau überlegen: Kann eine Recherche unter richtigem Namen und mit den üblichen Methoden nicht auch zum Erfolg oder zumindest so weit führen, dass das allgemeine öffentliche Interesse gewahrt bleibt?

Diese Frage lässt sich nur im Gespräch mit kompetenten Dritten, darunter wenigstens einem Juristen, klären, weshalb exzellente Teamarbeit wesentliche Voraussetzung für verdecktes Recherchieren ist. Der Rechercheur, der gerade brisante Informationen erhalten hat und eine große Story wittert, ist erfahrungsgemäß oft nicht in der Lage, diese Frage allein zu beantworten.

Als Nächstes gilt es – ebenfalls am besten im Team – die folgenden Fragen zu klären:

- Können die fälligen Recherchen tatsächlich nicht von offiziellen Stellen wie Polizei und Staatsanwaltschaft bearbeitet werden?

- Sind die schon vorhandenen Informationen wirklich so brisant, dass sich eine verdeckte Recherche mit all ihren Risiken und ihrem enormen logistischen Aufwand lohnt?

- Und noch einmal: Gibt es tatsächlich keine andere Möglichkeit, an die gesuchten Daten und Informationen zu kommen?

Camouflage

Nur wenn diese Fragen eindeutig und immer wieder mit „Ja" beantwortet werden, kann der Rechercheur in Absprache mit seinem Team eine verdeckte Recherche in Erwägung ziehen.

Leider sind die oben aufgeführten Kriterien zu einer verdeckten Recherche nicht nach einem einfachen objektiven Muster zu beantworten. Den Umstand, ob die bereits vorliegenden Informationen in der Tat brisant sind, können alle Beteiligten fast immer nur subjektiv beurteilen. Die Beteiligung erfahrener und kompetenter Kollegen an der Vorbereitung der Recherche ist nötig.

Eines muss dem verdeckt arbeitenden Rechercheur und seinen Helfern natürlich klar sein. Sollte die Camouflage während der laufenden Ermittlungen auffliegen, muss der Rechercheur – in Abhängigkeit zu dem Personenkreis, gegen den er recherchiert – mit der Gefährdung der eigenen Person rechnen. Für eine verdeckte Recherche kommt darum grundsätzlich nur eine Person in Frage, deren Aussehen und Stimme den potentiellen Zielpersonen der Recherche noch absolut unbekannt ist.

Diese Person benötigt eine gut durchdachte zweite Identität. Es geht nicht nur um einen falschen Namen, auf den der Rechercheur auf Zuruf reagieren muss wie auf den eigenen. Er muss eine komplette kleine Welt parat haben, die er genauso natürlich vertreten kann wie seine reale.

Natürlich ist es immer am einfachsten, wenn diese konstruierte Welt möglichst simpel gestrickt ist und möglichst viele Bezugspunkte zur tatsächlichen Welt des Rechercheurs bietet, um der Basisversion kleine Facetten beifügen zu können.

Glaubwürdigkeit

Je mehr Geschichten der Rechercheur erzählt, desto größer ist aber auch die Gefahr, dass er sich um Kopf und Kragen redet. Bei allen Gesprächen, die der verdeckt arbeitende Rechercheur führt, gilt deshalb die Grundregel: so wenig wie möglich und nur so viel wie nötig über die eigene Person erzählen. Kriminelle gehen mit ihren Lebensgeschichten auch nicht unbedingt hausieren, und eine gewisse Verstocktheit des Rechercheurs zu bestimmten Kapiteln seines Lebens kann ihn vielleicht sogar besonders glaubwürdig erscheinen lassen.

🔭 In kriminellen Kreisen redet man sich nicht mit Nachnamen an, rückt den Namen auch nicht heraus.

So ist es nicht schlimm oder bisweilen sogar nützlich, unklare Aussagen über den eigenen beruflichen Werdegang zu machen oder die eigenen Geschäfte nicht richtig offenzulegen. Der Rechercheur sollte aber immer bei seiner Geschichte bleiben und nicht ständig verschiedene Versionen anbieten. Fragen nach der eigenen Person kann er bisweilen auch mit einem glatten: „Das geht Sie gar nichts an!" abweisen.

Dies erhöht – in Maßen eingesetzt und außerhalb des gerade besprochenen eigentlichen Geschäfts – in manchen Kreisen durchaus die Glaubwürdigkeit.

Natürlich kann man viele Gespräche, so sie gefährlich zu werden drohen, genau wie auch im richtigen Leben abwürgen, indem man einfach das Thema wechselt oder sich bedeckt gibt und sagt: „Darüber möchte ich jetzt nicht sprechen." Aber selbstverständlich sind aus Gründen der Glaubwürdigkeit dieser Taktik Grenzen gesetzt.

Übertriebene Geheimniskrämerei kann auch kontraproduktiv sein. Die Frage nach dem Ort des Schulbesuchs, so sie denn einmal im Raum stehen sollte, muss der Rechercheur in der Regel beantworten können. Und wer behauptet, er wäre in Duisburg zur Schule gegangen, sollte notfalls auch den Namen der Schule und den Stadtteil, in dem sich diese befindet, parat haben.

Kriminelle kennen sich – berufsbedingt – meistens auch gut mit dem Justizwesen aus. Der verdeckte Rechercheur muss nun nicht unbedingt das Gefängnis in Celle von innen beschreiben können. Er sollte aber Grundkenntnisse über die deutsche Justiz haben und zum Beispiel wissen, welche Unterschiede zwischen einem Amts- und einem Landesgericht bestehen und vor welchen Gerichten Betrug, Körperverletzung oder Kapitalverbrechen verhandelt werden.

Neben diesen spezifischen Aspekten gilt natürlich für die verdeckte Recherche ganz besonders: Der Rechercheur muss sich gründlich mit dem Thema auskennen.

Enttarnte Kriminelle können nachtragend sein. Vor allem dann, wenn sie durch die Tätigkeit des Rechercheurs viel Geld verloren haben oder sogar eine Zeit im Gefängnis verbringen mussten.

Vorsichtsmaßnahmen

Ist die Recherche erfolgreich gelaufen, stellt sich für den Rechercheur die nächste, genauso wichtige Aufgabe wie die Recherche selber: Wie komme ich aus der Geschichte unbeschadet wieder heraus? Im besten Fall soll ja der enttarnte Kriminelle nicht den verdeckten Rechercheur mit seiner Enttarnung in Zusammenhang bringen. So dies unumgänglich ist, darf auf keinen Fall eine Spur zurückbleiben, die ein potentieller Rächer aufnehmen kann. Der Rechercheur muss deswegen von Anfang an seinen Rückzug aus den Ermittlungen planen und sich offenhalten.

Notwendige Vorsichtsmaßnahmen

Folgende Vorsorgemaßnahmen sollten der Rechercheur und sein Team unbedingt treffen:

- Die genutzten Autos müssen Mietwagen sein.
- Als Wohnort kommen während der Recherche – es sei denn, es steht eine unauffällige Wohnung zur Verfügung – nur Hotels in Frage.
- Als Telefone kommen nur Handys in Betracht.
- Alle persönlichen Gegenstände wie Notizbücher, der eigene Laptop, das Taschentuch mit den Initialen oder gar der Schlüsselanhänger mit der Heimatadresse zum Nachsenden müssen unbedingt zu Hause bleiben.

Neben diesen Grundbedingungen für einen passablen Ausstieg aus einer verdeckten Recherche sollte der Rechercheur gegenüber offenkundig Kriminellen von Anfang an möglichst viele falsche Fährten legen. Diese werden es später einmal schwermachen, seine Spur zu verfolgen. Fast alle Kleinigkeiten des Lebens können hier hilfreich sein: Besteht beim Rechercheur im wirklichen Leben eine Vorliebe für Fußball, kann er sich bei der Recherche als eingefleischter Eishockeyfan zu erkennen geben. Der Opel-Fahrer schwört auf BMW, der Lederjackenfreund kleidet sich in Sakkos oder Strickjacken, der Anhänger der Volksmusik mutiert zum Stones-Fan. Doch Vorsicht: Erstens wird – wie schon erwähnt – die zu spielende Rolle durch solche kleinen Einzelheiten auch komplizierter. Zweitens muss sich der passionierte Opel-Fahrer dann auch mit BMW auskennen.

Rückzug sichern

Der verdeckte Rechercheur sollte nicht auf eigene Faust handeln. Stattdessen muss er sein Team immer über seine jeweiligen Tätigkeiten und den derzeitigen Wissensstand zum Thema informieren. Zu diesem Personenkreis können ab einem bestimmten Stand der Recherche auch Angehörige von Polizei und Justiz gehören (siehe auch Kapitel 2.6).

Wenn der Rechercheur persönliche Kontakte zu den Kriminellen aufnimmt, sollte er diese Termine möglichst nicht alleine wahrnehmen. Damit ist nicht gemeint, dass eine zweite Person in unmittelbarer Nähe körperlich anwesend sein muss. Im Gegenteil: Zwei Personen lassen sich im Zweifelsfall mit einer Waffe genauso gut in Schach halten oder bedrohen oder verletzen wie eine.

Eine Kontaktperson des Rechercheurs sollte sich besser unauffällig in Ruf- oder Sichtweite aufhalten. Damit dies einen Sinn macht, müssen zwischen den Beteiligten eindeutige Zeichen verabredet sein, um das Verhalten im Zweifelsfall zu koordinieren. Während seiner Kontakte zu Kriminellen sollte der Rechercheur immer eins bedenken: Nichts ist schlimmer für seine ihn betreuenden Helfer, als wenn er auf einmal Handlungen begeht, für die es kein verabredetes Verhalten gibt.

Vor der persönlichen Kontaktaufnahme mit Kriminellen muss auch feststehen, wie weit der Rechercheur im Zweifelsfall geht:

• Lässt er sich in die vermeintliche „Räuberhöhle" einladen oder besteht er auf Treffen an öffentlichen oder neutralen Orten?

- Besteigt er ein fremdes Auto?

- Lässt er sich auf den Treffpunkt an der abgelegenen Raststätte zu nächtlicher Stunde ein?

- Kann eine räumliche oder optische oder akustische Trennung zwischen dem Rechercheur und seinen Helfern akzeptiert werden, und wenn ja, für wie lange?

- Welches ist das definitive Zeichen für die Helfer, den Rechercheur aus seiner Situation zu befreien?

Bei Einbeziehung von Polizei oder Staatsanwaltschaft in die verdeckte Recherche, wozu die Autoren raten, ist das Rückzugsrisiko entsprechend geringer. Aber auch das überraschende Auftauchen eines kompletten Fernsehteams mit Kameras und vielen Scheinwerfern schafft meist die erforderliche Öffentlichkeit, um Kriminelle von ihren Absichten abzuhalten.

Gefährdung Dritter

Der Rechercheur und sein Team müssen sich allerdings nicht nur darüber im Klaren sein, wann das Risiko weiterer Recherchen für sie selber zu groß wird. Es können Situationen auftauchen, in denen Dritte durch das Zuwarten des Rechercheurs gefährdet sind.

Kommt der Rechercheur etwa zu der Erkenntnis, dass gefälschte Arzneimittel zu einem bekannten Zeitpunkt über einen bestimmten Grenzübergang falsch deklariert in ein Land eingeführt werden sollen, stellen sich sofort weitere Fragen:

- Muss er den Transport an der Grenze auffliegen lassen oder im Ausland weiter verfolgen, um die Verwertungswege offenzulegen?

- Was passiert, wenn der Transport aus nicht vorhersehbaren oder nicht bedachten Gründen aus den Augen gerät? Vor solchen Pannen sind auch gut ausgerüstete polizeiliche „Beschatter" nicht gefeit.

Beispiel eins:[1] Am 11. August 2008 macht die Verbraucherzentrale Schleswig-Holstein Schlagzeilen. Der Mitarbeiter eines Callcenters hatte den

---

1 Einige Details sind zum Schutz von Beteiligten geändert.

Verbraucherschützern eine CD mit 17.000 potentiellen Kundenadressen zugespielt, besonders interessante Daten. Die Dateien enthielten nicht nur 17.000 vollständige Namen samt Adresse, Geburtsdatum und Telefonnummer. Gleichzeitig waren darin die Bankverbindungen der potentiellen Opfer verzeichnet: Name der Bank, Bankleitzahl, Kontonummer. Lauter Angaben, die formal striktem Datenschutz unterworfen sind.

Für den 18. August setzt die „Verbraucherzentrale Bundesverband" (vzbv), die Dachorganisation der deutschen Verbraucherorganisationen, eine Pressekonferenz zum Thema an. Der Autor erhält vom vzbv am 13. August den Auftrag, im Internet nach weiteren Anbietern illegaler Daten zu fahnden und diese gegebenenfalls zu beschaffen. Der vzbv will damit belegen, dass der Ver- und Ankauf sensibler Daten kein unübliches und ein für jedermann zugängliches Geschäft ist.

Die Recherche führt in die Tiefen des Internets, nach drei Stunden ist das Angebot eines vielversprechenden Anbieters gefunden. Dieser bietet gleich 6 Millionen Bürgerdaten an, 4 Millionen davon mit Bankverbindung.

Kontaktaufnahme

Nach Rücksprache mit dem Auftraggeber nimmt der Rechercheur am 14. August Kontakt auf. Dazu verwendet er eine Yahoo-Adresse aus China, die er für solche Zwecke (mit Hilfe eines chinesischen Partners) eingerichtet hat. Die Mail geht an eine gmx-Adresse, für die sich der Anmelder ebenfalls nicht verifizieren muss, und lautet: „Hallo, sind diese Adressen identisch mit jenen, die jetzt öffentlich geworden sind? Wenn nein, wie soll der Transfer erfolgen?" Darunter ein falscher Name sowie eine Mobiltelefonnummer, die nicht auf einen Namen registriert ist.

Kurz darauf erhält er einen Anruf des Anbieters der Datensätze (auch der verwendet eine nicht identifizierbare Nummer). Der Rechercheur nimmt das Gespräch unter falschem Namen an und beginnt die Verhandlungen. Er macht deutlich, im Auftrag eines Kunden aus China nach deutschen Datensätzen mit Bankverbindung zu suchen.

Als Erstes fordert er eine Probe.

An dieser Stelle ein kleiner Einschub: Der Autor rät niemandem, sich einfach so in eine verdeckte Recherche zu begeben, das kann schnell schiefgehen. Aufgrund früherer Erfahrungen mit solchen Geschäftemachern wusste er aber, wie solche Ankäufe abgewickelt werden.

Am Freitagmorgen geht die Probe per E-Mail ein: „Hy hier ein paar tester. Sagen sie morgen im laufe des tages mal bescheid wie die liefen." Im Anhang befinden sich 494 Datensätze von Bundesdeutschen, mit genauer Adresse, Telefonnummer, Geburtsdatum, Bankverbindung, Kontonummer, weiteren Details. Sie wirken echt.

Zur Verifikation beginnt der Rechercheur, einzelne Telefonnummern aus diesen Datensätzen anzuwählen. Die Reaktion auf der anderen Seite ist unterschiedlich: Manche legen sofort auf, als sie einen Unbekannten am anderen Ende der Leitung hören, andere reagieren sehr verärgert: Der Anrufer wird für einen Callcenter-Agenten gehalten, der etwas verkaufen will. Die meisten aber sind bereit zu reden, nachdem der Rechercheur Gelegenheit hat, sich vorzustellen. Er bietet an, einen entsprechenden Datenauszug zum Beweis per E-Mail zu schicken.

Dazu schwärzt er jeweils sämtliche anderen Adresssätze in der Excel-Tabelle, macht einen Screenshot und verwandelt diesen in ein PDF, damit die Schwärzung definitiv nicht aufgehoben werden kann. Gleichzeitig informiert er einen Landesdatenschutzbeauftragten über seine Schritte und lässt sich von diesem beraten. Schließlich will er nicht seinerseits gegen Datenschutzbestimmungen verstoßen.

Nach dem die Betroffenen ihre eigenen Datensätze gesehen haben, sind fast alle zu Hintergrundgesprächen bereit. Sie geben durchweg an, massiv unter belästigenden Anrufen und teilweise sogar unter ungenehmigten Bankabbuchungen zu leiden.

Also sind die Datensätze zwar nicht neu, aber echt.

Mit Hinweis auf die „ausgelutschten Adressen" beginnt der Rechercheur die Verhandlungen über den Preis der Datensätze. Der Anbieter fordert nun 1.000 Euro, ein sehr geringer Preis. Unverbrauchte Adressen kosten bis zu einem Euro je Stück, das hat der Rechercheur in einer Parallel-Recherche bei anderen Anbietern erfahren.

Der Rechercheur teilt den Kaufpreis dem Auftraggeber mit, der ist – nach rechtlicher Prüfung – mit dem Kaufverfahren und dem Preis einverstanden. Am Ende der Telefonate und mehrerer E-Mails steht ein Verkaufspreis von 850 Euro fest. Käufer und Verkäufer einigen sich, Datensätze gegen Geld am nächsten Tag, Samstag, 16. August, auf dem Parkplatz eines Schnellrestaurants an der Autobahnabfahrt Münster-Nord zu tauschen.

Dazu mietet der Rechercheur für diesen Tag ein Fahrzeug, kleinste Kategorie (ein wesentlich größeres Auto, das ihm das freundliche Personal beim Abholen anbietet, lehnt er ab; er will ja nicht durch großspuriges Auftreten den ausgehandelten Preis in Frage stellen). Bei sich hat er eine Partnerin, die Erfahrung mit heiklen Situationen hat: zum einen als Zeugin bei der geplanten Geldübergabe, denn natürlich wird der Verkäufer keine Quittung unterschreiben, vielleicht aber später behaupten, er habe viel weniger Geld bekommen. Zum anderen aus Gründen der Eigensicherung.

Nach Mittag ist das Ziel in Münster erreicht. Rechercheur und Partnerin begutachten das Gelände und wählen einen geeigneten Ort für den Austausch von Geld und Daten. Die Daten sollen vereinbarungsgemäß auf zwei CDs und einer DVD geliefert werden.

Die Begutachtung ergibt, dass der Datenhändler offenbar keinerlei Vorbereitungen getroffen hat, jedenfalls lassen sich keine verdächtigen Figuren ausmachen. Nach einem Anruf erscheint der Verkäufer kurze Zeit später in dem angekündigten schwarzen BMW älteren Baujahrs. – Der Verkäufer macht sich nicht einmal die Mühe, den Wagen vor seinem Erscheinen anderswo abzustellen, er scheint sich wenig Sorgen zu machen (zu Recht, wie sich später herausstellen wird).

Natürlich sind die Prüfung der Datensätze auf dem mitgebrachten Laptop und die Übergabe des Geldes heikel: Der Verkäufer hat sicher Angst, die Datensätze loszuwerden, ohne sein Geld zu erhalten. Schließlich sitzt die Partnerin hinter dem Steuer des startbereiten Mietwagens, während Käufer und Verkäufer auf der Rückbank die Daten prüfen. Der Rechercheur sorgt sich seinerseits, der Verkäufer könne versuchen, den Preis im letzten Moment hochzuschrauben.

Aufgrund seiner Erfahrung weiß er aber, dass in dieser Situation zumeist keine Seite Interesse hat, die Situation zu verkomplizieren. Und außerdem ist der Verkäufer mit ziemlicher Sicherheit allein erschienen.

Die Daten erweisen sich nach ein paar Stichproben als echt, die Mengen in den Dateien (bis zu 200.000 Datensätze in einer Excel-Tabelle) legen nahe, dass es sich tatsächlich um mehrere Millionen Datensätze handelt, nachzählen lässt sich das in so einer Situation nicht.

Etwa eine halbe Stunde nach ihrer Ankunft verlassen Rechercheur und Begleiterin das Gelände, bei sich nun zwei CDs und eine DVD, auf dem Weg nach Berlin. Dort übergibt der Rechercheur am Samstagabend auf dem Parkplatz eines Baumarktes die Datensätze einem Mitarbeiter des vzbv. Der Job ist erledigt.

Der vzbv hat die DVD und CDs, informiert den Berliner Datenschutzbeauftragten und präsentiert den „Weg zu Millionen Daten" am darauf folgenden Montag auf einer Pressekonferenz.

Nachtrag: Der Hehler der 6 Millionen Datensätze wurde rasch identifiziert. Er musste keine schwere Strafe fürchten. Anders als die Weitergabe von Firmendaten wertet der Gesetzgeber den Verkauf von Bürgerdaten als Kavaliersdelikt. Lediglich 900 Euro betrug das Bußgeld für den Hehler nach Angaben der Staatsanwaltschaft Münster, bei einem nachgewiesenen *einmaligen* Gewinn von 850 Euro. Der Hehler vertrieb die Kundenadressen über das Internet. Es ist unwahrscheinlich, dass er nur mit dem vom vzbv beauftragten Testkäufer handelseinig wurde.

Der Rechercheur hatte sich während seiner Arbeit an den Richtlinien des Pressekodex orientiert.

Beispiel zwei:[2] Bei einer Recherche nach illegal importierter Ware in Malaysia (siehe auch Kapitel 5.3), auf die sich der Rechercheur gemeinsam mit dem Kameramann Michael Stich begeben hatte, war es unabdingbar, die eigene Identität und den Grund des Aufenthaltes dort zu verdecken, aufgrund des kriminellen Hintergrundes des Exports und der unübersichtlichen Lage. Zu hunderten von Tonnen wurde das Material über einen Containerterminal und durch Zollkontrollen ins Land geschmuggelt. Es bestand somit ein begründeter Verdacht, dass offizielle Stellen und Behörden vermutlich in den Schmuggel verwickelt waren.

Damit war für das Team klar, dass die Recherche verdeckt stattfinden musste.

Ein Problem: Ein Auftritt unter falschem Namen kam nicht in Betracht, denn schließlich musste das Team nach Malaysia einreisen und ein Visum

---

2 Einige Details sind zum Schutz von Beteiligten geändert.

erhalten. Das geht nur mit echten Reisepässen, in denen die richtigen Namen der beiden standen. Da absehbar war, dass Rechercheur und Kameramann auch mit staatlichen und halbstaatlichen Stellen (in Penang etwa wird der Containerterminal von einer privaten Gesellschaft betrieben, die aber auch hoheitliche Aufgaben wahrnimmt) Kontakt aufnehmen mussten, musste auch die Kontaktaufnahme unter Klarnamen erfolgen. Es hätte ja leicht geschehen können, dass sich ein Gesprächspartner den Pass zeigen lässt. Das kann aus reiner Neugier geschehen, wie solch ein Papier in Deutschland aussieht. Dem Autor ist das im Ausland in ähnlichen Situationen schon öfter passiert. Wenn der Gesprächspartner dann im Pass einen anderen Namen gelesen hätte, hätte das böse Konsequenzen gehabt.

Es ging also darum, eine Legende zu finden, die von vornherein keinen Verdacht aufkommen lässt. Wäre jemand in Malaysia auf die Idee gekommen, den Namen des Rechercheurs auf deutschen Seiten zu googlen, wäre er leicht entlarvt worden. Die meisten Menschen, lehrt die Erfahrung, haben aber weder Zeit noch Lust, jeden Namen, den sie hören oder lesen, umgehend auf Spuren im Internet zu prüfen.

Wie bereits weiter vorn erwähnt, geht es bei einer verdeckten Operation darum, gut vorbereitet zu sein und auf alle Fragen eine Antwort geben zu können.

Und es stellt sich eine weitere Frage: Wovor fürchtet sich eventuell die andere Seite?

Nicht umsonst gibt es weltweit nur Zutritt zu Containerterminals mit entsprechendem Ausweis oder einer Sondergenehmigung. Die Terminal-Betreiber müssen generell Diebstahl befürchten, Unglücksfälle (wenn Unbefugte im Ver- und Entladebereich herumstromern), außerdem Betriebsspionage (z.B. durch die Konkurrenz) und unangemeldete Kontrollen. Weitere potentielle Sorgen liegen im Dunkeln.

Das Team entschied sich dafür, als Lehrer an privaten Schulen aufzutreten, zumal dies auch der Wahrheit entsprach (der Kameramann an einer Fachhochschule, der Rechercheur an Journalistenschulen) und Lehrer generell als harmlos angesehen werden.

Alternativ hätte die Möglichkeit bestanden, sich etwa als Terminal-Touristen auszugeben, die weltweit Terminals besuchen wie andere Bahnhöfe oder Friedhöfe. Aber dazu reichte das Wissen um solche Terminals nicht aus, und es wäre schwierig geworden, hätte die Gegenseite gefragt, welche anderen Terminals man denn weltweit bereits besucht hätte.

👀 Es ist wichtig, sich für das Finden einer brauchbaren Rolle Zeit zu lassen und mögliche auftauchende Probleme im Vorfeld zu prüfen.

Ohne die offizielle Genehmigung, den Terminal für Filmaufnahmen zu betreten, und zwar mehr als einmal, würde das Projekt scheitern. Der Zugang zum Containerterminal war somit essentiell, und für das Erhalten der Genehmigung gab es nur den einen Versuch: Einmal abgelehnt, konnte es das Team nicht mit einer neuen Variante versuchen.

Auf die Entwicklung und das Abfassen des folgenden Bittbriefes hat der Rechercheur darum einige Zeit aufgewendet und sich zuvor insbesondere über Hierarchien, Höflichkeitsformen, Gesprächs- und Verhandlungskultur in Malaysia informiert. Das Schreiben hatte den Wortlaut:

„Dear Sir,

I have tried to call you at your mobile twice, but the technical quality of the connection has not been too good.

Unfortunately, my first message to you came back as I failed to implement the „my" to complete your mail address.

Please, allow me, to introduce us first: My name is Matthias Brendel, working as a teacher and trainer at private schools in Germany, mainly introducing scholars in how to gather valuable information in the internet and by using advanced research systems. My colleague and friend Michael Stich is mainly working at the UAS Hildesheim but also at private schools like the XXXXXXXXX near Berlin. (I will send a letter of endorsement of the XXXXXXX with another mail.)

During some days in Southern Germany that we spent together *we followed a container to make its tracking a research project for our classes.*

The container we have been tracking has the number *XXXX 129 9X8 X*. We so far documented the container's transport to the barge harbour at Frankfurt. The container then was carried to Antwerp/Belgium on the barge „XX XXXXXX" and further to Singapore on the „XXXXX XXXX". It has arrived Singapore last Saturday, May 17, and will then be carried further to Georgetown. The container company XXXXX has so far helped us a lot with providing information.

The container belongs to a transport of 21 containers to Georgetown. The Bill of Lading is ANRA XXXXXXX. The information is available at the following website: www.XXXXX.XX/XXXXX/XXX.

The container is now carried to North Butterworth Terminal on the *Nawata Bhum V.8039 estimated to arrive this Thursday, May 22nd, at 12 a.m.*

It is our very wish to document by video the berthing of the vessel and the unloading of the container at Penang Harbour.

We have decided to take another one week holiday to carry along this project in which we so far invested a lot of time. We will arrive at Penang this coming Wednesday.

I assume that it is not allowed for tourists to enter the Container Terminals at Penang Port without authorisation given by you.

Dear Sir, you would do us and our students a huge favour helping us to finish our project. Please, allow us to count on you."

Das Schreiben hatte entweder den richtigen Ton, oder der Zuständige war gerade besonders guter Laune, jedenfalls wurde den Lehrern der Zutritt gewährt.

Damit hatte sich das Team auf Rollen festgelegt. Im Lauf des Aufenthalts vor Ort konnten diesbezüglich leicht weitere Fragen aufkommen. Die naheliegendsten: Warum investiert Ihr euer Geld in so ein Projekt? Was sagen Eure Familien dazu? Warum eigentlich macht Ihr zu zweit Ferien?

Um glaubwürdig zu sein, gibt es nach Erfahrung des Autors zwei Möglichkeiten: entweder eine sehr gut nachvollziehbare Erklärung zu liefern oder eine, die so weit weg ist, dass sie die andere Seite nur ungefähr nachvollziehen kann und sich darum keine weiteren Gedanken mehr macht. Das Team entschied sich für die exotische Variante: Es trat, ohne das allerdings je aus- oder anzusprechen, als homosexuelles Paar auf. Die andere Seite sollte von allein zu diesem Schluss kommen, und das tat sie dann auch.

👀 Wer verdeckt vorgeht, benötigt etwas schauspielerisches Talent, sonst hält er seine Rolle nicht durch und macht sich unglaubwürdig.

Werden Homosexuelle in Malaysia nicht diskriminiert, ist gleichgeschlechtlicher Verkehr dort nicht sogar gesetzlich verboten? – Ja, richtig. Ein etwas tieferer Blick in die malaysische Kultur hatte aber das Ergebnis, dass diese Strenge nicht in allen Landesteilen gilt, schon gar nicht auf Penang mit seinen vielen Touristen, von denen einige auch Sextouristen sind (allein in dem Hotel, in dem das Team Zimmer bezogen hatte, waren auf unterschiedlichen Etagen zwei illegale Bordells untergebracht). Außerdem brachte die Vorbereitungsrecherche hervor, dass Homosexuelle zumindest auf Penang entgegen der offiziellen Linie gesellschaftlich toleriert werden. Das haben dann auch eigene Erfahrungen und Beobachtungen vor Ort bestätigt, es gab in Georgetown viele Transvestiten und andere, die sich offen homosexuell zeigten.

Kein einziges Mal während des Aufenthaltes gab es übrigens je eine anzügliche Bemerkung in dieser Richtung. Dazu waren die Leute – auch kulturell bedingt – viel zu höflich und zurückhaltend.

👀 Vorsichtshalber hatte sich das Team aber intensiv auf eine getrennte Befragung zu der Beziehung vorbereitet: Wie, wann, wo habt Ihr euch kennengelernt. Wo wohnt Ihr, wie oft trefft Ihr euch? Seid Ihr verheiratet? Warum nicht? Kinder? Wann hat der andere eigentlich Geburtstag?

Viele weitere Fragen, die gestellt werden könnten.

👀 Verdeckte Arbeit zu zweit oder im Team benötigt besonders gründliche Vorbereitung auf die gemeinsame Geschichte.

Und tatsächlich gab es eine Situation (während einer Zigarettenpause im Terminal), als der Kameramann plötzlich einer solchen Befragung ausgesetzt war.

Die grundsätzliche Linie war, das in den Augen Dritter bescheuerte Vorhaben, nämlich das Entladen eines Containers in Malaysia zu dokumentieren, in ein möglichst seriöses Gewand zu kleiden. Der erwünschte Effekt – als harmlose Typen mit einem kleinen Hau zu erscheinen – stellte sich bald ein.

Dazu trat der Rechercheur vor Ort und der brütenden Hitze zum Trotz grundsätzlich im Anzug auf, interessierte sich im Containerterminal mit großer Ernsthaftigkeit für völlig unwesentliche Details, passte aber auf, niemanden wirklich zu nerven. Außerdem ließ er sich von Mitarbeitern des „Operations Room" Visitenkarten aushändigen. Auch der Kameramann trug stets ein Sakko. Als der jüngere spielte er den augenzwinkernden Gefolgsmann des etwas durchgedrehten, seine Aufgabe aber total ernst nehmenden Fachlehrers.

Schon beim ersten Besuch im Terminal war der Bann schnell gebrochen, die Mitarbeiter unterrichteten das Team bereitwillig, so wie freundliche Erwachsene nette, wissbegierige Kinder behandeln.

Ein Detail als Beispiel: Als das Team am Terminal einmal von einem Wachmann nach Ausweisen und Berechtigung gefragt wurde, übergab der Rechercheur stattdessen eine Visitenkarte aus dem Operations Room, dort wisse man Bescheid. Der Wachmann zückte sein Mobiltelefon, rief an, lachte nach kurzer Zeit laut auf und gab die Karte grinsend mit der Bemerkung zurück: „Container-Tracking! Crazy teachers!" – So eine Nachricht macht die Runde. Ab diesem Moment hatte das Team nahezu Narrenfreiheit.

Es gab noch ein weiteres Problem: den bei solchen Aktionen immer notwendigen Ortskundigen und Übersetzer vor Ort. Dafür hatte sich das Team einen Taxifahrer ausgesucht. Der musste eine Reihe Qualifikationen erfüllen (siehe auch Kapitel 5.3). Die Qualifikationen brachten mit sich, dass der Taxifahrer über einige Intelligenz verfügte. Da er einen Großteil der Zeit mit dem Team verbringen würde, musste ihm bald klar werden, dass seine Fahrgäste erstens nicht homosexuell waren und zweitens kein Containersuchprojekt für eine Schule bearbeiteten. Dennoch blieb der Taxifahrer loyal bis zum letzten Moment. Das Team erreichte dies, indem es den Taxifahrer sehr gut bezahlte, sehr gut behandelte und ihn vor allem niemals mit der Wahrheit konfrontierte.

🔎 Natürlich mussten zwischendurch viele Dinge zum weiteren Vorgehen besprochen werden. Jedes Team muss darum in Anwesenheit Dritter immer darauf achten, Schlüsselbegriffe zu meiden, auch deutsche Ausdrücke.

Dazu gehörten zum Beispiel auch deutsche Worte wie die Bezeichnung der gesuchten illegalen Ware oder andere Schlüsselbegriffe der Recherche. Es konnte ja sein, dass etwa der sprachtalentierte Taxifahrer den Ausdruck zu Hause am Computer in ein Übersetzungsprogramm eingeben würde.

🔍 Ein bisschen Mut, sehr gute Vorbereitung und Erfahrung in heiklen Situationen sind unabdingbar für eine verdeckte Recherche, doch Leichtsinn ist ihr sicheres Ende.

🔍 Beherzigen Sie: Man weiß nie, wem man trauen kann. Jeder kleine Fehler kann das Ende einer verdeckten Recherche bedeuten und Sie darüber hinaus in Gefahr bringen.

7   Gesprächsführung

7.1   Grundregeln der Gesprächsführung

So banal es ist: Grundvoraussetzung für ein erfolgreiches Gespräch ist innere Ruhe. Ein aufgeregter Rechercheur wirkt auf sein Gegenüber unprofessionell und eventuell vorbelastet. Außerdem kann ein „heißes Herz" den Verstand beeinflussen, und die wirklich wichtigen Informationen gehen am Rechercheur vorbei.

🔭 Zu einem erfolgreichen Gespräch gehört eine gute innere Gesprächs-
    vorbereitung.

Diskutieren Sie das Thema in ihrem Kollegen- oder Bekanntenkreis, lassen Sie sich ausfragen und so die Qualität Ihrer Basisrecherche testen. Fühlen Sie sich aufgrund einer guten Vorbereitung im Thema wohl.

🔭 Stellen Sie sich auf den Gesprächspartner ein.

Das heißt in erster Linie, sich in denselben hineinzudenken. Über welche Position in der Behörde oder dem Unternehmen verfügt der Informationsträger? Ist es für ihn gefährlich, Informationen herauszugeben, oder zählt die Weitergabe von Informationen zu seinen beruflichen Aufgaben? Welche Interessen oder Positionen vertreten seine Firma, sein Verband oder seine Behörde?

All dieses Wissen kann helfen, an das eigentliche Ziel zu gelangen, welches heißt: Der Gesprächspartner soll den Rechercheur nicht als lästige Person empfinden, sondern Freude an der Diskussion haben oder den Eindruck gewinnen, dass ihm das Gespräch Vorteile bringt.

Weiter muss sich der Rechercheur darüber im Klaren sein, welche Informationen er am Ende des Gesprächs besitzen möchte und welche anderen Sachverhalte bei dem diskutierten Problem eine Rolle spielen könnten. Spricht der Rechercheur mit einer Firma über deren geplante Verlagerung oder Ausweitung ihrer Produktion nach Asien, sollte er sich über die Produktionsmöglichkeiten oder -beschränkungen im eigenen Land genauso gut informieren wie über die Bedingungen in Asien.

Zu den Selbstverständlichkeiten der Gesprächsvorbereitung gehört natürlich auch eine gewisse Gesprächsplanung.

🔭 Der Rechercheur sollte vor jedem Gespräch eine kurze Stichwortliste anfertigen, die ihm im Gespräch als Leitfaden dient.

Eins ist jedoch klar: Kein Gespräch läuft in der Realität so ab, wie es vorher geplant war. Deshalb sollte diese Stichwortliste den Rechercheur nicht davon abhalten, auch für andere, überraschend einfließende Informationen ein Ohr zu haben und gegebenenfalls nachzuhaken.

Erster Eindruck

🔭 Gerade bei telefonisch geführten Befragungen (Recherchegespräche werden zu etwa 90 Prozent per Telefon erledigt) ist der Beginn oft schon entscheidend.

Hat der Angerufene den Eindruck, es mit einem aufdringlichen oder feindseligen Zeitgenossen zu tun zu haben, wird er das Gespräch schnell beenden. Am Telefon stehen zu diesem Zweck viele Ausreden zur Verfügung, ohne dass der Befragte selber unhöflich werden muss. Das reicht von: „Ich muss jetzt gerade in eine Besprechung", „Dafür bin ich nicht zuständig" bis zum vielleicht schlicht gelogenen: „Davon weiß ich nichts." Ist eine Blockadehaltung beim Gesprächspartner erst einmal eingetreten, stehen dem Anrufer nur wenige Möglichkeiten zur Verfügung, den negativen Eindruck wieder zu korrigieren.

🔭 Grundvoraussetzung für ein erfolgreiches Recherchegespräch am Telefon ist ein freundliches und höfliches Auftreten des Rechercheurs demjenigen gegenüber, der die Informationen besitzt.

Nicht verhören!

Weiter gilt: Ein Gespräch ist ein Gespräch und kein Verhör! Niemand mag sogenannte „Einbahnstraßengespräche". Weder privat noch im Beruf! Deshalb ist es wichtig, den Angesprochenen freundlich und sachlich über die Intention der Unterhaltung ins Bild zu setzen.

Gegenfragen müssen genauso ausführlich, freundlich und sachlich beantwortet werden, wie es der Rechercheur selbst auch von seinem Gegenüber erwartet.

🔭 Eine Antwort auf immer wieder auftauchende Standardfragen wie: „Warum wollen Sie das denn wissen?" kann nicht einfach lauten:

„Darum", sondern muss plausibel erklären, warum es einen Sinn macht, die erbetenen Informationen weiterzugeben.

Auch wenn der Informationsbesitzer sich das nicht anmerken lässt, die Frage nach dem „Warum" steht für ihn ständig im Raum. Sie sollten ihrem Gegenüber die Gelegenheit geben, diese Frage für sich selbst positiv zu beantworten. Das geht am besten, indem Sie von sich aus plausible Erklärungen für Ihre Fragen liefern.

👀 Entsprechend fehl am Platz ist die gerne gegebene Begründung: „Die Frage ist von öffentlichem Interesse!"

Mit dieser Antwort transportiert der Journalist die versteckte Botschaft, die Interessen des Befragten hätten nun zurückzutreten, er werde jetzt von einem Popanz mit Namen „Öffentliches Interesse" regiert. Das hört keiner gerne.

👀 Ein weiterer, oft begangener Fehler ist es, im falschen Moment völlig sinnlos Druck auszuüben.

„Sie müssen mir jetzt erklären, was da los gewesen ist!" – ist solch eine Torheit. Viel positiver in den Ohren des anderen klingt: „Sie können mir sicher erklären, was da los gewesen ist." Hier wird nicht auf die Pflichten des anderen verwiesen, sondern auf seine Fähigkeiten.

👀 Journalisten neigen viel zu oft dazu, wahrscheinlich aus Unsicherheit, den Plurales Majestatis anzuwenden: „Wir möchten gerne wissen ..."

Das macht keinen Sinn, es sei denn, hier stellen tatsächlich mehrere Personen Fragen. Besonders unklug ist das am Telefon: Der Journalist verbreitet unbewusst die Botschaft, mehrere andere Leute hörten mit. So kommt keine vertrauliche Gesprächsatmosphäre zustande. Fast alle Menschen fühlen sich bedrängt oder bedroht, wenn sie es mit mehreren gleichzeitig zu tun haben.

👀 Wer eine gute Begründung für die Notwendigkeit des Gesprächs liefern und gleichzeitig sanften Druck ausüben möchte, sagt besser: „Unsere Leser/Zuhörer/Zuschauer rufen in großer Zahl bei uns an. Alle möchten wissen, ob ... Darum muss ich Sie jetzt fragen ..." Merke: die anderen können, wollen, sollen – letzteres allenfalls. Es ist immer nur der Journalist, der fragen „muss".

👀 Das „Wir" macht nur bei Verbrüderungen Sinn, dann allerdings ist es angebracht: „Das sind ja böse Vorwürfe, die gegen Sie erhoben werden. Das können wir ((der Journalist und der Betroffene)) sicher klären."

Unternehmen und auch Verbände oder Behörden sind es gewohnt, immer wieder Zahlen für Statistiken zu liefern. Gegenfragen bleiben bei solcher Routine gewöhnlich aus. Passieren kann es doch.

Stellt der Befragte die Gegenfrage: „Wieso wollen Sie wissen, mit wie vielen verschiedenen Zulieferern wir zurzeit zusammenarbeiten und wie viele es in den vergangenen Jahren waren?", so wird ihm folgende Antwort die Frage plausibel erscheinen lassen: „Auf einer Tagung von Wirtschaftswissenschaftlern wurde die These aufgestellt, dass das sogenannte ‚Outsourcing' im Produktionsbereich, also die Vergabe von Aufträgen an Zulieferer, in den modernen Industriestaaten wieder auf dem Rückmarsch ist. Je moderner eine Industrieregion entwickelt sei, desto stärker sei dieser Trend. Ich möchte unsere regionale Industrie mal unter diesem Aspekt beleuchten."

👀 Hat der Rechercheur den Eindruck, dass sich sein Gesprächspartner am anderen Ende der Leitung geistig und inhaltlich von ihm verabschiedet, so ist es nützlich, selber eine unvermutete und halbwegs neue Information ins Gespräch einzuflechten.

Gelingt es auf diese Weise, den Angerufenen zu sachlichen Gegenfragen zu bewegen, kann der Rechercheur danach wieder die eigenen Fragen ins Spiel bringen. Beim Thema „Outsourcing" könnte dies so aussehen: „Sie haben bestimmt von der neuen Studie des japanischen Industrieministeriums gehört. Danach sparen die Firmen durch das Outsourcing Produktionskosten, verlieren in wichtigen Bereichen aber ihre technische Kompetenz. Mittel- und langfristig würde nach dieser Studie den Zulieferern eine wesentlich bedeutendere und mächtigere Rolle innerhalb der Wirtschaft zukommen." Erfahrungsgemäß hat der Rechercheur schon nach kurzer Recherchezeit diverse solcher kleinen Bonbons im Hinterkopf, mit denen er allerdings dosiert umgehen sollte. Denn nichts ist überflüssiger, als Gesprächspartnern den noch abzufassenden Recherchebericht vorab schon mal mündlich zu erzählen.

👀 Auch versteckte Vorverurteilungen wie: „Verstößt Ihre Firma mit dem Export der Ware Y nicht gegen die Einfuhrbestimmungen des Landes

X?" oder „Wie lange will ihr Amt das Problem eigentlich noch ignorieren?" haben in Recherchegesprächen nichts zu suchen.

Wenn schon offensiv gefragt wird, dann eher so: „In der WTO (World Trade Organisation) werden zurzeit Handelsbeschränkungen für das Produkt C diskutiert. Könnte das nicht auch Ihre Exportbemühungen beeinflussen, oder sind Ihre Exporte nach Afghanistan sogar schon jetzt Restriktionen unterworfen?" oder „In dem Stadtteil A gibt es folgendes Problem. Eigentlich müsste Ihre Behörde für den Fall zuständig sein. Können Sie mir sagen, ob Sie den Fall behandeln, oder ist er Ihnen noch gar nicht bekannt?"

👀 Selbstverständlich können auch Situationen im Verlauf eines Gesprächs entstehen, die ein aggressiveres Auftreten des Rechercheurs gegenüber seinem Gesprächspartner nahelegen: „Sie haben mir gerade mitgeteilt, dass Sie XY schon lange nicht mehr herstellen. Die Firma Z hat mir aber schriftlich bestätigt, dass sie ihren gesamten XY-Bedarf bei Ihnen deckt, weil Sie die beste Qualität liefern. Können Sie diesen Widerspruch aufklären?" In solch einer Situation ist es für den Befragten schwierig, die Antwort schuldig zu bleiben.

👀 Hüten Sie sich vor falsch platzierten Bewertungen!

„Sie haben mir gerade *ganz stolz* erzählt, dass Sie den Bau der Umgehungsstraße verantworten." – Schon fühlt sich der andere auf den Fuß getreten.

👀 Noch unangebrachter und kontraproduktiv ist die Kommentierung von Antworten und/oder die Bewertung des Befragten.

„Dauernd weichen Sie meinen Fragen aus. Glauben Sie, ich merke das nicht?" – Davon kann nur der andere lernen, was Sie denken, sein Verhalten wird er deswegen eventuell ändern, aber sicher nicht zu Ihren Gunsten. Mit einer Ausnahme: Sie haben Ihr Gegenüber bereits komplett in die Enge getrieben, und es handelt sich um dessen letzten Versuch, zu entkommen.

Verweigerer

Die Einhaltung von Grundregeln für ein Gespräch garantiert leider keinen erfolgreichen Gesprächsverlauf. Gegen den Mitarbeiter, der sagt: „Zu diesem Thema geben wir keine Informationen an die Öffentlichkeit!", ist kaum ein Kraut gewachsen.

Drohungen wie „Ich berichte in jedem Fall, auch wenn Sie nicht mit mir reden", oder Lockmittel wie „Ich möchte Ihnen Gelegenheit geben, auch einmal Stellung zu nehmen", bringen selten etwas ein, schon gar nicht bei Profis. Denen gibt der Journalist mit solchen Aussagen nur den wichtigen Hinweis, dass er selber mit seinem Latein am Ende ist.

Natürlich schaden abweisende Mitarbeiter im Zeitalter des relativ offenen Zugangs zu Informationen dem Ansehen der Firma, der Behörde oder Institution, für die sie arbeiten, erheblich. Da auch ihre Vorgesetzten dies in der Regel wissen, kommen nach Erfahrung der Autoren solche „Gesprächsblocker" immer seltener im Bereich der Pressearbeit zum Einsatz. Geschieht es doch, kann das leicht nach hinten losgehen.

Diese Erfahrung musste im Jahr 2008 Lidl machen, als die Discounter-Kette wegen Bespitzelung der eigenen Mitarbeiter in die Schlagzeilen geriet: Viele Journalisten nahmen jetzt offenbar die Gelegenheit wahr, sich an dem pressefeindlichen Unternehmen zu rächen.

In der akuten Situation eines verweigerten Gesprächs nutzt dieses Wissen dem Journalisten aber nichts. Der Autor empfiehlt aus eigener Erfahrung, den Kontakt mit solchen Informationsverweigerern zu unterbrechen und mit „Puzzeln" zu beginnen (siehe auch Kapitel 5.3).

🔭 Der Gesprächsverweigerer wird reagieren, wenn Sie ihn mit relevanten, belastbaren Ergebnissen konfrontieren.

7.2 Einer gegen einen

Fast jede Kommunikation, die ein Rechercheur betreibt, verläuft im Zwiegespräch. Kaum eine andere Gesprächsform bietet die Gelegenheit, eine vertrauensvolle, den Austausch von Informationen fördernde Atmosphäre zu schaffen wie diese. Die wichtigsten Informationen wechseln fast immer unter vier Augen den Besitzer: Im Dunkeln ist gut munkeln. Das ist wie im normalen Leben, und darum sind auch die mit dem Zwiegespräch verbundenen Tücken und Gefahren den meisten Menschen hinreichend bekannt. Da dieses Wissen andererseits niemanden daran hindert, dieselben Fehler stets aufs Neue zu begehen (wer redet nie am anderen vorbei, wer missversteht nie eine Aussage, wer streitet sich nie sinnlos herum?), lohnt eine selbstkritische Analyse. Zumal der Dialog die mit Abstand häufigste und erfolgversprechendste Form der investigativen Befragung ist.

Es liegt auf der Hand, dass ein Zwiegespräch umso fruchtbarer verläuft, je größer das Interesse beider Seiten daran ist. Das Interesse des Rechercheurs ist eindeutig: Er sucht Antworten auf ganz bestimmte Fragen. Aber welchen Nutzen könnte sein Gegenüber aus dem Gespräch ziehen? – Der Rechercheur muss sich im Klaren sein, dass dies die erste Frage ist, die sich jeder potentielle Interviewpartner stellt.

Motivieren

„Erklären Sie mir erst mal, warum ich mich überhaupt mit Ihnen unterhalten sollte!", ist eine Aufforderung, die Rechercheure nicht selten zu hören bekommen. Ein Rechercheur, der nicht im Auftrag von Medien arbeitet, muss eine triftige Begründung für seinen Gesprächswunsch parat haben. Je besser der Rechercheur die Interessenlage seines Gegenübers erfasst und versteht, desto leichter fällt ihm die Antwort.

Ein erfahrener Rechercheur versucht, die entsprechende Analyse seinem Gesprächspartner zu überlassen. Er sagt darum nicht: „Wenn Sie mit mir sprechen, könnte Ihnen das neue geschäftliche Kontakte eröffnen", sondern schildert seinen Hintergrund. So kann der Kontakt von alleine die Schlussfolgerung ziehen: „Wenn ich mit dem ein geschicktes Gespräch führe, kann mir das Vorteile einbringen."

Dieser Gedanke, einmal im Bewusstsein des Gesprächspartners entstanden, kann für ein gewinnbringendes Gespräch entscheidend sein – vorausgesetzt, der Rechercheur hört genau zu und behält die Fäden in der Hand.

Wenn Sie Ihren Gesprächspartner überzeugen können, dass das geplante Gespräch seinen Interessen zuträglich ist, haben Sie eine große Hürde genommen. Nutzen Sie diese Möglichkeit, wann immer sie sich bietet.

Oft genug werden Sie Menschen aber auch zum Dialog bewegen müssen, die darin für sich keinen oder kaum einen praktischen Nutzen erkennen können. Auch dies ist machbar, wobei allerdings erschwerend hinzukommt, dass quasi jede Kontaktaufnahme am Telefon stattfindet, also im blinden Zwiegespräch.

Natürlich nutzen Befragte zunehmend die Möglichkeiten moderner Telekommunikation und beziehen Dritte, etwa Kollegen oder Vorgesetzte, ins telefonische Gespräch ein. Jedoch ist dies auf Seiten der Gesprächspartner mit verdoppeltem Arbeitsaufwand verbunden und bleibt darum Situationen vorbehalten, die den Befragten besonders heikel oder wichtig erscheinen (siehe auch Kapitel 7.3).

Bevor das Arbeitsgespräch beginnt, lohnt es sich, einen kurzen Blick auf die Situation des Ansprechpartners zu werfen.

Pressesprecher

Da gibt es einmal die sogenannten „Professionellen": Medienleute, Mitarbeiter von Pressestellen, mit Pressearbeit beauftragte PR-Agenturen, Werbeleute und andere Personen, die den Umgang mit Journalisten und Rechercheuren von Haus aus gewohnt sind: also führende Mitarbeiter in Behörden und Unternehmen, Politiker und sonstige Personen, die öffentliche Kommunikation zum Erreichen der eigenen Ziele nutzen.

Ein Professioneller versteht die Kontaktaufnahme des Rechercheurs als Möglichkeit, über den „Anklopfenden" wichtige Informationen über das Unternehmen in der Öffentlichkeit zu platzieren beziehungsweise dessen Image zu pflegen oder zu verbessern. Gleichzeitig ist dem Profi bewusst, dass ein Rechercheur oder Journalist auch das Gegenteil bewirken kann, indem er Informationen falsch versteht und wiedergibt. Und schließlich gibt es immer noch jene schwarzen Schafe unter den Journalisten, die von vornherein mit dem Ziel antreten, eine Firma oder Institution „in die Pfanne zu hauen".

Wirklich erfahrene Professionelle haben solche Sorgen abgelegt. Sie wissen längst, dass sie erstens einen guten Rechercheur doch nicht daran hindern können, seine Arbeit zu erledigen, zweitens eine positive Eigendarstellung nur gelingt, wenn Außenkontakte positiv verlaufen, und sie drittens jenen, die Schlechtes planen, durch Gesprächsverweigerung meist nur neue Nahrung liefern.

Dabei sind negative Ergebnisse unvermeidlich und bis zu einem gewissen Grad einkalkuliert. Ein sehr guter Professioneller ist leicht daran zu erkennen, dass er dem Rechercheur große Mengen an Informationen anbietet und auch liefert. Darüber hinaus bietet er weitere Informationen an, deren Gehalt sowohl den eigenen Interessen entspricht als auch denen des

Rechercheurs nahekommt. Den wird er aber keinesfalls oder nur unter persönlicher Begleitung ins „Innere des Wals" vordringen lassen. So bleibt alles unter Kontrolle.

So angenehm die Zusammenarbeit mit einem professionellen Gegenüber ist, sind damit leider auch erhebliche Nachteile verbunden: Wirklich gute Informationsverteiler schirmen sich oder ihren Auftraggeber oft so dicht gegen das Eindringen unliebsamer Frager in relevante Bereiche ab, dass der potentielle Rechercheaufwand in keinem tragbaren Kosten-Nutzen-Verhältnis zum Ergebnis steht. Das ist auch eine (vielleicht sogar die beste) Möglichkeit, unliebsame Recherchen abzuwehren.

Stars

Schwieriger ist der Umgang mit jener dritten Sorte Professioneller, denen der Dialog mit Journalisten oder anderen Fragern zwar Routine ist, die ihn gleichzeitig aber nicht nötig haben – zumindest nicht mit vielen Journalisten. Dies ist leider häufiger der Fall, als man fürchten mag. Solch ein Mensch hat bereits seine Schäfchen im Trockenen und empfindet den Journalisten als lästigen Eindringling. Mit einem Wort: Ein Star (Rechercheure kommen mit Stars nur selten in Berührung, sie suchen vielmehr „Wasserträger").

Der Prototyp dieses Stars ist der von Talkshowauftritten verwöhnte Bestsellerautor, die erfolgreiche Schauspielerin oder sonst ein Publikumsliebling. Star ist auch der Geschäftsmann, dessen Produkt einzigartig und erfolgreich ist, der Beamte, dessen Behörde Besonderes geleistet hat, oder der Werbefachmann, dem der Erfolg zu Kopf gestiegen ist.

Wer hier erfolgreich sein will, muss entweder schlagende Kompetenz an den Tag legen oder durch Charme, Witz, vielleicht auch gutes Aussehen die Sympathie des Stars gewinnen. Die Anstrengung ist nicht immer der Mühe wert, da der Star meist nicht Star ist, weil er Außergewöhnliches leistet, sondern weil er Außergewöhnliches geleistet hat. Viel Neues hat er selten zu erzählen.

Wenn ein Star in einer journalistischen Befragung Außergewöhnliches erzählt („Ich bin schwanger/werde heiraten/will als Oberbürgermeister kandidieren/habe vor, 500 Arbeitsplätze in der Region zu schaffen"), benutzt er den fragenden Journalisten lediglich als Vehikel zur Verbreitung der Botschaft, die er gezielt in die Welt setzen will.

👀 Gegen richtige Befragungen schotten sich Stars praktisch immer ab, dazu verfügen sie über Agenten oder Pressesprecher, die Bedingungen für ein Gespräch nennen, und die lauten in der Regel: Diese und jene Themen/Fragen sind von vornherein tabu.

👀 Stars lassen sich praktisch niemals unter vier Augen befragen.

Wissensträger

Erfolgreiche Gesprächsführung mit den Obengenannten ist trotz der genannten Probleme meistens angenehme Arbeit. Man ist ja gewissermaßen unter Kollegen. Richtig interessant und schwierig ist die Arbeit mit den eigentlichen Objekten der Begierde: jenen Wissensträgern in allen gesellschaftlichen Bereichen, die dem Rechercheur sicher Wichtiges zu sagen hätten, nur leider gerade Besseres zu tun, schlicht keine Lust dazu oder sogar Angst vor dem Gespräch haben.

Der ins Auge gefasste Informationsbesitzer steckt gewöhnlich bis über beide Ohren in seiner Arbeit, leistet sowieso schon zu viele Überstunden, verfügt über eine unbekannte Menge privater Sorgen und hat auf ewiges Frage-Antwort-Spiel mit einem inkompetenten Rechercheur gerade noch gewartet. Vielleicht verfügt er auch über Wissen, dessen Herausgabe gefährlich ist, was ihn in eine instinktive Abwehrhaltung treibt, oder er hat dieses Wissen bereits anderen versprochen oder will es für seine eigenen Zwecke nutzen. Der anklopfende Rechercheur ist für sein Gegenüber also im besten Fall lästig, im schlechtesten sogar gefährlich.

Um den „anklopfenden" Rechercheur abzuwehren, bedient sich ein Wissensmonopolist im Zweifelsfall seiner schärfsten Waffe: seines Wissens.

„Wenn Sie sich so sehr für das Thema interessieren, wie Sie behaupten, machen Sie sich doch erst mal kundig. Dann dürfen Sie sich gerne nochmal bei mir melden. Im Augenblick ist mir meine Zeit für diese Sorte Unterhaltung aber zu kostbar." Solche Worte wird jeder Rechercheur mehr als einmal im Leben zu hören bekommen. Bei irgendeinem muss man ja immer anfangen.

Ein Rechercheur sollte aber niemals so dumm sein, nach der oben beschriebenen Replik beleidigt aufzulegen und den unhöflichen Gesprächspartner von der Liste zu streichen. Damit ist ihm nicht gedient, und eine böse Antwort hat außerdem immer einen Grund. In diesem Fall kommen nur drei „echte" Gründe in Frage:

Der Rechercheur hat wirklich dumm gefragt. Das heißt, er hat zu früh den Richtigen kontaktiert. Dann bleibt ihm nur übrig, sich schlauzumachen und darauf erneut Kontakt aufzunehmen. Es lohnt sich mit Sicherheit.

Der Rechercheur hat sehr gut gefragt und hat dabei in ein Wespennest gestochen. Als Reaktion wendet der Befragte gezielt Beleidigungen an, um den Fragenden abzuschütteln. Ein Grund mehr, die Angelegenheit akribisch zu durchleuchten.

Inkompetente Kollegen des Rechercheurs haben dem Befragten einmal übel mitgespielt. Das ist leider keine Seltenheit. Ein guter Rechercheur hat dafür Verständnis und legt die Beweggründe seiner Kontaktaufnahme umso genauer dar.

Der vierte, „unechte" Grund für unfreundliches Verhalten: Ein Profit durch die Kontaktaufnahme des Rechercheurs ist für den Wissensträger sowieso nicht erkennbar. Er ist, im Gegenteil, gerade äußerst schlechter Laune und zudem unbeherrscht. Dann nutzt der Angesprochene den Anruf des Rechercheurs „zum Dampf ablassen". Das kann in handfeste Beleidigungen münden, sehr unangenehm sein und außerdem viel zu lange dauern – Angriffe von 15 bis 20 Minuten Länge sind allerdings ein gutes Zeichen: Der Angreifer hat gerade Zeit.

Genauso wenig wie bei den „echten" Gründen für unfreundliches Verhalten sollte der Rechercheur in solcher Situation beleidigt den Hörer weghalten oder gar das Gespräch beenden.

Wer viel schimpft, ist frustriert. Wer frustriert ist, hat Unangenehmes erlebt. Und Unangenehmes, das einem anderen widerfahren ist, ist meistens ebenso lehrreich wie interessant.

Stimmung schaffen

Zurück zu den weder bösartigen noch freundlichen, sondern ganz normalen Personen, mit denen sich der Rechercheur im Arbeitsalltag auseinandersetzt. Ziel ist, solch einen Menschen aus seiner gegenwärtigen Lage in eine entspannte zu lotsen, seine ungeteilte Aufmerksamkeit zu erringen und schließlich ein Gespräch zu führen, das der Befragte nach Beendigung zwar als anstrengend, doch auch als positiv, vielleicht sogar als profitabel empfindet.

Diese harte Nuss gilt es zu knacken.

Als Werkzeug dient die Situation des Zweiergesprächs selbst. Dabei ist der Rechercheur mit seinem Gegenüber allein. Mutterseelenallein. Und genau hier liegt ein erster Ansatzpunkt für den Beginn eines erfolgreichen Gesprächs: die Suche nach Gemeinsamkeiten.

Menschen fühlen sich grundsätzlich wohler, wenn sie ein Gefühl, einen Gedanken, eine Vorliebe, Abneigung oder Marotte mit einem anderen teilen können. Wenn dies eintrifft, fallen viele unsichtbare Hürden. Dann tritt der zuvor mit Argwohn betrachtete Rechercheur in den Hintergrund und der mitfühlende Mensch nach vorne. Es ist nichts anderes als das Einleiten erster, vertrauensbildender Maßnahmen.

Am Telefon ist das Erreichen der „menschlichen Ebene" sehr schwierig, besonders, wenn das Gegenüber noch völlig unbekannt ist.

🔭 Vor telefonischen Erstkontakten mit Unbekannten lohnt es, den Namen bei „Google Bilder" einzugeben, oft taucht ein Foto auf. Dieses Foto verschafft einen ersten Eindruck, mit wem Sie es zu tun bekommen werden.

Nicht beantworten kann das Foto: Wie sieht es im Inneren des Gesprächspartners aus, ist die Person übermüdet, gestresst, entspannt oder gut gelaunt? Dies sind Faktoren, die über Erfolg oder Misserfolg des Gesprächs bestimmen.

🔭 Ein entscheidendes Gespräch, zum falschen Zeitpunkt mit einem übel gelaunten Informationsbesitzer geführt, kann diesen Kontakt für lange Zeit, wenn nicht für immer, zunichte machen.

Gestörte Kontakte aber bedeuten bestenfalls zusätzliche Umwege, schlimmstenfalls eine schwer zu überwindende Barriere, jedenfalls aber mehr Zeitaufwand und damit höhere Kosten.

🔭 Eine genauso banale wie gute Möglichkeit, die Stimmung und die Arbeitssituation eines Angerufenen auszuloten, ist das Betreten von Allgemeinplätzen.

Reden Sie über das Wetter, die Arbeit, die Stadt, in welcher der Gesprächspartner arbeitet, oder was auch immer Ihnen einfällt, bevor Sie das eigentliche Thema ansprechen. Wer auf Allgemeinplätze eingeht, ist in der Regel guter Dinge und hat die nötige Zeit für das geplante Gespräch.

🔍 Versuchen Sie einen kleinen Scherz, wenn Sie in Laune sind. Wird am anderen Ende der Leitung gelacht, ist die Gelegenheit für fruchtbare Kommunikation geradezu ideal.

Hand anbieten

Ist die Reaktion auf der anderen Seite weniger vielversprechend, liegt es nahe, um einen späteren Termin zu bitten. Ist die Unterhaltung aus zeitlichen oder organisatorischen Gründen trotzdem gerade unumgänglich, hilft meist ein kleiner Kniff: Bieten Sie sich als Blitzableiter an! Dazu ist es wichtig, die Position des Unterlegenen, zumindest des Angeklagten einzunehmen. Erzählen Sie von Ihren Kopfschmerzen, die Ihnen kaum erlauben, einen klaren Gedanken zu fassen, geben Sie Schwächen preis (oder erfinden Sie welche): körperliches Unwohlsein, Überlastung, Unfähigkeit, das Thema in den Griff zu bekommen.

Es ist allerdings nicht ratsam, mit solchen Bemerkungen zu übertreiben, geschweige denn, ins Lamentieren zu geraten. Dann fühlt sich jeder Gesprächspartner schnell belästigt oder genervt. Ein Rechercheur gibt Schwächen preis, um der anderen Seite das Gefühl von Überlegenheit zu suggerieren. Dies darf aber kein gellender Hilferuf sein und schon gar keine Aufforderung zum Tanz. Sonst schlägt Mitgefühl in Verachtung um, und der Hilfsbereite gewinnt den Eindruck, belästigt zu werden.

🔍 Am Anfang holt der Rechercheur seinen Gesprächspartner immer dort ab, wo dieser sich seelisch gerade befindet.

Er lässt sich nicht provozieren, vergattern und trägt keine geistigen Ringkämpfe mit seinem Gegenüber aus. Dazu ist später noch Zeit genug.

Bei einer Kontaktaufnahme geht es nie um Gefühle und Marotten des Rechercheurs (die dürfen höchstens Vehikel sein), sondern um jene des Befragten. Aufgabe ist, die andere Hand zu ergreifen, auch und gerade, wenn deren Besitzer gerade wenig Bereitschaft zeigt, sie seinem Gegenüber hinzustrecken.

Selbstredend ist der oben dargestellte Aufwand schwer zu rechtfertigen, wenn irgendwelche Routineanfragen zu erledigen sind, wenn das Gespräch mit rangniedrigeren Mitarbeitern stattfindet oder dieselbe Person mit Sicherheit nie wieder kontaktiert werden muss – von wegen! „Irgendwelche Routineanfragen" können zur Teufelei ausarten, wenn der Befragte den Fragenden unsympathisch findet; und auch das Pflegen vermeintlich unwichtiger Kontakte lohnt sich: Freundlich gesonnene Sekretärinnen können wichtige Dienste leisten, auch oder gerade wenn der Chef in der Pause ist. Dagegen ist jeder Nie-Wieder-Kontakt ein Armutszeugnis für den Rechercheur.

Zielperson aufsuchen

Leider ist das Telefon selbst im Idealfall für wichtige Kontaktaufnahmen kaum geeignet. Menschen wollen einander sehen, riechen, wahrnehmen, um ein Urteil zu gewinnen und sich entsprechend sicher zu fühlen. Dennoch lässt Zeitmangel oft keine andere Wahl, als nach diesem Mittel zu greifen.

Ist das geplante Gespräch von größerer Bedeutung, sollte der Rechercheur allerdings unbedingt um einen Besuchstermin bitten. Denn am besten lässt sich ein Mensch natürlich dort studieren, wo er sich beruflich oder privat häuslich eingerichtet hat. Ein wichtiger Grund, warum ein Rechercheur gerne darauf verzichtet, besucht zu werden, und immer die Mühe auf sich nimmt, die angepeilte Person aufzusuchen.

Ein rascher Blick durch das Arbeitszimmer sagt meistens mehr als 1.000 Worte: Schafft hier ein Pedant, ein Spießer, ein Anarchist, ein Spaßvogel, ein Möchtegern oder ein aggressiver Charakter, der sich jeden Aufwärmwitz als deplatziert verbittet.

Gold wert sind Gemälde an der Wand, die eine bestimmte Vorliebe für Künstler oder Kunstrichtungen erkennen lassen. – Der ideale Ansatz für ein Gespräch unter Kunstfreunden. Sport ist ein anderes Thema: Liegt da in der Ecke ein Golf- oder Tennisschläger, steht ein Pokal im Regal, ragt eine Jagdtrophäe in den Raum?

Wertvoller Fundus für vertrauensbildende Maßnahmen ist außerdem der Schreibtisch des Gegenübers. Fast immer ist dort Brauchbares zu finden: Ein Familienbild, ein kleiner Wimpel, eine Muschel, irgendwelche Steinchen. All dies sind mögliche Anknüpfungspunkte für ein persönliches Gespräch. Ergeben sich auch keine Gemeinsamkeiten, zeigt der Rechercheur damit zumindest Interesse am anderen.

Es macht andererseits keinen Sinn, krampfhaft persönlich zu werden, wenn alle Signale dagegenstehen: Wer an seinem Arbeitsplatz gar nichts Intimes deponiert hat, der schaltet sein Privatleben mit Betreten des Büros aus. Ein unpersönliches, austauschbares Büro signalisiert entweder Desinteresse am Arbeitsplatz oder überbetonte Sachlichkeit. Solche Personen lassen sich wiederum am leichtesten durch betont nüchterne Gesprächsführung gewinnen.

Findet der Rechercheur nichts, das ihn selber zumindest ein bisschen interessiert, und verfügt er über wenig schauspielerisches Talent, sollte er den privaten Teil lassen und besser gleich zur Sache kommen.

🔭 Nichts stößt übler auf als geheucheltes Interesse, das sich selbst entlarvt. Es wirkt schlicht beleidigend.

Vorsichtig fragen

Hat der Rechercheur durch sein Auftreten einmal die Zuneigung, wenigstens die Akzeptanz seines Gegenübers gewonnen, bietet sich jetzt die Gelegenheit, den Grund des Kommens nochmals plausibel und ausführlich darzulegen. Dies geschieht wiederum nicht aus der Position des Wichtigtuers, sondern aus der des Bittenden: Es ist immer der Rechercheur, der etwas vom anderen will, nie umgekehrt – auch wenn dies gerade offensichtlich wird oder längst ist.

Fühlt sich der Gesprächspartner einmal sicher – wozu die Befragung in den eigenen Räumen beiträgt –, beginnt der Zeitabschnitt des vorsichtigen Fragens. Wichtig ist, dass der Befragte in dieser Phase genügend Raum erhält, seine Sicht der Dinge ausführlich darzustellen. Dabei spielt keine Rolle, ob die ausgestreuten Informationen interessant oder längst bekannt sind. Der Befragte soll sich einfach wohlfühlen.

🔭 Punkte, die der Gesprächspartner während der Einleitung von sich aus nicht anspricht, können besonders interessant sein. Notieren Sie sich nach dem Ausschlussverfahren: Welche Themen will der andere meiden? Diese sollten Sie später ansprechen!

Strukturell gesehen, befindet sich der Rechercheur noch immer auf einer Gesprächsebene unterhalb der des Befragten. Dies äußert sich zum Beispiel darin, dass der Fragende die Haltung eines Lernenden einnimmt: Gespannt, den Oberkörper leicht vorgebeugt, eifrig notierend, die Augen von unten nach oben auf den Vortragenden gerichtet. Ansprechen des Gesprächspartners sollte nur in Pausen und mit vollem Titel („Sehr geehrte Frau Professor Soundso") erfolgen.

Langsam kann sich der Rechercheur nun daranmachen, jene Gesprächsebene zu erklimmen, die dem Befragten reserviert war. Die gestellten Fragen wenden sich den eigentlichen Problemen zu, konkretes Interesse an einzelnen Punkten wird deutlich. Jetzt zeigt sich, ob der Rechercheur genügend vorbereitet in das Gespräch gegangen ist (bei einem Besuchstermin unabdingbar) oder ob er bislang nur an der Oberfläche seines Auftrags gekratzt hat. Signalisieren die Fragen keine Kompetenz, wird der Antwortgeber die Kommunikation bald gelangweilt abbrechen wollen („Tut mir leid, ich habe einen dringenden Termin") oder Grundsätzliches zum Besten geben, das genauso in jedem besseren Prospekt zu lesen steht.

Findet der Befragte den Fragenden jedoch so kompetent wie sympathisch, wird er nun auch Antworten auf Fragen geben, die er unter anderen Umständen vielleicht als penetrant empfunden hätte. Verläuft der Rollenaufbau erfolgreich, sollten allzu große Formalitäten jetzt ein Ende finden („Frau Soundso"). Es macht jedoch Sinn, immer wieder Verständnis für die Darstellung des Gegenübers zu bekunden („Ich kann mir gut vorstellen, dass Ihnen dieser Punkt nahe geht; ich kann verstehen, dass Sie auf diese Leute schlecht zu sprechen sind; es ist sicher schwierig, solch ein Problem zu lösen.").

Inzwischen hat sich der Rechercheur durch gezieltes Fragen dem eigentlichen Feld seines Interesses genähert. Der Wissensträger hat im Idealfall das Gefühl gewonnen, endlich einmal mit jemandem zu reden, der zuhören kann und – versteht.

Zugreifen

Das Gespräch hat weiter an Ernsthaftigkeit und Tiefe gewonnen. Ist der Rechercheur mit genügend Vorwissen gewappnet, kann er nun die entscheidende Ebene betreten: Gleichberechtigung des Fragenden gegenüber dem Antwortenden. Information durch Diskussion.

Der Rechercheur kann eine Aussage seines Gegenübers aufgreifen, die ihm fragwürdig erscheint, und nachhaken. Geht der andere darauf ein, ist er gezwungen, das Erklärte zu erklären. Damit beginnt er zu argumentieren. Auch diese Erklärung darf der Rechercheur jetzt freundlich hinterfragen, und notgedrungen muss der Informationsbesitzer tiefer und tiefer gehen, also mehr und mehr Wissen preisgeben, um plausible Antworten geben zu können. Passen Sie in dieser Situation auf wie ein Luchs! Je komplizierter der geschilderte Sachverhalt, desto unvorbereiteter haben Sie Ihren Gesprächspartner in der Regel erwischt, desto wichtiger sind vermeintliche Nebensächlichkeiten, die der andere unvermutet fallen lässt. Tauchen neue Begriffe auf, sollten Sie diese unverzüglich klären.

In dieser Situation ist es für den Befragten ungeheuer schwierig, die Diskussion einfach abzubrechen (was aus seiner Sicht jetzt vielleicht sinnvoll wäre). Zum einen ist er seelisch gehemmt, einem freundlichen Menschen gegenüber barsch zu werden. Zum anderen möchte er den Rechercheur auch deshalb nicht im Streit entlassen, weil dieser kompetent erscheint (den braucht niemand als Gegner), bereits viel Zeit geopfert ist (keine Zeit verschwenden) und man sich ja auch etwas von der ganzen Veranstaltung verspricht (das Wohl der Firma).

Zur Erhaltung und Förderung der Gesprächsebene ist es darum nützlich, immer wieder die Wertschätzung des Befragten deutlich zu machen („Sie sind der Erste, der diesen komplizierten Sachverhalt mit wenigen Worten erklären kann."). Passen Sie aber auf, dass Sie dabei nicht ironisch wirken.

Es kann auch sinnvoll sein, in einer kritischen Situation Vertrauen zu zeigen („Wissen Sie, Frau Soundso, warum ich Sie das alles frage, hat natürlich folgenden Grund.") oder Persönliches zu offenbaren („Noch einen Kaffee?" – „Nein danke. Ich habe ein Magengeschwür, seit mich meine Frau verlassen hat."). Menschen, denen ein solcher Vertrauensbeweis erbracht wird, wollen sich unbewusst revanchieren. Wichtig ist, dass dies in den gewünschten Themenbereichen geschieht.

Hat der Rechercheur gründlich gearbeitet, wird der Befragte einzelne heikle Punkte von sich aus nochmals auf den Tisch bringen, bei Bedarf das vereinbarte Zeitlimit überschreiten und dafür sorgen, dass sein Gast zum Bahnhof/zum Flughafen/zur Tür begleitet wird. Meldet sich der Rechercheur erneut, wird er ohne Probleme durchgestellt oder umgehend zurückgerufen. Der Wissensträger ist jetzt ein „Guter Kontakt" (siehe auch Kapitel 2.13).

Gegenangriffe

Es kann ebenfalls passieren, dass der Befragte im Verlauf der Diskussionsphase zunehmend aggressiver reagiert. Dies beginnt in der Regel damit, dass er dem Fragenden ins Wort fällt oder probiert, Antworten auf nicht gestellte Fragen zu geben – eindeutiges Indiz dafür, dass der Gesprächspartner versucht, von für ihn oder seinen Arbeitgeber ungünstigen Aspekten des Themas abzulenken. Eine heiße Fährte. Je nach Stimmungslage kann es trotzdem opportun sein, auf solch ein Ablenkungsmanöver einzugehen, den bewussten Aspekt daraufhin von einer anderen Seite erneut anzugehen oder erst sehr viel später telefonisch nochmals aufzugreifen („Liebe Frau Soundso, vielen Dank für das interessante Gespräch neulich. Da gibt es allerdings immer noch einen Punkt, der geht mir einfach nicht aus dem Kopf …“).

Meist genügt es sowieso und macht ein Gespräch bereits erfolgreich, wenn es gelingt, die relevanten, das bedeutet: die wunden, verdeckt gehaltenen, vom Befragten beschützten und verteidigten Themenfelder zu identifizieren.

Zur weiteren Klärung solcher Felder bedarf es ohnedies der Befragung Dritter, und es ist meist gar nicht verkehrt, weitere Informationen einzuholen, bevor man sich mit seinen Fragen auf dieses sensible Terrain begibt („Liebe Frau Soundso, ich erinnere mich gern an unser ausführliches Gespräch von neulich. Zu einem der besprochenen Punkte habe ich jetzt eine ganz andere Meinung gehört. Da würde ich Sie gerne aus Gründen der Fairness um eine weitere Stellungnahme bitten.“).

Durchweg ist das Aufkommen von Aggressivität während des Gesprächs ein positives Zeichen. Im Vergleich zu Boshaftigkeiten bei der ersten Kontaktaufnahme – verursacht durch Frustration – oder zu Beginn der Unterhaltung – ausgelöst durch dumme Fragen – wird sie vom Befragten ausschließlich als Schutzmittel verwandt. Wen, was will er schützen? Wo liegt der Hase im Pfeffer? Dies sind die Fragen, die in solchen Situationen im Kopf des Rechercheurs kreisen.

🔭 Niemals darf sich der Rechercheur durch Ausfälligkeiten seines Gegenübers aus der Reserve locken lassen!

Geschieht es doch, haben die Anwürfe ihren Zweck erfüllt. Dann befindet sich das Gespräch auf einer Ebene, die der Rechercheur nicht mehr kontrollieren kann. Die Stimmung ist schlecht, die Unterhaltung wird von der anderen Seite unter Umständen sogar abgebrochen, der Kontakt ist kaputt.

Begegnen Sie stattdessen jedweden Anschuldigungen in dieser wichtigen Phase mit Verständnis („Liebe Frau Soundso, es tut mir leid, wenn ich Sie mit dieser Frage verärgert habe. Das war nicht meine Absicht. Bitte, erklären Sie mir, warum Sie jetzt so reagiert haben. – Dann kann ich solche Missverständnisse in Zukunft sicher vermeiden.").

Der Eskalation einer Befragung sind naturgemäß keine Grenzen gesetzt. Viele Beleidigungsversuche („Wenn Sie ein bisschen mehr Grips im Kopf hätten, würden Sie das vielleicht endlich kapieren!" – „Ich gewinne allmählich den Eindruck, Sie verstehen rein gar nichts!") lassen sich leicht auffangen. Am einfachsten: schweigen, freundlich-entschuldigend lächeln und abwarten. Neue Perspektiven eröffnet folgende Reaktion: „Entschuldigen Sie die dumme Frage. – Helfen Sie mir bitte: Wenn Sie die Frage stellen müssten, wie würden Sie sie formulieren?" Wichtig ist vor allem, am Ball zu bleiben und keine Angriffsfläche zu bieten. Der Rechercheur lässt sich nicht provozieren. Er ist es, der provoziert.

Versuche, einen Abbruch des Gesprächs zu verhindern, können natürlich trotzdem scheitern. Ab einem bestimmten Punkt („Verlassen Sie auf der Stelle den Raum!") ist Beschwichtigung sinnlos und überflüssig. Hat der Rechercheur alle Regeln eingehalten, Kompetenz bewiesen, sich nicht reizen lassen und wurde dennoch hinausgeworfen, verbunden mit einer Drohung („Ich werde genau aufpassen, was Sie aus dieser Sache machen!"), kann er sicher davon ausgehen, ein „heißes Eisen" angefasst zu haben. Es ist jetzt an ihm, der Angst und dem Ärger seines Gegenübers auf den Grund zu gehen.

7.3   Zu zweit gegen einen

Es gibt Situationen innerhalb einer Recherche, in denen der Rechercheur oder der Journalist an einen Gesprächspartner mit solch großem Fundus an Wissen gerät, dass er es vorzieht, für Teile des Gesprächs einen fachlich qualifizierten Kollegen dazuzuholen. Dann sprechen zwei Rechercheure beziehungsweise Journalisten mit einem, nicht mehr oder weniger gemeinsam „gegen" einen Dritten.

In dieser Situation gelten dieselben Regeln wie im vorherigen Kapitel. Die Rechercheure sollten diese Regeln jedoch besonders gewissenhaft befolgen, um eine vertrauensbildende Atmosphäre zu schaffen. Schließlich muss sich ihr Gegenüber ja mit zwei Gesprächspartnern, mithin zwei relativ unbekannten Personen, auseinandersetzen, weshalb die innere Alarmbereitschaft steigt.

Im Folgenden geht es um eine Gesprächssituation, in der zwei inhaltlich gleich versierte Rechercheure gemeinschaftlich einen Dritten befragen. Die Rechercheure versuchen jetzt, ihre Kommunikation so zu gestalten, dass sie dieser zahlenmäßigen Überlegenheit Rechnung trägt. Naturgemäß enthält eine solche Interviewsituation ein erhebliches Konfliktpotential, birgt aber auch viele Chancen.

Um es vorwegzunehmen: Kein erfahrener Ansprechpartner ist so naiv, sich ohne Not allein dem Gespräch mit zwei Rechercheuren zu stellen. Diese Situation bietet klug agierenden Rechercheuren einfach zu viele Möglichkeiten.

Falls es trotzdem einmal passieren sollte, kommen dafür eigentlich nur zwei Gründe in Betracht: Entweder ist der Gesprächspartner unerfahren oder arrogant oder er ist ein gewiefter Diskutant und will bestimmte Botschaften transportieren, hat aber nicht vor, ein für die Rechercheure fruchtbares Gespräch zu führen.

Wenn die Rechercheure in letztere Situation geraten, brauchen sie nicht viel Mühe auf vertrauenschaffende Gesprächsführung zu verwenden. Ihr Ansprechpartner hat sich bereits auf ein Streitgespräch eingestellt. Das bedeutet, er wird ohnedies nichts äußern, was er nicht von vornherein sagen wollte.

Es ist kein Zufall, dass diese Interviewform für die bekannten „Spiegel-Gespräche" gewählt wird. In diesen Gesprächen piesacken zwei oder mehr Redakteure des Magazins einen streitbaren Interviewpartner, der auch mal zurückholzt, wenn er sich ungebührlich angegangen fühlt.

Attraktiv ist das Gespräch für die Befragten vor allem deshalb, weil es für die Publikation bestimmt ist und reichlich Gelegenheit zur Selbstdarstellung bietet. Zusätzlich wird das zum Abdruck bestimmte Manuskript dem Gesprächspartner nochmals zur Autorisation vorgelegt, so dass schwerlich Schaden entstehen kann. Geheimnisse werden den Interviewten dabei selbstredend nie entlockt. Werden sie dennoch ausgesprochen, dann hat das Gespräch ausdrücklich als Plattform für deren Preisgabe gedient.

🔭 Falls Ihr Ansprechpartner dem Missverständnis aufsitzen sollte, dass Sie ein zum Abdruck bestimmtes Streitgespräch führen wollen, werden Sie das mit Sicherheit schnell herausfinden (er fragt z.B., ob Sie einen Fotografen mitbringen werden).

Es ist dann unerlässlich, Ihr Gegenüber über den Hintergrund des Gesprächs und auch die eigenen Intentionen gründlich aufzuklären – wenn dies unterbleibt, werden Ihre gegenseitigen Ansprüche und Erwartungen so stark voneinander abweichen, dass Sie kaum auf eine gemeinsame Ebene gelangen können.

Falls ein Ansprechpartner nach dieser Aufklärung durch den Rechercheur oder Journalisten immer noch zu dem Gespräch bereit ist, sollte dieser oder ein Kollege trotzdem allein erscheinen, um die für solche Zwecke nötige, vertrauensfördernde Atmosphäre zu schaffen.

Falls der Gesprächspartner ungeachtet dieses Angebotes immer noch zwei Besucher akzeptiert, ist das seine Sache. Die Rechercheure sollten sich aber nichts vormachen: Wer zu zweit erscheint, wird vom Dritten unbewusst immer als zahlenmäßig überlegener Gegner wahrgenommen, gegen den er sich wehren muss.

⚇ Zwei miteinander verbündete, mehr oder weniger unbekannte Wesen nähern sich dem Ich: Eine klassische Bedrohungssituation.

Die dadurch ausgelöste Abwehrhaltung ist so tief im Unterbewusstsein jedes Menschen verwurzelt, dass kein Rechercheur eine Chance hat, innerhalb der kurzen Interviewzeit eine wesentliche Änderung herbeizuführen. Das ist auch nicht nötig, denn dafür sind die Rechercheure oder Journalisten ja zu zweit.

Rollenverteilung

Wenn Rechercheure oder Journalisten also tatsächlich im Duo ein ausführliches Hintergrundgespräch mit einem bereitwilligen Ansprechpartner führen dürfen, können sie davon ausgehen, dass sie einfach Glück haben. Sie müssen sich aber trotzdem sehr gut vorbereiten. Der Aufwand dafür lohnt sich, denn die Rechercheure können sich auf ein reichhaltiges Gespräch einstellen.

Zunächst sollten Sie Ihre unterschiedlichen Funktionen in dem Gespräch bestimmen – es macht ja keinen Sinn, zu zweit zu erscheinen und dann wie mit einer Zunge zu sprechen.

⚇ Um die Bandbreite ihres Handelns voll ausnutzen zu können, sollten die Rechercheure darum innerhalb ihrer „Aktionseinheit" gegensätzliche Pole besetzen: Der eine laut, der andere leise, der eine angriffslustig, der andere friedfertig.

Sie müssen festlegen, wer den „guten" und wer den „bösen" Part übernehmen will. Die Rechercheure sollten sich bei dieser Entscheidung ruhig von ihren Gefühlen leiten lassen: Wer bereits in einer aggressiveren Grundstimmung ist, sei es bedingt durch seinen Charakter oder bestimmte Ergebnisse der Recherche, sollte auch im Interview die Rolle des „Bösen" spielen.

Gut und böse

Der „Gute" hingegen ist im Idealfall von Natur aus freundlich und verständnisvoll. Er kann auch gerne zu jener Sorte Menschen gehören, die instinktiv die Partei des Schwächeren ergreifen.

Dem „Guten" fällt dabei die schwierigere Rolle zu: Er muss den Interviewpartner auffangen, ihn beruhigen, gegenüber dem „Bösen" für Verständnis werben, den Befragten vielleicht vor Attacken des „Bösen" schützen, mitunter sogar stellvertretend für den Befragten diskutieren, um diesem eine Erholungspause zu verschaffen.

Es ist der „Gute", dem die Verantwortung für ein erfolgreiches Befragen und damit auch die Feinabstimmung der Gesprächsführung zufällt.

Zu Beginn des Gesprächs spielt die Freund-Feind-Taktik noch keine Rolle: Bis die Ebene der gleichberechtigten Diskussion (siehe auch Kapitel 7.1) erreicht ist, wirkt die offensichtliche Distanziertheit eines der Interviewer eher irritierend als konstruktiv für den Gesprächsaufbau. Zunächst müssen die Besucher ihren Ansprechpartner davon überzeugen, dass er sie durchaus überzeugen kann. Dazu benötigen sie eine vertrauensvolle Atmosphäre. Erst wenn diese erreicht ist, kann das Infragestellen wichtiger Aussagen des Gegenübers die gewünschten umfassenden Informationen zutage fördern.

Sobald die Ebene der gleichberechtigten Diskussion erklommen ist, wird der sogenannte „Böse" vorsichtig die Position ausloten, in der er am erfolgreichsten agieren kann.

Gut und böse

Der „böse" Rechercheur:

- testet, entsprechend dosiert, die Reaktionen des Gesprächspartners auf Skepsis, Frechheit, Spott oder Unglauben. Seine Stimme, zunächst zurückgenommen, kann auch etwas lauter werden. Auf keinen Fall aber sollte er sich in dieser „Phase des Abtastens" zu weit vorwagen und unvermittelt über die Stränge schlagen.

- orientiert sich in seinem Verhalten stets an der erzielten Wirkung: Manche Menschen reagieren bereits auf leise Kritik sehr empfindsam, andere können harte Worte ohne weiteres ertragen.

- arbeitet optimal, wenn er bei seinem Gesprächspartner einen Gemütszustand kreiert, der von „berechtigtem Ärger" und „hohem Erklärungsbedürfnis" gekennzeichnet ist.

- kann in der „heißen" Diskussionsphase auch argwöhnische und angriffslustige Züge an den Tag legen, falls dies angebracht erscheint.

- darf dem Gesprächspartner aber nie einen wirklichen Anlass bieten, die Diskussion zu beenden.

Der „Gute" ist der stabilisierende Faktor und hält die Diskussion in Gang. Dazu richtet er sein Verhalten an dem des „Bösen" und den Reaktionen des Interviewten aus.

Der „gute" Rechercheur:

- muss unbedingt Entgleisungen des „Bösen" auffangen, wie sie vor allem in der Phase des Abtastens unterlaufen können (darum mag es der „Gute" grundsätzlich nicht, wenn der Befragte ungehörig angegangen wird).

- muss dem Interviewten als Verbündeter erscheinen. Im umgekehrten Verhältnis zur Aggressivität des „Bösen" ist der „Gute" gegenüber dem Gesprächspartner in entsprechender Dosierung respektvoll, differenzierend und gutgläubig. Nicht nur den unbeabsichtigten, auch allen gezielten Schaden, den der „Böse" vermeintlich leichtfertig anrichtet, muss der „Gute" notfalls ausbügeln können.

- tritt als Mittler auf, um eine zu forsche Frage des „Bösen" in eine Variante zu transformieren, die der Gesprächspartner beantworten möchte.

- kann den Gesprächspartner eventuell sogar ermuntern, Schwächen einzuräumen („Es ist doch verständlich, wenn Ihr neues Produkt nicht ganz so robust ist wie das alte: Dafür leistet es mehr und ist preisgünstiger.").

- kann den Interviewpartner auch von der Last erlösen, eine Schwäche einräumen zu müssen, indem er seinen Kollegen abkanzelt: „Lassen wir das Thema Robustheit mal außen vor, da hat mein Kollege Sie wirklich genug gelöchert. Erzählen Sie uns doch mal von der Leistungsfähigkeit des neuen Produktes."

Im Idealfall ist der Verständigere gleichzeitig auch der Verständnisvollere unter den Rechercheuren: Falls es mit seinem Charakter vereinbar ist, sollte der Fachmann immer den Part des „Guten" übernehmen. So kann er dem Interviewpartner im Streitfall kompetent helfen.

Konflikt vorbereiten

Eine Reihe „wunder Punkte" hat der „Gute" vor dem Gespräch aufgelistet und den „Bösen" mit den dazugehörigen Detailinformationen versorgt. Wirklich sehr gut vorbereiten muss sich der „Böse" nur auf seine stärksten Fragen: Sie berühren jene Bereiche, die für den Fortgang der Recherche von essentieller Bedeutung sind.

Rückt eine solche essentielle Frage des „Bösen" in den Mittelpunkt der Diskussion, gibt der „Gute" für diesen Moment seine inhaltliche Unterstützung des Interviewpartners auf. Die moralische Unterstützung behält er bei. Seine Botschaft an den Gesprächspartner lautet dann in etwa: Ich bin ja prinzipiell auf Deiner Seite. Diese schwierige Frage musst Du aber selbst beantworten (oder: ... musst Du für uns beide beantworten).

Um in dieser Gesprächssituation hervorragende Arbeit zu leisten, müssen beide Rechercheure einander allerdings sehr gut kennen und ein gewisses schauspielerisches Talent besitzen. Am besten, die Rechercheure haben die Situation vorher mit Kollegen einmal geübt und wurden anschließend auf Schwächen hingewiesen.

Es ist sehr wahrscheinlich, dass ein Rechercheur mit manchen Kollegen besser im Duo auftreten kann als mit anderen. Jeder ist gut beraten, einen eingespielten Kollegen dem fachlich versierteren vorzuziehen. Wenn während des Gesprächs Missverständnisse entstehen, kann dies das Konzept leichter zerstören als eine inhaltlich unangemessene Bemerkung des „Bösen".

Grundsätzlich sollte der „Gute" in der Lage sein, fast alle Angriffe des „Bösen" auf den Gesprächspartner abzuwehren. Schließlich soll dieser den Eindruck gewinnen, den „stärkeren" der beiden Rechercheure als Verbündeten gewonnen zu haben.

Übrigens haben beide Rechercheure den Vorteil, dass sie nicht wirklich perfekt sein müssen: Wenn Sie im „richtigen Leben" unvermutet attackiert werden (von einem Räuber), schauen Sie sich einen plötzlich auftauchenden Verbündeten (einen anderen Passanten) mit großer Wahrscheinlichkeit auch nicht so genau an.

Ob die Taktik des Kreuzverhörs Erfolg hat – und das wird in neun von zehn Fällen mehr oder weniger so sein –, kann man ziemlich gut am Verhalten des Gegenübers ablesen. Richtet dieser seine Antworten hilfesuchend oder erklärend an den „Guten", obwohl der „Böse" die Frage stellte, haben die Rechercheure gewonnen: Der Interviewte hat die künstliche Situation unbewusst als gegeben akzeptiert. Gleiches gilt, wenn sich der Interviewte vom „Bösen" angreifen lässt und akzeptiert, vom „Guten" in Schutz genommen zu werden.

Hingegen sind die Rechercheure abgeblitzt, wenn der Interviewte beide grundsätzlich gleichzeitig anspricht, gleich behandelt und Hilfsangebote des „Guten" zurückweist („Vielen Dank für Ihre unverhoffte Unterstützung. Aber diesen Punkt möchte ich eigentlich gerne selber klären.").

Natürlich lässt sich diese Art Gesprächsführung in sehr vielen Varianten durchspielen, und ein eingearbeitetes Team wird bald seine eigene Strategie entwickeln. Grundregel bleibt aber die gezielte Polarisierung der Diskussion, die helfen soll, die Problematik möglichst umfassend zu beleuchten.

Nur in Einzelfällen (ein Gesprächspartner liebt es, „in die Mangel genommen" zu werden) kann es angebracht sein, dass beide Rechercheure eine negative Rolle einnehmen. Wenn zwei Rechercheure einen Betrüger entlarven wollen, geschieht das jedoch sehr gut durch nachhaltige positive Verstärkung (siehe auch Kapitel 11).

Grundsätzlich gilt: Auch wenn beide Rechercheure erfahren und gut aufeinander eingespielt sind, werden sie feststellen, dass diese Art der Gesprächsführung sehr anstrengend ist.

Generelle Tipps

Einige Ratschläge, die in Befragungen hilfreich sein können:

- Eine Befragung zu zweit von 60 Minuten Länge liegt nach Erfahrung der Verfasser im oberen Bereich des Erträglichen. Brechen Sie das Gespräch ab, sobald sich auf Ihrer Seite Konzentrationsmängel einschleichen, oder bitten Sie um eine Pause.

- Verhalten Sie sich genauso, wenn Sie Ihren Gesprächspartner erschöpft finden. Den wollen Sie ja nicht fertigmachen, sondern befragen. Falls Sie das übersehen, riskieren Sie einen Rausschmiss, und der ist gleichbedeutend mit dem Scheitern des Gesprächs.

- Unterlassen Sie es, den Befragten nach dem Gespräch verunsichert zurückzulassen. Verunsicherung kann in Aggressivität umschlagen und das Ende des Kontaktes bedingen. Das liegt nicht im Interesse der Recherche.

- Der schlimmste Fehler, den Sie begehen können, ist, mitten während des Interviews plötzlich die Positionen zu wechseln: „Gut" mutiert zu „Böse" und umgekehrt. Das wird den Interviewten mit Sicherheit so sehr verwirren, dass er gar nichts mehr sagt oder sich in Worthülsen flüchtet.

- Geben Sie Ihrem Gesprächspartner niemals das Gefühl, die Auseinandersetzung verloren zu haben. Davon hat keiner etwas.

- Vermitteln Sie Ihrem Gesprächspartner stattdessen den Eindruck, seine Positionen klar und kompetent vertreten zu haben. Fühlt sich der Gesprächspartner am Ende als Sieger – und Sie werden ihn in dem Gefühl bestärken – lässt er sich vielleicht ein weiteres Mal auf ein Gespräch „zwei gegen einen" ein.

7.4   Allein gegen alle

In den bisher beschriebenen Gesprächssituationen befinden sich die Rechercheure gegenüber den zu Befragenden in einer guten bis überlegenen Position. Pressesprechern und im Umgang mit Rechercheuren erfahrenen Gesprächspartnern ist dies natürlich bekannt, weshalb reine Dialoge ab einer bestimmten Entscheidungsebene nur selten möglich sind: Gewöhnlich bittet der zu Befragende dann den Pressesprecher zum Gespräch dazu. Bisweilen sind Pressesprecher bei Befragungen sogar zur Anwesenheit verpflichtet.

🔍 Auch bei Telefongesprächen sind immer öfter Dritte mit in der Leitung. Nicht immer stellen sich diese Dritten vor. Es lohnt zu Beginn eines wichtigen Gesprächs zu fragen, ob weitere Personen am Telefonat teilnehmen werden.

Mit der Anwesenheit eines in solchen Gesprächen versierten Kollegen sichert sich der Informationsträger ebenfalls intern ab. Nun hat der Medienprofi die Verantwortung für einen aus Sicht der Befragten positiven Gesprächsverlauf. Dies äußert sich während des Gesprächs in Hinweisen des Pressesprechers etwa folgender Art: „Lieber Kollege, ich denke nicht, dass wir diesen Punkt gegenüber unserem Gast in dieser Tiefe beantworten sollten" oder direktem Eingriff: „Es tut uns leid, aber weder mein Kollege Soundso noch ich sind autorisiert, Ihnen in diesem Punkt weitere Auskünfte zu erteilen". Natürlich ist die Macht eines Pressesprechers begrenzt, besonders, wenn der Interviewpartner gleichzeitig Chef der Firma oder der Behörde ist und sich nicht gerne von seinem Untergebenen reinreden lässt.

Bisweilen finden solche Gespräche auch deshalb in großer Runde statt, weil dem Rechercheur zur Beantwortung seiner Fragen gleich mehrere inhäusige Fachleute angeboten werden, die Spezialisten auf den jeweiligen Themengebieten sind.

Das könnte dann freilich auch so aussehen: 9.30 Uhr Treffen mit Dr. Müller; 11 Uhr Treffen mit Dr. Schmidt; 12.30 Uhr Mittagessen mit Schmidt, Müller und Lanz; 13.30 bis 15.00 Uhr Treffen mit Dr. Lanz.

Die in den allermeisten Fällen angebotene Alternative lautet dagegen: 9.30 Treffen mit Dr. Müller, Dr. Schmidt und Dr. Lanz; 12.30 Uhr gemeinsamer Lunch; 13.30 bis 15.00 Uhr Fortsetzung des Treffens und Schluss.

Zwischen beiden Treffen besteht ein gewaltiger qualitativer Unterschied.

Hat ein Rechercheur die Wahl, würde er sich immer für die erste Variante entscheiden: Er kann Gespräche unter vier Augen führen und hat zusätzlich die Chance, seine drei Gesprächspartner in einer entspannten Situation (Mittagessen) interaktiv zu erleben, so dass er sich ein gutes Bild ihrer Wesensart und ihrer Rangordnung machen kann. Seine Gesprächspartner investieren pro Kopf 1,5 Stunden Arbeitszeit, zusammen weniger als der Rechercheur selbst (der ja noch den An- und Abfahrtsweg hat): 4,5 Stunden.

Im zweiten Fall bleibt der Zeitaufwand des Rechercheurs derselbe, der seiner Gesprächspartner aber beträgt zusammen 13,5 Stunden (der Lunch nicht hinzugezählt), und der höchstwahrscheinlich ebenfalls anwesende Öffentlichkeitsarbeiter ist nicht einmal mitgerechnet!

Dieses Vorgehen seitens der Ansprechpartner ist abhängig von der Bedeutung des Besuchs (aus Sicht der Befragten!) und kommt keineswegs selten vor: Die Verfasser haben zahlreiche Male an Treffen teilgenommen, an denen drei, vier, fünf, sechs, sogar bis zu zehn hochrangige Gesprächspartner bisweilen einen ganzen Tag lang geschlossen zur Verfügung standen. Logischerweise sind solche Veranstaltungen für den Rechercheur schwerste Arbeit.

Nur ein Anfänger fühlt sich darum geehrt, wenn solcher Aufwand getrieben wird: Die Gesprächspartner des Rechercheurs rechnen genauso gut und wissen, was sie tun. Aus Sicht des Rechercheurs betrachtet:

- Hier scheint gewisse Nervosität, eventuell sogar Angst zu herrschen. Vielleicht, weil einiges im Verborgenen liegt. Oder auch:

- Die Gesprächspartner knüpfen hohe positive Erwartungen an das Gespräch und betreiben deshalb den hohen Aufwand. – Dies ist eher selten der Fall, der Rechercheur macht ja keine PR.

Aufgrund seiner strukturellen Bedingungen kann das Gespräch mit einer mehrköpfigen Runde für den Fragenden allerdings immer nur von Nachteil sein.

Die Leute reden ja nicht mehr, wenn sie sich gemeinsam mit dem Rechercheur treffen. Reden kann immer nur einer. Die anderen Gesprächspartner erfüllen jetzt in erster Linie eine Funktion – sie kontrollieren den Vortragenden und damit alle einander gegenseitig. In dieser alles andere als entspannten Situation muss der Rechercheur sehr gut aufpassen, will er die Kontrolle über die Gesprächsführung behalten und gleichzeitig brauchbare Ergebnisse mit nach Hause nehmen.

Vorplanung der anderen

Der Rechercheur muss immer davon ausgehen, dass in dem Unternehmen/der Behörde/dem Institut ein Vorgespräch über den geplanten Besuch stattgefunden hat. In diesem Gespräch wurde mit Sicherheit

- über die Intentionen des Rechercheurs eingehend diskutiert,

- formuliert, welches ein optimales Ergebnis der Unterhaltung aus Sicht der Befragten wäre,

- erörtert, welche Strategie dazu eingeschlagen werden muss,

- die Liste Ihrer Ansprechpartner festgelegt,

- ein inhaltlicher Gesprächsplan, das heißt eine Art „Stundenplan", ausgearbeitet (den man Ihnen vorab zuschickt),

- intern aufgelistet, welche Themen man meiden will und welche Punkte keinesfalls Gegenstand der Unterhaltung sein können.

Führen Sie sich diese Tatsachen vor Augen, wenn Sie – von einer Delegation hochrangiger Fachleute oder dem Chef persönlich freundlich begrüßt – in einen Versammlungsraum geführt und mit Multimedia-Präsentationen beeindruckt werden. So nett es Ihre Ansprechpartner offenbar meinen mögen: Auf diese Weise lernen Sie nicht viel, verlieren aber rasch die Kontrolle über den inhaltlichen und strukturellen Verlauf des Treffens.

Natürlich wird der Rechercheur während der Begrüßung nochmals nach dem Grund seines Erscheinens befragt. Er kann die Gelegenheit nutzen, seine Diskussionswünsche präzise zu formulieren. Wurde ihm der „Stundenplan" nicht vorab zugeschickt, hat der Rechercheur jetzt die Gelegenheit, um Änderungen des Planes zu bitten. Er sollte nicht zögern, diese vorzutragen! Liegt der genaue Ablauf des Treffens noch etwas im Dunkeln, ist außerdem der letzte Zeitpunkt gekommen, die Planung ein letztes Mal zu erörtern. Auch die Frage nach eventuellen Planänderungen ist angebracht. Später ist es dafür zu spät („Sie wollten noch den Sicherheitsingenieur sprechen? Hatten Sie vorab darum gebeten? – Das muss ich übersehen haben. So ein Pech: Heute Vormittag war er noch im Haus, jetzt ist er leider auf einem Termin.").

Unterdessen betrachtet der Rechercheur seine Gesprächspartner genau und versucht, sich neben Namen und Funktionen weitere Einzelheiten einzuprägen:

- Wer wirkt nervös und ängstlich?

- Wer zählt zu den „Power-Playern"?

- Wer hat auf der anderen Seite die Diskussionsleitung?

Nervöse und ängstliche Gesprächspartner kann der Rechercheur in dieser Phase ruhig vernachlässigen. Niemand von den „Ängstlichen" in der Runde wird etwas anderes sagen als das, weswegen man ihn dazugeholt hat. Dieses aber wird der Rechercheur ohnehin zu hören bekommen, auch wenn er nicht danach fragt.

Ansprechpartner ausloten

Der potentielle Diskussionsleiter ist der erste Ansprechpartner des Rechercheurs. Es ist nichts dagegen einzuwenden, wenn die formale Leitung des Gesprächs in seiner Hand bleibt. Damit sind der grobe Zeitplan, die Reihenfolge der Themen und deren Anmoderation gemeint.

Höchstwahrscheinlich wird man dem Rechercheur vor Beginn der Diskussion eine Präsentation darbieten. Dies ist das gute Recht der Besuchten und gehört heute zum Standard vieler Unternehmen, Behörden und Institute. Es bedeutet aber nicht, dass sich der Rechercheur eine Reihe tagesfüllender Filme anschauen muss. Für den gut vorbereiteten Rechercheur ist die Präsentation sowieso fast wertlos, denn hier wird nur wiederholt, was er längst gelernt hat. Höchstens kann er einschätzen, welche Themenfelder den Befragten augenscheinlich relevant sind.

Die Gesprächspartner messen der Präsentation logischerweise eine wesentlich größere Bedeutung bei. Dies müssen Sie berücksichtigen. Ein Missverhältnis zwischen Vortrags- und Fragezeit ist aber sicher gegeben, wenn für den Vortragsteil mehr Zeit vorgesehen ist als für die anschließende Diskussion. Der Rechercheur ist ja nicht Teilnehmer einer Lehrveranstaltung.

Der Rechercheur muss es nicht unbedingt ankündigen, sich aber das Recht nehmen, jederzeit Zwischenfragen stellen zu dürfen, Einwände zu erheben und ein Thema zu beenden, wenn er genug zu wissen glaubt.

Es kann sein, dass der Diskussionsleiter dem Rechercheur jetzt ersten Widerstand entgegenbringt: Er spürt, dass die Veranstaltung nicht völlig nach Plan verlaufen wird. Der Rechercheur sollte jetzt genau auf die Reaktionen der weiteren Anwesenden achten. Die offensichtlich Unzufriedenen sind ziemlich sicher „Power-Player" – und damit seine Gesprächspartner. Bei aller Initiative muss der Rechercheur darauf achten, dass der Diskussionsleiter genügend Autorität behält, um diese Leute in das Gespräch einzubinden.

Wenn die Gesprächspartner daraufhin versuchen, die Initiativen des Rechercheurs zu ignorieren und den eingeschlagenen Weg stur fortsetzen, greift er wiederum ein (Zeigen Sie Durchsetzungsvermögen!). Es ist für den Rechercheur in dieser Anfangsphase besonders wichtig, die Oberhand zu behalten. Im Gegensatz zum Beginn eines Zwiegesprächs oder eines Dreier-Gesprächs ist Höflichkeit hier nicht die erste Pflicht des Rechercheurs.

Auch wenn die Stimmung im Raum freundlich ist – der Rechercheur muss auf jeden Fall deutlich machen, dass er klare inhaltliche Vorstellungen vom Verlauf des Treffens hat. Wenn der Rechercheur das unterlässt, wird man ihn mit großer Wahrscheinlichkeit als Nächstes um die Möglichkeit bringen, den Ablauf der Gespräche zu bestimmen. In jedem Fall muss der Rechercheur Versuche des Diskussionsleiters unterbinden, den Rechercheur – wie einen der ihren – auf die Diskussionsliste zu setzen und dadurch seine Befragung zu manipulieren. Sonst sitzt der Rechercheur früher oder später als Gast einer Schauveranstaltung vor einer gekonnt agierenden Truppe.

Die Gesprächspartner werden Unduldsamkeiten von Seiten des Rechercheurs übrigens bis zu einem ungewöhnlich hohen Grad tolerieren: Schließlich verbindet die andere Seite mit seinem Erscheinen bestimmte Absichten, weshalb um seinen Besuch ein erheblicher Aufwand getrieben wurde. Solch einen Termin lässt niemand schnell platzen – es sei denn, dies war von vornherein der Plan.

Ist die Stimmung zu aggressiv (einzelne der „Power-Player" machen Anstalten, die Zusammenkunft zu verlassen), sollte der Rechercheur entsprechende Kompromisse schließen, ohne seine Position als Gesprächsführender wesentlich beeinträchtigen zu lassen. Dann hört er sich wenig aufschlussreiche, aber vorbereitete Stellungnahmen geduldig an, um anschließend wieder den Inhalt der Diskussion zu bestimmen.

Der Autor musste sich einmal in solcher Situation ziemliche Vorwürfe gefallen lassen, die nur das Ziel hatten, eine bestimmte Thematik auszuklammern: „Sie fragen ja wirklich wie im Kindergarten"; „Lassen Sie den Kollegen mal ausreden, dann beantworten sich Ihre vielen Fragen ganz von selbst"; „Meine Güte, es kann ja nicht wahr sein, wie Sie auf solchen Nebensächlichkeiten herumhacken! – Haben Sie überhaupt verstanden, wovon ich hier spreche?" – Wenn die versammelte Runde sich zu solchem Betragen gegenüber einem Gast hinreißen lässt, ist der entweder hoffnungslos unverschämt oder hat den Finger in die Wunde gelegt (im betreffenden Fall wurde die inkriminierte – entscheidende – Frage nach vielen vergeblichen Abwehrversuchen übrigens wahrheitsgetreu beantwortet).

Anstatt einem Vortrag beizuwohnen, sollte der Rechercheur das Treffen zu dem Zweck nutzen, für den es vereinbart war: Der Rechercheur fragt hartnäckig nach jenen Informationen, die ihn beziehungsweise seinen Auftraggeber interessieren. Die Chancen, dieses Wissen wenigstens nachträglich zu erhalten, stehen nämlich gar nicht schlecht. Wichtig ist aber, dass der Rechercheur seine Fragen an die verantwortlichen Personen richtet, nicht an einen der „ängstlichen" Teilnehmer.

Schwächen nutzen

Aufgrund der Vielzahl der Kommunikationspartner wird das Gespräch die ganze Aufmerksamkeit des Rechercheurs erfordern. Zunächst hält er unbedingt Blickkontakt zum jeweiligen Sprecher. Besonders achtet er darauf, ob der Antwortgeber bei einzelnen Punkten Blickkontakt mit einem Dritten sucht. Hier sollte der Rechercheur nachhaken! Wenn immer es aber möglich ist, sollte der Rechercheur auch das Umfeld des Redenden beobachten. Manche Reaktionen der „ängstlichen" Gesprächsteilnehmer – plötzlich weg- oder zu Boden schauen, nervös mit dem Kugelschreiber spielen, verunsichert in den Gesichtern der Umsitzenden lesen – sind verräterische Hinweise darauf, dass das Gespräch einen für die andere Seite kritischen Aspekt berührt. Sobald dies geschieht, sollte der Rechercheur eingreifen und nachdrücklich um weitere Erklärungen bitten.

Verstärkt sich daraufhin die Nervosität im Umfeld (oder auch im Gesicht des Sprechenden), verstärkt sich auch der Wissensbedarf des Rechercheurs. Es kann in dieser Situation geschehen, dass der Rechercheur vertröstet wird („Diese Zahlen habe ich jetzt leider nicht parat"; „Wenn Sie das so genau wissen wollen, muss ich selber nochmal fragen") – Nehmen Sie die Gelegenheit wahr und lassen Sie sich die nachträgliche Zusendung dieser Informationen vor der versammelten Runde zusichern.

Menschen fühlen sich in der Regel an Zusagen gebunden, besonders, wenn diese „vor Zeugen" abgegeben wurden. Dabei spielt es keine große Rolle, dass besagte Zeugen im speziellen Fall Kollegen sind. Wer das nicht glaubt, sollte einmal im – späteren – Dialog folgenden Hinweis versuchen:

„Sie haben mir damals doch vor Ihren Kollegen versprochen, dass Sie mir die Informationen zukommen lassen wollen."

8   Richtig fragen

8.1   Grundregeln für Befragungen

„Dumme Fragen gibt es nicht." Diese Binsenweisheit hat schon jeder einmal im Leben gehört. Die Aussage trifft natürlich zu. Eine Frage zielt immer nach etwas Unbekanntem, welches aufgehellt werden soll. Doch der sich dann verbreitende Schein des Wissens kann den Fragenden mitunter sehr unvorbereitet erscheinen lassen.

Mit Situationen, in denen er lediglich mit Basiswissen ausstaffiert dasteht und sich nur vorsichtig fragend nach vorn tasten kann, muss jeder Rechercheur rechnen. Beim ersten Kontakt mit einem neuen Thema sind die Wissenslücken fast immer zu groß. Der Weg in die – elektronische – Bibliothek (siehe auch Kapitel 3) und die stufenweise Herangehensweise an ein Thema (siehe Kapitel 4.2 sowie 7) sind hier eine entscheidende Hilfe.

Das Wissen darum, was man wissen will, führt aber leider nicht automatisch zur exakten Beantwortung einer Frage.

Um befriedigende Antworten zu erhalten, muss der Rechercheur bei der Formulierung seiner Fragen sehr genau überlegen, aus was für einer Situation und Position heraus sein Gesprächspartner die Fragen wahrnimmt.

Das bedeutet, dass alle Fragen den Kontext, in dem sie stehen, erklären müssen. Ist dies nicht möglich, muss der Hintergrund der Fragen selbstverständlich erläutert werden. Schon eine so simple Frage wie: „Wie komme ich am besten von hier zum Bahnhof?" wird unbefriedigende Antworten bringen, wenn der Befragte nicht die dem Fragenden zur Verfügung stehenden Verkehrsmittel kennt.

Hat ein Rechercheur die Aufgabe, die Verfügbarkeit von Kunststofffußböden für öffentliche Einrichtungen mit bestimmten Qualitätsmerkmalen (z.B.: Abriebfestigkeit, Rutschfestigkeit, bestimmte Verlegeeigenschaften, Elastizität bei definierten Temperaturen, Rollenbreite, Brandschutzklasse usw.) aufzuzeigen, wird er sich vom entsprechenden Verband eine Liste aller in Betracht kommenden Hersteller besorgen.

Fragt er nun die Vertriebs- oder Verkaufsabteilung beim Hersteller T: „Führen Sie in Ihrem Sortiment Kunststofffußböden mit den folgenden Eigenschaften?" bekommt er vielleicht zur Antwort: „Tut uns leid, solch ein Produkt führen wir nicht." Der Mann aus der Verkaufsabteilung hat vollkommen korrekt geantwortet, und doch hat er seiner eigenen Firma und den Interessen des Rechercheurs – ohne es zu wollen – vielleicht geschadet.

Die Schuld wäre hier allerdings eindeutig beim Rechercheur zu suchen. Er hätte fragen müssen: „Führen Sie in Ihrem Sortiment Fußböden mit den folgenden Eigenschaften? Und wenn nicht, könnten Sie solch einen Fußboden herstellen? Und wenn Sie das können – zu welchen Preisen können Sie dies, in welchem Umfang und mit welchen Lieferzeiten?"

Wahrscheinlich wird der Rechercheur nun mit der Entwicklungsabteilung oder Produktionsabteilung der Firma verbunden und betreffs der Preise vielleicht darauf verwiesen werden, dass man diesen potentiellen Auftrag in Abhängigkeit zu seiner Größe erst kalkulieren müsse. Aber früher oder später wird er eine konkrete Antwort bekommen.

Darauf, dass der Mitarbeiter des Fußbodenherstellers antwortet: „Nein, diese Fußböden führen wir nicht. Wir haben die aber früher produziert. Ich verbinde Sie mal mit der Produktionsabteilung", kann sich der Rechercheur nicht verlassen.

„Offene" Fragen

Genauso wie eine Frage mit Rücksicht auf die unterschiedlichsten Auffassungsgaben der Befragten formuliert werden muss und den Kontext der Befragung erklären soll, darf sie den zu klärenden Sachverhalt nicht präjudizieren oder zu sehr eingrenzen. Der Rechercheur muss sich Raum für von ihm nicht vermutete Hintergründe offenhalten und ständig seine eigenen Fragen überprüfen, ohne dabei sein Ziel aus den Augen zu verlieren.

Werden Lebensmittelexperten zur Gentechnik befragt, dürfte für die meisten Mitmenschen folgende Frage im Vordergrund stehen: „Ist der Verzehr von gentechnisch veränderten Lebensmitteln mit Risiken für meine Gesundheit verbunden?" Zu dieser Fragestellung wird der Rechercheur schnell die unterschiedlichen Meinungen und Denkschulen der Experten in Behörden, Wirtschaft, Universitäten und anderen Forschungseinrichtungen, Verbraucherverbänden und Umweltgruppen kennenlernen.

Die Frage hingegen, ob mit gentechnisch veränderten Pflanzen auch noch andere Risiken verbunden sein können, zum Beispiel für andere Pflanzen oder Lebewesen, bliebe völlig ungeklärt.

Die obige Frage müsste natürlich noch mit dem Zusatz: „Oder wo sehen Sie die größten Gefahren oder auch Chancen der Gentechnik?" versehen sein.

Ein weiteres interessantes Diskussionsfeld wäre sicher auch, welchen Nutzen der Endverbraucher durch den Einsatz der Gentechnik in der Landwirtschaft hat oder welche Akteure überhaupt in der Einführung gentechnischer Agrarprodukte einen Nutzen sehen.

Ein Diskurs über die Chancen und Probleme der Gentechnik bei der industriellen Erzeugung von Insulin mittels gentechnisch veränderter Bakterien würde den Fragerahmen „Gesundheit, Ernährung, Menschen" jedoch zu weit verfehlen und den Rechercheur von seiner eigentlichen Fragestellung entfernen.

Das Bemühen des Rechercheurs, seine Fragen in den richtigen Kontext zu stellen und seinem Gegenüber genügend Spielraum zur Beantwortung der Fragen zu lassen, hilft allen beteiligten Gesprächsteilnehmern, die Recherche zu einem sinnvollen Ergebnis zu führen.

Atmosphäre

Neben inhaltlichen Planungen und Vorbereitungen für eine Befragung ist natürlich die Atmosphäre eines Recherchegesprächs ein weiterer wichtiger Faktor für den Erfolg einer Recherche (siehe auch Kapitel 7.1).

Die vielen verschiedenen menschlichen Charaktere lassen leider nur sehr wenige allgemeingültige Ratschläge zu. Handelt es sich beim Gesprächspartner nicht um den Mitarbeiter einer Pressestelle, gilt jedoch: der Rechercheur ist immer derjenige, der von seinem Gegenüber etwas will. Deswegen sind weder dienerisches Verhalten noch selbstherrliches Auftrumpfen Garantie für den Erfolg. Der Befragte sollte vielmehr den Eindruck haben, dass hier ein kühles Herz ein Thema erörtert – was nicht heißt, dass der Rechercheur keine Späße machen darf – nur nicht ausgerechnet über den Gesprächsgegenstand.

Anschließende, wertende oder moralisierende Kommentare zum Thema, etwa zu Tierversuchen in der Kosmetik- oder Pharmaindustrie, sind absolut fehl am Platz. Auch sein Wissen über ähnlich gelagerte Fälle wie den gerade erörterten kann der Rechercheur – so sie nicht der Fortführung des Gespräches dienen – getrost für sich behalten.

Grundsätzlich gilt, dass sich der Fragende niemals Vorwürfe, Beschuldigungen und anderes Negatives gegenüber dem Befragten verbal zu eigen machen darf. Wann immer solche negativen Punkte im Gespräch erörtert werden, müssen sie über eine distanzierende Einleitung eingebracht werden. Mit einem einfachen Halbsatz wie „ich kann mir vorstellen, dass die Boulevardpresse/die Nichtregierungsorganisationen/die Opposition/der Stammtisch etc. Ihnen vorwerfen wird, dass Sie ...“ ist die nötige Distanz schnell hergestellt.

Anders sieht es meist bei den Gesprächspartnern des Rechercheurs aus. Behörden beziehungsweise deren Mitarbeiter sind in vielen Fällen per Gesetz zur Auskunft verpflichtet (siehe auch Kapitel 14). Das heißt natürlich nur, dass die gestellten Fragen wahrheitsgemäß beantwortet werden müssen und nicht etwa, dass die Antworten die ins Auge gefasste Problematik auch erklären.

Beabsichtigte Missverständnisse treten deshalb bei problematischen Gesprächen oder auch schriftlichen Befragungen gerne auf. Mitarbeiter einer Behörde verfügen über verschiedene Möglichkeiten, sich aufdringlicher Frager zu erwehren. Möchte der Rechercheur Informationen über die Belastung eines bestimmten Gewässers mit Chemikalien von einer Behörde und fragt deshalb schriftlich an: „Liegen Ihnen Informationen zur Belastung des Goldsees mit Chemikalien vor?“, kann es passieren, dass nach zwei Wochen auf dem Postweg die erhellende Antwort kommt: „Betreffs Ihrer Anfrage vom soundsovielten möchten wir Ihnen mitteilen, dass der Umweltbehörde Informationen zur Belastung des Goldsees mit Chemikalien vorliegen. Mit freundlichen Grüßen! Müller.“ Denn Müller hat erstens gelernt, dass er sich mit dieser Strategie Arbeit erspart, und zweitens weiß er, dass die Zeit fast immer gegen Rechercheure arbeitet.

Gegen solche Desinformationspolitik gibt es eine einfache Strategie:

* Alle Fragen werden so exakt und präzise formuliert, dass Missverständnisse ausgeschlossen sind.

* Grundsätzliche Dinge werden über geschlossene Fragen geklärt, ansonsten sind offene Fragen einzusetzen.

* Die Fragen sollen strukturiert nach der Klärung des jetzigen Sachverhaltes, der Erörterung der Ursachen des jetzigen Sachverhaltes und gegebenenfalls nach Folgen des jetzigen Sachverhaltes gestellt werden.

- Für die Beantwortung der Fragen werden zumutbare Fristen festgelegt.

- Im Fall des belasteten Goldsees hätte der Rechercheur gezielt fragen können:

Ist der Behörde eine Belastung des Wassers des Goldsees mit Chemikalien/Schadstoffen bekannt?

Wenn ja, seit wann?

Wenn ja, wie oft und in welcher Höhe wurden wann welche Chemikalien/Schadstoffe gemessen?

Sind der Behörde Ursachen bekannt?

Wenn ja, seit wann?

Wenn ja, welche sind dies?

Wenn ja, wer ist nach ihrer Kenntnis für die bekannten Ursachen verantwortlich?

Sind der Behörde Auswirkungen bekannt?

Wenn ja, seit wann?

Wenn ja, welche sind diese?

Wenn ja, was wurde bisher aufgrund dieser Auswirkungen unternommen?

Ich möchte Sie bitten, meine Fragen innerhalb der nächsten zehn Tage zu beantworten. Sollte Ihnen eine Antwort bis dahin nicht möglich sein, möchte ich Sie bitten, mir unter folgender Telefonnummer werktags zwischen 9.00 und 18.00 Uhr Mitteilung zu machen. Mit freundlichen Grüßen! Ingo Schmidt.

Dieselben Fragen hätte der Rechercheur natürlich auch bei einer mündlichen Befragung von Müller stellen müssen.

Ein Beispiel: Im Frühjahr 2008 hat der Autor sämtliche zuständigen Behörden in allen deutschen Bundesländern zu den Urangehalten in den Trinkwässern Deutschlands befragt. Der meiste Aufwand dieser Recherche lag natürlich in der Vorbereitung der Anfrage. Zuerst musste sich der Rechercheur einen Überblick über die gesundheitliche Problematik zu Uran im Trinkwasser erarbeiten und über die technischen Möglichkeiten, dieses Uran über Filtrationsprozesse aus dem Wasser zu entfernen. Auch die rechtlichen Grundlagen und die verschiedenen Zuständigkeiten in den Ländern sowie die technische Erfassung von Urankontaminationen durch die zuständigen Behörden waren Gegenstand umfangreicher Recherchen.

Nachdem diese Vorarbeiten geklärt waren, wurde folgende schlichte Anfrage, variierend nur nach Nennung des Bundeslandes, an alle zuständigen Landesbehörden verschickt:

Sehr geehrte Frau X,

nach meiner Kenntnis liegen den zuständigen Kreisbehörden in Baden-Württemberg Messwerte zu den Urangehalten der Leitungswässer in Baden-Württemberg vor. Trifft dies zu?

Wenn ja, möchte ich Sie unter Berufung auf das Umweltinformationsgesetz bitten, mir diese Messwerte mitzuteilen unter Angabe von – sofern im Einzelnen vorhanden – zuständigem Gesundheitsamt, Entnahmeort (Wasserversorgungsanlage), Wasserversorgungsunternehmen, Entnahmestelle, Entnahmedatum und Urangehalt in mg/l.

Wenn nein, möchte ich Sie bitten, diese Werte bei den zuständigen Wasserversorgern abzufragen und mir in o.a. Form mitzuteilen.

Bei Rückfragen stehe ich Ihnen unter den unten angegebenen Kontaktmöglichkeiten jederzeit zur Verfügung.

Mit freundlichen Grüßen

Auf Fragen nach der Ursache der Uranbelastung konnte verzichtet werden, da diese durch die Vorrecherche geklärt war. Uran ist ein ubiquitär verbreitetes Element und kommt in unterschiedlichen Konzentrationen praktisch überall vor. Ist die Konzentration untertage partiell hoch und findet hier gleichzeitig eine Trinkwasserentnahme über einen Brunnen statt, ist das Trinkwasser entsprechend hoch belastet. Auch Fragen nach den toxischen Auswirkungen auf den Menschen mussten nicht gestellt werden, da diese Fragen ebenso in Gesprächen mit Experten geklärt waren. Auch welche technischen Konsequenzen betroffene Wasserversorger oder Kreisbehörden aus ihrem Wissen über die Uranbelastung der verteilten Gewässer gezogen hatten, war schon längst geklärt. Zum Zeitpunkt der Anfrage gab es lediglich zwei installierte und arbeitende Anlagen zur Uranfiltration in Deutschland. Der Verweis auf das Umweltinformationsgesetz (siehe auch Kapitel 14) war in die Anfrage aufgenommen worden, da es sich bei Uran zweifellos um eine Umweltkontaminante handelt und ein Auskunftsanspruch nach Umweltinformationsgesetz (UIG) vorlag. Zudem ist in allen UIG-Ländergesetzen eine maximale Frist von einem Monat zur Beantwortung der Anfrage gesetzt. Bis auf die zuständige hessische Landesbehörde lieferten alle angeschriebenen Behörden die Daten in der verlangten Form und innerhalb der in den Gesetzen festgelegten Frist. Auf eine mögliche Klage gegen die hessische Behörde wegen Unterlassens von Verwaltungstätigkeit hat der Autor damals verzichtet. Von allen anderen Bundesländern lagen die gewünschten Angaben vor und dadurch war klar, dass Hessen bei Veröffentlichung der Recherchen würde reagieren müssen, was dann auch postwendend geschah.

Sprachnebel

Der Umstand, eine gestellte Frage wahrheitsgemäß beantworten zu müssen, trifft jedoch nicht nur auf auskunftspflichtige Behörden zu. Fast alle im öffentlichen Interesse stehenden Personen wie auch hochrangige Mitarbeiter in Unternehmen können es sich nicht leisten, unangenehme Fragen mit Lügen zu beantworten. Neben Halbwahrheiten oder dem Verschweigen von nicht abgefragten Zusammenhängen steht diesem Personenkreis zur Abwehr unangenehmer Fragen noch das Mittel der unklaren Formulierung der eigenen Aussage zur Verfügung.

Zu solchen Ausweichmanövern bietet auch die deutsche Sprache ausgiebig Gelegenheit.

„Wir haben vor, in diesem Sektor 100 Millionen Euro zu investieren" (vielleicht machen wir aber auch etwas ganz anderes), bedeutet nicht dasselbe wie:

„Wir haben beschlossen, in diesem Sektor 100 Millionen Euro zu investieren" (aber nur, falls wir den staatlichen Zuschuss erhalten), oder schließlich:

„Wir werden in diesem Sektor 100 Millionen Euro investieren" (ohne Wenn und Aber).

Deswegen ist es gerade bei mündlichen Befragungen von größter Wichtigkeit für den Rechercheur, alle entscheidenden Antworten seines Gegenübers noch einmal mit den eigenen Worten zu wiederholen und von seinem Gesprächspartner bestätigen zu lassen. In heiklen Fällen sollte der Rechercheur die Antwort möglichst sogar in ganzen Sätzen schriftlich zur Abnahme vorlegen.

Die Verantwortung dafür, in einem Gespräch die richtigen Fragen im erforderlichen Kontext auf eine angemessene Art und Weise zu stellen, liegt ausschließlich beim Rechercheur. Er wird sich gegenüber seinem Auftraggeber nie damit herausreden können, dass seine Gesprächspartner ihn nicht richtig verstanden hätten.

8.2   Der Befragungsplan

Um eine befriedigende Qualität der Antworten auf die eigenen Fragen zu gewährleisten, sollte der Rechercheur vor jedem Gespräch einen Befragungsplan erarbeiten.

Solch ein Plan sollte dabei möglichst alle relevanten Aspekte einer Unterhaltung erfassen und nicht nur die Fragen beinhalten, die in dem Gespräch zur Klärung anstehen.

Nach der Erfahrung der Autoren ist es dabei nützlich, die ins Auge gefassten Gesprächspartner zuerst einmal in drei Kategorien einzuteilen:

• die Gruppe der aktiv in dem Fall handelnden Personen (sämtliche entscheidungsberechtigten Personen, deren Handeln Einfluss auf den zu recherchierenden Fall hat),

• die Gruppe der Betroffenen (sämtliche Personen, deren Lebensumstände vom Handeln der Personen der ersten Kategorie beeinflusst werden),

• der Kreis der neutralen Experten (außenstehende Experten und Wissenschaftler, Augen- und Ohrenzeugen).

Natürlich vermischen sich in der Realität die drei Kategorien. Ein Zeuge kann gleichzeitig Täter und Betroffener sein (der Bauamtsleiter als Häuslebauer) und zusätzlich als Experte auf dem Gebiet gelten. In solchen Fällen ist es nützlich, ein und dieselbe Person in verschiedene Kategorien aufzunehmen und sie beim Interview auch unter verschiedenen Gesichtspunkten zu befragen.

Besonders bei größeren Recherchen mit vielen Akteuren ist es eine große Hilfe, den Überblick auf die verschiedenen Hintergründe der einzelnen Beteiligten zu wahren. Dies gilt für die Befragung selber wie für die Auswertung der Ergebnisse.

Hat der Rechercheur die ausgewählten Gesprächspartner den Kategorien zugeordnet, kann er sich daranmachen, individuelle Befragungspläne zu erarbeiten.

An die erste Stelle solch eines Planes gehört eine Einstufung des Gesprächspartners:

- Welche konkrete Position nimmt er in seiner Behörde, Firma oder Organisation ein (z.B. Pressesprecher, Sachbearbeiter, Abteilungsleiter, Geschäftsführer, Experte einer Universität)?

- Welche hierarchische Position und welches politische Gewicht hat der Gesprächspartner (ist er z.B. als Sachbearbeiter alleiniger Entscheider oder der Zuarbeiter für die eigentlichen Entscheidungsträger)?

- Welchen politischen Hintergrund hat der Gesprächspartner, ist er aktives Mitglied einer Partei?

Fragenliste

Darunter kann der Rechercheur in Stichworten notieren, wie er das Gespräch am sinnvollsten eröffnen wird, um die Gesprächsbereitschaft des Befragten anzuregen.

Dann sollten folgen:

- alle Fragen, die der Gesprächspartner auf jeden Fall beantworten soll, sorgfältig ausformuliert wie bei einer schriftlichen Befragung,

- alle anderen Fragen, die mit der Recherche in Zusammenhang stehen und mit dem Gesprächspartner zumindest erörtert werden sollen,

- Fragen zu allgemeinen Themen, die helfen, den Gesprächspartner besser einordnen zu können (was äußert er zur Industrie-, Umwelt-, Medienpolitik usw., seiner Behörde, Firma, Organisation?).

Dies mag jetzt so klingen, als ob die Vorbereitung auf ein Gespräch mitunter einen größeren Arbeitsaufwand als das Gespräch selber verlangt. Und richtig, dies ist oft der Fall.

Eine gute Organisation der Unterlagen ist deshalb eine große Hilfe, diese Arbeit nicht ausufern zu lassen und immer einen guten Überblick zu behalten.

Die Autoren möchten an dieser Stelle aber darauf verzichten, eine detaillierte Anleitung zur Struktur der Befragungspläne zu geben. Ob ein Rechercheur alle „wichtigen" Fragen auf die Vorderseite seiner Unterlagen schreibt und den Rest auf die Rückseite oder umgekehrt, ob er Fakten mit einem blauen Stift und Meinungen mit einem schwarzen notiert, ob er seine Unterlagen themen- oder personenbezogen sortiert, bleibt ihm selbst überlassen. Die Unterlagen sollten leicht in das jeweilige Informationserfassungssystem des Rechercheurs beziehungsweise seines Teams passen.

8.3   Das Interview

Wenn in diesem Kapitel vom Interview die Rede ist, geht es um das telefonisch oder auch persönlich geführte Zwiegespräch und Fragestrategien, dieses zum Erfolg zu führen. Die Hinweise zur Gesprächsführung aus dem vorherigen Kapitel (siehe auch Kapitel 7.1) haben auch hier Gültigkeit.

Leider gilt gerade für das telefonische Interview, dass es meist anders verläuft, als vom Rechercheur geplant. Der simple Grund liegt darin, dass zu allermeist der Rechercheur seinen Anruf zwar gut geplant hat, der Angerufene aber oft von den gestellten Fragen und der ganzen Interviewsituation überrascht ist.

🔍 Nehmen Sie sich also für jedes telefonisch geführte Gespräch ausreichend Zeit.

🔍 Fallen Sie nicht mit der Tür ins Haus und fragen Sie deshalb außer bei Unfällen oder Ereignissen nicht zuerst gezielt nach dem, was sie wissen wollen.

👀 Indem Sie zuerst das Umfeld Ihres eigentlichen Themas erörtern, geben Sie Ihrem Gesprächspartner Zeit, sich in die Thematik einzufinden.

Der Rechercheur erhält durch solche Umwege Gelegenheit, erste Reaktionen des Gesprächspartners auf das angesprochene Thema einzuschätzen. Doch Vorsicht: Der Umweg darf nicht zu einem ganz anderen Fragenkomplex führen oder gar zur Sackgasse werden.

👀 Wenn Sie mit einem hohen Beamten des Bauamtes Modalitäten des Planfeststellungsverfahrens für die Erschließung eines neuen Gewerbeparks erörtern wollen, dann beginnen Sie nicht mit einer Diskussion über die Besoldung von Beamten.

Zu diesem Thema hat zwar erfahrungsgemäß jeder Beamte etwas zu sagen und deswegen erscheint es als guter „Türöffner". Es ist aber schlecht, den Einstieg in das Gespräch über ein Thema zu suchen, das am eigentlichen Gesprächsgegenstand vorbeizielt und eventuell negativ besetzt ist.

Ein – einleitendes – Gespräch über die Architektur oder die Inneneinrichtung der Baubehörde wird ein Gesprächspartner vielleicht mit der Bemerkung quittieren, dass er für diese Thematik gewiss nicht zuständig sei. Wenn der Rechercheur nun anschließend versucht, auf das Planfeststellungsverfahren für den Gewerbepark zurückzukommen, entbehrt das vorhergegangene Gespräch jeder Plausibilität. Der Rechercheur wirkt auf seinen Interviewpartner wahrscheinlich unglaubwürdig.

Ein einleitendes Gespräch über die Komplexität des Baurechts im Allgemeinen bringt die Diskussion eher auf das richtige Gleis.

Wenn Rechercheur und Gesprächspartner schließlich beim anvisierten Gesprächsthema angelangt sind, sollte Ersterer seine vorher festgelegten Fragen nicht dumpf herunterbeten.

👀 Arbeiten Sie sich durch Fragen zu Nebenaspekten des Themas an seinen Kern heran und bieten Sie dem Befragten dabei ausreichend Möglichkeit, selber thematische Schwerpunkte zu setzen.

Erstens ist dies eine Frage des Respekts und der Höflichkeit des Rechercheurs gegenüber seinem Gesprächspartner. Zweitens ist der im Gegensatz zum Rechercheur direkt und inhaltlich mit dem Thema beschäftigt und hält vielleicht eine Erklärung für die aufgeworfene Problematik in der Hinterhand, an die der Rechercheur noch gar nicht denkt.

Antworten suchen

Im Fall des Planfeststellungsverfahrens für den Gewerbepark kommt es beispielsweise zu großen Verspätungen. Das Bauamt macht für diese Verzögerungen seit langem eine Bürgerinitiative verantwortlich, die für den Erhalt eines Biotops auf dem Gelände öffentlich streitet. Der tatsächliche Grund für die Verzögerung liegt aber darin, dass die zuständige Wasserbehörde Bedenken angemeldet hat. Dieser Umstand wird von Seiten der Baubehörde bewusst unter der Decke gehalten: Es ist ja viel leichter, die Schuld für behördliche Verzögerungen Dritten in die Schuhe zu schieben.

Wenn Sie Ihr Interview geschickt führen, wird Ihnen der Mitarbeiter des Bauamtes diesen Sachverhalt offenbaren.

Doch Vorsicht: Verfolgen Sie nach dem interessanten Ausflug zu den Bedenken der Wasserbehörde trotzdem weiter Ihren Befragungsplan. Das Auftauchen neuer Gesichtspunkte muss nicht alle vorher ins Auge gefassten anderen Probleme null und nichtig werden lassen.

Außerdem können Aspekte, die ein Gesprächspartner gerade für nicht wesentlich hält, später (in den Augen eines anderen Beteiligten) großes Gewicht besitzen und dürfen schon deshalb nicht vernachlässigt werden.

Die vorgegebene Antwort

Was aber bleibt, wenn der Interviewte trotz allem die entscheidenden Fragen partout nicht beantworten will und grundsätzlich ausweichend antwortet? – Wenn es geht, ist der Rechercheur großzügig, vergisst den Informanten für die Recherche und versucht, die offenen Fragen mit einem anderen Gesprächspartner zu klären.

Ist dies nicht möglich, weil der Interviewte als Einziger oder als einer von nur sehr wenigen über die gewünschten Informationen verfügt, kann der Rechercheur noch mit dem Mittel der vorgegebenen Antworten arbeiten. Damit ist nicht gemeint, dass er die entsprechenden Informationen erfinden soll.

Im Fall des Gewerbeparks könnte er gegenüber einem beteiligten Beamten zum Beispiel folgenden Einwurf machen: „Wenn ich Sie richtig verstehe, wird keine endgültige Entscheidung zum Vorhaben Gewerbepark fallen, bis die Untere Wasserbehörde ihren neuen Leiter hat?"

Diese Form des Interviews mit vorgegebenen Antworten beziehungsweise Unterstellungen ist jedoch bei einer sachlichen Befragung nur als letztes Mittel angezeigt.

8.4 Verwertbare Umfragen

Das folgende Kapitel kann kein Studium der Betriebswirtschaft und Statistik ersetzen, welches ein Markt- oder Meinungsforscher in der Regel hinter sich hat. Bei komplexen Problemen raten deshalb die Verfasser, die oben erwähnten Fachleute zu kontaktieren. Im Fall kleinerer Umfragen, wie sie auch von Redaktionen manchmal vorgenommen werden, können die anschließenden Hinweise aber nützlich sein.

Die meisten Umfragen, deren Ergebnisse in Zeitungen und Magazinen veröffentlicht werden, spiegeln die Meinungen und Ansichten der Bevölkerung oder bestimmter gesellschaftlicher Gruppen wider. Den überwiegenden Anteil machen aber Umfragen aus, die unter der Überschrift „Marktforschung" rangieren. Ähnlich sind Umfragen gestaltet, die sich für statistische Erhebungen innerhalb einer Recherche eignen.

Im Normalfall muss sich der Befragte mit einem Fragebogen auseinandersetzen, in dem er seine Vorlieben und Abneigungen gegenüber bestimmten Produkten zum Besten geben soll. Diese Umfragen verlangen vom Befragten einen nicht unerheblichen Zeitaufwand: Die Frage nach dem Lieblingspolitiker lässt sich noch in einem Wort oder Satz spontan beantworten. Die unerwartete Frage nach dem durchschnittlichen monatlichen Stromverbrauch erfordert dagegen wohl bei jedem einen Blick in die Stromrechnung, sie lässt sich nicht auf der Straße beantworten und fordert dem Befragten schon eine gewisse – wenn auch kleine – Mühe ab.

Umfragen sind Recherchemethoden, die Zeit, Personal und damit auch viel Geld sparen oder kosten können. Bestimmende Faktoren sind vor allem die Anzahl der angesprochenen Gruppen und Personen und der Umfang der Fragen. Eine Auslagerung der Umfragen an die schon erwähnten Dienstleister – Meinungsforschungsinstitute oder Marktforscher – sollte bei allen Vorhaben immer in die Überlegungen einfließen.

Eine elementare Voraussetzung für eine Umfrage ist die Eingrenzung und Erfassung der Zielgruppe. Richtet sich die Umfrage an Behörden, ist dies in der Regel kein großes Problem. Die Zieladressen sind im Internet zu finden oder stehen in diversen Behördenführern. Zu beachten ist allerdings, dass die Namen und Zuständigkeiten von Behörden in Deutschland von Bundesland zu Bundesland variieren können.

Handelt es sich bei der Zielgruppe um Firmen einer bestimmten Branche, können die zuständigen Wirtschaftsverbände dabei helfen, die Adressen zusammenzustellen. Der Verband kann zwar nur die Adressen seiner Mitglieder und nicht etwa die Adressen sämtlicher Firmen der Branche nennen. Im Normalfall decken die Verbandsmitglieder aber die wichtigsten „Spieler" einer Branche ab. Viel schwieriger wäre jedoch zum Beispiel die Zusammenstellung aller Mitglieder einer Branche, die mindestens einen bestimmten Umsatz erzielen und eine festgelegte Marge ihres Umsatzes mit Exporten nach Südostasien machen. Wenn der Verband in diesem Fall nicht intensiv mitarbeitet, lässt sich die Liste, wenn überhaupt, meist nur mit teuren Wirtschaftsdatenbanken erstellen.

Sind bestimmte Bevölkerungskreise im Visier der Fragesteller, können Adressenhändler in vielen Fällen weiterhelfen. Deren Klienteldateien sind allerdings vorwiegend nach Berufsgruppen, materiellen Gesichtspunkten beziehungsweise nach dem Konsumverhalten der Mitbürger zusammengestellt.

Motivieren

Ist die Zielgruppe eingegrenzt und erfasst, geht es entscheidend darum, diese zur Teilnahme an der Umfrage zu motivieren.

Bei Behörden hat zum Beispiel jedermann Einsichtsrechte in das Einwohnermelderegister oder auch in das Handelsregister, um bestimmte Fakten zu erfahren. Auch alle Fragen, die Bezug zur Umwelt haben, müssen die Behörden nach dem geltenden Umweltinformationsgesetz beantworten (siehe auch Kapitel 14). Wird bei solchen Einsichtnahmen allerdings die Hilfe eines Mitarbeiters der Behörde in Anspruch genommen, können die Behörden dafür erhebliche Gebühren verlangen. Wird statt einer Grundgebühr der Arbeitseinsatz eines Beschäftigten im gehobenen Dienst angesetzt, stellen Behörden dies mit über 50 Euro pro Mitarbeiterstunde in Rechnung.

Die meisten Befragten können aber aus freien Stücken entscheiden, wie sie mit der ihnen vorliegenden Umfrage umgehen. Allein ihre Motivation entscheidet über Erfolg oder Scheitern der Arbeit. Umfragen zum Konsumverhalten sind deshalb gerne mit der Ausschreibung eines Gewinnes verknüpft. Unternehmen oder Ämter lassen sich so natürlich nicht motivieren. Hier helfen nur eine plausible Erklärung zu Sinn und Zweck des Unterfangens sowie eine intensive Betreuung der Befragten vor und während der Umfrage. Um gerade die zeitaufwendige Betreuung der Befragten möglichst gering zu halten, ist es von größter Wichtigkeit, der Erläuterung von Sinn und Zweck der Umfrage genügend Zeit und Raum zu widmen. In diesem jeder Umfrage vorangestellten Anschreiben müssen auch alle eventuell erforderlichen Hinweise zum Ausfüllen des Fragebogens stehen.

Auch inhaltlich darf die Umfrage beim Befragten nie das Gefühl von zu viel oder gar unzumutbarer Arbeit auslösen. Dies wäre bestimmt der Fall, wenn man etwa bei allen für die Wasserentnahmerechte in Deutschland zuständigen Behörden die Zahl der in den vergangenen 50 Jahren gestellten Anträge auf Wasserentnahmerechte mit einem Volumen unter 1.000 Litern pro Tag erfragen würde. Die Mitarbeiter in den Ämtern müssten sich dann auf längere Zeit in die Archive ihrer Behörden verabschieden und könnten ihrer eigentlichen Arbeit nicht mehr nachgehen. Da ein gewisser Arbeitsumfang bei jeder Datenerhebung bei den Betroffenen unumgänglich ist, ist es wichtig, die zusätzliche Belastung in Grenzen zu halten und bei Problemen Hilfe anzubieten.

Hilfe anbieten

Es müssen also Telefonnummern für eventuelle Rückfragen angeboten werden, unter denen qualifizierte Mitarbeiter Rede und Antwort stehen und weitere Betreuung bieten: Werden in Deutschland für eine Umfrage alle Kreisbauämter (es sind mehrere hundert) angeschrieben und um eine Beantwortung bestimmter Fragen innerhalb der nächsten vier Wochen gebeten, werden 20 Ämter möglicherweise mitteilen, dass die Frist zur Beantwortung der Fragen nicht eingehalten werden kann, weil der zuständige Mitarbeiter gerade seinen Jahresurlaub nimmt. Selbstverständlich müssen die Betroffenen die Möglichkeit haben, diese Mitteilung auch machen zu können. Ein ständig besetztes Telefon könnte eine zur Mitarbeit willige Klientel schnell verärgern und der Umfrage selber Schaden zufügen.

Genauso, wie die Befragten während der Umfrage nicht allein gelassen werden dürfen, sollte ihnen nach erfolgter Umfrage ein Feedback, also die

Auswertung oder das Resultat der Befragung angeboten werden. Erstens kann eine Teilhabe an den Resultaten der Befragung die zentrale Motivation sein, Zeit und Arbeit in die Beantwortung der Fragen zu stecken. Zweitens ist eine Rückmeldung nach Meinung der Verfasser ein Zeichen des guten Umgangs miteinander. Schließlich sind es die Frager, die ohne materielle Gegenleistung von den Befragten etwas wollen. Das Angebot, die erhobenen Daten bei Anfrage zur Verfügung zu stellen, ist praktisch die einzige Gegenleistung, die gewährleistet werden kann.

Natürlich ist die Anzahl der Fragen, deren Beantwortung der Zielgruppe zugemutet werden kann, abhängig von ihrer Qualität. Geht es um das reine Abfragen von Meinungen, können 50 Fragen, verteilt auf fünf DIN-A4-Seiten, wahrscheinlich in 20 Minuten beantwortet werden. Der Umfang des Fragebogens könnte die Angesprochenen trotzdem davon abhalten, sich mit ihm auseinanderzusetzen. Als Faustregel sei empfohlen, die Zielgruppe bei Befragungen nach Daten mit nicht mehr als zwei DIN-A4-Seiten zu belästigen (Umfragen zum Konsumverhalten können dagegen drei, vier, fünf oder mehr Seiten umfassen).

Antworten reduzieren

Bei der Formulierung der Fragen muss bedacht werden, dass sich nur bestimmte Fragen für eine statistisch sinnvolle Auswertung eignen. Die Fragen müssen deshalb so gestellt sein, dass nur bestimmte Antworten in Frage kommen.

Als Antwort dürfen dem Befragten nur folgende Angaben zur Verfügung stehen:

- „Ja", „Nein" oder „Weiß nicht",

- die Angabe einer Zahl,

- das Ankreuzen eines Kästchens innerhalb gemachter Vorgaben wie „sehr gut", „gut", „befriedigend", „ausreichend" oder „stimme zu", „stimme weniger zu", „stimme gar nicht zu" usw.,

- „anderes/andere", „trifft auf mich nicht zu" etc.

Nur für den Ausnahmefall sind längere schriftliche Aussagen akzeptabel. Zum einen empfinden viele Mitbürger das schriftliche Formulieren ganzer

Sätze als Arbeit und somit als Zumutung. Zum anderen lassen sich längere und individuell formulierte Aussagen nur sehr schlecht auswerten. Auf die Frage: „Was würden Sie in Ihrem Leben gerne noch einmal erleben?" können 100 Befragte 100 verschiedene Antworten geben. In einem solchen Fall hilft nur eine drastische Eingrenzung der Frage:

Würden Sie in Ihrem Leben gerne noch einmal:

a) eine Weltreise unternehmen

b) ein Haus bauen

c) ein Schiff kaufen

d) sich Ihr Traumauto leisten

e) nur noch für Ihr Hobby leben

f) etwas anderes machen

🔍 Eine große Hilfe ist beim Entwickeln von solchen Fragebögen immer die Einbeziehung von EDV-Experten, die berufsbedingt einen sehr guten Blick für die Verwertbarkeit und Verknüpfungsmöglichkeit von Antworten haben.

🔍 Eine weitere Hilfe bei der Bearbeitung eines Fragebogens ist selbstverständlich auch dessen gutes und ansprechendes Layout.

Bevor er seine Fragen formuliert, muss der Rechercheur selbstverständlich die Fachbegriffe der Branche, gesellschaftlichen Gruppe oder Behörde lernen. Dreht sich der Fragenkomplex um die Einhaltung verschiedener Normen und Parameter bei definierten Produktionsprozessen, sollte der Rechercheur die entsprechenden DIN- und ISO-Normen kennen und die Fachbegriffe der Produktionstechniken beherrschen. Brancheninsider, Behördenmitarbeiter und andere Fachleute oder Experten bieten hier die beste Hilfe.

Letzter Test

Wenn die Zielgruppe erfasst ist, die Fragen in Zusammenarbeit mit Experten und EDV-Fachleuten formuliert sind, der Fragebogen sein Layout hat und zum Versand bereitliegt, sollten vor der massenhaften Versendung der Fragebögen einige Probeläufe mit Kandidaten aus der Zielgruppe gemacht werden, um etwaige letzte Missverständnisse bei der Beantwortung der Fragen auszuschließen.

Vielleicht kommen dem Leser diese Vorsichtsmaßnahmen übertrieben vor. Doch bereits versandte Fragebögen mit 20 eindeutigen und nur einer missverständlichen Frage sind ein Unding. Denn natürlich hatte bei der Erstellung des Fragebogens jede Frage ihre Wichtigkeit und damit Berechtigung. Wegen eines Fehlers ein zweites Mal Fragebögen zu versenden, um eine einzige missverständliche Frage zu klären, ist mehr als ärgerlich.

9   Die lokale Recherche

Lokal recherchieren bedeutet: agieren in einem klar abgegrenzten Umfeld. Das klingt zunächst gut. Ist ein festes Arbeitsgebiet abgesteckt, sinkt die Gefahr, dass die Recherche plötzlich den Rahmen sprengt und der Rechercheur auf unbekanntem Terrain agieren muss. Sicher ist das ein gewisser Vorteil, doch macht dies die Arbeit gleichzeitig auch schwieriger. Viele Lokaljournalisten wissen ein Lied davon zu singen. Es ist gerade die überschaubare Zahl der Ansprechpartner und der handelnden Personen, welche die Recherche so problematisch macht: Ein kritischer Berichterstatter bekommt leicht das Etikett eines „Nestbeschmutzers" umgehängt. Konfliktmaterial ist reichlich vorhanden: Sollte die Zeitung ausländerfeindliche Aktionen wirklich an die große Glocke hängen, wo die Gemeinde doch auf Tourismus so dringend angewiesen ist? – Geht es an, auf architektonische Sünden zu verweisen, wenn sich die Stadt gerade um die Austragung einer landesweiten Architekturausstellung bewirbt? – Warum eigentlich die Hintergründe des beliebten und verdienstvollen Kulturamtsleiters recherchieren, nur weil der eines einzigen finanziellen Fehltritts verdächtigt wird?

In einer Kreisstadt, von der aus um die 150.000 bis 200.000 Landkreisbewohner regiert werden, gelten andere Gesetze als im anonymeren Verwaltungsgerüst einer Großstadt, einer Landes- oder Bundesregierung. Ist der Rechercheur einmal mit dem Falschen aneinandergeraten, kann es passieren, dass ihm die Türen der lokalen Verwaltung für Jahre verschlossen bleiben.

🔭 Ein im lokalen Bereich investigativ recherchierender Journalist braucht die 100-prozentige Unterstützung seines Verlags und seiner Chefredaktion. Falls die ausbleibt, wird er binnen kurzer Zeit von den Informationsbesitzern isoliert, kaltgestellt.

Vielen Bürgern einer Großstadt sind die einzelnen Leiter ihrer Stadtteilverwaltung unbekannt. Seinen Ortsbürgermeister, Stadt- oder Oberkreisdirektor dagegen kennt der Bewohner einer Kleinstadt oft mit Namen, und nicht selten sogar genauer: „Unser Stadtdirektor, Ihr kennt ihn ja, als der Berthold Meyer von der Fleischerinnung ihm dumm gekommen ist, da hat er ihn erstmal ordentlich zurechtgestutzt. Aber er ist ja nicht nachtragend, das muss man ihm anrechnen."

Die Chefs solcher Verwaltungseinheiten haben sich mitunter ein beachtliches Machtpotential erarbeitet. Sie sitzen seit Jahren, vielleicht Jahrzehnten fest im Sattel, haben Parteiaustritte und Koalitionsgezänk souverän überlebt, mitunter als Hausmacht eigene „Unabhängige Wählervereinigungen" gegründet, erreichen bei Wahlen Traumquoten über 60 Prozent und sind sich ihrer Macht bestens bewusst. Ziemlich einflussreiche kleine Könige.

Ein Lokaljournalist, der über das Verfolgen des Tagesgeschehens und Umschreiben von Presseerklärungen hinaus eigene Geschichten recherchieren will, hat außer dem Handelsregister und der Lokalzeitung kaum Archive zur Verfügung, die ihm bei seiner Recherche weiterhelfen können. Er ist deshalb fast immer auf die Hilfe der „Lokalmatadore" angewiesen. Dazu trifft er sich zum Beispiel regelmäßig mit dem Leiter des Bauamtes. Auf solchen „informellen Treffen" erfährt er dann vom Plan des Amtes, ein neues kommunales Parkhaus zu errichten. Natürlich darf besagter Journalist die Geschichte als Erster – vor der Konkurrenz – im Lokalblatt bringen. Das verschafft ihm den Ruf, stets vor allen anderen Bescheid zu wissen.

Manchmal nimmt solch ein Journalist nicht wahr, wie leicht er dabei vom Insider zum Hofberichterstatter mutieren kann. Die vertrauliche Information ist eine Droge, die rasch abhängig macht. Käme der Journalist auf die Idee, das geplante Parkhaus zu kritisieren, riskiert er den Ausschluss aus den vertraulichen Zirkeln. Und wenn das geschieht, wird die Arbeit mit einem Mal unendlich viel schwerer. Nicht anders ergeht es dem Rechercheur. Macht er sich unvorsichtigerweise unbeliebt, kann ihm ein „Lokalmatador" ohne weiteres alle möglichen Türen verschließen. Eine amts- oder betriebsinterne Parole der Art: „Vorsicht, redet nicht mit Soundso, der will uns nur schlechtmachen", kann für die Recherche tödlich sein. Querulanten und Besserwisser sind dort, wo jeder jeden kennt, besonders unbeliebt. Und in den meist funktionierenden Sozialgefügen einer Provinzstadt heißt das: einmal Außenseiter, immer Außenseiter. Wem das nicht passt, der kann ja woanders hinziehen.

Lokales Minenfeld

Ein Rechercheur, der sich im Minenfeld von Lokalpatriotismus, verflochtenen Interessen und zementiertem Machtgefüge bewegt, muss über hohes Problembewusstsein und große Umsicht beim Vorgehen verfügen. Um verborgene Falltüren zu um- und der Rache einer Lokalgröße zu entgehen, sollte ein Journalist unbedingt einige Punkte im Hinterkopf und einige Tricks auf Lager haben.

👓 Hintergrundwissen sollte frühzeitig beschafft werden.

Gerade im lokalen Umfeld existieren über ein und denselben Vorgang meist zwei Versionen: Die offizielle ist zur Veröffentlichung bestimmt und informiert die Bürger über die für sie relevanten Fakten. Zusätzlich gibt es die zweite, hinter vorgehaltener Hand erzählte Variante.

Diese Geschichte hat einen zwielichtigen Charakter: Wer da mit wem gekungelt hat, welche internen Bedingungen an eine Zustimmung geknüpft waren, wer den Rahm abschöpft und Ähnliches. Viele dieser Details lassen sich nicht erhärten, manche sind die phantastischen Produkte ungebremster Schadenfreude – und manche Geschichte ist wahr. Ein Journalist muss die inoffizielle Variante nicht kennen, um seinen Bericht zu schreiben. Er sollte sie aber kennen, will er sich nicht zum Spielball unbekannter Interessen machen. Ein Lokaljournalist hat es meistens leichter als etwa der ehrenamtliche Rechercheur einer lokalen Interessengemeinschaft, denn er hat mit seinen Kollegen einen reichlichen Wissensschatz im Haus. Doch auch für den Rechercheur gilt:

👓 Erste Anlaufstelle ist der erfahrene, zuständige Lokalredakteur.

Selbst hier ist die Informationsbeschaffung bisweilen mit Schwierigkeiten verbunden, denn viele Kollegen sitzen auf ihrem Hintergrundwissen wie die Henne auf dem Ei. Dies kann zwei Gründe haben: Entweder, der Kollege traut dem „Neuen" nicht und hat Sorge, dieser könnte unvorsichtig Porzellan zerschlagen. Oder der Kollege hat außer diesem Hintergrundwissen fachlich wenig zu bieten und hütet darum seinen Wissensvorsprung wie einen Schatz: So hält er sich Konkurrenz vom Leib. Wie ein Journalist diese kommunikativen Hemmnisse überwindet, ist in Kapitel 7.1 beschrieben.

👓 Je weiter ein Rechercheur in einer kritischen Angelegenheit vordringt, desto größeres Gewicht erlangt die Frage: Welche möglichen Konsequenzen ergeben sich aus meiner Arbeit?

Diese nie eindeutig zu entscheidende Güterabwägung begegnet dem Journalisten/Rechercheur in vielen Spielarten. Die Frage kann eventuell lauten: Lohnt es die Sache, dass ich mich deswegen mit X anlege? Oder: Wenn ich jetzt Streit mit Y provoziere, kann ich mir dann der Unterstützung von Z sicher sein?

Diese Fragen klingen hasenfüßig. Wer jedoch einmal das verschlungene Beziehungsgeflecht einer Kleinstadt kennengelernt hat, der weiß: Sie sind es nicht.

Der Rechercheur muss sich vor allem im Klaren sein, dass der Raum für Ausweichmanöver in der Provinz begrenzt ist. Unangenehme Rechercheergebnisse lassen sich nicht einfach in Schubladen verstecken, Zuständigkeiten nicht an andere Behörden delegieren.

Wer eine Recherche beginnt, sollte bedenken, was er damit auslösen kann. Und er sollte Prioritäten setzen. Auch der kompetenteste Rechercheur handelt töricht, wenn er alles gleichzeitig attackiert. Damit sind jede Verwaltung, jeder Unternehmensverband irgendwann überfordert. Es macht keinen Sinn, in einem Atemzug die Verkehrsplanung, die Wirtschaftsförderung und das Klärwerk aufs Korn zu nehmen. Umso wichtiger ist es, an dem Thema der Wahl so lange zu arbeiten, bis es im Bewusstsein der Bevölkerung fest verankert ist.

Die Güterabwägung ist also ständige Begleiterin jeder lokalen Recherche. Sie kann lauten: Gut, wir können die schlampige Bauaufsicht bei der Errichtung der Stadthalle vor fünf Jahren dokumentieren und das Zustandekommen vieler Mängel darstellen. Andererseits hat die Stadt in den nächsten zwei Jahren kein Geld für die Reparaturen – es sei denn, der Bau des neuen Kindergartens wird verschoben. Spätestens jetzt wird es schwierig.

🔭 Nie mit der Tür ins Haus fallen, dafür eine Trumpfkarte im Ärmel behalten!

Ein Anruf beim Wirtschaftsförderungsamt nach dem Motto: „Ich habe gehört, dass Sie keine Interessenten für das neue Industriegebiet finden, geben Sie mir doch mal die genauen Zahlen durch", ist sicher zum Scheitern verurteilt. Andere Perspektiven ergeben sich dafür aus folgendem Vorgehen: „Guten Tag, ich möchte mich einmal über Ihre Strategien zur Ansiedlung neuer Unternehmen unterhalten." Weil er etwas vorzuweisen hat, lädt der Amtsleiter zum Gespräch. Lässt der Rechercheur währenddessen durchklingen, dass er von einer Gemeinde weiß, welche mit ungewöhnlichen Werbemethoden gerade besonderen Erfolg erzielt, wird er

Informationen über den aktuellen Stand der Entwicklung mit großer Wahrscheinlichkeit auf den Tisch gelegt bekommen.

👀 Hüten muss sich selbst der kompetenteste Rechercheur vor der Versuchung, neben dem Kunden allzu nah mit ortsansässigen Interessengruppen oder Parteien zu paktieren.

Die Gefahr ist im lokalen Umfeld besonders groß, denn hier wird ein Rechercheur, insbesondere ein Journalist, schnell zur populären politischen Instanz. Solch eine Person ist automatisch Ziel von Lobbyisten jeglicher Couleur. Steht ein Journalist aber einmal in dem Ruch, zu sehr mit Dritten zu bandeln, wird er vor allem als Interessenvertreter wahrgenommen: „Der X, der ist ja ein guter Mann, aber leider hockt der ja immer mit den Schwarzen zusammen" oder „Was will der X eigentlich dauernd bei den Rotariern? Hat der was gegen uns vom Lions Club?"

👀 Ein anderer Fehler, der lokal arbeitenden, investigativen Journalisten oft unterläuft, besteht darin, dass sie nahezu ausschließlich mit den ihnen bekannten Kontakten reden.

Viel zu selten begeben sie sich auf die Suche nach neuen Quellen. Aber die gibt es auch im lokalen Bereich. Oft meiden diese potentiellen Quellen den Umgang mit Journalisten, weil sie den Platzhirschen nicht in die Quere kommen wollen.

👀 Auch im lokalen Bereich ist die Suche nach Informanten eine ständige Suche, und oft lohnt sich Hartnäckigkeit, um schließlich das Vertrauen der Zielperson zu erwerben.

👀 Wohl mehr als irgendwo sonst sitzen investigativer Journalist und Gewährsmann bei lokalen Recherchen im selben Boot. Wenn man sich da nicht 100-prozentig vertrauen kann, werden keine ertragreichen Beziehungen zustande kommen.

👀 Viele lokal arbeitende Journalisten nutzen zu selten die Möglichkeit, die eigenen übergeordneten Behörden nach zusätzlichen Informationen zu fragen, obwohl diese dort vorhanden sind.

Der Autor hat zum Beispiel die Erfahrung gemacht, dass auch langgediente Lokaljournalisten noch nie in ihrer Laufbahn die Bezirks- oder Landesregierung in einer Sache befragt haben, an der sie gerade arbeiten.

Kompetenz beweisen

👀 Das beste Mittel, sich vor der Vergeltung einflussreicher Unternehmer, Beamter und Politiker (wobei diese Konturen im Lokalen oft genug verschwimmen) zu schützen, heißt Kompetenz.

Hierbei kommt dem Rechercheur zugute, dass Lokalmatadoren sich in ihrem täglichen Wirkungskreis gemeinhin sehr gut auskennen, jenseits dieses Tellerrandes jedoch über wenig Wissen verfügen. Der Leiter der kommunalen Verkehrsbehörde weiß nicht unbedingt über moderne Verfahren zur Lärmvermeidung in Wohngebieten Bescheid. Wer weiß, wann er zuletzt an einer Fortbildung (etwa durch das „Hamburger Lärmkontor") teilgenommen hat? Das kann Jahre her sein. Eine neue Technik zur Luftabführung in engen, vielbefahrenen Straßen, vor zwei Jahren in den USA entwickelt? – Davon weiß er wahrscheinlich nichts.

Genau hier liegt der erfolgversprechende Ansatz: Ausgezeichnetes Wissen um das Problem, dazu die Kenntnis um dessen Lösung machen jeden Rechercheur zum gefragten Gesprächspartner auf allen Ebenen. Es ist darum besonders wichtig, sich gründlich in eine Materie einzuarbeiten, bevor der Rechercheur die wirklich unangenehmen Fragen stellt.

👀 Genauso wichtig ist allerdings auch, gegenüber Gesprächspartnern nicht belehrend oder besserwisserisch aufzutreten. Wer mit dem Ansatz antritt, den Mitarbeitern der Verwaltung zeigen zu wollen, wie wenig Ahnung sie von ihren Fachgebieten haben, geht schnell unter.

👀 Hat sich der Rechercheur aber einmal den Ruf eines kompetenten Analysten oder Berichterstatters erworben, kann er sich einiges erlauben, bis er ihn wieder verloren hat.

Geschafft hat es jener Rechercheur oder Journalist, über den ein Amtsleiter sagt: „Der Kerl verfolgt ja zum Teil eine Berichterstattung, die mir gar nicht gefällt. Aber eins muss man ihm lassen: Er kennt sich wirklich gründlich aus und stellt kluge Fragen. – Eigentlich unterhalte ich mich ganz gerne mit ihm."

10   Komplexe und schwierige Recherchen

Rechercheure werden fast ausnahmslos nur tätig, wenn sie einen entsprechenden Auftrag erhalten. Einem Journalisten kann es aber auch passieren, plötzlich über ein – vielleicht nur vermeintlich – großes Thema zu stolpern. Sobald er dann seine Erkundigungen beginnt, werden ihm von seinen wichtigsten Gesprächspartnern die Türen zugeschlagen. Und plötzlich steht er vor einer scheinbar unlösbaren Aufgabe. Sie ist zu lösen, allerdings erfordert sie einige Vorbereitung und Ausdauer, Konzentration und Taktik.

Eine große Recherche entsteht meist aus einer vorhergehenden Recherche, aus in sich widersprüchlichen Aussagen der Befragten innerhalb einer stattfindenden Recherche, mitunter auch aus einem ungefragt erhaltenen oder zu bezahlenden Hinweis.

Warum finden sich die Themen für eine große Recherche nicht anders?

🔭 Läge die Geschichte offen, gäbe es die Story bereits.

Außerdem werden wichtige und für die Öffentlichkeit nicht bestimmte Tatsachen stets aktiv vor Entdeckung geschützt. Dazu bedient sich die Gegenseite verschiedener Methoden.

Aktive Informationspolitik steht dabei in der Medienarbeit ganz oben auf der Liste: Gelingt es der Pressestelle eines Unternehmens oder einer Institution, selbständig Themen zu entwickeln und an die Medien zu bringen, steuert sie damit gleichzeitig erheblich die Berichterstattung über das eigene Haus (weshalb umgekehrt die Teilnahme an entsprechenden Pressekonferenzen selten lohnt).

So parieren Pressesprecher

Unangenehme Themen wehren Pressesprecher dagegen ab. Dies geschieht auf verschiedene Weise:

- Erstmal wegschicken: „Da sind wir nicht zuständig, fragen Sie lieber ..." oder „Ich kann mir nicht vorstellen, dass uns dazu Informationen vorliegen",

- Durch Fehlinformation: („Es gibt keine Probleme", „Es gibt nichts Neues zu berichten", „Sie sind offenbar einer Ente aufgesessen"),

- Fragen absichtlich missverstehen oder wortklauberisch beantworten: „Die Europäische Zentralbank hat keine Sicherheiten angenommen." (Wohl aber die der EZB angeschlossenen Notenbanken.)

- Werfen von Nebelkerzen: („Windkrafträder sind zu 99 Prozent verfügbar" – deswegen produzieren sie aber noch lange keinen Strom) oder

- Offene Abwehr: („Dies sind vertrauliche Informationen und nicht für die Öffentlichkeit bestimmt", „Tut mir leid, wir haben in dieser Sache keinen Gesprächsbedarf" oder schließlich „Bitte, rufen Sie nicht wieder an. Auch schriftliche Fragen werden wir nicht mehr beantworten"). Auch dafür werden Pressesprecher bezahlt.

- Schweigen oder: „Bitte haben Sie Verständnis dafür, dass sich Herr Dr. Axxxxxxxx zu Ihrer Frage nicht äußern möchte."

Solches Verhalten von Seiten der Befragten ist grundsätzlich ein wichtiger Hinweis, dass es hier Interessantes zu recherchieren gibt. Umso mehr, wenn alle Befragten kein Interesse zeigen, zu diesem Sachverhalt irgendeine Information zu geben.

Es kann aber auch sein, dass dieses Thema zwar für das Objekt der Recherche von Bedeutung ist, nicht aber für den Leser/Zuschauer/Zuhörer.

Nachhaken

Prinzipiell lohnt es sich immer, bei Informationsverweigerung nachzuhaken und die Gründe darlegen zu lassen. Ein Pressesprecher muss plausibel erklären können, warum er welches Wissen nicht weitergeben kann – oft sind es wirtschaftliche Gründe –, sonst macht er sich unglaubwürdig. Und wer sich unglaubwürdig macht, tut seinem Arbeitgeber keinen Gefallen.

In einem Fall hatte ein Unternehmen dem Autor ein ausführliches Hintergrundgespräch zu einem zuvor bereits telefonisch diskutierten Thema angeboten. Bedingung war: Während des Treffens gegebene Informationen werden nur mit Zustimmung des Unternehmens verwendet.

Das Gespräch selbst nahm dann einen überraschenden Verlauf: Bereits die erste gestellte Frage wurde unter den Firmenmitarbeitern kontrovers diskutiert, und diese Uneinigkeit zog sich über eineinhalb Stunden fort. Nochmals andere Informationen und Einschätzungen erhielt der Autor während eines Ortstermins, der sich unmittelbar an das Gespräch anschloss. Im Gegensatz zu dem Journalisten hatte sich die andere Seite anscheinend völlig ungenügend auf den Termin vorbereitet (der zuständige Pressesprecher mag das geahnt haben: Er hatte sich an dem besagten Tag überraschend krankgemeldet, und eine unerfahrene Kraft musste die Moderation übernehmen). Bereits einen Tag später hatte die Firma ihren Mitarbeitern offenbar weitere Gespräche mit dem Journalisten untersagt, nach zwei Wochen wurde sämtliche Kommunikation von der Pressestelle abgebrochen. – Wer daraufhin nicht in eine große Recherche einsteigt, ist selber schuld.

Bequemer als dieses Vorgehen ist das Warten auf eine brisante Information, die irgendwer irgendwann dem Journalisten zusteckt. – Das kann auch reinen Rechercheuren passieren, ist aber weit seltener der Fall: Die Informationen sollen ja in die Öffentlichkeit gelangen. – Ein Journalist am Beginn seiner Laufbahn erhält aber nur mit Glück den berühmten vertraulichen Hinweis oder das zu bezahlende Informationsangebot. Informanten halten sich an Journalisten, die sie kennen und denen sie vertrauen können. Schließlich beinhaltet die vertrauliche Weitergabe ein erhebliches Risiko für den Informanten.

Wer dieses Risiko mit Geld bezahlt haben möchte, wendet sich an Journalisten in der oberen Hierarchie, denn nur die verfügen über die notwendigen Mittel.

Anfängern nähern sich stattdessen bevorzugt Denunzianten und Manipulateure, denen erfahrene Journalisten nicht trauen und die diesen darum auch kein Geld geben würden (Ausnahmen bestätigen die Regel: Hitler-Tagebücher/Stern).

Falsche Informanten

Die Beantwortung einer Reihe von Fragen gibt brauchbare Hinweise, ob eine Aussage stimmt oder erlogen ist, ob ein Dokument echt oder manipu-

liert ist (diese Hinweise sind in Kapitel 5.5 unter „Kontrollfragen" aufgeführt). Eine präzise und gut abgesicherte Vorrecherche lohnt sich in solchen Fällen immer. Ein Journalist, dessen angekündigte „große Recherche" sich später als heiße Luft erweist, hat anschließend einen sehr schweren Stand.

🔭 Darum: Vorsicht vor falschen Informanten und Betrügern!

Auch erfahrene Journalisten, die ihren Informanten trauen, stellen für sich
zuerst immer die Frage nach den möglichen, meist verborgenen Motiven
des Informanten. Überdies: Informanten zu gewinnen ist nicht leicht und
erfordert bisweilen jahrelange und bewährte Zusammenarbeit.

Es gibt eine dritte Tür zur großen Recherche. Diese Tür ist der kluge Kopf
des Journalisten: Oft ist gründliche Reflexion Anstoß für eine große
Recherche. Durch intensive Auseinandersetzung mit dem Thema erkennt
der Journalist die verdeckten Widersprüche einer scheinbar glatten Darstellung. Vielleicht tun sich auch logische Fehler auf.

Wer eine große Recherche beginnen will, muss darum seine Arbeit äußerst
gründlich angehen, und dazu gehört unbedingt eine intensive Auseinandersetzung mit den täglichen Ergebnissen:

🔭 Am Ende des Tages oder nach einem intensiven Recherchegespräch
die erhaltenen Informationen noch einmal Revue passieren lassen und
auf Schlüssigkeit abgleichen.

🔭 Gesprächssituationen nachdeuten: Wurde ich von bestimmten Themen
abgelenkt?

🔭 Nach nicht gestellten Fragen und Lücken suchen, die nicht beantwortet
oder behandelt wurden.

🔭 Gründe für das Verhalten der Beteiligten suchen: Wer hat warum wie
reagiert? Kam irgendwann Nervosität auf, wurde abgelenkt (gern
durch die Denunziation Dritter)?

Es macht keinen Sinn, jeden kleinen Widerspruch und jede ungenaue Aussage zu klären, denn die sind menschlich und passieren einfach. Wenn sich
jedoch gravierende Unstimmigkeiten herausfiltern lassen, bleibt oft nur
eine Frage:

Was will die andere Seite verbergen?

Eine gute Technik ist das nochmalige Herantasten an die sensiblen Bereiche: An welcher Stelle des Gesprächs wächst die Auskunftsbereitschaft, wann droht sie zu versiegen? Solche Befragungen sind nicht leicht, erfordern Geschick und Geduld. Den wunden Punkt kann der Journalist so zwar nicht exakt bestimmen, wohl aber den sensiblen Themenbereich. Die konkreten Aussagen des Gesprächspartners treten in den Hintergrund, der Befrager lauscht vor allem auf Signale wie „heiß" oder „kalt".

Zur Absicherung kann der Journalist zusätzlich einen „Zwilling" des Auskunftgebers befragen. Reagiert der ähnlich empfindlich oder sagt zum Beispiel: „Da haben Sie aber ein heißes Eisen angefasst", ist das ein wichtiger Hinweis, dass hier tatsächlich eine Geschichte im Busch ist.

Mit Abschluss der Phase „Thema bestimmen und eingrenzen" beginnt das eigentliche Problem, denn von nun an werden jene, die bislang Informationen verweigerten oder den Fragenden hinhielten, ihre Anstrengungen verstärken.

Wie aber Informationen erhalten, die einem die Gegenseite nicht geben will? – Das ist weniger schwer, als es den Anschein hat.

Hierbei helfen zwei Dinge: Erstens ist der Gegenstand der Recherche ein offenes System. In sich geschlossene Systeme existieren weder in der Natur noch in der Gesellschaft, eine vollständige Abschottung ist unmöglich und hemmt fast immer die Effizienz (Ausnahme: Geheimdienste etc.). Außerdem wird der Gegenstand der Recherche von Menschen verwaltet und geführt. Sie nehmen entscheidenden Einfluss auf das System, können es fördern oder im schlechtesten Fall zerstören. Gemeinsam mit der das System tragenden Struktur und seiner Logistik bilden sie einen Organismus, der das Recherchethema verwaltet, steuert und behütet.

🔍 Strukturen und Logistik lassen sich von der Gegenseite gut planen, aber die Menschen innerhalb des Organismus sind immer der schwache Punkt.

🔍 Sachbearbeiter stellen Informationen ins Netz, die für sich harmlos sind, mit anderen Informationen zusammengefügt aber ein Bild ergeben – das hat der Sachbearbeiter nicht gewusst (oft, weil er das auch nicht wissen sollte).

👓 Pressesprecher reden, und auch, wenn sie sich Mühe geben, nichts Verwertbares zu sagen, lassen sich aus ihren Reaktionen Schlüsse ziehen: Auf bestimmte Fragen, zum Beispiel unerwartet in eine Plauderei eingeflochten, verhalten sie sich plötzlich ängstlich, abwehrbereit oder sie sagen gar nichts mehr.

👓 Auf eine geschlossene Frage gibt es „keine Stellungnahme" oder die Frage bleibt wortreich unbeantwortet: also kein klares Dementi.

Zweitens gibt es beinahe alles auf der Welt zweimal, gewöhnlich sogar mehrfach. Und damit kommen die bereits erwähnten „Zwillinge" ins Spiel.

👓 Macht die Gegenseite die Schotten dicht, befragen Sie einen Mitbewerber/das Krankenhaus im Nachbarkreis/die Uni am anderen Ende Deutschlands (Recherchieren Sie notfalls im Ausland weiter. Was hier als Geheimnis gehütet wird, liegt anderswo mitunter offen).

Organismus erkennen

Ziel der Übung ist, den Organismus zu erkennen. Behalten Sie aber ihr Thema im Auge, sonst recherchieren Sie Unnützes!

Diese Fragen helfen weiter

- Welches sind die prinzipiellen Probleme des Organismus?
- Wovor fürchtet sich die Branche am meisten?
- Mit welchen Unternehmen kooperiert der Organismus?
- Mit welchen Institutionen muss der Organismus kooperieren?
- Auf wessen Input (Unis) ist er angewiesen?
- Gibt es relevante Geldgeber/Fördergelder für den Organismus?

Der Journalist kennt nun die vielfältigen Beziehungen, die der Organismus beziehungsweise der Gegenstand der Recherche mit Dritten unterhält, systembedingte Schwächen und Stärken. Eventuell stellt sich jetzt heraus, dass der Organismus gar nicht die Firma selbst ist, sondern eine Interessengruppe, beispielsweise eine Abteilung, die in Zusammenarbeit mit einem Dritten, etwa einem Zulieferer, eine unangenehme Geschichte nicht nur vor dem Journalisten, sondern auch vor der Firmenleitung selbst vertuscht: Der Organismus ist erkannt.

Organismus verstehen

Die zweite Phase der Recherche beginnt: Das Befragen Dritter. Ziel ist, den Organismus zu verstehen. Fragen, welche die Gegenseite nicht beantworten will, stellt der Journalist jetzt der zuständigen Behörde/dem wissenschaftlichen Mitarbeiter der Universität, welche für den Organismus forscht, der Konkurrenz/dem Zulieferer – die Liste ist theoretisch endlos. Manchmal ist es auch möglich, eine parallele Recherche innerhalb des Organismus zu starten. Ist die Abteilung Unternehmenskommunikation groß genug, kann dies gelingen. Gesprächspartner, welche die Leitung der Pressestelle rundweg verweigert hat, werden dem Journalisten jetzt auf Initiative der Redaktion „Geschäftsbericht" vermittelt.

Dann ist es meist nicht schwer, von diesem Gesprächspartner an einen nächsten verwiesen zu werden. Dem stellen Sie sich zum Beispiel mit folgenden Worten vor: „Guten Tag, ich bin gerade von der Pressestelle an Ihren Kollegen Müller verwiesen worden, und der hat mich jetzt zu Ihnen geschickt. Eine Frage konnten wir nämlich nicht klären, und Herr Müller sagt, da wären Sie der Fachmann. – Hätten Sie einen Moment Zeit?" Wieder ist der Journalist genau dort, wo ihn die Unternehmenskommunikation nicht wünscht: im Herzen des Organismus.

Es wird Ihnen in dieser Phase der Recherche eventuell passieren, dass Sie das Interesse an der Sache verlieren und die Recherche von sich aus beenden. Das kann auch Sinn machen, wenn das Thema vielleicht doch nicht so wichtig ist – das lässt sich jetzt meist erkennen – und der Aufwand in keinem Verhältnis zum Ertrag steht. Eines ist sicher: Die Gegenseite baut darauf, dass Sie diesen mühseligen Weg nicht beschreiten.

Jagdfieber senken

Der Weg gründlichster Informationsbeschaffung ist nebenbei gut geeignet, aufkommenden Recherche-Enthusiasmus zu dämpfen und Jagdfieber zu senken. Wer die Neigung besitzt, aus ersten Informationen voreilige Schlüsse zu ziehen, wird spätestens jetzt belehrt. Wer sich dagegen das Beschaffen umfangreicher Hintergrundinformationen erspart, agiert als Glücksritter und landet früher oder später auf der Nase.

Das Lesen und Auswerten solchen Materials kommt oft einem Crashkurs gleich, der große Lernbereitschaft erfordert. Und schließlich: Wie die Spreu vom Weizen trennen, ohne dabei eine wichtige verfügbare Quelle zu ignorieren? – Der Autor hat die Erfahrung gemacht, dass es lohnt, in dieser Phase schlicht alles in Augenschein zu nehmen, dessen er habhaft werden kann.

Das kann eine Menge sein, aber sie bleibt überschaubar, da die sich öffnenden Fragen zu diesem Zeitpunkt schon recht spezifisch sind und entsprechend wenig Hintergrundmaterial erhältlich ist. Dennoch erfordert diese Arbeit Zeit und größte Konzentration, weil sich der Journalist mit komplizierten und komplexen Problemen auseinandersetzen muss, die ihm von Haus aus sicher nicht geläufig sind. Dazu braucht es eine gewisse Routine oder ständige Eigenkontrolle, um sich nicht festzubeißen oder vom Pfad abbringen zu lassen. Leider hat der Autor noch keinen bequemeren Weg entdeckt.

🔭 Material, welches Gesprächspartner während einer Recherche zur Lektüre empfehlen, ist fast immer von Bedeutung. Material zum Thema, das von einem Infovermittler aus Datenbanken gefischt wird, ist weniger gut vorgesichtet.

Am Ende der zweiten Phase sind dem Rechercheur mit Sicherheit sämtliche Schlüsselfiguren zum Thema namentlich oder persönlich bekannt. Eine ganz wichtige Waffe, wenn Sie weitere Informationen via Diskussion beschaffen wollen. Viele Gesprächspartner geben verbalen Widerstand auf, sobald sie erfahren, wie gut der Journalist bereits informiert ist und mit wem er bereits gesprochen hat.

Recherchethesen

Spätestens in dieser Phase drängen sich dem Journalisten unweigerlich mehrere Recherchethesen auf. Der Sachverhalt ist nicht geklärt, doch er liegt klarer, und logischerweise ist jeder versucht, das gewonnene Bild zu vervollständigen. Das Ergebnis soll eine möglichst spannende Geschichte sein. Machen Sie aber nie einen Wunsch zum Vater Ihrer Recherchethese.

🔭 Vorsicht! Recherchethesen nie aufstellen, bevor ausreichend Indizien gesammelt sind!

🔭 Vor allem: Nicht mit Betroffenen vor Abschluss der Arbeit über Rechercheergebnisse sprechen!

Es gibt kein sichereres Mittel, um schlafende Hunde zu wecken. Natürlich ist die Versuchung groß, in einem Gespräch etwa folgenden Hinweis zu geben: „Was Sie mir gerade gesagt haben, legt ja den Schluss nahe, dass …", oder „Man könnte ja auch meinen, was Sie als Zufall schildern, sei tatsächlich mit Absicht geschehen …"

Ebendiesen Gedanken will der Gesprächspartner wahrscheinlich unbedingt verhindern. Hören Sie dagegen am Ende eines Gesprächs: „Es war ja wirklich interessant, sich mit Ihnen zu unterhalten, endlich mal ein Journalist, der Ahnung hat. – Nur eins habe ich immer noch nicht richtig verstanden: Welches Ergebnis soll eigentlich am Ende Ihrer Recherche stehen?" – in diesem Fall haben Sie saubere Arbeit geleistet.

Die Frage „Warum wollen Sie das wissen" verliert übrigens mit Fortschreiten der Recherche zunehmend an Bedeutung, wenn der Journalist mit Fachleuten spricht. Fachmännisch gestellte Fachfragen werden von Fachleuten fast immer fachmännisch beantwortet.

Früher oder später ist der Journalist so weit, dass er an die Ursprünge seiner Recherche zurückkehrt. Die Gespräche verlaufen aber plötzlich ganz anders. Mit nötigem Hintergrundwissen ausgestattet, kann der Journalist seinem Gesprächspartner auf den Kopf zusagen, welche Aspekte der andere warum ausgelassen oder beschönigt hat.

Sobald dies geschieht, beginnt der Widerstand der Gegenseite zusammenzubrechen. Entweder wird diese nun möglichst viele weitere Erklärungen (oder Angebote) nachschieben, um den Journalisten irgendwie zu überzeugen oder auf ihre Seite zu ziehen, oder die Gegenseite ist gezwungen, die Diskussion unvermittelt abzubrechen. Wird das Gespräch qualifiziert und sachlich geführt, ist das aber nahezu unmöglich. Geschieht es doch, haben Sie das Wespennest entdeckt.

🔭 Wenn Sie sicher sind, zum Kern der Recherche vorgestoßen zu sein, können Sie beginnen, einzelne Recherchethesen Ihren Gesprächspartnern gezielt auf den Tisch zu legen und um Kommentierung zu bitten.

Der Journalist verfügt jetzt auch über genügend Fachwissen, um verschiedene Aspekte der These in scheinbar unverfänglichen Detailfragen zu verstecken und so weitere Erklärungen einzufordern. Er kennt auch inhaltliche Lücken seiner Gesprächspartner und kann seinerseits Informationen liefern. Das Arsenal ist so gewachsen, dass kaum jemand mehr den Fragen ausweichen kann – außer durch konzertiertes Schweigen aller irgendwie Beteiligten. Und das ist nach Erfahrung des Autors unmöglich zu orchestrieren.

Details klären

Es kann leider immer passieren, dass ein letztes, aber wichtiges Detail nur sehr schwer zu klären ist. Natürlich ist die Versuchung groß, besagtes Detail einfach beiseitezuschieben und die Recherche endlich abzuschließen. Die Lebenserfahrung lehrt jedoch, dass gerade diese Details schwer wiegen können.

Darum sollte sich jeder für die Vervollständigung einer Recherche Zeit lassen. Eilig ist die große Geschichte sowieso nur im Kopf des Journalisten, er hat die Geschichte schließlich exklusiv für sich erarbeitet. Und hat er während seiner Recherche sein Thema und seine Leistungen nicht im Kollegenkreis herumposaunt, kann ihm niemand das Thema stehlen. So groß die Angst sein mag, jemand anderes könnte auf derselben Spur recherchieren: Die Sorge ist unbegründet. Wäre da tatsächlich noch jemand anderes zugange, der Rechercheur hätte das über seine zahlreichen Gesprächspartner längst erfahren.

👀 Die größten Feinde eines investigativ arbeitenden Journalisten sind die eigene Schwätzerei, Prahlsucht, Selbstgefälligkeit und voreilig präsentierte Ergebnisse.

Ein guter Kollege, den der Journalist ins Vertrauen ziehen kann und besser noch ein vertrauensvoll zusammenarbeitendes Team sind natürlich Gold wert: Sie helfen dem Journalisten während aller Phasen der Recherche, Augenmaß und Selbstkontrolle nicht zu verlieren.

Ist die Recherche abgeschlossen oder steht kurz davor, ergibt sich ein weiteres Problem: Wie und auf welche Weise das erworbene Wissen an den Mann bringen? Diese Frage stellt sich für einen Redakteur anders als für einen freien Journalisten, im Kern bleibt sie jedoch gleich: Die Redaktion wünscht sich ein Stück, das den Sachverhalt möglichst eingängig, knapp und hart darstellt, so viel ist klar. Dazu soll die Geschichte rund und unangreifbar sein. Diese Geschichten gibt es leider nicht.

Gegenwind

Auch eine nach Einschätzung des Journalisten wasserdichte Geschichte kann angegriffen werden, und zwar auf vielfältige Weise: Namhafte Fachleute treten auf, die die Richtigkeit des Sachverhaltes mit scheinbar eingängigen Argumenten in Abrede stellen. Auch üble Nachrede („Der wird doch von der Konkurrenz/Industrie/Partei XY bezahlt") ist ein effektives Mittel, die Glaubwürdigkeit des Rechercheurs anzukratzen. Schließlich können auch Gegendarstellungen oder Klagedrohungen eine Redaktion verunsichern.

Gehen Sie grundsätzlich davon aus, dass Sie nun einen echten Gegner haben. Der Journalist hat etwas aufgedeckt, und diese Aufdeckung verursacht anderen hohen Schaden, sonst wäre der Sachverhalt nicht verborgen gewesen. Dabei gilt: je besser die Recherche, desto größer der Schaden. Die Gegenseite zieht mit Sicherheit sämtliche akzeptablen Möglichkeiten in Betracht, um sich zu wehren und zu schützen. Und – auch wenn diese Aussage scheinbar zu abgegriffen ist – Angriff ist ein gutes Mittel zur Verteidigung.

👀 Gehen Sie keinesfalls davon aus, dass Sie in dieser Situation fair behandelt werden. Wird der Druck durch die Gegenseite zu groß, kann es durchaus auch passieren, dass sich die eigene Redaktion zeitweilig von Ihnen distanziert.

Selbst scheinbar klare Fälle können sich als Bumerang erweisen: Jener Journalist, der das Foto des toten Uwe Barschel in der Badewanne schoss, ist auch Jahre danach Recherchen der eigenen Kollegen ausgesetzt. Hat er nicht etwas weggenommen oder hinzugestellt, hat er wirklich die volle Wahrheit gesagt?

Es ist darum für den Journalisten und die Redaktion äußerst wichtig, nur einen Teil des erarbeiteten Wissens zu publizieren. Diese Strategie erlaubt es, im Zweifelsfall nachzusetzen und eine aktive Rolle zu bewahren. Solange sich der Journalist in der Position des Agierenden hält, die Gegenseite stets reagieren muss, befindet er sich in einer schwer angreifbaren Lage.

Hinzu kommt immer der psychologische Effekt: Was hat der noch in petto? Weiß er am Ende auch, dass ... – Ein verunsicherter Gegner hat Angst. Wer Angst hat, neigt zu Überreaktionen oder zum kompletten Rückzug – keine guten Taktiken.

Der Kronzeuge

Am wirkungsvollsten begegnen Sie einem solchen Gegenangriff, wenn Sie einen relevanten Kronzeugen zur Verfügung haben, der für Sie einspringt. Ein Kronzeuge ist der Schrecken aller, denn er kommt unverhofft und kann, da er sich ja stets (wenigstens teilweise) schuldig bekennt, die Strategie Ihrer Gegner durch einen einzigen Auftritt zerstören.

Besagter Kronzeuge ist immerdar. Er sitzt hinter seinem Schreibtisch oder sonst wo, hadert mit der Welt und seinem Gewissen und traut sich doch nicht, loszulassen. Haben Sie darum während eines Recherchegesprächs ein feines Ohr für Zwischentöne! Führen Sie niemanden augenblicklich vor, der Ihnen gegenüber Eingeständnisse oder inhaltliche Zugeständnisse macht, besonders nicht, wenn es sich um einen offensichtlichen Drahtzieher handelt! Solch ein Kronzeuge weiß zehnmal mehr als Sie, und er wird sein Wissen nur zur Verfügung stellen, wenn er sich beschützt weiß.

Noch ein Punkt, mit dem Sie leben müssen: Der Schaden, den Sie verursachen, mag andere vor noch größerem Schaden bewahren. Trotzdem ist die Verantwortung groß. Arbeitsplätze gehen verloren, manche Karriere geht baden, andere verlieren viel Geld, vielleicht wandert sogar jemand ins Gefängnis, und vielleicht erreicht Sie eines Tages ein Anruf einer unbekannten Person: „Warum haben Sie das getan, mit Ihrem Bericht haben Sie das Leben meines Mannes und unserer Familie zerstört. Unsere Kinder wurden heute von ihren Klassenkameraden in der Schule bespuckt!"

Halten Sie das aus? Rechtfertigt das Ergebnis der Recherche den angerichteten Schaden? Oder haben Sie einen läppischen Sachverhalt verantwortungslos aufgebauscht und nebenbei ganz locker andere Menschen ruiniert?

Was wollen oder wollten Sie eigentlich mit der großen Recherche erreichen?

11 Betrügern auf der Spur

Es gibt Situationen, da werden Jäger zu Gejagten. Genau das kann einem Rechercheur widerfahren, der an einen Betrüger gerät. Hier sind nicht jene Hütchen- und Taschenspieler gemeint, die versuchen, Gutgläubigen kleinere Beträge aus der Tasche zu ziehen. Solche Betrüger meiden den Umgang mit Rechercheuren automatisch.

Es geht vielmehr um jene ausgebufften Menschen, die darauf spekulieren, mit dem gezielten Verbreiten falscher Informationen Millionen zu verdienen. Darum sind leider Rechercheure und mehr noch Journalisten besonders lohnende Opfer für diesen „Berufsstand": In den Augen eines Betrügers sind sie potentielle Multiplikatoren der von ihm in die Welt gesetzten falschen Botschaft. Und steht eine Lüge einmal schwarz auf weiß, wird eine Fehlmeldung von einem seriösen Rechercheur übernommen und weitergetragen, dann ist das für den Betrüger schon die halbe Miete (es ist geradezu unglaublich, wie sehr selbst Menschen, die das Mediengewerbe kennen, an die Wahrheit des gedruckten Wortes oder des gesendeten Bildes glauben).

Steht eine betrügerische Geschichte, gehüllt in das ernste Gewand eines Zeitungsartikels, nur eine kleine Weile unwidersprochen da, ist sie nur noch schwer aus der Welt zu schaffen. Eine Zeitspanne, die dem Betrüger leicht reichen kann, aus seiner Lüge Kapital zu schlagen. Denn darum geht es Betrügern grundsätzlich immer: Sie wollen Geld ergaunern oder sich geldwerte Vorteile verschaffen. Beides geht auf Kosten der Kunden des Rechercheurs (oder des Mediums bzw. Ihrer Leser/Zuhörer/Zuschauer) oder auf Kosten des Rechercheurs selber. Umso wichtiger ist es, Betrüger rasch zu identifizieren und dadurch größeren Schaden zu vermeiden.

Lorbeeren lassen sich leider nur selten mit dem Entlarven von Betrügern verdienen. Jeder Kunde erwartet vom Rechercheur, dass dieser sich nicht von Gaunern „aufs Kreuz legen lässt". Journalisten können Betrugsgeschichten nur verwerten, wenn dabei nicht sie selbst, sondern Dritte auf die Nase fallen: „Stadtdirektor verhandelt mit vorbestraften Betrügern" ist eine Titelzeile. „Betrüger wollten die Redaktion aufs Glatteis führen" aber nicht. Titelt die Zeitung: „Betrüger hat Redaktion hereingelegt", ist der Hereingelegte mit Sicherheit bereits entlassen.

Die Anwesenheit von Betrügern im Umfeld des Rechercheurs verspricht also selten Gutes. Regelrecht ruinös kann die Anwesenheit nicht identifizierter Betrüger im eigenen Umfeld sein – und Betrüger stellen sich nicht vor. Solange ein Rechercheur jedoch auf der Hut ist, hat er gute Chancen, den Betrüger zu enttarnen:

🔭 Betrüger spielen grundsätzlich auf der Klaviatur der Wünsche ihres Gegenübers.

Betrüger nähern sich Rechercheuren nie mit leeren Händen, sondern immer mit bestechenden Angeboten. Verkauft wird ein neuartiger Vergaser, der den Spritverbrauch halbiert („lässt sich innerhalb von 30 Minuten in jedes Fahrzeug einbauen"), ein rückstandsfreier Müllofen, Kapitalanlagen mit 20 Prozent Rendite per anno – einfach alles, was zu schön erscheint, um wahr zu sein, aber gerade noch so glaubhaft, dass es wahr sein könnte.

Angebot nach Maß

Soll ein wertloses Grundstück verkauft werden, erklärt ein Betrüger dem potentiellen Hausbauer, hier werde demnächst ein Wohngebiet ausgewiesen. Einem Naturschützer gegenüber behauptet er, über genau dieses Grundstück solle demnächst eine Autobahn führen, was der künftige Besitzer verhindern könne. Einem Müllhändler wird er das Stück Land als ideale Lagerfläche für seinen Giftmüll andienen. Was dem einen sein Reibach, ist dem anderen sein Krötenwanderweg und dem dritten sein Säurefass. Jedem das, was er verdient. Darum Vorsicht, wenn alles scheinbar ideal zusammenpasst.

🔭 Der gewöhnliche Betrüger ist ein gewohnheitsmäßiger Lügner, der ständig im Zweifel ist, ob sein Gegenüber ihm tatsächlich traut.

Diese Unsicherheit spiegelt sich bisweilen im Gesicht des Lügners. Wer darum eine auf den ersten Blick reizvolle Geschichte auftischt, zwischendurch aber immer wieder innehält, mit der ungestellten Frage auf den Lippen: „Na, hast Du das geschluckt?", der ist hochverdächtig. Vorsicht: Besonders talentierte Betrüger schaffen es leider, an ihre eigenen Lügen zu glauben. Diesen Leuten ist nur durch genaueste Beobachtung auf die Spur zu kommen (irgendein Detail stimmt nicht!), denn sie wirken einfach authentisch.

🔭 Recht gutes Indiz für betrügerische Absichten ist die „widersprüchliche" Körperhaltung des Betreffenden.

Die wenigsten Betrüger haben gelernt, verräterische Bewegungen auszumerzen; denn dies erfordert strenges Training. Wer zum Beispiel sagt: „Ich will ganz offen zu Ihnen sein", kehrt gewöhnlich die Handflächen nach oben und hält sie seinem Gegenüber hin. Das geschieht instinktiv. Wenn jemand dagegen in solcher Situation die Handrücken zeigt und die Finger nach innen krümmt, dann hat der eigene Körper den Lügner entlarvt. Ich habe etwas zu verbergen, lautet das unbewusste Signal.

🔭 Eine sehr wirksame Form der Selbstentlarvung ist die „positive Verstärkung": Anstatt möglichen Betrügern gegenüber Misstrauen zu offenbaren, sollte ein Rechercheur Interesse und grundsätzliches Vertrauen signalisieren.

Was der Rechercheur bei sich denkt, geht den Betrüger überhaupt nichts an. Sicher ist: Je mehr Misstrauen und Ablehnung ein Betrüger spürt, desto mehr wird er sich anstrengen und bemühen, den augenscheinlich negativen Eindruck zu verwischen.

🔭 Wer von Anfang an blinden Glauben demonstriert, weckt allerdings das Misstrauen des Betrügers. Der nämlich ist auf seinem Gebiet mit Sicherheit versiert und hat sich auf eine Reihe kritischer Fragen vorbereitet. Der Rechercheur begibt sich auf eine Gratwanderung.

Ist der Betrüger einmal überzeugt, sein Opfer gefunden zu haben, kann er selten der Versuchung widerstehen, auf die erste Lüge noch eins draufzusatteln. Es ist sehr interessant, manchmal sogar unterhaltsam zu erleben, wie Betrüger ihrem vermeintlichen Erfolg und ihren eigenen Lügen verfallen, wie sie mehr und mehr ins Schwadronieren geraten und sich manchmal geradezu in einen Lügenrausch reden. Sie merken nicht mehr, dass sie die Grenze zur Glaubwürdigkeit längst hinter sich gelassen haben.

Wolkige Aussagen

🔭 Weiteres Indiz für die Früherkennung von Betrügern ist ihre Wolkigkeit bei kritischen Punkten.

Auf die Frage, woher er wisse, dass die Autobahn gerade über dieses Grundstück führen werde, wird der Betrüger von befreundeten hohen Beamten sprechen, deren Namen er nicht nennen kann oder von einer brandneuen Verordnung, deren Inhalt freilich noch nicht einsehbar ist. Geht es um den Verkauf einer neuen Wundertechnik, wird der Betrüger an kritischen Punkten eine Vielzahl unbekannter Fachausdrücke einflechten. Er wird für Laien nicht sofort erkennbare falsche Behauptungen aufstellen: „Wie Sie sicher wissen, haben Fusionstechniker in Greenwich kürzlich folgende bahnbrechende Entdeckung gemacht" usw. Der Betrüger könnte auch auf bereits gemachte Untersuchungen verweisen, wobei der Verfasser und dessen Quellen undeutlich bleiben. Zwar wird eine auf den ersten Blick seriöse Quelle genannt („University of London"), doch fehlt eine detaillierte Adresse samt Telefonnummer, so dass die Suche nach dem Autor nahezu unmöglich wird.

🔍 Fast alle Geschichten von Betrügern sind äußerst anfällig für Gegenrecherchen.

Immerhin machen sich viele Betrüger die Mühe, wenigstens die erste Ebene ihrer Geschichte gegen mögliche Gegenrecherche zu sichern. Im Fall des Baugrundstücks wird etwa ein Angestellter im Straßenbauamt genannt, der über den Vorgang informiert sein soll. Wählt der Rechercheur dann die angegebene Telefonnummer, ist tatsächlich jemand am anderen Ende, der die Autobahn-Geschichte bestätigt, und vielleicht ist der Rechercheur sogar wirklich mit dem Straßenbauamt verbunden. Es ist dann aber ratsam, sich beim Amtsleiter über den Angestellten Soundso zu erkundigen. Wahrscheinlich stellt sich spätestens dann heraus, dass dieser Mitarbeiter nicht existiert.

Seltsame Kleidung

🔍 Viele Betrüger verraten sich durch ihre Kleidung.

Das Klischee des unseriösen Gebrauchtwagenhändlers im grellen Jackett kommt nicht von ungefähr. Die oft anzutreffende schräge Kleidung und das aufgesetzte Gebaren vieler Betrüger rühren daher, dass diese Leute in ihrer jeweiligen Rolle keine Authentizität besitzen und ihre Identität aus Selbstschutz verborgen halten. Also statten sie sich gerne mit Attributen aus, die ihnen vermeintlich zu einem künstlichen Image oder dem Anflug eines Charakters verhelfen. Das sind dann besagtes Jackett, ein übergroßer Siegelring, eine ausgefallene Uhr oder exotisch gelackte Schuhe, die verraten: Hier stimmt etwas nicht.

Gehen die Betrüger von einer geringen Erfolgsquote aus, entschließen sie sich eventuell, ihr Anliegen im Internet, als eine Art Rundschreiben, per Post oder per Fax zu präsentieren. Die einfachste Methode, um mit möglichst geringem Aufwand den Kreis potentieller Opfer zu vergrößern.

Ein Beispiel:

Das mit nichts als Wasser betriebene Auto.

Sie denken jetzt: das ist zu verrückt, darauf fällt keiner herein!

Das ist ein Irrtum.

Geben Sie bei Google „water fuelled car" ein und Sie werden staunen!

Unter http://waterpoweredcar.com/stanmeyer.html können Sie spannende Geschichten lesen, zum Beispiel die von Stanley Meyer, der angeblich einen Buggy mit Wasser betrieb.

„... was a shame to hear that he was poisoned (March '98) and [no] longer with us. He died in the parking lot of a restaurant in his home town of Grove City, Ohio. Sharks came a week later and stole the the dune buggy and all of his experimental equipment, according to his brother, Steve. Stan said while he was alive, that he was threatened many times and would not sell out to Arab Oil Corps."

Bitte, glauben Sie nichts davon! Die Geschichte von Stan Meyer ist rund 25 Jahre alt, früher wurden die entsprechenden Unterlagen verschwörerisch auf Papier weitergereicht, heute funktioniert der Betrug über das Internet.

🔭 Bei den meisten Betrugsgeschichten besteht ein enormer logischer Widerspruch.

So auch hier: Wer tatsächlich solch ein System wie die „Water Fuel Cell" erfunden hat, (und dabei sämtliche chemischen und physikalischen Gesetze auf den Kopf stellt), braucht niemandes Unterstützung oder Geld. Banken, Industrielle, Politiker und Militärs würden sich um die Technologie reißen, Nationen möglicherweise Kriege darum führen.

Aber genau das greifen die Betrüger auf: „The Military was going to use this technology in their tanks, jeeps, etc. He had patents on his invention and was ready for production. Only $1,500 to equip your car! ... No gasoline, just water. Stanley said he was offered a billion dollars from an Arab to basically shelf his idea."

Wenn Stan Meyer also tatsächlich 1998 ermordet wurde (andere Quellen sprechen von einem Hirnaneurysma, an dem der sagenhafte Wunder-Erfinder starb), und seine Erfindung tatsächlich funktioniert: Warum benutzt das „Militär" dann nicht längst Wasser für den Antrieb der diversen Truppentransporter, Panzer, Schiffe, Flugzeuge? Warum müssen weiter gefährliche Treibstofftransporte durch feindliches Gebiet führen? Erst 2009 hat die Bombardierung zweier entführter Tanklaster bei Kunduz in Afghanistan mehr als 100 Todesopfer gefordert. Mit Wasser wäre das sicher nicht passiert.

🔭 Um ihre Behauptung weiter zu unterfüttern, arbeiten Betrüger gerne mit allen möglichen Namen, angeblichen Fachleuten, die sie zitieren.

Auf http://waterpoweredcar.com/inventors.html stehen solche Namen, etwa ein gewisser „Daniel Dingel (1970–2008)". Die Zahl in Klammern suggeriert, dass Herr Dingel wie viele andere ebenfalls einem seltsamen Unfall oder Attentat zum Opfer gefallen ist. Tatsächlich wurde er wegen Betruges verurteilt.

Der „Philippine Daily Enquirer" berichtete am 20.12.2008 (http://newsinfo.inquirer.net/inquirerheadlines/nation/view/20081220-179008/Inventor-82-gets-20-years-for-estafa): MANILA, Philippines – Daniel Dingel, 82-year-old inventor of a „water-powered car", has been convicted of „estafa" [swindling] and sentenced to a maximum of 20 years imprisonment by the Parañaque City Regional Trial Court. The court also ordered him to pay $380,000 in actual damages. Dingel, who has never revealed the secret to his invention, which he began in 1969, questioned the verdict but said he did not mind going to jail at his age. ..."

Dingel hatte es tatsächlich geschafft, einer taiwanesischen Firma mehrere 100.000 US-Dollar für die Entwicklung des Wasserautos abzuknöpfen. Weiter heißt es in dem Artikel:

„Dingel withdrew $375,603.89 from his bank account and left only $500."

„He admitted withdrawing the money after learning that a suit had been filed against him," it said. „His act of immediately withdrawing the money indicated bad faith on his part."

Judge How said Dingel failed to support with evidence his claim that he had earned the money and therefore had no obligation to return it. ...

In an interview with the Philippine Daily Inquirer, Dingel said he was still willing to sell his biggest secret — on condition that the buyer would hire 200 Filipinos and their families.

He said the royalties to be paid to him would go to a foundation he would set up for the poor.

The Department of Science and Technology has dismissed Dingel's invention as a hoax", endet der Bericht.

Auch in Deutschland versuchen schlaue Zeitgenossen, mit der Idee Geld zu machen. Der Suchbegriff „Auto Wasserantrieb" bringt Ergebnisse. Unter der Adresse http://www.wasserauto24.de/?wasserauto-autofahren-mit-wasser wirbt ein gewisser „Ronald Keszler", selbsternannter „Sprit-sparexperte und Umweltschützer": „ Lieber Leser, Sie mögen denken, dass es großer Unfug ist, Wasser als Treibstoff für Fahrzeuge zu verwenden. Ich nehme dies an, da ich vor circa drei Jahren genauso reagierte als ich zum ersten Mal davon hörte! Doch das Antreiben von Fahrzeugen mit Wasser ist kein „science fiction" mehr. Es ist möglich und es gibt 1000de von Menschen auf dieser Erde, die es bereits tun und sich an den offensichtlichen Vorteilen eines Wassermotor erfreuen und jede Menge Benzin sparen!"

Wer wissen will, wie das geht, kann bei Keszler eine „Wassermotor Schritt-für Schritt-Bauanleitung" kaufen, zum „Super-Sonderpreis von gerade einmal 34,95 Euro statt bisher 69,99 Euro".

🔭 Am Ende solcher Geschichten geht es immer um Geld.

Und wie funktioniert das Wunder?

„Mittels eines speziellen aber einfachen Verfahrens wird normales Wasser in ein Gas namens HHO, bestehend zu ungleichen Teilen aus Wasserstoff und Sauerstoff, zerlegt. Dieses Gas wird dem Verbrennungsvorgang zugefügt und macht diesen damit wesentlich effektiver. Dies senkt den Spritverbrauch um bis zu 50%." – Meint der Autor mit HHO eventuell H_2O, das chemische Zeichen für Wasser? Spricht er von Wasserdampf, der den Verbrennungsvorgang effektiver machen soll?

👀 Wissenschaftliche Erläuterungen zu Funktionsweisen halten in der Regel selbst einer oberflächlichen Prüfung nicht stand.

👀 Die meisten solcher Geschäftemacher versuchen, sich rechtlich gegen Schadenersatzansprüche erboster Kunden abzusichern.

Auch Keszler hat dies getan. „Der Autor übernimmt keinerlei Haftung für alle aus dem lesen dieser Anleitung resultieren Handlungen. Jeder Eingriff an Ihrem Fahrzeug geschieht auf eigene Verantwortung und Gefahr!"

Der Autor hat bereits vor mehr als zehn Jahren mit diesem Wunder eines mit Wasser betriebenen Autos Bekanntschaft gemacht.

Damals sollte er ein entsprechendes Dokument prüfen, das einer britischen Umweltorganisation zugeschickt worden war. Die offenkundige Absicht war, einen Dummen zu finden, der für die Betrüger als Leumund herhalten sollte. Der Autor hat damals seine Auftraggeber gewarnt, den Betrügern eine offizielle Antwort zu schicken: Schnell wird ein Satz herausgeschnitten, der Briefkopf kopiert, und schon gibt es einen weiteren Leumund für das Betrugsprojekt.

Im Prinzip hat sich an den von den „Erfindern" vorgebrachten Argumenten bis heute nichts geändert. Und auch nicht an ihrer Taktik, die Medien einzulullen.

Am 13. Juni 2008 gelingt einer japanischen Firma, die mal wieder ein Wasserauto entwickelt haben will, ein großer Coup: Sie begeistern die Nachrichtenagentur Reuters für ihren Schwindel: http://www.reuters.com/news/video?videoId=84561.

Da werden bei der japanischen Firma „Genepax" die Sektkorken geknallt haben! Den Geschäftemachern war ein internationaler Auftritt über eine renommierte Nachrichtenagentur gelungen!

Einige Tage später, am 25. Juni 2008, bringt Reuters etwas Ähnliches wie eine Richtigstellung. „Professor doubts Water Car Claims" heißt es nun, und ein richtiger Fachmann darf erklären, warum es unmöglich ist, ein Auto mit Wasser zu befeuern (http://www.reuters.com/news/video?videoId=85239).

Genepax braucht das nicht zu stören, es wird auf die Präsentation dieses Beitrags verzichten.

🔭 Leider bringt es meistens nichts, solche Geschichten als Betrugsversuch in der Öffentlichkeit bloßzustellen. Die Betrüger haben bereits ihre elektronischen Scheren herausgeholt. Jetzt warten sie auf das Erscheinen irgendeines Medienbeitrags, schneiden Passagen heraus, die sie in günstigem Licht erscheinen lassen oder verweisen demnächst unter Referenzen: „Wurde von XXXXX am Soundsovielten ausführlich besprochen."

🔭 Die öffentliche Entlarvung verspricht nur dann Erfolg, wenn sich Betrüger an die Masse der Bevölkerung wenden. Dann sind publikumswirksame Warnungen sogar wichtig. Bei den meisten kleinen Betrügereien bleibt nicht mehr übrig, als die eigenen Kollegen auf die Falle hinzuweisen.

12 Unseriöse Geschäftemacher identifizieren

Eine weitaus gefährlichere Möglichkeit nachhaltiger Rufschädigung liegt im unbedachten und unbemerkten Umgang mit Personen, die im Graufeld von Geschäftemacherei agieren. Betrug ist diesen Leuten kaum jemals nachzuweisen, nicht einmal böse Absicht. Ist die vielversprechende neue High-Tech-Firma endlich pleite, zucken die Täter mit den Achseln: Dass mit dem finanziellen Engagement ein Risiko verbunden war, habe man – im Kleingedruckten oder in Nebensätzen – schließlich nie verschwiegen. Und hätte der Lieferant X alle Termine eingehalten, wäre die Entwicklung jenes Messverfahrens nicht sabotiert worden ... Die Liste möglicher Ausreden für gescheiterte Projekte ist lang. Eigentümlich ist aber allen diesen Entschuldigungen, dass sie strafrechtlich nicht verwertbar sind und grundsätzlich um das Verschwinden größerer Geldbeträge kreisen.

Die Initiatoren der gescheiterten Unternehmen verweisen dabei gerne auf eigene Verluste. Man habe ja selbst das gesamte Vermögen investiert und alles verloren, heißt es dann. Verschwiegen wird, dass die Gescheiterten in der Vergangenheit viel zu hohe Honorare kassiert und dadurch ihren (zumeist bescheidenen) Einsatz längst wieder heraus haben.

Eine äußerst beliebte Methode ist ebenfalls, rund um das mit frischem Kapital ausgestattete Unternehmen eine Reihe von im Verborgenen agierenden Dienstleistern einzurichten. Die gehören ebenfalls den Projektinitiatoren, nur erfahren die Geldgeber hiervon nichts. Zu spät stellt sich heraus, dass diese Dienstleister ihre Arbeit zu weitaus überhöhten Preisen in Rechnung gestellt haben – ein eleganter Weg, seine Kapitalgeber zu plündern und fremdes Geld in die eigenen Taschen zu leiten.

Zunächst aber gilt es für den unlauteren Geschäftemacher, sich das begehrte Kapital zu verschaffen. Dazu setzt er gewöhnlich auf die Hilfe eines geeigneten Journalisten. Nicht publizierende Rechercheure sind dagegen meistens vor solchen Kontaktaufnahmen gefeit: Sie sind nur selten in der Lage, für willige Geldgeber zu sorgen.

Geldgeber gesucht

Ein Journalist kann das sehr wohl. Und ist der erste positive Bericht über das Projekt geschrieben und platziert, brauchen die Geschäftemacher in der Regel nicht lange zu warten, bis der nächste Redakteur an sie herantritt: Diese schöne Story würde er auch gerne bringen.

Haben es die Geschäftemacher deshalb geschafft, eine Geschichte über ihr Projekt in einer als seriös geltenden Publikation zu platzieren, können sie ziemlich sicher davon ausgehen, dass die folgenden Epigonen auf eigene Hintergrund- oder Basisrecherchen verzichten. „Das hat der Kollege Z bestimmt schon getan, der arbeitet für ein renommiertes Blatt, da kann ich mir diese mühselige Arbeit ja sparen", sagt sich der Journalist. Und genau darauf haben die Geschäftemacher auch gebaut.

Ein Beispiel für solches Versagen ist die Berichterstattung um den Bau eines gewaltigen Transportzeppelins mit Namen „CargoLifter".

Auf einem ehemaligen russischen Militärflugplatz in Brand, 60 Kilometer südlich von Berlin, steht eine riesige, 360 Meter lange und 107 Meter hohe Halle. Sie gehörte früher der CargoLifter AG und sollte einmal als Werft für genauso riesige Luftschiffe dienen.

Technische Probleme

Von Anfang an hatte die AG, die unter dem Beifall vieler Medien ihre Aktien zu einem stolzen, vielfach überhöhten Preis von 15 Euro im Mai 2000 an die Börse gebracht hatte, kaum überwindbare technische Hürden zu meistern. Bislang war nicht einmal ein Hangar für den vielleicht einst fertigen CargoLifter geplant. Stattdessen sollten der CL 160 P1 und seine Nachfolgemodelle über ihre gesamte Lebenszeit an starken Landemasten im Freien rasten und lediglich zur Reparatur in die Werft einfahren. Das hätte böse enden können, denn die mit bis zu 420 Millionen Kubikmetern Helium gefüllten, stets leicht über der Erde schwebenden Riesen sind eigentlich anfällig für Wind und Wetter: Den mit 12 Passagierplätzen verhältnismäßig kleinen Zeppelin NT, der in Friedrichshafen für Rundflüge eingesetzt wird, bringt die Crew bei kritischen Wettersituationen wie Sturm und Hagel unbedingt in den Hangar.

Als noch heikler hätte sich das Be- und Entladen des CL 160 erweisen können. Da die Nutzlast des Luftschiffs sowie sein Eigengewicht durch extrem leichtes Helium in der riesigen Hülle auf null gebracht wird, hätte der CL 160 nach Entladen etwa einer Kraftwerksturbine einen entsprechend starken Auftrieb nach oben. Dieser Auftrieb hätte durch die Aufnahme von Ballastwasser ausgeglichen werden müssen.

Weil ein Stückgut im Stück entladen wird, hätte die Wasserzuladung über die am Boden liegende Ladeplattform erfolgen müssen. Eine schwierige und gefährliche Situation wäre nach Meinung von Fachleuten eingetreten, wenn der CargoLifter, mit 160 Tonnen Auftrieb in 100 Metern Höhe an Haltetauen festgezurrt, über der an Seilen heruntergelassenen Plattform schwebend, anschließend seine eigene, mit 160 Tonnen Wasser beschwerte Plattform wieder an sich ziehen muss. Seitenwind oder etwaige Turbulenzen wären in dieser Lage gar nicht gut. Ein Abreißen der Halteseile hätte den Verlust des Luftschiffs zur Folge gehabt. In einer Prallhöhe von etwas mehr als 2.000 Metern würde der CargoLifter havarieren.

Probleme hätte auch die Reinerhaltung des Auftriebmittels Helium bereitet. Bedingt durch Veränderungen von Luft- und Heliumdruck in wechselnden Höhen, erklären Experten aus der Gasindustrie und aus dem Luftschiffbau übereinstimmend, sei das allmähliche Verunreinigen des Heliums und ein entsprechendes Absinken der möglichen Traglast unvermeidbar.

Abhilfe schafft die Heliumniere, an welche Luftschiffe regelmäßig angeschlossen werden. Voraussetzung hierfür ist freilich, dass das Gefährt in dieser Zeit ruhig und fixiert in einer Halle schwebt. Ein Riesenluftschiff, das sich am Landemast je nach Windrichtung um seine Achse dreht, lässt sich schwerlich an solch eine Heliumniere anschließen. Ein weiteres Problem, das die an dem Projekt arbeitenden Ingenieure hätten lösen müssen.

Aber dazu kam es nicht mehr. „Wegen Zahlungsunfähigkeit hat der Vorstand der CargoLifter AG heute beim Amtsgericht Cottbus einen Antrag auf Einleitung des Insolvenzverfahrens über das Vermögen der CargoLifter AG gestellt", hieß es in einer Mitteilung des Unternehmens vom 7. Juni 2002.

Versuche, den Traum vom Fliegen mit Luftschiffen in die Realität umzusetzen, hat es in der Vergangenheit einige gegeben. Auch heute basteln einige Firmen weltweit an einem brauchbaren Konzept. Wie ernst diese Versuche tatsächlich gemeint sind, lässt sich nicht immer eindeutig feststellen. Die niederländische „Rigid Airship Design N.V.", einstmals ähnlich gefeiert und mit Vorschusslorbeer versehen wie CargoLifter, ist 2001 pleitegegangen und verfügt nicht einmal mehr über eine funktionierende Internetseite (www.rigidair.com). US-Konkurrent Quantum Aerostatics (www.quantumaerostatics.com) wollte gar ein 500 Meter langes Luftschiff bauen und setzte für das Manövrieren des Gefährts auf einen verwegenen Plan: Kompressoren an Bord des Luftschiffes sollten das Treibgas verdichten oder entspannen, um so den Auftrieb zu verändern. Das hatten andere Luftschiffbauer auch schon überlegt – bis sie feststellen mussten, dass das Gewicht der Kompressoren und der zusätzliche Energieverbrauch für das Verflüssigen des Gases den gewünschten Effekt aufheben.

🔭 Spektakuläre Projekte mit unseriösem Hintergrund sind oft technisch angreifbar. Intensive Befragungen von Fachleuten helfen, Licht in das Dunkel zu bringen.

🔭 Diese Fachleute lassen sich meist nicht zitieren, sie fürchten Klagen der Gegenseite, die finanziell meist sehr gut ausgestattet ist und keine Ausgaben scheut, um Kritiker mit juristischen Mitteln in die Knie zu zwingen.

Rechtliche Probleme

Auch das Luftfahrtbundesamt hatte damals nicht unerhebliche Einwände gegen den Betrieb des Luftschiffes: Laut Verkaufsprospekt war der Einsatz des CL 160 zunächst für Kurztransporte von Schwergütern zu deutschen Seehäfen geplant. Den zur Anlandung notwendigen Sinkflug hätte das Luftschiff stets gegen den Wind vollziehen müssen – nur weht der Wind an der Küste recht häufig von See. Eine direkte Anlandung in Hafennähe hätte deshalb einen Sinkflug durch gewöhnlich dicht bebautes Hinterland notwendig gemacht – ein nicht unproblematisches Vorhaben, das überdies gegen Vorschriften und Gesetze des Bundesverkehrsministeriums verstoßen hätte.

🔭 Bei ungewöhnlichen Vorhaben nie den Anruf bei der zuständigen Behörde versäumen, jedoch auch hier zunächst um ein Hintergrundgespräch bitten. Kein Beamter will sich später vorwerfen lassen, er habe ein wirtschaftlich vielversprechendes Unternehmen torpediert!

Weitere, ausführliche Informationen zu Betrügern und unlauteren Geschäftemachern finden Sie unter www.recherche-akademie.de.

13   Falschmeldungen erkennen

Schließlich werden Journalisten und Rechercheure immer wieder mit einer beinahe genauso schädlichen Variante dieses Genres konfrontiert: Das sind nicht wirklich falsche, aber missverständliche Geschichten, die meist zu PR-Zwecken von interessierten Dritten in die Welt gesetzt werden. Nach Auffassung der Autoren handelt es sich dabei um geschickte Propaganda, die nach ähnlichem Muster funktioniert wie eine typische Betrugsgeschichte und den Berichterstatter zu ihrem Werkzeug macht. Solchen Geschichten aufzusitzen ist peinlich.

Ein Beispiel für solch eine überschwängliche Propaganda ist der Medienrummel um das Projekt „Desertec", das sich im März 2009 erstmals der Öffentlichkeit vorstellte.

Desertec will riesige solarthermische Kraftwerke in Nordafrika installieren, für den dort schnell wachsenden Energiebedarf und um Westeuropa durch den Import von Sonnenstrom von der Abhängigkeit von fossilen Brennstoffen und Atomstrom zu befreien. Das sind hehre Absichten, und die Technologie für diese Kraftwerke ist erprobt.

Offen ist vorläufig, was solch eine solare Energieversorgung einmal kosten wird, wer sie finanziert: Es geht um geschätzte 400 Milliarden Euro. Und natürlich werden von Skeptikern politische Argumente angeführt: Ersetze man die Abhängigkeit von Öl nicht durch eine neue Abhängigkeit von nordafrikanischen Sonnenstaaten? Natürlich steckt der Teufel, wie so oft, im Detail. Immerhin stehen hinter Desertec namhafte Unternehmen wie der Versicherungskonzern „Münchner Rück" und „Siemens".

Die Münchner Rück macht sich Sorgen um den befürchteten Treibhauseffekt, denn zunehmende Stürme und Unwetter können einen Versicherer teuer zu stehen kommen. Siemens ist Entwickler von Kraftwerkskomponenten, die Firma kennt sich mit so ziemlich allem aus, was mit Energieversorgung zu tun hat. Dazu gehört selbstverständlich auch der Bau von Kraftwerken aller Art. 2008 war Siemens allerdings durch Korruptionsvorwürfe in ein schlechtes Licht geraten.

Unterstützen die beiden Unternehmen das Projekt „Desertec" vor allem, weil es sie in einem guten Licht erscheinen lässt? Ist „Desertec" dadurch letzten Endes nur eine PR-Kampagne?

Rolf Höppe ist zuständiger Chef der „Geo-Risiko-Forschung" der Münchner Rück. Mit der Kraftwerkstechnik vertraut ist Höppe noch nicht. Am 22. Juni 2009 gibt er Redakteuren der F.A.Z. ein Interview zu den großen Plänen. Dort wird er vorgestellt als „die treibende Kraft hinter dem 400 Milliarden Euro schweren Sahara-Wüstenstrom-Projekt".

Auf die Frage nach der Wasserversorgung der Wüstenkraftwerke antwortet Höppe der F.A.Z.: „Das funktioniert, wenn das Wasser wieder verwendet wird, sprich geschlossene Systeme genutzt werden. Ein Teil des Stroms könnte auch zur Entsalzung von Meerwasser genutzt werden." – Jeder Kraftwerksingenieur lernt zu Beginn des Studiums, dass Kühlwasser nicht im geschlossenen System geführt werden kann, es sei denn, die Kühlwasserleitung führt mal eben zum Nordpol und wieder zurück. Hier kommt nur Luftkühlung in Frage, die den Wirkungsgrad der Kraftwerke allerdings bedeutend verschlechtert. – Nicht umsonst werden Kraftwerke immer an Flüssen gebaut, um so Zugriff auf Kühlwasser zu haben.

Und auch die Entsalzung von Meerwasser mit Solarkraftwerken harrt noch der großtechnischen Umsetzung. Existierende solarthermische Anlagen schaffen um die 5.000 Liter am Tag, das entspräche dem Tagesverbrauch von etwa 40 Deutschen. Nach Zahlen aus Kalifornien, wo es Meerwasserentsalzung mit konventionellen Methoden im großen Stil gibt, werden etwa 260 Liter Kühlwasser verbraucht, um einen Kubikmeter Süßwasser zu erzeugen.

Aber nicht nur Höppe von der Münchner Rück zeigte sich seltsam unkundig über mögliche technische Probleme. Nahezu unverantwortlich äußerte sich der Verantwortliche für Erneuerbare Energien bei Siemens, René Umlauft. Umlauft sprach von einem enormen Potential, sollten die solarthermischen Kraftwerke in der Sahara gebaut werden. „Die Wüstenregionen der Erde empfangen in sechs Stunden mehr Energie als die Menschheit in einem Jahr verbraucht." In der Sahara stehe die Sonne über 4.800 Stunden im Jahr zur Stromerzeugung zur Verfügung – dreimal länger als in Deutschland, ließ sich der Manager von zahlreichen Medien zitieren.

Die Erde ist rund, kreist innerhalb eines Jahres einmal um die Sonne und dreht sich einmal am Tag um die eigene Achse. Und das Jahr hat 8.760 Stunden. Das sollte auch den Siemens-Ingenieuren nicht entgangen sein.

„Viel mehr als die Hälfte der Zeit, also 4.380 Stunden, kann die Sonne beim besten Willen auch in der Wüste nicht scheinen", sagt dazu Thomas Kraupe, Leiter des Hamburger Planetariums.

Das eröffnet eine neue Frage: Wie ernst nimmt Siemens das Projekt wirklich?

Für Journalisten noch bedeutender ist aber die grundsätzliche Frage:

Wie kann es zu solchen Fehlmeldungen kommen?

In Zeiten des Internets, in denen die schnellste Verbreitung einer Nachricht für viele Agenturen wichtiger ist als ihre Verifizierung, fehlt manchen gestressten Redakteuren offenbar die Zeit, sich gut vorzubereiten, Informationen abzuwägen, schon gar nicht ist es ihnen möglich, diese zu hinterfragen.

Also wird mehr und mehr acht- und fraglos von Dritten übernommen, und je mehr diese Dritten in die Welt setzen, desto schwerer wird es für Journalisten, die Spreu vom Weizen zu trennen.

In vielen unterbesetzten Redaktionen besteht die Arbeit von gut ausgebildeten Journalisten heute darin, vorgefertigte Pressemitteilungen so weit umzuschreiben, dass sie mit dem eigenen Kürzel versehen werden können. Über die Menge der notwendigen Veränderungen, um den vorgefertigten Bericht als „eigenen" der Redaktion ausgeben zu dürfen, hat es bereits Gerichtsurteile gegeben.

Dieser Arbeitsalltag muss ein Ende haben. Journalisten sind mehr als Schreibkräfte, verlängerter Arm von PR-Agenturen und Pressestellen.

Es wird Zeit, sich wieder auf das eigentliche Handwerk zu besinnen.

14 Rechtliche Aspekte der Recherche

14.1 Einführung

Bei der Recherche, das heißt, der Beschaffung von Informationen durch einen Journalisten mit dem Ziel, diese Informationen in Form eines Buches, eines Artikels oder Fernsehbeitrages zu veröffentlichen, sind rechtliche Aspekte in erheblichem Maße relevant. Auch die Recherchetätigkeit unterliegt rechtlichen Grundlagen, deren Kenntnis zum einen hilfreich, zum anderen notwendig ist. Aufgrund des hohen Ranges der Presse- und Informationsfreiheit stehen dem Journalisten Rechte zur Verfügung, die ihm bei seiner Recherchetätigkeit helfen und vor staatlichen Eingriffen schützen. Zugleich muss er bestimmte rechtliche Pflichten einhalten. Einschlägig sind hier zahlreiche Bestimmungen und Gesetze. Bereits das Verfassungsrecht gewährt dem Journalisten bestimmte Grundrechte. Ferner sind von Relevanz etwa die Vorschriften der Landespressegesetze, die dem Journalisten Auskunftsansprüche zubilligen, oder der Strafprozessordnung, die sowohl Beschränkungen bei der Durchsuchung von Redaktionsräumen als auch der Beschlagnahme von Recherchematerial vorsehen. Aus Gründen des Informantenschutzes ist dem Journalisten auch ein Zeugnisverweigerungsrecht gegeben. In den vergangenen Jahren hat sich zudem häufig die Praxis eingestellt, über das Gewähren von Informationen beziehungsweise Gestattungen von Interviews zur Absicherung der Informanten oder Interviewten, aber auch zur Absicherung der Exklusivität der Informationen sogenannte Interview- oder auch Informationsverträge abzuschließen. Schließlich sind zivilrechtliche und strafrechtliche Grenzen bei der Recherche zu beachten. So erfüllt das Eindringen eines Journalisten in die Räume eines Unternehmens gegen dessen Willen den Tatbestand des Hausfriedensbruches. Ohne Einwilligung dürfen auch das nicht öffentlich gesprochene Wort nicht mitgeschnitten oder das Briefgeheimnis verletzt werden.

Bereits dieser kurze Abriss zeigt, wie umfangreich die hier zu behandelnde Thematik ist. Im Folgenden werden daher vorrangig die Themen skizziert, die für den Journalisten von praktischer Bedeutung sind, da sie die konkrete Recherchetätigkeit betreffen.

Sollten in der Recherchepraxis für den Journalisten rechtliche Fragen auftauchen, die er allein nicht beantworten kann, muss er sich an die in den Verlagen tätigen Juristen oder an presserechtlich versierte Anwälte wenden. Nur so kann eine spätere Story auch rechtlich abgesichert sein.

14.2 Rechtliche Grundlagen der Recherche in der Verfassung

Bereits in der Verfassung sind wichtige Rechte des Journalisten verankert, die ihm bei der Recherche zur Seite stehen. Artikel 5 Abs. 1 Satz 2 Grundgesetz (GG) stellt fest:

„Die Pressefreiheit und die Freiheit der Berichterstattung in Rundfunk und Film werden gewährleistet."

Die Tätigkeit des Journalisten von der Recherche bis zur Verbreitung der Nachricht steht daher unter dem besonderen Schutz dieses Grundrechts.

Das für die Recherche speziellere Grundrecht ist das der Informationsbeschaffungsfreiheit. Artikel 5 Abs. 1 Satz 1 GG gibt jedem Bürger das Recht, sich jederzeit aus allgemein zugänglichen Quellen ungehindert zu unterrichten. Dieses sogenannte Jedermannsrecht, das auch und insbesondere Journalisten zusteht, umfasst zum einen die passive Aufnahme von Informationen, zum anderen aber auch ihre aktive Beschaffung. Es beschränkt sich indes auf „allgemein zugängliche Quellen". Vorrangig zählen hierzu der Rundfunk, also Hörfunk und Fernsehen, die Presse, Museen, Bibliotheken, das Internet, Zeitungsarchive sowie Bild- und Tonträger, also Film- und Tonaufnahmen. Nicht allgemein zugänglich sind demgegenüber alle schriftlichen und mündlichen Äußerungen, die nur an Einzelne adressiert sind, private oder betriebliche Aufzeichnungen, die nicht zur Veröffentlichung bestimmt sind, sowie die von staatlichen Behörden verwalteten Informationen, etwa Behördenakten. Der Presse ist mit diesem Recht indes nicht hinreichend gedient. Sie kann ihre Aufgabe nur dann erfüllen, wenn sie über dieses Jedermannsrecht hinaus nicht auf die allgemein zugänglichen Quellen beschränkt bleibt, sondern auch weitergehende Informationsrechte besitzt. Insofern wird aus dem hohen Rang der Pressefreiheit auch ein – über den bloßen Informationsbeschaffungsanspruch hinaus – speziell den Medien zustehender Anspruch auf Informationsgewährung gegen Behörden und andere staatliche Stellen abgeleitet. Eine Konkretisierung hat er in § 4 der Landespressegesetze erfahren, der einen Auskunftsanspruch speziell für die journalistische Recherche regelt (siehe im Einzelnen Kapitel 14.3). Darüber hinaus hat der Gesetzgeber inzwischen Informationsfreiheitsgesetze erlassen, die Informationsansprüche für jedermann normieren.

14.3 Informationsrechte des Journalisten bei der Recherche

14.3.1 Auskunftsansprüche

Neben den allgemeinen Informationsfreiheitsgesetzen des Bundes und der Länder, auf die noch eingegangen wird, gibt es eine Vielzahl von Einzelregelungen, die ein Zugangsrecht zu Informationen der öffentlichen Verwaltung begründen. So haben zum Beispiel die Beteiligten eines Verwaltungsverfahrens im Sinne des § 13 Verwaltungsverfahrensgesetz (VwVfG) Anspruch auf Akteneinsicht gemäß § 29 VwVfG. Auch können Geschädigte im Sinne des Umwelthaftungsgesetzes, die ihren Schaden auf eine umweltgefährliche Anlage zurückführen, gemäß § 9 Umwelthaftungsgesetz (UmweltHG) einen Auskunfts- und Akteneinsichtsanspruch gegen Genehmigungs- und Überwachungsbehörden geltend machen. Schließlich bestehen eine Reihe von umfassenden Öffentlichkeitsbeteiligungen in zahlreichen Zulassungsverfahren und Planungsverfahren, die dem Bürger eine sogenannte Jedermann-Beteiligung ermöglichen. Die Bedeutung dieser Vorschriften für die journalistische Recherche ist jedoch nur sehr gering. Zum einen handelt es sich um bloße Jedermannsrechte, zum anderen setzen sie eine Beteiligung an bestimmten Verfahren voraus. Dem Journalisten sind jedoch Auskunftsansprüche im Landespressegesetz zugewiesen. Diese werden hier als speziell presserechtliche Regeln zuerst behandelt, bevor die Ansprüche aus den Informationsfreiheitsgesetzen erläutert werden, die grundsätzlich jedermann zustehen.

14.3.1.1 Auskunftsansprüche gegenüber staatlichen Stellen nach § 4 Landespressegesetz

Gemäß § 4 der Landespressegesetze der Länder sind die Behörden verpflichtet, den Vertretern der Presse die der Erfüllung ihrer öffentlichen Aufgabe dienenden Auskünfte zu erteilen. Der Inhalt und Umfang dieses Auskunftsanspruchs beurteilt sich nach dem jeweiligen Einzelfall und insbesondere der Frage, was jeweils zur Erfüllung der öffentlichen Aufgabe der Presse erforderlich ist. Die Behörde ist hierbei zur wahrheitsgemäßen Auskunft in sachgerechter und entsprechender Weise verpflichtet, hat hierbei jedoch ein Ausgestaltungsermessen. Wie die konkrete Auskunft aussieht, kann sie daher in einem gewissen Rahmen festlegen. So steht es ihr etwa frei, welche konkrete Auskunftsform sie wählt, nämlich, ob sie im Rahmen einer Presseerklärung, durch Abhaltung einer Pressekonferenz oder durch Vorlage behördlicher Akten und Dokumente Auskunft erteilt. In Ausnahmefällen kann dieses Ermessen jedoch dahingehend beschränkt sein, dass nur noch eine bestimmte Auskunftsform verfassungsrechtlich geboten ist. Geht es beispielsweise um bildliche Darstellungen oder um handschriftliche Anmerkungen, so kann die Behörde gegebenenfalls ihrer Pflicht zur Vollständigkeit allein dadurch gerecht werden, dass sie Einsicht in die betreffenden Dokumente gewährt.

Anspruchsberechtigte/Anspruchsverpflichtete

Anspruchsberechtigt sind die Vertreter der Presse. Dies sind sämtliche Mitarbeiter von Redaktionen einschließlich der freien Pressevertreter beziehungsweise die Verlage und Rundfunkanstalten selbst.

In der Praxis ist es das Einfachste, bei der erbetenen Auskunft den Presseausweis vorzulegen und hiermit deutlich zu machen, dass man zum Kreis der Anspruchsberechtigten zählt.

Die Mitarbeiter von Verlagen und Rundfunkanstalten sowie der technischen Herstellung und der Verbreitung oder diejenigen, die sich mit der kaufmännischen Abwicklung der Medien befassen, gehören nicht zu dem Kreis der auskunftsberechtigten Personen, da sie nicht als Vertreter der Presse im Sinne von § 4 Landespressegesetz angesehen werden.

Die Auskunftsverpflichtung besteht für die Behörden. Hierunter ist jede staatliche Stelle, die Aufgaben der öffentlichen Verwaltung wahrnimmt, zu verstehen. Dazu zählen die Verwaltungen des Bundes und der Länder, die Allgemeinen und Sonderordnungsbehörden, insbesondere die Polizei, Gerichte, Staatsanwaltschaften, aber auch Parlamente und Kirchenbehörden, soweit sie verwaltend tätig sind. Nicht zu den Auskunftsverpflichteten zählen öffentlich-rechtliche Rundfunkanstalten sowie private Institutionen und Unternehmen. Inwieweit hier Auskunftsansprüche in Betracht kommen, wird unter „Auskunftsansprüche gegenüber Privaten und Unternehmen" dargestellt.

Innerhalb der jeweiligen Behörde beziehungsweise staatlichen Stelle ist indes nicht jeder Beamte oder jeder öffentliche Angestellte zur Auskunft verpflichtet. So unterliegen Beamte oder öffentliche Angestellte grundsätzlich bestimmten Verschwiegenheitspflichten. Dieser Konflikt ist in der Praxis gesetzlich dadurch gelöst worden, dass entweder der Behördenleiter selbst der Auskunftsverpflichtete ist oder aber eine Pressestelle eingerichtet wird. Soweit sich der Rechercheur an irgendeinen, vielleicht in der Sache zuständigen Mitarbeiter wendet, ist dieser gehalten, den Rechercheur oder Journalisten an die zuständige Pressestelle oder Behördenleitung zu verweisen. Er selbst muss keine weitere Auskunft geben.

Schranken des Auskunftsanspruchs nach § 4 LPG

Der soeben dargestellte Auskunftsanspruch gegenüber Behörden ist jedoch nicht schrankenlos gewährt. Vielmehr bestimmen die Landespressegesetze Auskunftsverweigerungstatbestände, nach denen die Behörden keine Auskünfte geben müssen.

In § 4 des Hamburgischen Landespressegesetzes heißt es beispielsweise:

„Auskünfte können verweigert werden, soweit

1. hierdurch die sachgemäße Durchführung eines schwebenden Gerichtsverfahrens, Bußgeldverfahrens oder Disziplinarverfahrens beeinträchtigt oder gefährdet werden könnte oder

2. Vorschriften über die Geheimhaltung oder die Amtsverschwiegenheit entgegenstehen oder

3. sonst ein überwiegendes öffentliches oder schutzwürdiges privates Interesse verletzt würde."

Die Begriffe „beeinträchtigt", „vereitelt", „erschwert", „verzögert" oder „gefährdet" (je nach landesspezifischer Gesetzesfassung) müssen aufgrund der öffentlichen Aufgabe der Presse eng ausgelegt werden. Eine Gefährdung eines Verfahrens wird insbesondere dann angenommen, wenn die Gefahr besteht, dass Zeugen oder Schöffen in einem Gerichtsverfahren beeinflusst werden. Auf jeden Fall wird eine konkrete Gefährdung verlangt. Die bloße theoretische Möglichkeit genügt nicht. Ziffer 1 des § 4 Abs. 2 des Hamburgischen Landespressegesetzes gibt der Behörde kein absolutes Auskunftsverweigerungsrecht. Vielmehr muss im Rahmen einer umfassenden Güter- und Interessenabwägung festgestellt werden, ob tatsächlich eine sachgemäße Durchführung eines Verfahrens in dem genannten Sinne beeinflusst werden könnte.

Vorschriften über die Geheimhaltung, die dem Auskunftsanspruch entgegenstehen können, sind insbesondere Regelungen, die öffentliche

Geheimnisse schützen sollen. Vor allem sind dies Dienst- und Staatsgeheimnisse, deren Verletzung strafrechtliche Folgen nach sich zieht. Hierzu zählt auch das Steuergeheimnis nach § 30 Abgabenordnung. Insofern dürfen grundsätzlich Auskünfte über Steuerverfahren nicht erteilt werden. Etwas anderes gilt nur dann, wenn das jeweilige Steuerstrafverfahren von erheblicher öffentlicher Bedeutung und damit von zwingendem Gemeininteresse ist. In diesem Fall ist eine Auskunft unter Verletzung des Steuergeheimnisses ausnahmsweise gerechtfertigt.

Auf jeden Fall zählen zu den Auskunftsverweigerungsgeboten sogenannte „Verschlusssachen", das heißt Vorgänge, die im Verwaltungsdeutsch als „geheim" bezeichnet werden.

Schließlich kann die Auskunft verweigert werden, wenn ein überwiegendes öffentliches oder ein schutzwürdiges privates Interesse vorliegt. Die überwiegenden öffentlichen Interessen im Sinne dieser Generalklausel sind insbesondere Komplexe mit außenpolitischen Bezügen. Bei der Abwägung, ob ein solches überwiegendes öffentliches Interesse vorliegt, hat die Behörde Ermessen, welches sie jedoch im Rahmen des Verhältnismäßigkeitsgrundsatzes ausüben muss.

Schutzwürdige Privatinteressen müssen nicht überwiegen. Vielmehr steht ihre Verletzung einer Auskunft regelmäßig entgegen. Insbesondere geht es hier um die Persönlichkeitsrechte Privater. Soweit eine Auskunft eine Persönlichkeitsrechtsverletzung darstellen würde, darf sie nicht erteilt werden. Insbesondere Personalakten, Ehescheidungsakten, medizinische Gutachten sowie Akten der Sozialdienststellen unterliegen daher der Geheimhaltung. Auch soweit durch die Auskunft ein Unternehmen in seinem sogenannten Recht am eingerichteten und ausgeübten Gewerbebetrieb verletzt werden würde, ist diese zu unterlassen, besteht also kein Anspruch der Medien auf Auskunft. Im „Birkel-Fall" hatte eine Behörde in Bezug auf einen Teigwarenhersteller bekanntgegeben, dass das von diesem verwendete Flüssigei „mikrobiell verdorben" sei. Sie hatte jedoch nicht klargestellt, dass es sich dabei um einen bloßen Verdacht handelte. Damit war diese Auskunft rechtswidrig, weil unvollständig.

Unter den Begriff der schutzwürdigen privaten Belange fallen oftmals auch sogenannte Nachrichtensperren in Fällen von Entführungen. So muss das Informationsinteresse der Öffentlichkeit zurücktreten, wenn durch die Information Menschenleben gefährdet werden.

Verweigern Behörden entgegen der Regelung des § 4 LPG zu Unrecht eine Auskunft, kann dieses auch gerichtlich im Wege der sogenannten Auskunftsklage durchgesetzt werden. Soweit es eilbedürftig ist, besteht die Möglichkeit einer einstweiligen Anordnung. Zuständig für derartige Verfahren sind die Verwaltungsgerichte, da es sich um Klagen auf Grundlage öffentlich-rechtlicher Vorschriften handelt.

14.3.1.2 Auskunftsansprüche gegenüber Privaten und Unternehmen nach § 4 LPG

§ 4 LPG nennt als Anspruchsverpflichtete nur Behörden. Auskunftsansprüche gegenüber Privaten und Unternehmen lassen sich hieraus also grundsätzlich nicht ableiten. Insofern ist kein Wirtschaftsunternehmen dazu verpflichtet, Anfragen von Journalisten zu beantworten. Ansprüche auf Informationen durch Private können sich daher lediglich auf Informations- oder Exklusivverträge zurückführen lassen. Wirtschaftsunternehmen müssen insbesondere auch nicht den Gleichbehandlungsgrundsatz beachten. Sie können daher bestimmte Pressevertreter von Informationen ausschließen, wenn sie mit ihnen nicht zusammenarbeiten wollen. Im Ergebnis gilt hier der Grundsatz der Privatautonomie: Die Unternehmen können mit den Journalisten zusammenarbeiten, sie müssen es aber nicht.

Anderes kann für Unternehmen gelten, die zwar privatrechtlich organisiert sind, etwa in Form einer AG oder GmbH, die öffentliche Hand allerdings nach den Beteiligungsverhältnissen die Möglichkeit hat, auf die Geschäftsführung entscheidenden Einfluss zu nehmen. Ein Auskunftsanspruch kann vor allem dann vorliegen, wenn diese Unternehmen zu dem Bereich der Daseinsvorsorge zählen, also etwa bei Wasserwerken, Gasunternehmen, Elektrizitätswerken. Bestünde hier kein Auskunftsanspruch, so könnte sich der Staat seiner grundrechtlichen Verpflichtung durch die „Flucht ins Privatrecht" entziehen. Im Einzelnen ist dies strittig und daher gesondert zu prüfen.

14.3.1.3 Auskunftsansprüche nach dem Umweltinformationsgesetz

Es wurde bereits an anderer Stelle gezeigt, dass der Zugang zu staatlichen Einrichtungen für die journalistische Tätigkeit von besonderer Bedeutung ist. Während § 4 LPG bestimmte Auskunftsansprüche für die journalistisch Tätigen begründet, existieren eine Reihe von allgemeinen Vorschriften, die es dem Bürger unter bestimmten Voraussetzungen ermöglichen, sich über staatliches Handeln zu informieren. Während die Informationsfreiheitsgesetze allgemeine Auskunftsansprüche regeln, enthält das Umweltinformationsgesetz (UIG) Ansprüche in Bezug auf ein spezielles Themenfeld. Das aktuelle UIG vom 22. Dezember 2004 setzt die Richtlinie 2003/4/EG des Europäischen Parlaments und des Rates vom 28. Januar 2003 um, die weitergehende Informationsrechte gegenüber der alten Fassung vorschreibt. Das UIG verpflichtet die Behörden, in einem bedeutenden Sektor moderner öffentlicher Verwaltung, nämlich im Bereich des Umweltrechts, sehr weitgehende Informationsrechte des Bürgers zuzulassen. Das Gesetz trägt der Tatsache Rechnung, dass in den achtziger Jahren die Umweltpolitik in der öffentlichen Meinung immer mehr Beachtung gefunden hat. Die Komplexität dieser Materie hat es zwangsläufig mit sich gebracht, dass der Bürger an dem Hintergrund und den Grundlagen von umweltpolitischen oder verwaltungsbehördlichen Entscheidungen zunehmend teilhaben möchte. Wird staatliches Handeln auf diesem Sektor nicht transparent, so kann es zu Misstrauen oder sogar zu einer Entfremdung des Bürgers vom Staat führen. Es ist daher nicht verwunderlich, dass die Debatte über den Stellenwert der Umweltinformation in Deutschland in den vergangenen Jahren deutlich zugenommen hat.

Die Bedeutung des Umweltinformationsgesetzes ist jedoch nicht auf das Verhältnis zwischen Bürger und Staat beschränkt. Gerade Journalisten, die sich im Bereich von Umweltfragen engagieren, können die zunächst jedermann zustehenden Bürgerrechte sozusagen stellvertretend für diese in Anspruch nehmen und damit ihre Recherchemöglichkeiten um eine zusätzliche Komponente erweitern. Im Folgenden sollen deshalb kurz die wichtigsten Vorschriften dieses Gesetzes angesprochen werden, soweit sie für die Recherchetätigkeit von Bedeutung sind.

Zweck des Gesetzes

§ 1 Abs. 1 UIG legt zunächst den Zweck des Gesetzes fest:

„Zweck dieses Gesetzes ist es, den rechtlichen Rahmen für den freien Zugang zu Umweltinformationen bei informationspflichtigen Stellen sowie für die Verbreitung dieser Informationen zu schaffen."

Die Gewährleistung eines freien Zugangs und der Verbreitung dieser Informationen bedeutet jedoch noch nicht, dass dieses Gesetz nicht bestimmten Schranken unterworfen ist. Gemäß § 3 UIG hat zwar jeder Anspruch auf freien Zugang zu Informationen über die Umwelt, die

Behörde erteilt diese Informationen jedoch nur auf Antrag, der gemäß § 4 UIG gestellt und zudem hinreichend bestimmt sein sowie erkennen lassen muss, auf welche Information er gerichtet ist. Der Journalist, der darauf bedacht ist, eine Information besonders schnell zu bekommen, wird in seiner Arbeit auch dadurch beschränkt, dass ein solcher Antrag gemäß § 3 Abs. 3 Nr. 1 UIG in der Regel erst innerhalb von einem Monat beschieden werden muss; in besonders umfangreichen Fällen verlängert sich die Frist nach § 3 Abs. 3 Nr. 2 UIG auf zwei Monate. Eine journalistische Arbeit, die auf Aktualität bedacht ist, wird hierdurch also im erheblichen Umfang behindert.

Schranken des Auskunftsanspruchs aus § 3 UIG

Darüber hinaus regeln die §§ 8 und 9 UIG eine Reihe von Schranken, die den Anspruch ähnlich wie in § 4 LPG, nämlich zum Schutz öffentlicher und sonstiger Belange, eingrenzen. Danach besteht etwa grundsätzlich kein Anspruch, soweit das Bekanntwerden der Informationen nachteilige Auswirkungen auf die internationalen Beziehungen, die Verteidigung, bedeutsame Schutzgüter der öffentlichen Sicherheit oder die Durchführung eines laufenden Gerichtsverfahrens, den Anspruch einer Person auf ein faires Verfahren oder die Durchführung strafrechtlicher, ordnungswidrigkeitenrechtlicher oder disziplinarrechtlicher Ermittlungen hätte. In diesen Fällen besteht der Anspruch jedoch trotz Vorliegen der genannten Voraussetzungen, wenn ein überwiegendes öffentliches Interesse an der Bekanntgabe der begehrten Informationen besteht. Ebenfalls geschützt sind private Belange, etwa das Interesse am Schutz personenbezogener Daten, an urheberrechtlichen Positionen und an Betriebs- und Geschäftsgeheimnissen. Auch hier kann das öffentliche Interesse an der Bekanntgabe im Einzelfall die geschützten Belange überwiegen mit dem Ergebnis, dass die Information herauszugeben ist.

Eine Besonderheit des Umweltinformationsgesetzes liegt darin, dass dieses Gesetz zumindest in einem gewissen Umfang ausdrücklich auch die Möglichkeit bietet, Informationen von natürlichen oder juristischen Personen des Privatrechts zu bekommen. Soweit diese nämlich öffentlich-rechtliche Aufgaben im Bereich des Umweltschutzes wahrnehmen und der Aufsicht von Behörden unterstellt sind, findet das UIG mit allen Ansprüchen auch im Hinblick auf diesen Personenkreis Anwendung.

Zusammenfassend ist somit festzustellen, dass das UIG die journalistische Tätigkeit unter bestimmten Voraussetzungen zumindest bereichern kann.

Der europäische Gesetzgeber hat durch seine Richtlinie die Mitgliedstaaten jedenfalls dahingehend verpflichtet, dass sie den Bürgern gegenüber ihre Umweltpolitik und behördliche Umweltentscheidungen transparent machen müssen. Auch wenn das UIG, als konkrete Umsetzung dieser Richtlinie, dem Informationsbegehren des Umweltinteressierten gewisse Schranken auferlegt, so stellt es in jedem Fall eine Verbesserung gegenüber der vorher bestehenden Rechtslage dar.

14.3.1.4 Auskunftsansprüche nach dem Verbraucherinformationsgesetz

Ebenso wie das UIG regelt das Verbraucherinformationsgesetz (VIG) Auskunftsansprüche auf einem speziellen Gebiet. Das am 1. Mai 2008 in Kraft getretene VIG ist unter dem Eindruck zahlreicher Lebensmittelskandale, etwa wegen der Umetikettierung von verdorbenem Fleisch, verabschiedet worden. In der Gesetzesbegründung heißt es, das VIG solle dazu dienen, zukünftig Lebensmittelskandale zu verhindern und einzudämmen. Außerdem entspreche das Gesetz dem Leitbild des mündigen Verbrauchers, der seine Kaufentscheidung eigenverantwortlich treffen solle. Wie das UIG regelt das VIG den Auskunftsanspruch als Jedermannsrecht, das sich auch Journalisten zunutze machen können. Es ist jedoch in Kritik geraten, vor allem wegen der in der Praxis oft langen Verfahrensdauer und hoher Gebühren. Für Auskünfte von Bundesbehörden werden zwischen 5 und 250 Euro fällig, teilweise erheben die Länder bis zu 1.000 Euro bei außergewöhnlich hohem Verwaltungsaufwand.

Anspruchsnorm

Allgemein ausgedrückt, besteht nach § 1 Abs. 1 VIG ein Anspruch auf Zugang zu Daten im Anwendungsbereich des Lebensmittel- und Futtermittelgesetzbuches (LFGB). Über § 52a Weingesetz gilt der Anspruch auch in Bezug auf Wein und sonstige Erzeugnisse des Weinbaus im Sinne des Weingesetzes.

Zur Auskunft verpflichtet sind sowohl Bundes- als auch Landesbehörden; im Einzelnen gilt hier das Gleiche wie für § 4 LPG. Nicht erfasst sind allerdings unabhängige Organe der Finanzkontrolle, Gerichte, Justizvollzugsbehörden, sowie Strafverfolgungs- und Disziplinarbehörden samt deren vorgesetzten Dienststellen. Außerdem regelt das VIG in § 1 Abs. 2 Ziff. 2 ausdrücklich die Verpflichtung von natürlichen und juristischen Personen des Privatrechts, soweit sie öffentlich-rechtliche Tätigkeiten im Bereich des

LFGB – beziehungsweise des WeinG – wahrnehmen und der Aufsicht einer Behörde unterstellt sind.

Schranken

§ 2 VIG regelt entgegenstehende öffentliche und private Belange, die einen Auskunftsanspruch ausschließen. Insgesamt gilt hier Ähnliches wie für die anderen Auskunftsansprüche, daher kann allgemein auf die dortigen Ausführungen verwiesen werden. Ob ein Ausschlussgrund im Einzelfall greift, muss anhand des genauen Gesetzeswortlauts überprüft werden, da sich die Regelungen im Umfang und in den Einzelheiten unterscheiden. So sind etwa nach § 2 Ziff. 1 Buchst. c) VIG auch fiskalische Interessen geschützt, die § 8 UIG nicht erfasst.

Zusätzlich soll ein Auskunftsantrag nach § 3 Abs. 3 VIG in der Regel abgelehnt werden bei vertraulichen Informationen, wenn durch das vorzeitige Bekanntwerden der Daten der Erfolg bevorstehender behördlicher Maßnahmen gefährdet würde oder wenn er sich auf Entwürfe zu Entscheidungen sowie Arbeiten und Beschlüsse zu ihrer unmittelbaren Vorbereitung bezieht, es sei denn, es handelt sich um die Ergebnisse einer Beweiserhebung, ein Gutachten oder eine Stellungnahme von Dritten.

Der Antrag kann im Einzelfall abgelehnt werden, wenn die Information zumutbar aus allgemein zugänglichen Quellen zu beschaffen ist. Dazu zählen auch öffentliche Bekanntmachungen der ersuchten Behörde, etwa im Internet.

Auskunftsverfahren

Es muss ein schriftlicher Antrag, auch etwa per E-Mail, bei der zuständigen Behörde gestellt werden. Sie ist nicht verpflichtet, Informationen zu beschaffen, die bei ihr nicht vorhanden sind. Sie kann den Antrag allerdings nach ihrem Ermessen an die entsprechende Behörde weiterleiten. Wenn sie den Antrag nicht weiterleitet, ist sie auf jeden Fall verpflichtet, auf die zuständige Stelle hinzuweisen, soweit ihr das möglich ist. Grundsätzlich ist ein Antrag innerhalb eines Monats zu bescheiden, allerdings verlängert sich die Frist auf zwei Monate, sobald eine Information über Dritte begehrt wird.

Die Behörde kann nach ihrem Ermessen entscheiden, in welcher Art sie die Information herausgibt. Dabei steht es ihr auch frei, die Daten allgemein zugänglich im Internet zu veröffentlichen.

14.3.1.5 Auskunftsansprüche nach den Informationsfreiheitsgesetzen

Am 1. Januar 2006 ist das seit Jahren, unter anderem auch von Journalistenverbänden, nachdrücklich verlangte Informationsfreiheitsgesetz des Bundes (IFG) in Kraft getreten. Es regelt allgemein Informationsansprüche gegenüber Bundesbehörden als ein Jedermannsrecht, das nicht ausschließlich Medienvertretern zusteht. Entsprechende Gesetze wurden inzwischen in den meisten Bundesländern für die Länderebene erlassen, mit Ausnahme von Bayern, Baden-Württemberg, Hessen, Niedersachsen und Sachsen. Dort scheiterten entsprechende Gesetzesentwürfe bisher. Die Informationsfreiheitsgesetze des Bundes und der Länder variieren in Einzelheiten, insgesamt enthalten sie aber ähnliche Regelungen. Hier werden daher exemplarisch die Grundzüge des IFG für Bundesbehörden dargestellt.

Anspruchsnorm

In § 1 IFG ist der grundlegende Informationsanspruch als Jedermannsrecht geregelt:

„(1) Jeder hat nach Maßgabe dieses Gesetzes gegenüber den Behörden des Bundes einen Anspruch auf Zugang zu amtlichen Informationen. (...)

(2) Die Behörde kann Auskunft erteilen, Akteneinsicht gewähren oder Informationen in sonstiger Weise zur Verfügung stellen. Begehrt der Antragsteller eine bestimmte Art des Informationszugangs, so darf dieser nur aus wichtigem Grund auf andere Art gewährt werden. Als wichtiger Grund gilt insbesondere ein deutlich höherer Verwaltungsaufwand."

Anspruchsinhaber/Anspruchsverpflichteter

Der Informationsanspruch steht jedem rechtsfähigen Antragsteller zu, also sowohl natürlichen wie auch juristischen Personen. Zu unterscheiden sind jedoch juristische Personen des Privatrechts und des öffentlichen Rechts. Letztere sind grundsätzlich keine Anspruchsinhaber.

Anspruchsverpflichtet sind nach dem IFG Bund nur Behörden des Bundes. Insoweit kann auf die Ausführungen zu § 4 LPG verwiesen werden. Es besteht auch hier ein Anspruch gegenüber sonstigen Bundeseinrichtungen und -organen, soweit sie öffentlich-rechtliche Verwaltungsaufgaben erfüllen. Das heißt auch etwa gegenüber Gerichten, dem Parlament oder Kreditinstituten des Bundes, sofern sie verwaltend tätig werden, also nicht Recht sprechend im Falle der Gerichte oder Recht setzend im Falle des Bundestages.

Ausdrücklich geregelt ist die Verpflichtung natürlicher Personen und juristischer Personen des Privatrechts, soweit sich Bundesbehörden, -organe und -einrichtungen ihrer zur Erfüllung von öffentlich-rechtlichen Aufgaben bedienen. Erfasst sind beispielsweise von den Kommunen betriebene, privatrechtlich organisierte Abfallentsorgungsunternehmen. Der Informationsantrag ist in diesen Fällen nicht an das private Unternehmen, sondern an die das Unternehmen „nutzende" Behörde zu richten (§ 7 Abs. 1 Satz 2 IFG).

Entsprechendes gilt für die Behörden der Länder, die ein IFG erlassen haben: Anspruchsverpflichtet sind hier die Behörden auf Länderebene, soweit sie öffentlich-rechtliche Verwaltungsaufgaben erfüllen. In jedem Falle ist genau darauf zu achten, welchem Träger eine Behörde zugeordnet wird. Da etwa in Bayern kein Informationsfreiheitsgesetz in Kraft ist, bestehen gegenüber der bayerischen Polizei als Landesbehörde keine Ansprüche.

Art des Informationszugangs

Grundsätzlich kann der Antragsteller bestimmen, in welcher Art er Zugang zu der gewünschten Information begehrt: Per Auskunft, Akteneinsicht oder in sonstiger Weise, etwa indem ihm Kopien zur Verfügung gestellt werden. Wird in dem Antrag also ausdrücklich eine bestimmte Art der Informationsgewinnung gewünscht, so darf die Behörde nur aus einem wichtigen Grunde die Information in anderer Form gewähren. Ein wichtiger Grund ist bereits ein deutlich höherer Verwaltungsaufwand. Diesen muss die Behörde allerdings nachvollziehbar begründen. Beispielsweise kann die Einsicht in Originaldokumente unzulässig sein, wenn Schwärzungen persönlicher Daten notwendig sind. Dann muss sich der Antragsteller mit Kopien abfinden.

Anspruchsgegenstand

Der Anspruch richtet sich allein auf eine „amtliche Information". Das ist nach § 2 Ziff. 1:

„jede amtlichen Zwecken dienende Aufzeichnung, unabhängig von der Art ihrer Speicherung. Entwürfe und Notizen, die nicht Bestandteil eines Vorgangs werden sollen, gehören nicht dazu."

Grundsätzlich ist also das gesamte bei einer Behörde vorhandene Wissen erfasst, unabhängig vom Urheber der Information. Der Zweck des Gesetzes schränkt diesen allumfassenden Anspruchsinhalt wieder ein. Die Behörde ist etwa nicht verpflichtet, Informationen zu beschaffen, die sie nicht hat. Sie darf außerdem nur jene Informationen herausgeben, über die sie auch rechtlich entscheiden darf – also nicht solche Daten, die ihr lediglich von anderen Behörden leihweise übergeben wurden, beispielsweise beigezogene Akten. Die Information muss zudem irgendwie fixiert sein. Es reicht nicht, dass sie lediglich im Kopf eines Mitarbeiters vorhanden ist. Schließlich sind nur „amtliche" Informationen von dem Anspruch erfasst. Ausgeschlossen sind daher private Informationen und solche, die nicht mit amtlicher Tätigkeit zusammenhängen.

Schranken des Auskunftsanspruchs

Öffentliche wie auch private Interessen sind nach den §§ 3 bis 6 IFG geeignet, den Informationsanspruch auszuschließen. Dazu zählen der Schutz besonderer öffentlicher Belange (§ 3 IFG) und des behördlichen Entscheidungsprozesses (§ 4 IFG), zusätzlich der Schutz personenbezogener Daten (§ 5 IFG) und des geistigen Eigentums von Betriebs- und Geschäftsgeheimnissen (§ 6 IFG). Die genannten Ausnahmetatbestände sind im Sinne der Informationsfreiheit eng auszulegen. Beruft sich die Behörde auf eine der genannten Ausnahmen, muss sie ihre Entscheidung begründen. Es können hier nicht alle Schrankenbestimmungen erschöpfend behandelt werden, ein exemplarischer Überblick muss daher genügen.

Wie im UIG schließt § 3 Ziff. 1 Buchst. g IFG den Informationsanspruch aus, wenn „das Bekanntwerden der Information nachteilige Auswirkungen haben kann auf die Durchführung eines laufenden Gerichtsverfahrens, den Anspruch einer Person auf ein faires Verfahren oder die Durchführung strafrechtlicher, ordnungswidrigkeitsrechtlicher oder disziplinarischer Ermittlungen". So kann die Staatsanwaltschaft etwa die Auskunft über laufende Ermittlungsverfahren verweigern, wenn dadurch Ermittlungsmaßnahmen wie Durchsuchungen gefährdet würden.

§ 3 Ziff. 7 IFG verneint den Anspruch „bei vertraulich erhobener oder übermittelter Information, soweit das Interesse des Dritten an einer vertraulichen Behandlung im Zeitpunkt des Antrags auf Informationszugang noch fortbesteht". Dritter ist die Person, die die begehrte Information freiwillig an die Behörde gegeben hat. So sollen unter anderen Informanten geschützt werden, die bei Bekanntwerden ihrer Identität Repressalien zu befürchten hätten.

§ 3 Ziff. 8 IFG nimmt gleich ganze Behörden aus der Gruppe der Anspruchsverpflichteten aus, unter anderen den BND und andere Nachrichtendienste.

§ 4 IFG schützt den behördlichen Entscheidungsfindungsprozess. Unter die geschützten Dokumente fallen regelmäßig nicht solche, die die Ergebnisse einer Beweiserhebung abbilden oder Gutachten und Stellungnahmen Dritter. Erfasst sind allerdings „Entwürfe zu Entscheidungen sowie Arbeiten und Beschlüsse zu ihrer unmittelbaren Vorbereitung". Also all jene Arbeiten, aus denen die Entscheidung entwickelt werden soll. Der Verweigerungsgrund ist zeitlich und inhaltlich auf den Zeitraum beziehungsweise Inhalt beschränkt, in dem die Bekanntgabe der Information den Erfolg der Entscheidung oder der bevorstehenden behördlichen Maßnahme vereiteln würde. Nach Abschluss des Verfahrens ist die Behörde in der Regel verpflichtet, dies bekanntzugeben. Danach kann die begehrte Information erneut herausverlangt werden.

§ 5 IFG dient dem Schutz personenbezogener Daten. Hier kann auf die Ausführungen zum LPG und zum UIG verwiesen werden. Gibt die Behörde § 5 IFG als Schranke an, so empfiehlt es sich, rechtlichen Rat einzuholen, ob die gerichtliche Durchsetzung des Informationsanspruchs Aussicht auf Erfolg hat. Ähnliches gilt für § 6 IFG, der geistiges Eigentum und Betriebs- beziehungsweise Geschäftsgeheimnisse schützt.

Auskunftsverfahren

Es ist ein Antrag bei der Behörde einzureichen, die über die Information verfügen darf. Die zuständige Behörde ist dem Antragsteller zumindest auf Nachfrage zu nennen; es besteht – anders als nach dem UIG – kein Anspruch darauf, dass der Antrag automatisch an die zuständige Stelle weitergeleitet wird. Eine schriftliche Begründung ist nur notwendig, wenn die Information auch Dritte betrifft. In diesen Fällen kann die Bearbeitung besonders lange dauern, weil dem Betroffenen Gelegenheit zur Stellungnahme gegeben wird. Je nach Einzelfall kann auch ausreichen, wenn sich der Antragsteller damit einverstanden erklärt, dass die begehrten Dokumente geschwärzt werden.

Die Auskunft ist unverzüglich zu erteilen, in der Regel nicht später als innerhalb eines Monats. Eine Ausnahme gilt für Akten, die Dritte betreffen: Hier gilt gar keine maximale Antwortfrist. Dem Dritten wird Gelegenheit zur schriftlichen Stellungnahme gegeben.

Wird der Antrag abgelehnt, muss die Behörde mitteilen, ob und gegebenenfalls wann die begehrte Information ganz oder teilweise zu einem späteren Zeitpunkt zugänglich ist. Gegen die Entscheidung kann Widerspruch und anschließend Klage auf Herausgabe der Information eingelegt werden. Es entstehen möglicherweise Gebühren und Auslagen für die erteilte Information, soweit es sich nicht um die Erteilung einfacher Auskünfte handelt.

14.3.2 Sonstige Informationsrechte des Journalisten bei der Recherche

14.3.2.1 Zutrittsrechte zu Veranstaltungen

Neben den Auskunftsrechten kommen beim Recherchieren auch spezielle Zutrittsrechte zu öffentlichen oder auch privaten Veranstaltungen in Betracht. Auch hier ist zwischen beidem zu trennen.

<u>Zutritt zu Veranstaltungen staatlicher Stellen und öffentlichen Ereignissen</u>

Aufgrund der besonderen öffentlichen Aufgabe der Medien steht diesen gegenüber dem Staat ein Recht auf Teilnahme an bestimmten staatlichen Veranstaltungen zu. In jedem Fall hat der Staat hierbei den Gleichbehandlungsgrundsatz sowie das Neutralitätsgebot zu beachten. Im Einzelnen gilt:

Vertretern der Medien ist uneingeschränkt Zutritt zu durch die Behörden und andere öffentliche Stellen veranstalteten Pressekonferenzen zu gewähren. Dem Staat ist es insbesondere verboten, hierbei bestimmte Medienvertreter aufgrund bisheriger negativer Berichterstattung auszuschließen. Lediglich in einem Fall hat das Bundesverwaltungsgericht entschieden, dass die öffentliche Hand eine Auswahl von Journalisten nach Sachkunde vornehmen kann, wenn die zu behandelnden Themen spezielle Kenntnisse erfordern. Diese Entscheidung ist indes zu Recht auf Kritik gestoßen, weswegen sie als Ausnahmeentscheidung gelten muss. Gerade der auslegungsbedürftige Begriff „Sachkunde" würde es sonst dem Staat ermöglichen, unliebsame Journalisten auszuschließen.

Auch bei öffentlichen Ereignissen wie Demonstrationen oder Unglücksfällen muss den Medien grundsätzlich durch staatliche Stellen die Gelegenheit gegeben werden, vor Ort zu recherchieren oder zu berichten. Hier ist jeweils nach den Umständen des Einzelfalls zu entscheiden, ob das Informationsinteresse der Öffentlichkeit hinter höherrangigen Rechtsgütern, wie zum Beispiel dem Leben und der Gesundheit von Opfern in Entführungsfällen oder der Durchsetzung von strafrechtlichen Verfolgungsmaßnahmen, zurückstehen muss.

Nicht als spezielles Recht der Medien, sondern als Jedermannsrecht ist das Recht ausgestaltet, an Sitzungen des Bundestages, von Länder- und Gemeindeparlamenten teilzunehmen. Beschränkungen können sich hier aus Kapazitätsgrenzen, aber auch aus dem Hausrecht des Veranstalters ergeben. Das Hausrecht im Bundestag steht dem Bundestagspräsidenten zu. Er kann bestimmen, ob Beschränkungen für Bild- und Tonaufnahmen ausgesprochen werden.

In letzter Zeit kontrovers diskutiert wird die Frage der Teilnahme von Medienvertretern an Gerichtsverhandlungen.

§ 169 Gerichtsverfassungsgesetz (GVG) bestimmt hierzu:

„Die Verhandlung vor dem erkennenden Gericht einschließlich der Verkündung der Urteile und Beschlüsse ist öffentlich. Ton- und Fernseh-Rundfunkaufnahmen sowie Ton- und Filmaufnahmen sind zum Zwecke der öffentlichen Vorführung oder Veröffentlichung ihres Inhalts unzulässig."

Hieraus ergibt sich das grundsätzliche Prinzip der Öffentlichkeit der Verhandlung, und zwar jeder Verhandlung, egal ob im Straf-, Zivil- oder Verwaltungsprozess. Der Grundsatz der Öffentlichkeit der Verhandlung ist nur in Ausnahmefällen durchbrochen. Als Ausnahmen gelten etwa Verfahren nach dem Jugendgerichtsgesetz, insbesondere sogenannte Jugendschutzsachen, das heißt Fälle, in denen Jugendliche Opfer bestimmter Straftaten sind. Im Übrigen kann das Gericht auch die Öffentlichkeit ausschließen, sofern schutzwürdige Privatinteressen berührt oder private Geheimnisse erörtert werden, deren Offenbarung strafbar wäre. Die Entscheidung hierüber ist im Rahmen einer umfassenden Güterabwägung zu fällen. Ein Ausschluss der Öffentlichkeit ist etwa in strafrechtlichen Hauptverhandlungen möglich, in denen der Opferschutz oder der Zeugenschutz in Ausnahmefällen höher wiegen kann als das Recht der Öffentlichkeit, an der Verhandlung teilzunehmen. Ein absolutes Verbot spricht Satz 2 des § 169 GVG aus, welcher jegliche Aufnahmen von Verhandlungen verbietet.

Dieses Verbot erstreckt sich indes nicht auf Aufnahmen im Gerichtssaal vor Beginn beziehungsweise nach dem Ende der Verhandlung. Diese sind zulässig, soweit keine Kapazitätsprobleme auftreten. Dann kommt wiederum die sogenannte Pool-Lösung in Betracht. Diese wurde im Honecker-Prozess angewendet. Dabei wird bestimmten Medien gestattet, Filmaufnahmen herzustellen, die müssen jedoch dann an die anderen Medien gegen Kostenerstattung abgegeben werden.

Zutrittsrechte zu privaten Veranstaltungen

Ähnlich wie bei den Auskunftsansprüchen besteht gegenüber privaten im Gegensatz zu öffentlichen Einrichtungen kein grundsätzlicher Anspruch der Medien, zu jeder privaten Veranstaltung Zutritt zu erhalten.

§ 6 Abs. 2 des Versammlungsgesetzes des Bundes (VersG) bestimmt indes, dass Pressevertretern Zutritt zu allen öffentlichen Versammlungen eingeräumt werden muss, damit auch zu solchen, die von Privaten veranstaltet werden. Sie müssen sich lediglich durch einen Presseausweis als Journalisten zu erkennen geben. Zwar kann der Veranstalter bestimmte Privatpersonen aufgrund seines Hausrechts von der Veranstaltung ausschließen, nicht jedoch Pressevertreter im Sinne des § 6 Abs. 2 VersG. Ein Ausschluss eines Journalisten aufgrund negativer Berichterstattung wäre daher unzulässig. Voraussetzung ist jedoch, dass es sich um eine öffentliche Veranstaltung handelt, das heißt also Parteitage, Diskussionsveranstaltungen, Demonstrationen etc., zu denen jedermann grundsätzlich Zutritt hat.

Handelt es sich jedoch nicht um eine öffentliche Versammlung, sondern um eine wirklich rein private Veranstaltung, kann der Hausherr aufgrund seines Hausrechts bestimmen, wem er den Zutritt gewährt und wem nicht.

Eine Ausnahmevorschrift enthält § 5 des Rundfunkstaatsvertrages. Dieser gewährt jedem in Europa zugelassenen Fernsehveranstalter das Recht zur unentgeltlichen kurzen Berichterstattung über Veranstaltungen, die öffentlich zugänglich und von allgemeinem Informationsinteresse sind. Dieses Recht beinhaltet das Recht zum Zugang, zur kurzzeitigen Direktübertragung, zur Aufzeichnung, zu deren Auswertung, zu einem Einzelbeitrag sowie zur Weitergabe an andere Veranstalter. Es ist jedoch beschränkt auf die aktuelle Berichterstattung und nur auf eine bestimmte Dauer. In der Regel wird von einer Länge von eineinhalb Minuten ausgegangen, sonst ist die Berichterstattung auf eine Länge beschränkt, die notwendig ist, um den nachrichtenmäßigen Informationsgehalt der Veranstaltung oder des Ereignisses zu vermitteln, vgl. § 5 Abs. 4 S. 2 und 3 Rundfunkstaatsvertrag.

14.3.2.2 Einsichtsrechte in öffentliche Register und behördliche Akten

Ebenfalls als Jedermannsrecht und nicht als spezielles, den Rechercheuren zustehendes Recht sind bestimmte Einsichtsrechte in öffentliche Register und behördliche Akten ausgestaltet. So verhält es sich etwa beim Handels-, Güterrechts-, Muster- oder Markenregister.

Von erheblicher Relevanz für die journalistische Tätigkeit ist die Auskunftsmöglichkeit nach dem § 21 MRRG (Melderechtsrahmengesetz). Danach kann jedermann von der Meldebehörde Auskunft über Vor- und Familiennamen, Doktorgrad und Anschriften einzelner bestimmter Einwohner verlangen (Einfache Melderegisterauskunft).

Soweit darüber hinaus Auskünfte über Tag und Ort der Geburt, frühere Vor- und Familiennamen, Familienstand, Staatsangehörigkeit, frühere Anschriften etc. verlangt werden, muss ein berechtigtes Interesse nach § 21 Abs. 2 MRRG nachgewiesen werden (Erweiterte Melderegisterauskunft). Auch das öffentliche Interesse, das Journalisten bei ihrer Recherche zum Zwecke der späteren Veröffentlichung regelmäßig verfolgen, wird überwiegend als ein derartiges berechtigtes Interesse angesehen. Dieses wird bei Journalisten immer dann anzunehmen sein, wenn die jeweilige Auskunft eine Frage berührt, die eben von öffentlichem Interesse ist. Gleiches gilt für Einsichtnahmen in das Grundbuch. Auch hier ist ein solches Interesse erforderlich, so dass Journalisten Einsichtnahme begehren können, wenn beispielsweise aufgrund konkreter Vorfälle ein öffentliches Interesse daran besteht, über bestimmte Eigentumsverhältnisse an Immobilien informiert zu werden. In diesem Fall steht dem Rechercheur auch das Recht zu, Abschriften aus dem Grundbuch zu erhalten.

Schließlich ist noch § 32 Abs. 1 Stasi-Unterlagen-Gesetz zu nennen. Danach können für die Forschung zum Zwecke der politischen und historischen Aufarbeitung der Tätigkeit des Staatssicherheitsdienstes Stasi-Unterlagen eingesehen werden. Die sogenannte Birthler-Behörde stellt gem. § 32 Abs. 1 Ziff. 3 insbesondere Unterlagen mit personenbezogenen Informationen über Mitarbeiter oder auch Begünstigte des Staatssicherheitsdienstes zur Verfügung. Weiterhin können Unterlagen mit personenbezogenen Informationen über Personen der Zeitgeschichte, Inhaber politischer Funktionen oder Amtsträger eingesehen werden, soweit es sich um

Informationen handelt, die ihre zeitgeschichtliche Rolle, Funktions- oder Amtsausübung betreffen und die Verwendung der Unterlagen keine überwiegenden schutzwürdigen Interessen der dort genannten Personen beeinträchtigen. Bei der Abwägung ist nach dem Gesetzeswortlaut insbesondere zu berücksichtigen, ob die Informationserhebung erkennbar auf einer Menschenrechtsverletzung beruht. Liegen die genannten Voraussetzungen vor, dürfen die personenbezogenen Informationen auch veröffentlicht werden. Allerdings muss im Falle der Einsichtnahme und Veröffentlichung von Unterlagen über Personen der Zeitgeschichte letzteren gem. § 32 a Stasi-Unterlagen-Gesetz die Möglichkeit gegeben werden, Einwände gegen das Zugänglichmachen solcher Unterlagen an Journalisten vorzubringen. Die Bundesbeauftragte hat dann dieses bei der Interessenabwägung über das Zurverfügungstellen zu berücksichtigen.

14.4 Recherche mit Hilfe von Informanten

Die oftmals entscheidenden Ansätze für eine „Story" sind nicht die offiziellen Stellungnahmen und Auskünfte von Behörden, sondern die Informationen, die der Rechercheur oder Journalist durch Informanten aus Behörden, Unternehmen oder dem privaten Umfeld einer Person erhält. Der Informant geht mitunter erhebliche Risiken ein, wenn er sich an Journalisten wendet. So unterliegt er häufig gesetzlichen und vertraglichen Verschwiegenheits- und Geheimnispflichten. Andererseits ist der Journalist gerade auf diese Information angewiesen, um seine öffentliche Aufgabe hinreichend erfüllen zu können. Dies erkennt auch das deutsche Recht an, indem es dem Journalisten bestimmte Zeugnisverweigerungsrechte über seine Quellen zur Verfügung stellt. Im Einzelnen gilt:

14.4.1 Gefahren für den Informanten

Oftmals wenden sich Informanten von selber an die Medien und geben diesen Informationen aufgrund von Insiderwissen. Die Risiken, die die Informanten hierbei eingehen, sind erheblich. Beamte und andere Hoheitsträger können hierdurch ihre beamtenrechtlichen Pflichten zur Amtsverschwiegenheit verletzen und disziplinarisch belangt werden. Es kommt auch in Betracht, dass sie sich sogar wegen des Verstoßes gegen Geheimhaltungsvorschriften nach dem Strafgesetzbuch wie Landesverrat oder Gefährdung der äußeren Sicherheit strafbar machen. Soweit es sich um Mitarbeiter von Unternehmen handelt, können sie gegen die Vorschrift des § 17 Unlauterer Wettbewerb Gesetz (UWG) verstoßen, der den Verrat von

Betriebs- und Geschäftsgeheimnissen unter Strafe stellt. Daneben kommt auch die Möglichkeit der Verletzung privatrechtlicher Verschwiegenheits- und Treuepflichten aus dem Arbeitsvertrag in Betracht. Soweit Rechtsanwälte oder Ärzte Informationen liefern, verstoßen sie gegebenenfalls gegen ihnen obliegende gesetzliche Verschwiegenheitspflichten. Damit setzen sich die Informanten regelmäßig einem eigenen Haftungsrisiko in straf- und zivilrechtlicher Hinsicht aus.

Der Journalist muss diese Risiken für den Informanten kennen. Er kann jedoch dem Informanten auch zusagen, dass er diesen als Quelle der Information weder in Straf- noch in Zivilprozessen nennen wird. Zu einer derartigen Zusage ist der Journalist befähigt, soweit das Rechercheergebnis später publiziert werden soll (hierzu genauer im Folgenden).

In Einzelfällen begehren die Informanten beziehungsweise die im Rahmen der Recherche Interviewten die Autorisierung der späteren Veröffentlichung. Sofern eine Information oder ein Interview nur unter Autorisierungsvorbehalt gegeben ist, ist dieser unbedingt einzuhalten. Die beabsichtigte Veröffentlichung muss daher zunächst dem Informanten oder Interviewten zur Autorisierung vorgelegt werden (siehe sogleich zum Autorisierungsvorbehalt Kapitel 14.5).

14.4.2 Zeugnisverweigerungsrecht und Beschlagnahmeverbot zur Absicherung des Informantenschutzes

Wie eben festgestellt, können die Journalisten und Rechercheure den zugesagten Informantenschutz aufgrund ihres Zeugnisverweigerungsrechts und des korrespondierenden Beschlagnahmeverbotes am fremdrecherchierten Material einhalten.

§ 53 Abs. 1 Ziff. 5 Strafprozessordnung (StPO) bestimmt, dass Personen, die bei der Vorbereitung, Herstellung oder Verbreitung von periodischen Druckwerken, Rundfunksendungen, Filmberichten oder der Unterrichtung oder Meinungsbildung dienenden Informations- und Kommunikationsdiensten berufsmäßig mitwirken oder mitgewirkt haben, ein Zeugnisverweigerungsrecht zusteht. Träger des Zeugnisverweigerungsrechts sind alle Mitarbeiter der Presse und des Rundfunks, die beruflich im vorgenannten Sinne mitwirken. Erfasst sind daher nicht nur die redaktionellen, sondern auch die kaufmännischen und technischen Mitarbeiter eines Zeitungsverlages oder Rundfunkveranstalters. Auch der Justitiar gehört zu diesen Personen. Erforderlich ist jedoch, dass der Gegenstand der Recherche durch Presse oder Rundfunk publiziert werden soll. Eine bloße interne Recherche einer Organisation fällt also nicht hierunter. Nicht zu diesen Begünstigten zählen Buchverlage und Verbreiter von Flugblättern, da es sich nicht um periodische Druckwerke handelt. Erfasst sind aber Nachrichtenagenturen, da sie an der Vorbereitung von Presseerzeugnissen oder Rundfunksendungen mitarbeiten, sowie Korrespondenten. Unerheblich ist, ob es sich um angestellte oder freie Mitarbeiter der privilegierten Unternehmen handelt.

Das Zeugnisverweigerungsrecht berechtigt den Journalisten sowohl hinsichtlich des Inhalts der erhaltenen Information als auch hinsichtlich der Person des Informanten, das Zeugnis zu verweigern.

So kann jegliche Aussage, die zur Ermittlung des Informanten führen könnte, verweigert werden. Schützer der Informanten können die Verfasser von Beiträgen im redaktionellen Teil beziehungsweise von Unterlagen für die Erstellung solcher Beiträge sein. Das Merkmal der ‚berufsmäßigen‘ Mitwirkung im Sinne von § 53 Abs. 1 Ziff. 5 StPO schließt allerdings Einsender fremder Beiträge und Unterlagen aus, soweit sie sich lediglich gelegentlich und nicht regelmäßig als Informanten oder Lieferanten von Beiträgen betätigen.

Inhaltlich zielt das Zeugnisverweigerungsrecht auf die vom Informanten gemachten Mitteilungen. Geschützt ist also nur das, was vom Informanten an den Journalisten oder Rechercheur weitergegeben wurde. Das, was der Journalist hingegen selbst recherchiert oder beobachtet hat, ist nicht erfasst, es sei denn, dessen Beschaffung beruht auf den Informationen durch den Informanten.

Mit diesem Zeugnisverweigerungsrecht korrespondiert das Beschlagnahmeverbot nach § 97 Abs. 5 StPO. Grundsätzlich sind die Strafverfolgungsbehörden berechtigt, Beweismittel, die in einem Strafverfahren von Bedeutung sein können, sicherzustellen und gegebenenfalls zu beschlagnahmen.

Soweit jedoch der Journalist berechtigt ist, das Zeugnis zu verweigern, ist auch die Beschlagnahme von Schriftstücken, Ton-, Bild- und Datenträgern, Abbildungen und anderen Darstellungen, die sich in Gewahrsam des Zeugnisverweigerungsberechtigten oder der Redaktion, des Verlages, der Druckerei oder Rundfunkanstalt befinden, unzulässig. Hintergrund dieser Vorschrift ist die Überlegung, dass ansonsten das für Informanten dienende Zeugnisverweigerungsrecht für Journalisten durch Sicherstellung und

Beschlagnahme des vom Informanten gelieferten Materials umgangen werden könnte. Vom Beschlagnahmeverbot nicht erfasst ist daher das vom Journalisten selbst recherchierte Material. Hier haben die Strafverfolgungsbehörden lediglich den Grundsatz der Verhältnismäßigkeit zu beachten und jeglichen Eingriff von der Schwere der Straftat und auch der Intensität des jeweils bestehenden Tatverdachtes abhängig zu machen. Eine Ausnahme vom Beschlagnahmeverbot gilt in den Fällen, in denen der Journalist verdächtig ist, an einer Begünstigung, Strafvereitelung oder Hehlerei beteiligt zu sein oder an der Straftat, wegen der ermittelt wird. Hier ist dann zwischen Strafverfolgungsinteresse des Staates und der Pressefreiheit abzuwägen.

14.5 Informationsbeschaffung auf vertraglicher Grundlage

Gerade durch die zunehmende Konkurrenz der Medien besteht das Interesse, bestimmte Geschichten, Informationen oder auch Interviews exklusiv in einem Medium zu veröffentlichen. Das gilt auch und insbesondere für den gesamten Bereich des sogenannten investigativen Journalismus. Die Praxis bringt es daher mit sich, dass zunehmend über die Durchführung von Interviews sogenannte Interviewverträge oder über die Gewährung von Informationen sogenannte Informationsverträge abgeschlossen werden. Teilweise fließt auch hier für die Gewährung der Exklusivität Geld an den Informanten beziehungsweise Interviewten.

14.5.1 Der Interviewvertrag

Die gesetzlichen Auskunftsansprüche, die in Kapitel 14.3 behandelt wurden, führen nicht dazu, dass den Medien gegenüber Vertretern des Staates ein Anspruch auf die Gewährung von Interviews zusteht. Das gilt natürlich erst recht, sofern es sich um Privatpersonen handelt. So gab es auch in der Vergangenheit immer wieder Fälle, wo bestimmte Politiker bestimmten Medien gegenüber nicht bereit waren, Interviews zu geben. Dies war grundsätzlich rechtlich nicht zu beanstanden. Ausnahmen kommen hier überhaupt nur dann in Betracht, wenn die betreffende Person sämtlichen anderen Medien zuvor Interviews gewährt hat und insofern ein Verstoß gegen den Gleichhandlungsgrundsatz, der für die staatlichen Repräsentanten gilt, möglich erscheint.

Damit gilt der Grundsatz der Interviewfreiheit. Diese führt dazu, dass diejenigen, die bereit sind, Interviews zu geben, nicht selten Interesse daran haben, einen Interviewvertrag abzuschließen, der die genauen Bedingungen der Durchführung und vor allem der Veröffentlichung des Interviews regelt. Auf Seiten der Medien besteht mitunter ein Interesse daran, dass ein Interview zu einem bestimmten Themenkomplex exklusiv ist.

In derartige Interviewverträge, die grundsätzlich auch mündlich unter Zeugen geschlossen werden können, sind daher Regelungen über die Autorisierung aufzunehmen. Sofern eine Vereinbarung über einen Autorisierungsvorbehalt eines Interviews getroffen wurde, ist das Medium verpflichtet, demjenigen, der interviewt wurde, vor Veröffentlichung im Fernsehen oder in einer Zeitschrift das Interview zur Autorisierung zuzuleiten. Erfolgt eine Veröffentlichung des Interviews ohne ausdrückliche Autorisierung durch den Betroffenen, bleibt sie selbst dann unzulässig, wenn der Interviewtext wörtlich richtig wiedergegeben wurde. Dies ergibt sich aus der klaren vertraglichen Abrede, dass ohne die Autorisierung eine Veröffentlichung nicht erfolgen darf. Nicht selten sind zusätzlich Regelungen aufgenommen, in welchem Medium das Interview erscheinen muss, innerhalb welchen Zeitraumes, welche Passagen an Drittmedien im Wege einer Vorabmeldung herausgegeben werden dürfen. Keinesfalls dürfen im Interview, welches veröffentlicht wurde, nichtautorisierte Passagen auftauchen, die zudem in wörtlicher Rede dem Interviewten falsche Zitate unterschieben. Es entspricht ständiger Rechtsprechung, dass die Wiedergabe wörtlicher Rede nur dann zulässig ist, wenn das Zitat tatsächlich so gefallen ist.

Besteht auf Seiten des Mediums ein Interesse daran, dass das Interview exklusiv gegeben wird, muss auch eine entsprechende Abrede in den Vertrag aufgenommen werden. Möglicherweise beschränkt sich die Exklusivität auf ein Sachthema oder auch auf einen bestimmten Zeitraum. Denkbar sind Klauseln, wonach der Interviewte sich verpflichtet, einen Monat vor und einen Monat nach der Veröffentlichung keinem anderen Medium entsprechende Interviews zu geben.

14.5.2 Informations- und sonstige Exklusivverträge

In Informations- und Exklusivverträgen verpflichten sich die Informanten beziehungsweise sonstigen Vertragspartner regelmäßig dazu, dem Medium, mit welchem der Vertrag zustande kommt, bestimmte Informationen zu geben. Soll die Informationsgewährung exklusiv sein, ist ferner in den Vertrag das Verbot aufzunehmen, Dritten die Information zu vermitteln, die Gegenstand des Exklusiv- oder Informationsvertrages sind. Wenn über die Informanten sogar berichtet werden soll, enthalten derartige Vereinbarungen zumeist auch einen Verzicht auf die Geltendmachung von Ansprüchen, die sich aus Persönlichkeitsrechten gegen die dann erfolgende Berichterstattung ergeben könnten. Dies sind oftmals Berichterstattungen aus dem Bereich der Intim- oder Privatsphäre, bei der grundsätzlich jedermann Unterlassungsansprüche hätte. Soll der Informant geschützt bleiben, verpflichtet sich das Medium dazu, die Identität des Informanten auch in etwaigen Prozessen nicht preiszugeben und sich insoweit auf sein Zeugnisverweigerungsrecht zu berufen. Als Gegenleistung erhalten die Betroffenen respektive Informanten oftmals ein nicht unerhebliches Honorar.

Grundsätzlich sind derartige Verträge wirksam. Ausnahmen kommen nur dann in Betracht, wenn der konkrete Vertrag dazu führt, dass Dritte über Vorgänge, die von höchstem öffentlichen Interesse sind, allein aufgrund einer vertraglichen Abrede mit den Informanten keinen Zugang mehr zu Informationen haben und insofern eine darauf bezogene Berichterstattung verhindert wird. Das ist etwa der Fall, wenn Verträge mit Amtsträgern abgeschlossen wurden, die grundsätzlich verpflichtet sind, über Vorgänge die gesamte Öffentlichkeit, insbesondere auch die Medien, zu informieren.

14.6 Rechtliche Schranken der Recherche

Auch der Journalist hat bei seiner Recherche Rechtsvorschriften zu beachten. Insbesondere gibt ihm der oben dargestellte Auskunftsanspruch kein Sonderrecht, gegen Vorschriften des Strafgesetzbuches zu verstoßen oder unerlaubte Handlungen nach Zivilrecht zu begehen. Verstößt er bei der Recherche gegen die von ihm zu beachtenden Vorschriften des Straf- oder Zivilrechts, kann er hierfür in Anspruch genommen werden. Es ist zwischen den straf- und zivilrechtlichen Begrenzungen zu trennen, die bei der Recherche zu beachten sind.

14.6.1 Strafrechtliche Schranken der Recherche

Das Strafgesetzbuch enthält einige Verbote, die auch für bestimmte Formen von Recherche von erheblicher Relevanz sind. Insbesondere die Straftatbestände, die dem Schutz des persönlichen Lebens- und Geheimnisbereiches dienen.

So ist es nach § 201 Strafgesetzbuch (StGB) untersagt, das nichtöffentlich gesprochene Wort eines anderen auf Tonträger aufzunehmen, eine so hergestellte Aufnahme zu gebrauchen oder einem Dritten zugänglich zu machen. Ausnahmen gelten hier nur, wenn der Betroffene, dessen Wort aufgenommen wird, vorher eingewilligt hat. Angriffsgegenstand ist jedoch nur das nichtöffentlich gesprochene Wort, das heißt jede Äußerung, die sich nicht an die Allgemeinheit richtet, also nicht über einen durch persönliche oder sachliche Beziehung abgegrenzten Personenkreis hinausgeht. Unter diese Vorschrift fällt also das heimliche Mitschneiden eines Gespräches mit einem Befragten oder auch die nicht genehmigte Aufnahme eines Telefongespräches. Nach § 201 Abs. 2 StGB ist auch derjenige strafbar, der unbefugt, also ohne Einwilligung, das nicht zu seiner Kenntnis bestimmte, nichtöffentlich gesprochene Wort eines anderen mit einem Abhörgerät abhört. Erforderlich ist hier also die Benutzung einer Mithöreinrichtung. Das bloße heimliche Zuhören ist damit nicht unter Strafe gestellt.

Nach dem durch das Gesetz zur Strafbarkeit von Bildaufnahmen unter Verletzung der Intimsphäre (sog. Intimsphäregesetz) eingeführten § 201a StGB ist es strafbar, von einer Person, die sich in einer Wohnung oder gegen den Einblick besonders geschützten Raum aufhält, unbefugt Bildaufnahmen herzustellen oder zu übertragen und dadurch deren höchstpersönlichen Lebensbereich zu verletzen. Die Vorschrift sollte ursprünglich heimlichen Bildaufnahmen von Spannern durch Fotohandys entgegenwirken. Zugleich ist aber dieses Gesetz auf erheblichen Widerstand der Medienverbände gestoßen. Diese forderten eine Ergänzung, wonach die Tat dann nicht rechtswidrig sein sollte, wenn sie zur Wahrnehmung berechtigter öffentlicher Interessen begangen würde, also gesellschaftliche Missstände etc. durch die Bildaufnahme aufgedeckt würden. Das Gesetz ist jedoch in der zitierten Fassung gültig, so dass die heimliche Bildaufnahme bei den genannten Voraussetzungen strafbar ist. Der Widerstand der Medienverbände hat sich in der Praxis bisher als unbegründet erwiesen. § 201a StGB hat bisher kaum praktische Relevanz.

Ebenso untersagt ist nach § 202 StGB eine Verletzung des Briefgeheimnisses. Derjenige, der unbefugt einen verschlossenen Brief, der nicht zu seiner Kenntnis bestimmt ist, öffnet oder sich vom Inhalt eines solchen Briefes ohne Öffnung des Verschlusses unter Anwendung technischer Mittel Kenntnis verschafft, ist der Verletzung des Briefgeheimnisses schuldig. Ebenso wird bestraft, wer sich unbefugt vom Inhalt eines Schriftstückes, welches durch ein verschlossenes Behältnis gegen Kenntnisnahme besonders gesichert ist, Kenntnis verschafft, wenn er dazu das Behältnis öffnet. Gemeint ist hier also nicht der klassische Brief, sondern der Fall, dass das Schriftstück in einem Schließfach oder Tresor befindlich ist und sich jemand ohne Zustimmung des Berechtigten Kenntnis vom Inhalt des Schriftstückes verschafft.

Ferner stellt § 202a StGB das unbefugte Ausspähen von Daten unter Strafe. Geschützt werden sollen hier vorrangig die Betreiber von Datenbanken vor der unbefugten Überwindung von technischen Schutzmechanismen durch Hacker. Das unbefugte Eindringen in fremde Datennetze bei einer Recherche ist daher von der Rechtsordnung nicht gedeckt.

Darüber hinaus stellt § 203 StGB das Offenbaren von Privatgeheimnissen unter Strafe. Den Angehörigen bestimmter in der Vorschrift genannter Berufsgruppen, wie Ärzte, Psychologen, Anwälte, Sozialarbeiter etc., ist es danach untersagt, Geheimnisse, die ihnen in ihrer Eigenschaft als Angehörige dieser Berufsgruppen anvertraut wurden, zu offenbaren. Der Journalist ist hier nicht in die Pflicht genommen. Er kann jedoch wegen Anstiftung zu einer solchen Tat zur Verantwortung gezogen werden.

Schließlich ist noch der Tatbestand des Hausfriedensbruchs zu nennen. Jedermann, und damit auch Journalisten und Rechercheuren, ist es untersagt, in fremde Privat-, Betriebs- oder Geschäftsräume ohne Zustimmung des Hausrechtsinhabers einzudringen. Gleichermaßen ist es jedermann verboten, sich fremde Dokumente widerrechtlich anzueignen. Damit wird der Tatbestand des Diebstahls nach § 242 StGB erfüllt.

14.6.2 Zivilrechtliche Schranken der Recherche

Die Darstellung der strafrechtlichen Schranken der Recherche hat gezeigt, dass die Verletzung von Straftatbeständen im Rahmen von Recherchehandlungen staatliche Sanktionen nach sich ziehen kann. Darüber hinaus grenzen aber auch zivilrechtliche Vorschriften den Umfang journalistischer Tätigkeiten ein, soweit diese unzulässig in Rechtsgüter Dritter eingreifen. Werden Rechercheergebnisse unter Missachtung der durch die Zivilrechtsordnung geschützten Rechtsgüter Dritter erlangt, so können die hierdurch Betroffenen zivilrechtliche Abwehransprüche geltend machen, wobei hierbei insbesondere Unterlassungs- und Schadenersatzansprüche in Betracht kommen.

Gemäß § 823 Abs. 1 Bürgerliches Gesetzbuch (BGB) schützt das Zivilrecht das allgemeine Persönlichkeitsrecht als Ausprägung der Grundrechte aus der allgemeinen Handlungsfreiheit (Artikel 2 Abs. 1 GG) und der Menschenwürde (Artikel 1 Abs. 1 GG). Insbesondere im Rahmen der Berichterstattung über Personen kann es zu einem Konflikt zwischen den Belangen der Betroffenen und denen der Presse, nämlich möglichst frei berichten zu können, kommen. Treffen diese widerstreitenden Rechtspositionen aufeinander, so muss in jedem Einzelfall eine Güterabwägung zwischen dem Informationsinteresse der Öffentlichkeit und dem berechtigten Interesse des Betroffenen an der Wahrung seines allgemeinen Persönlichkeitsrechts stattfinden.

Die in diesem Zusammenhang denkbaren Konflikte sind vielfältig. So kann beispielsweise in der Veröffentlichung vertraulicher Notizen oder auch von Schriftsätzen eines Rechtsanwalts sogar dann eine Verletzung des allgemeinen Persönlichkeitsrechts liegen, wenn für diese Aufzeichnungen ein urheberrechtlicher Schutz nicht geltend gemacht werden kann. Auch ist es denkbar, dass Journalisten durch ihr Verhalten unzulässig in Rechte Dritter eingreifen, wenn sie über einen großen Zeitraum hinweg vor der Wohnung oder dem Haus einer Person ausharren, die aufgrund bestimmter Ereignisse im Interesse der Öffentlichkeit steht. Werden hierbei sogenannte belagerungsähnliche Zustände erreicht, so kann dieses Vorgehen ungeachtet seiner strafrechtlichen Relevanz in das allgemeine Persönlichkeitsrecht des Betroffenen eingreifen. Ein solcher Grenzfall der journalistischen Recherche war Thema eines „Stern"-Artikels, in dem der Zeitschrift „Bunte" vorgeworfen wurde, eine Agentur beauftragt zu haben, die sich unlauterer Überwachungsmittel bedient habe. Der Burda-Verlag hat die Vorwürfe bestritten, die Recherchemethoden der beauftragten Agentur seien nicht bekannt gewesen, er habe die Agentur lediglich allgemein mit der Produktion von Bildmaterial über prominente Politiker beauftragt. Problematisch ist in diesem Fall, neben den möglicherweise rechtswidrigen Recherchemethoden, auch die Frage nach der Verantwortlichkeit des Burda-Verlags für das Verhalten der beauftragten Agentur. Allgemein lässt sich festhalten: Grundsätzlich haftet jeder für das eigene rechtswidrige Handeln, auch der Journalist. Je nach Einzelfall kann zusätzlich eine Haftung für das Verhalten Dritter, etwa einer eingeschalteten Agentur, bestehen. Dies hängt von den Umständen des Einzelfalls und dem geltend gemachten Anspruch (Unterlassung, Gegendarstellung, Richtigstellung oder Schadenersatz beziehungsweise Geldentschädigung) ab. Wird die Agentur jedoch gezielt mit rechtswidrigen Recherchemethoden beauftragt, so ist deren Verhalten dem Auftraggeber in jedem Fall zuzurechnen. In dem vom „Stern" thematisierten Sachverhalt hat der Presserat mangels Beweisbarkeit keinen Verstoß gegen den Pressekodex festgestellt. Für die juristische Beurteilung gilt in Bezug auf die Recherchemethoden auch hier: Bei weitgehend lückenloser Beschattung oder Überwachung mit Hilfe anderer Mittel ist eine Zulässigkeit der Berichterstattung eher abzulehnen. Es muss wieder zwischen dem Interesse des Betroffenen und den Interessen der Medien abgewogen werden. Dies zeigt, dass solche Entscheidungen immer im Einzelfall getroffen werden müssen und eine generelle Aussage darüber, wann solche Recherchetätigkeiten zulässig sind, nicht getroffen werden kann. Als eine Art Grundregel kann man jedoch für die Recherchetätigkeit formulieren, dass, je höher das Informationsinteresse der Medien ist, die Betroffenen umso eher Eingriffe in das allgemeine Persönlichkeitsrecht hinnehmen müssen. Handelt es sich jedoch um Dinge, die der Intimsphäre der Person zuzuordnen sind, über die berichtet werden soll, so kann selbst der Informationsanspruch der Öffentlichkeit eine hierauf bezogene Recherchetätigkeit nicht rechtfertigen.

Eine weitere Methode journalistischer Tätigkeit, welcher durch das Zivilrecht Schranken gesetzt werden können, ist das sogenannte Einschleichen, also das verdeckte Recherchieren. Diese Form journalistischer Tätigkeit stellt für jeden Journalisten eine besonders reizvolle Form des Recherchierens dar, da man durch sie an vertrauliche Informationen herankommen und dadurch über Vorgänge berichten kann, die sich der normalen journalistischen Tätigkeit entziehen und damit von einem besonderen öffentlichen Interesse sind. Es ist allerdings zu beachten, dass das Einschleichen in fremde Bereiche zwecks Beschaffung von Nachrichten und Informationen ebenfalls mit Rechten Dritter kollidieren kann, wie beispielsweise dem Recht am eingerichteten und ausgeübten Gewerbebetrieb, soweit es sich um Recherchen in Unternehmen handelt.

Von besonderer Brisanz ist es, wenn sich – wie im Fall Wallraff – ein Journalist in ein Presseunternehmen einschleicht, um später detailliert zu schildern, wie sich zum Beispiel die Redaktionskonferenzen abgespielt haben. Zum einen ist hier aus zivilrechtlicher Sicht von Bedeutung, dass der Journalist bei Abschluss des Arbeitsvertrages seinen Arbeitgeber über seine wahren Absichten getäuscht hat, so dass dieser den Arbeitsvertrag gemäß § 123 BGB wegen arglistiger Täuschung anfechten und ihm die weitere Tätigkeit in seinem Betrieb sowie dessen weiteres Betreten untersagen kann.

Darüber hinaus kann eine Reihe von zivilrechtlichen Normen durch das verdeckte Recherchieren verletzt sein. § 824 BGB schützt das Unternehmen vor gewerbeschädigender Kritik, die § 17 ff. UWG formulieren Vorschriften, die das Unternehmen vor Geheimnisverrat sichern. Diese Vorschriften sind jedoch nur unter bestimmten Voraussetzungen einschlägig.

298

Bei einer auf § 824 BGB gestützten Klage könnte sich der Kläger nur gegen einzelne Tatsachenbehauptungen wehren, § 17 UWG greift nur ein, solange der Rechercheur während der Geltungsdauer des Dienstverhältnisses Geheimnisse des Unternehmens verraten hat.

Allerdings kann sich das betroffene Unternehmen auch auf das Recht am eingerichteten und ausgeübten Gewerbebetrieb berufen, das die Rechtsprechung zur Ergänzung von § 823 BGB entwickelt hat. Schließlich kann durch das Vorgehen des Journalisten eine vorsätzliche sittenwidrige Schädigung gemäß § 826 BGB vorliegen. Ob eine Verletzung der in diesen zivilrechtlichen Normen niedergelegten Rechtsgüter vorliegt, muss auch im Lichte verfassungsrechtlicher Vorschriften beurteilt werden. Es kommt also abermals zu der bereits oben erwähnten Interessenabwägung zwischen den Rechtsgütern der Betroffenen und dem Informationsanspruch der Öffentlichkeit beziehungsweise dem Recht der Medien auf freie Berichterstattung.

So hat sich sowohl der Bundesgerichtshof als auch das Bundesverfassungsgericht in dem Fall Wallraff mit der Frage auseinandersetzen müssen, inwieweit ein in der Bild-Zeitung eingeschlichener Journalist seine auf Redaktionssitzungen erworbenen Informationen später an die Öffentlichkeit weitergeben darf. Das Bundesverfassungsgericht hat hinsichtlich dieser Problematik entschieden, dass das Grundrecht der Pressefreiheit auch die Vertraulichkeit der Arbeit von Zeitungs- und Zeitschriftenredaktionen gewährleistet und jedenfalls die Veröffentlichung von Inhalten vertraulich ist. Das Gericht hat jedoch zugleich festgestellt, dass grundsätzlich auch die Veröffentlichung rechtswidrig beschaffter oder erlangter Informationen zumindest vom Schutz der Meinungsfreiheit aus Artikel 5 Abs. 1 GG umfasst sein kann. Dies zeigt, dass es hier zu einer Kollision von überragenden Verfassungswerten kommt, und eine Abwägung darüber, welchem dieser Werte der Vorrang einzuräumen ist, nur unter Abwägung aller Umstände des Einzelfalls erfolgen kann.

Besondere Vorsicht ist außerdem bei der sogenannten Verdachtsberichterstattung geboten. Gemeint sind damit Fälle, in denen die Recherche zwar eine spannende Geschichte ergeben hat, deren Wahrheitsgehalt aber zweifelhaft ist. Hierunter fallen etwa strafrechtliche Ermittlungs- oder Gerichtsverfahren, aber auch sonstige Verfehlungen wirtschaftlicher, politischer oder persönlicher Art. Klassisch sind in diesem Zusammenhang Berichte über ehemalige „Inoffizielle Mitarbeiter" der Staatssicherheit. Geschichten aus diesem Bereich greifen regelmäßig in das Persönlichkeitsrecht der Betroffenen ein, insbesondere haben sie grundsätzlich ein Recht auf Anonymität. Diesem Interesse steht möglicherweise ein überwiegendes öffentliches Interesse gegenüber, das eine namentliche Berichterstattung dennoch rechtfertigt. Entscheidend ist die Gewichtung in jedem Einzelfall. So darf etwa der Name eines Mitarbeiters der Bundespolizei (zuvor Bundesgrenzschutz) und seine Funktion als ehemaliger Polit-Offizier im Grenzregiment der DDR verbreitet werden, wenn dieser selbst in beiden Funktionen an die Öffentlichkeit getreten ist.

Im Einzelnen gilt: Damit Medien ihrer Wächterfunktion nachkommen können, dürfen sie auch über Vorkommnisse berichten, die nicht sicher feststehen. Sie müssen allerdings besondere Sorgfaltspflichten erfüllen. So muss sich aus dem Bericht ergeben, dass es sich lediglich um einen Verdacht handelt, es sind sowohl be- als auch entlastende Momente zu nennen. Insbesondere muss der Betroffene die Möglichkeit erhalten, zu den Vorwürfen Stellung zu nehmen. Darüber hinaus muss ein Mindestbestand an Beweistatsachen vorliegen, der den Verdacht stützt. Die bloße Widergabe eines Gerüchts reicht nicht aus. Schließlich muss es sich um einen Vorgang von einigem Gewicht handeln, also um Ereignisse von gesellschaftlicher oder wirtschaftlicher Relevanz, nicht lediglich um bloße Bagatellen.

Es bleibt insgesamt festzuhalten: Die Pressefreiheit hat als für Deutschlands Staatssystem schlechthin konstituierendes Grundrecht ein großes Gewicht. Dennoch muss sie im Einzelfall hinter den Interessen Einzelner zurücktreten, wenn das öffentliche Informationsinteresse nicht ausreichend gewichtig ist, um die Beeinträchtigung auszugleichen, die die Berichterstattung für den einzelnen Betroffenen bedeutet.

15   Tipps und Tricks

Hier noch einige Punkte, die einem Journalisten oder Rechercheur die Arbeit erleichtern oder erschweren können.

⚜ Unbekannter Anrufer: Wenn sich vorher unbekannte Personen im Lauf einer Recherche beim Rechercheur melden, ist das nicht unbedingt ein gutes Zeichen, aber immer ein Beweis, dass seine Arbeit Wellen schlägt. Bevor der Rechercheur das Gespräch vertieft, vertröstet er grundsätzlich auf Rückruf und lässt sich die Telefonnummer des Anrufers geben. Diese Nummer gleicht er zunächst mit den im Internet über die Telefonauskunft erhältlichen Daten ab, bevor er ungewollt mit „Gegnern" kommuniziert. Falls die Internetabfrage keine Zuordnung der Nummer erbringt, hat der Rechercheur eine berechtigte Frage an den Anrufer.

⚜ Nicht auf Preispauschalen (Honorar inklusive Spesen) für Recherchen eingehen! Mit solchen Absprachen schaden sich sowohl Auftraggeber als auch Auftragnehmer: Bei diesem Verfahren steigt der Honoraranteil am Budget, je weniger kostenverschlingenden Aufwand (Telefonate, Dienstreise, Materialbeschaffung) der Rechercheur treibt. Er ist also verleitet, nicht gründlich zu arbeiten, weil dies zu Lasten seines Gewinnes geht. Eine klare Aufteilung der Kosten in Honorar und Spesen macht den tatsächlichen Aufwand letztlich auch für den Kunden transparenter.

⚜ Gegenüber Kunden nicht mit ungesicherten Erkenntnissen vorpreschen, auch nicht mit gesicherten! Jeder erfolgreiche Jäger verspürt den Drang, seine Beute zu zeigen. Einem Rechercheur – insbesondere Berufsanfängern – ergeht es nicht anders. Subjektiv wichtige Erkenntnisse können sich aber im weiteren Verlauf der Arbeit relativieren oder sogar als falsch herausstellen. Erfahrene Rechercheure halten ihre Zunge im Zaum.

⚜ Den Naiven oder Dummen spielen: Falls ein Gesprächspartner den Rechercheur als naiv oder dumm einstuft, ist das ein zweischneidiges Schwert. Geringschätzung kann bisweilen zu Unvorsichtigkeit sowohl bei der Wahl der Worte als auch bei der Weitergabe von Informationen verleiten. Der Rechercheur sollte aber spätestens dann seine Kompetenz klarstellen, wenn ein vorzeitiges Ende des Gesprächs droht. In der

Regel werden Menschen, die von ihrem Gegenüber als dumm einge-
schätzt werden, ohnehin nicht mit relevanten Informationen versorgt.
Wozu auch?

🔍 Vorsicht beim Abfassen von weiteren Rechercheempfehlungen! Auch
wenn sie auf der Hand liegen: Hier ist Fingerspitzengefühl gefragt. Der
Kunde könnte sonst den Eindruck gewinnen, dass sich die Recherche
verselbstständigt oder dass lediglich weitere Aufträge akquiriert werden sollen.

🔍 Was tun, wenn sich der Auftraggeber als inkompetent erweist? Stellt
sich nach kurzer Basisrecherche heraus, dass der Auftrag sinnlos oder
abwegig ist, kann der Rechercheur für seinen Kunden eine sinnvolle
Rechercheempfehlung formulieren (s.o.). Ist dies erfolglos, bleibt nur
schneller Rückzug: Mit Sicherheit ist das Honorar den zu erwartenden
Ärger bei Abgabe der Ergebnisse nicht wert.

🔍 Informationshonorare bietet ein Rechercheur nicht von sich aus an:
Das könnte als Bestechung ausgelegt werden. Honorarforderungen
von Dritten sind fehl am Platz, wenn die Weitergabe von Informatio-
nen Aufgabe des Gesprächspartners ist. Sie sind berechtigt, wenn ein
Kollege oder eine Institution exklusives Wissen weitergibt, dessen
Beschaffung Zeit und Geld gekostet hat.

🔍 Die Berufsbezeichnung „Journalist" ist nicht geschützt. Freier Journalist kann sich theoretisch jeder nennen, der will.

🔍 Einen Auftrag zu Ende bringen: So wenig es endgültige Wahrheiten
gibt, so wenig gibt es endgültige Ergebnisse auf die Rechercheanfrage
eines Kunden. Gerade deswegen nichts zu Tode recherchieren, sondern Ziele abstecken! Antworten sollen dem Kunden helfen und ihn
nicht verwirren.

🔍 Verzetteln: Die Gefahr ist permanent und wächst mit dem Thema. Ein
Rechercheur sollte jeden Abend kritisch prüfen, ob die tagsüber geleistete Arbeit wirklich zur Lösung der gestellten Aufgabe beigetragen hat.

🔍 Umgang mit Geschenken: Präsente werden Journalisten und Rechercheuren häufig und immer nur zu dem Zweck angeboten, sich deren
Gunst zu sichern. Manche Journalisten nutzen diesen Umstand und
nehmen mit, was sie kriegen können. Die Annahme von Geschenken

oder – schlimmer noch – Schnorrerei geht allerdings zu Lasten der Glaubwürdigkeit, sobald dies einmal bekannt ist. Die Verfasser lehnen grundsätzlich alle Geschenke ab, deren Wert zehn Euro übersteigt. Berufsbedingte Einladungen zu Arbeitssessen oder zur kostenlosen Teilnahme an Konferenzen sind jedoch absolut in Ordnung.

🔭 Konferenzgebühren können entsprechend den Veranstaltungskosten sehr hoch ausfallen. Journalisten haben trotzdem quasi immer freien Eintritt. Dazu müssen sie glaubhaft machen, dass sie über die Konferenz in für die Teilnehmer relevanten Medien berichten werden. Auch Rechercheure, die nicht publizieren können oder wollen und darum zahlen müssen, bitten um eine Pressekarte. Sie erleichtert die Kommunikation auf den Fluren.

🔭 Informantenschutz: Es ist Ehrensache und von Bedeutung für künftige Aufträge, dass der Rechercheur einen verborgenen Informanten unbedingt vor Entdeckung bewahrt. Dies schließt ein: ohne deren Zustimmung keine Weitergabe von Namen und Adressen gefährdeter Personen an den Auftraggeber. Auch wenn der noch so gut zahlt.

🔭 Off-the-record oder im Vertrauen: Gebraucht ein – zumeist altbekannter – Gesprächspartner diese Formulierungen, will er keinesfalls zitiert oder im Zusammenhang einer Recherche auch nur erwähnt werden. Meist bietet er anschließend wertvolles Hintergrundwissen zum Thema oder Informationen über die Konkurrenz. Bittet der Rechercheur selbst um ein Gespräch „off-the-record", kann er vielleicht sehr viel erfahren, fesselt sich aber gleichzeitig durch diese verbindliche Zusage.

🔭 Manche Gesprächspartner erklären ungefragt, die folgenden Informationen würden „unter drei" gegeben. Dies ist ein Code. „Unter eins" bedeutet: Damit können Sie mich jederzeit zitieren. „Unter zwei": Sie können das verwenden, aber nicht unter Nennung meines Namens. „Unter drei": Sie wissen das zwar jetzt, dürfen mich damit aber nicht zitieren, dürfen das überhaupt nicht verwenden. Manche Informationsbesitzer wollen also den Kopf des Journalisten als Grab für wichtige Informationen nutzen. Darauf sollten Sie sich nicht einlassen.

🔭 Und klären Sie vorsichtshalber ab, was der Informationsbesitzer tatsächlich mit der Redewendung meint! Schon manches Mal hat solch einer die Bedeutung der Zahlen durcheinandergebracht.

Die Autoren

Matthias Brendel, Entwickler und Hauptautor dieses Buches, arbeitet seit 1987 in Hamburg als freier Journalist für namhafte Zeitschriften, außerdem als Rechercheur und Berater. Seit 1998 unterrichtet er zum Themenkomplex „Investigative Recherche". 2006 gründete er die Recherche Akademie in Hamburg.

Frank Brendel arbeitet seit 1991 als freier Journalist und Rechercheur für Nichtregierungsorganisationen und Sender der ARD. Seit 1998 unterrichtet Frank Brendel Recherche in der journalistischen Aus- und Fortbildung an Journalistenschulen, für die öffentlich-rechtlichen Sender sowie an Aus- und Fortbildungsstätten der Länder und des Bundes.

Christian Schertz, Dr., ist Anwalt und betreut Unternehmen, Verlage und Persönlichkeiten des öffentlichen Lebens im Bereich des Presse- und Persönlichkeitsrechts.

Henrik Schreiber ist als Diplom-Chemiker im Recherchebereich tätig. Seit 2005 selbständiger Infobroker in den Bereichen Chemie und Biotechnologie.

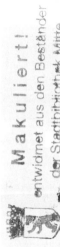